“现代矫正理论与实务”丛书

矫正机构中期教育理论与实务

邵晓顺　薛珮琳　主编

群众出版社
·北 京·

“现代矫正理论与实务”丛书
编 委 会

编 辑 部

前　言

矫正机构，包括监狱、未成年犯管教所、公安看守所以及社区矫正机构，是我国对已生效判决、裁定或决定的犯罪人实施教育改造的组织机构。矫正机构中的服刑人员的刑罚有监禁刑与非监禁刑之分。处于社区矫正的服刑人员的刑罚为非监禁刑，在其他矫正机构服刑的为监禁刑。对判处有期徒刑或无期徒刑、死刑缓期两年执行的监禁刑服刑人员，他们经过两个月的入监教育后就进入到中期教育阶段，最后是三个月的出监教育。因此，中期教育阶段常常是他们服刑时间最长的一个阶段，也是矫正机构开展教育改造工作的最主要时段。

我国矫正机构不断创新教育改造的形式与方法，在入监教育与出监教育阶段取得了许多成果，也收到了很好的效果。但是在中期教育方面，却遇到了许多困难。以文化教育为例，由于服刑人员原有的文化程度、所判的刑期长短等即使是在一个监区都颇不相同，如何组织他们开展有效的文化教育就会成为一个难题。如果按照服刑人员的文化程度编班，则会受到刑期的制约；同样地，如果按照服刑人员的刑期编班，又会受到他们原有文化程度的制约。如果综合这两个因素简单地进行编班，排列组合后班级数会非常多，这又不太现实。对服刑人员的技术教育会遇到大致相同的问题。因此，如何解决这样一些矫正机构现实的难题，是本书努力的方向之一。

思想教育历来是我国矫正机构所重视与强调的，也是教育改造服刑人员最主要的构成内容。然而，正如《教育改造罪犯纲要》中所说，我国监狱工作面临着前所未有的发展机遇，也面临着严峻的挑战。监狱在押犯的构成日益复杂，改造罪犯的难度加大。同时，教育改造罪犯的科学性有待进一步增强，方式、方法和手段有待进一步完善和创新，教育改造质量有待进一步提高。虽然这个结论是七年前作出的，但是目前的情况依然如此。因此，如何创新与发展我国监狱的教育改造工作，特别是思想教育工作，是本书要努力的另一个方向。

编写本书启发于2012年年初浙江警官职业学院与浙江省某监狱联合开展的“监狱工作标准”研制工作。在监狱工作标准研制过程中，教育改造实务部门希望能够突破中期教育的瓶颈，创新监狱中期教育工作形式、方法与手段，确实碰到了许许多多的困惑与难题。这些困惑与难题留在了编写者的心里。我们认识到，如果能够编写一本针对矫正机构中期教育各种困惑与难题，创新中期教育的内容与方法以及中期教育工作模式的指导教材，是非常有必要的。经过全体编写者两年多的努力，《矫正机构中期教育理论与实务》一书终于摆到了读者们的面前。

本书有以下两个特点：

一是实务性。对监狱等矫正机构传统的思想、文化、职业技术教育进行了有针对性的探讨，总结了当前“三课教育”中的有益做法，提出了有可操作性的文化与技术教育途径、手段与对策。对集体教育、分类教育、个别教育、社会帮教、情商教育、环境教育等方面进行了深入阐述。对我国刑法与刑事诉讼法修改后目前监狱新出现的限制减刑罪犯与余刑多于3个月不足一年的超短刑犯作了深入的分析，并且探讨了具体的教育矫正对策。

二是创新性。矫正机构指导思想是指导矫正机构及其工作人员正确有效地组织开展各项思想教育活动的指针，本书在梳理我国监狱教育改造指导思想的基础上，提出了“科学与人文、互动与选择”新颖教育指导思想。在服刑人员的评估与分类方面，作者提出了前后有序的三个环节：心理正常异常评估、人身危险性评估与矫正需要评估；并创新监狱工作模式，具体阐述了矫正模式的构想。对矫正机构较少开展的美育与体育工作也作了深入的分析阐述。而以团体辅导理论为基础的分类教育是对我国传统分类教育的创新。个别化矫正理论与模式的全面诠析，是我国个别教育的新发展。

本书主要针对监禁刑矫正机构来编写，同时兼顾非监禁刑矫正机构的教育改造工作。它适用于矫正机构工作人员与教育矫正研究人员。希望本书能对我国各类矫正机构的教育矫正工作起到指导与参考作用，也希望能够有助于我国矫正学科的建立与发展。

本书由理论与实务两个领域的作者共同编写完成。主编邵晓顺提出初步写作提纲，经编写组全体成员的多次讨论，结合薛珮琳、李蓓春提出的建设性建议，并在吸收监狱系统实务部门的意见后确定编写大纲。2012 年 10 月召开作者会，各撰稿人于 2013 年 7 月完成初稿，随后进行了统稿。各撰稿人根据统稿修改意见作了进一步的修改，并于 2014 年 3 月再次进行统稿，最后由邵晓顺、薛珮琳修改定稿。

本书由邵晓顺、薛珮琳担任主编。各章撰写人是：邵晓顺（浙江警官职业学院，第一章、第二章、第三章）、薛珮琳（浙江警官职业学院，第四章、第九章）、张丽（浙江警官职业学院，第五章、第十三章）、周雨臣（浙江警官职业学院，第六章、第七章）、朱福正（浙江省第四监狱，第八章、第十四章）、王文来（浙江省乔司监狱，第十章、第十一章）、李蓓春（浙江警官职业学院，第十二章）。

作为国内有关矫正机构中期教育的第一本教材，本书在实务操作与相关理论探讨上都作了一些积极的探索，所有的探索都需要付诸实践的检验。但是限于作者们的知识与能力，书中肯定存在诸多不足之处，因此热忱希望教育矫正工作研究者与实务部门的同行能够提出宝贵的意见，以便进一步修改完善。

本书的出版得到了浙江警官职业学院的专项资助。另外，本书在撰写时参考了国内外许多专家学者的研究成果，在此一并表示衷心感谢。

编写组

2014 年 8 月

目 录

第一章 矫正机构中期教育概述

中期教育是矫正机构教育改造工作的关键时期，对于服刑人员的教育改造主要是在中期教育环节完成的。如何准确理解中期教育的内涵，中期教育目的如何把握，又应当以怎样的思想来指导中期教育工作，这些中期教育的基本理论问题，是首先需要予以回答的。

本章主要围绕以下问题作理论阐述：

1. 中期教育的时间规定性如何？
2. 中期教育在整个教育改造工作的地位怎样？
3. 中期教育的目的如何？
4. 矫正机构中期教育的指导思想与原则是什么？
5. 中期教育的流程如何？

第一节 矫正机构中期教育界定

中期教育是从改造时间段上区分出来的一个阶段，对于一个服刑数年的犯罪人来说，中期教育占据其大部分服刑时间。同样地，对于矫正机构及其工作人员来说，对服刑人员的教育改造工作，也主要安排在这一个时间段内来完成。因此，对矫正机构与服刑人员来说，中期教育都是最为重要的一个教育时期。

一、中期教育含义

矫正机构，包括监狱、未成年犯管教所、公安看守所以及社区矫正机构，是我国对已生效判决、裁定或决定的犯罪人实施教育改造的组织单位。对监狱、未成年犯管教所等监禁刑矫正机构的犯罪人，按照司法部《监狱教育改造工作规定》（2003年8月1日起施行），其入监教育的时间为两个月，出监教育的时间为3个月。入监后到出监前的时间为服刑改造中期。中期教育是指矫正机构对服刑人员在服刑改造中期所开展的各项教育矫正工作的总称。

针对中期教育的上述含义，有以下三个方面需要作进一步的说明。一是2012年3月14日修正的《刑事诉讼法》第253条第2款规定："……对被判处有期徒刑的罪犯，在被交付刑罚前，剩余刑期在三个月以下的，由看守所代为执行。对被判处拘役的罪犯，由公安机关执行。"因此，公安看守所关押了余刑3个月以下的服刑人员，对他们的教育改造，一般不需要区分入监教育、中期教育、出监教育，应当根据他们的服刑时间制订一个完整的教育矫正方案与措施并予以实施。另外，对余刑在3个月以上一年以下的服刑人员，虽然被送到监狱等监禁刑矫正机构执行刑罚，但是由于在监狱的时间较短，对他们的教育改造也应当作特殊的处理。从教育他们的角度来看，建议把这些服刑人员集中关押，并采取针对性的个别矫正、分类矫治与集体教育。二是在现实的教育改造活动中，部分监禁刑矫正机构的入监教育与出监教育时间并没有严格执行司法部的规定，如有的监狱入监教育与出监教育都安排一个月。这种情况是存在的。那么，中期教育的时间就是从入监教育一个月结束后到出监教育一个月前的时间段。三是社区矫正机构针对非监禁刑服刑人员的中期教育，既可以把整个服刑期间作为中期教育阶段，也可以区分出类似监禁刑矫正机构的三个教育时间段，原则上建议对社区矫正服刑人员在有一个起始教育后即可进入中期教育阶段。这个起始教育时间不一定是两个月或一个月，可以是一次或数次，根据教育对象与教育资源等因素综合考虑后给予安排。也可以安排一个结束教育的时间段与教育内容，教育时间同样可视具体情况而定。

从我国矫正机构教育改造的现实状况来看，中期教育在监禁刑矫正机构如监狱、未成年犯管教所特征明显，因此本书主要针对这些矫正机构中所开展的中期教育来阐析，并提出针对性的、具体化的对策措施。非监禁刑矫正机构在开展服刑人员的教育改造工作时可以参照本书的相关内容来设计与安排，有的内容亦可直接应用。其他类型矫正机构亦可参考本书的内容来开展相应教育矫正活动。

二、中期教育现状

对服刑人员的教育改造工作，不管是矫正机构的管理部门，还是承担具体矫正任务的工作人员，或者是从事矫正研究的学者，从总体上看都是重视的。有学者对中国监狱教育改造状况包括中期教育进行了深入的分析与探讨，指出我国监狱对罪犯的教育改造工作非常重视，整个行刑活动坚持以改造人作为宗旨，贯穿于监狱行刑活动的全过程，代表着国际行刑的发展方向，符合人类社会进化的要求。同时，近年来，我国行刑管理机关制定和修改了教育改造罪犯的新制度措施、调整和补充了教育改造的内容、积极寻找教育改造的新载体，取得了良好的成效。但是，我国监狱教育改造工作也存在一些问题：教育改造手段弱化、内容方式陈旧、经费严重不足、教育设备落后、时间没有保障、人员不足、素质不适应等。①

另有研究者指出，教育改造作为改造罪犯的基本手段之一，是在马克思主义国家学说、毛泽东改造罪犯的思想指导下形成的。教育改造工作在改造人、造就人中具有不可替代的作用，成为中国特色监狱制度的重要内容。在构建社会主义和谐社会、深入推进依法治国的时代进程中，坚持和发展教育改造罪犯的思想，推动教育改

① 冯建仓、陈志海主编：《中国监狱若干重点问题研究》，吉林人民出版社2002年版，第105~124页。

造工作的创新发展，是历史进步的必然，是法律赋予监狱机关的重要职责。同时，我国监狱的教育改造工作存在诸多矛盾，如刑罚惩罚性与教育自主性的矛盾、安全保障性与教育自由性的矛盾、劳动强势性与教育针对性的矛盾、教育者职责多样化与教育专业化的矛盾等。①

正如2007年7月4日司法部印发的《教育改造罪犯纲要》（司发通〔2007〕46号）中所说的，多年来，监狱系统在党中央、国务院的正确领导下，深入贯彻党的监狱工作方针，紧紧围绕提高罪犯改造质量，大力开展对罪犯的法制、道德、文化和职业技术等教育，针对不同类型的罪犯，实施有针对性的教育改造工作，并不断改革创新，在罪犯心理矫治、改造评估、服刑指导、教育改造工作社会化等方面进行了积极的探索，取得了显著成绩，对罪犯在服刑期间提高法律意识和道德观念，掌握文化知识和劳动技能，从而顺利地回归社会，发挥了重要作用。当前，监狱工作面临着前所未有的发展机遇，也面临着严峻的挑战。监狱在押犯的构成日益复杂，重大刑事犯、暴力犯、涉毒涉黑犯等罪犯数量不断增多，与危害国家安全罪犯、邪教罪犯的改造与反改造斗争日益尖锐，改造罪犯的难度加大。从教育改造工作本身来看，教育改造罪犯的科学性有待进一步增强，方式、方法和手段有待进一步完善和创新，教育改造质量有待进一步提高。因此，如何正确地认识教育改造工作，特别是中期教育工作的地位与作用，创新教育改造特别是中期教育的方式、方法与手段，最终提高对服刑人员的矫正效益，是摆在我国矫正机构以及矫正学研究者面前的一个紧迫课题，有其重大的价值与意义。

我国监狱在教育改造工作上的现实状况，其实也是中期教育的现实表现。监狱教育改造工作取得成效，是监狱整体教育改造活动

---

① 俞振华主编：《监狱教育改造方法研究》，浙江人民出版社2012年版，第11~12页。

的结果；而监狱教育改造工作中存在的问题与矛盾，其实集中表现在教育改造中期阶段所存在的问题与矛盾。因此，如果把监狱等矫正机构的中期教育研究清晰起来，寻找到有效的对策，那么监狱等矫正机构目前教育改造中存在的问题将基本得以解决。

为了更好地了解我国监狱教育改造工作的现状，笔者于2013年3月就此作了调研。采用问卷调查方式，对某省187名监狱警察与683名服刑人员进行了教育改造现状的调查。结果如下：在教育改造总体感觉上，民警认为非常好的占1.1%，认为一般的占54.3%，认为不那么好的占11.8%；而服刑人员认为非常好的占14.3%，一般的占39.0%，不那么好的占7.5%。两者间存在极其显著的差异，更多的民警认为目前的教育改造工作总体上处于一般状态，甚至是不那么好的状态，而服刑人员对教育改造的感觉更多的是非常好。在监狱教育活动安排与服刑人员的需求情况上，民警认为完全符合的占7.7%，比较符合的占41.5%，不那么符合的占25.7%；而服刑人员认为完全符合的占22.7%，比较符合的占38.3%，不那么符合的占16.6%。两者间存在极显著差异，更多民警认为监狱的教育活动安排不那么符合服州人员的需求，而服刑人员更多地认为监狱教育活动安排是完全符合他们需求的。在监狱教育改造工作的科学性上，民警认为科学性强的占2.2%，较强的占24.7%，不那么科学的占17.2%；而服刑人员认为科学性强的占17.4%，较强的占28.7%，不那么科学的占8.4%。两者间存在极其显著的差异，更多监狱民警认为教育改造工作科学性不强，而服刑人员则持相反态度。在教育改造活动多样性方面，民警认为丰富和比较丰富的比例为35.2%，比较单一和非常单一的比例为28.8%；而服刑人员认为丰富和比较丰富的比例为48.2%，比较单一和非常单一的比例为20.7%。两者存在极其显著差异，更多监狱民警认为教育改造活动较为单一，不够丰富，而服刑人员则相反，认为监狱教育改造活动安排是较为丰富的。在教育改造工作对服刑人员的帮助作用上，民警认为作用大的仅占3.8%，有点作用的占51.1%；而服刑人员认为作用大的占22.1%，有点作用的占29.3%。两者存在极显著的差异。在教育改造的时间安排上，民警认为太少的占26.7%，服刑人员则占13.2%，民警比例是服刑人员的一倍；而认为教育改造时间安排太多的，民警比例为13.4%，服刑人员为27.8%。两者存在极显著差异。因此，在对教育改造时间安排的认识上，民警与服刑人员的态度差异是非常大的。在文化教育对服刑人员的帮助作用上，有超过半数的民警（56.1%）和服刑人员（53.7%）都认为有作用；但是民警认为作用大的比例为8.6%，作用不大的比例为33.2%，而服刑人员认为作用大的比例为22.3%，作用不大的比例为19.1%。两者之间存在极显著差异，相比于服刑人员有更多的民警认为文化教育作用不大。在职业技术教育对服刑人员的帮助作用上，同样是超过半数的民警（58.3%）和服刑人员（54.0%）认为有作用；但是民警认为作用大的比例为9.6%，作用不大的比例为29.4%，而服刑人员认为作用大的比例为23.3%，作用不大的比例为17.3%。两者间存在极显著的差异，相比于服刑人员有更多的民警认为职业技术教育对服刑人员的帮助作用不大。在监狱教育改造工作对服刑人员思想的针对性方面，民警认为不强的比例为47.6%，针对性强的比例为4.3%，更有20.5%的民警认为缺乏针对性；而服刑人员的认识正好相反，认为针对性比较强的比例为47.1%，针对性强的比例为19.4%，针对性不强的比例为22.5%，缺乏针对性的比例为11.0%。两者之间存在极其显著差异。监狱在“改造第一，生产第二”的状况上，民警认为好的比例为13.4%，较好的比例为37.6%，不那么好的比例为34.4%；而服刑人员认为好的比例为43.2%，较好的比例为32.2%，不那么好的比例为9.7%。两者存在极显著差异，更多的民警认为监狱在执行“改造第一，生产第二”上是不那么好的。在文明管理方面，90.7%的民警认为是好的或比较好的，而服刑人员的比例为70.3%，因此总体上不管是民警还是服刑人员，对监狱的文明管理是认可的；不过统计检验表明，两者之间存在极显著差异，更多的民警对监狱文明管理表示认可。在监狱的人文精神方面，近一半的民警（49.7%）和服刑人员（47.0%）认为一般；认为好的民警占27.8%，服刑人员占37.1%；认为不好或不那么好的比例，民警为22.4%，服刑人员为15.8%。两者间存在统计学意义上的显著差异，更多的民警认为监狱人文精神不好或不那么好；从总体上看，监狱在人文精神上还需要作出许多努力。在民警与服刑人员的思想交流上，一半以上的民警（59.7%）认为有交流但缺乏深度，认为思想交流情况是好的比例为15.1%，一般的比例为21.5%，基本上没交流的比例为3.8%；而服刑人员中43.9%的人认为民警与他们的思想交流是好的，有交流但缺乏深度的比例为20.3%，认为一般的比例为22.1%，认为基本没多少交流的比例为13.7%。两者间存在极显著的差异，更多的民警认为与服刑人员有思想交流但缺乏深度。在惩罚与教育改造关系处理上，23.2%的民警认为惩罚为主、教育为辅，33.0%的民警认为教育为主、惩罚为辅，认为惩罚与教育并重的比例为38.4%，还有5.4%的人认为不清楚；而服刑人员的情况是，18.2%的人认为惩罚为主、教育为辅，43.8%的人认为教育为主、惩罚为辅，30.3%的人认为惩罚与教育并重，还有7.7%的人不清楚。两者之间存在统计学意义上的显著差异，更多的民警认为监狱是教育与惩罚并重的。在个别教育开展情况上，认为开展的比较好和好的民警比例为33.9%，服刑人员的比例为38.6%；认为开展不好的民警比例为24.2%，服刑人员的比例为8.3%；认为没怎么开展的民警比例为2.7%，服刑人员的比例为13.8%；有39.2%的民警和39.3%的服刑人员认为监狱个别教育情况开展得还可以。两者之间存在极显著的差异，更多的民警认为个别教育开展得不好；而服刑人员对此的认识出现两极分化现象，或者是认为开展得挺好的或者是认为没怎么开展。在矫正项目对服刑人员的作用方面，42.5%的民警认为有作用，29.5%的民警认为作用不大或没有作用，另有28.0%的民警表示不清楚或没听说过；服刑人员中有45.2%的人认为有作用，14.7%的人认为作用不大或没有作用，40.1%的服刑人员表示不清楚或没听说过。两者间存在极显著差异，更多的民警认为作用不大，而更多的服刑人员对此不清楚或没听说过。在教育改造工作与监管安全的关系上，54.9%的民警认为互相促进，35.3%的民警认为两者有冲突又有促进，认为两者间没关系的比例为6.5%，认为两者之间互相冲突、有矛盾的比例为3.3%。在教育改造工作与劳动生产的关系上，35.3%的民警认为互相促进，43.3%的民警认为两者有冲突又有促进，认为两者间没关系的比例为9.6%，认为两者之间互相冲突、有矛盾的比例为11.8%。在职业技术教育对预防服刑人员重新犯罪的作用上，超过半数（51.9%）的民警认为有作用，9.7%的民警认为作用很大，而34.6%的民警认为作用不大，3.8%的民警认为没有作用。在思想教育对预防服刑人员重新犯罪的作用上，48.9%的民警认为有作用，8.2%的民警认为作用大，而有37.5%的民警认为作用不大，5.4%的民警认为没有作用。在文化教育对预防服刑人员重新犯罪的作用上，47.6%的民警认为有作用，5.4%的民警认为作用大，而有40.5%的民警认为作用不大，6.5%的民警认为没有作用。

三、中期教育功能与地位

中期教育是整个教育改造工作的中心环节，处于教育改造工作的核心地位。这是因为：

1. 从教育改造时间分配来看，中期教育往往占据了服刑人员教育改造时间段的大部分时间。除了服刑人员的刑期或者余刑在数月的情况之外，其他处于监狱等监禁刑矫正机构的服刑人员，都要接受一定时间的教育矫正活动安排。根据司法部《监狱教育改造工作规定》，入监教育的时间为两个月，出监教育的时间为3个月。除了这5个月的时间，服刑人员的其余时间都是处在教育改造的中期阶段。对于刑期几年、十几年、二十几年以及无期、死缓犯来说，中期教育的时间往往是数年，甚至十余年、二十余年。因

而，关键的问题是，如何根据服刑人员如此长的一个中期教育时间段，安排数个有针对性的、前后连接的、层层递进的教育过程，是矫正机构及其工作人员应当认真思考的问题。对于社区矫正机构来说，一般没有入监、出监教育阶段，整个服刑过程一般是一个进行有效管理、开展针对性思想教育的过程，因而整个社区矫正时间段往往相当于监狱的中期教育阶段。

2. 从教育改造内容分析，入监教育内容与出监教育内容表明，中期教育承担着教育改造活动的主体工作。根据司法部《监狱教育改造工作规定》，入监教育的内容是进行法制教育和监规纪律教育，以引导其认罪悔罪，明确改造目标，适应服刑生活。出监教育的内容是对罪犯进行形势、政策、前途教育，遵纪守法教育和必要的就业指导，开展多种类型、比较实用的职业技能培训，以增强罪犯回归社会后适应社会、就业谋生的能力。在出监教育阶段，监狱还应当邀请当地公安、劳动和社会保障、民政、工商、税务等部门，向罪犯介绍有关治安、就业、安置、社会保障等方面的政策和情况，教育罪犯做好出监后应对各方面问题的思想准备，使其顺利回归社会。因此，入监教育与出监教育的内容是明确而有针对性的，即通过入监教育，使服刑人员认罪悔罪、明确改造目标、适应服刑生活。而出监教育的内容主要是前途、政策与就业指导，以增强服刑人员回归社会的能力与心理准备。而针对服刑人员的犯罪思想、犯罪心理等所开展的法制教育、道德教育、文化教育、技术教育、劳动教育等，以及个别教育、分类教育、集体教育与心理矫治等教育方式方法的运用，基本上要在入监后、出监前展开。因而，可以这样说，服刑人员中期教育的内容是否具有针对性，教育方式是否运用得当，教育活动的组织是否全面综合，对服刑人员犯罪思想的改造起决定性作用，关系到整个教育改造工作的成败。离开有效的中期教育，服刑人员的改造会成为空中楼阁，无根之木，是不可能取得良好效果的。

第二节　矫正机构中期教育目的

教育目的规定了通过教育过程要把受教育者培养成什么样质量和规格的人。因而，教育目的控制教育对象的发展，对教育实践活动起指导和支配作用，并促使教育过程科学化。[①] 明确矫正机构中期教育的目的，是中期教育首先要解决的问题。

一、教育目的内涵表达

（一）刑罚目的与行刑目的

在阐述矫正机构的教育目的之前，首先需要清晰两个概念，即刑罚目的与行刑目的。

1. 刑罚目的。刑罚是由国家最高立法机关在刑法中确立，由法院对犯罪人适用并通过特定的机构执行的最为严厉的强制措施。刑罚的目的集中体现了国家处理犯罪与刑罚的基本立场，它直接决定着刑事法律运用的导向。在刑罚的目的论上，主要有报应刑论与目的刑论，以及折中论。

刑罚目的的报应论主要是指刑罚的目的视为对犯罪行为之完全的回报。报应论认为刑罚是犯罪的必然结果，犯罪是刑罚的前提原因，犯罪与刑罚之间存在基本的因果报应关系。犯罪是对法律的破坏和社会秩序的威胁，从而破坏了犯罪人对社会应该背负的个人义务，而刑罚作为对犯罪的法定报应，就是为了恢复被破坏的法律秩序，最终维护社会的稳定而存在。[②] 以教育刑为内核的目的论则认为，刑罚不是为了报应犯罪，对犯罪处以刑罚是为了使犯罪人将来

---

① 南京师范大学教育系编：《教育学》（第三版），人民教育出版社2005年版，第145~151页。

② 李川著：《刑罚目的理论的反思与重构》，法律出版社2010年版，第7页。

不再犯罪，刑罚的适用就是一般预防和特殊预防。刑罚目的的折中论则既承认刑罚对犯罪的报应或正义的报应，又主张刑罚的预防目的。这种“相对的报应主义”把刑罚目的归纳为：一是特别预防，刑罚意在阻止罪犯本人将来再犯罪；二是拘禁，使之不再危害社会；三是矫治，给予罪犯仁慈待遇，使之重返社会；四是一般预防，刑罚通过惩罚防止社会效仿犯罪的行为；五是教育，教育公民识别善恶；六是报应，犯罪人因对其他人或社会造成损害，他自身也要受到伤害。① 而国内较为通行的刑罚目的论认为，刑罚的目的是预防犯罪，保卫社会。它是一种预防犯罪的刑罚目的论，贯穿于刑事立法、刑法适用和刑罚执行的整个过程。预防论在处理特殊预防和一般预防的关系时，针对不同的阶段有所侧重。一般来说，刑罚的创制以一般预防为主，特殊预防为辅；在刑罚适用阶段，则一般预防与特殊预防并重；到行刑阶段，特殊预防显得特别重要，因为贯穿于行刑（除死刑立即执行外）之中的教育、改造是使犯罪人重返社会的最基本的保证之一。

2. 行刑目的。它是指国家和社会通过行刑活动所要达到的预期结果。它依附于刑罚的目的而成立，是国家“刑罚意志”具体体现的一个方面；行刑目的是国家对行刑结果或目标的确定及追求。行刑始于刑罚的必然或自然附属，本身不具有独立的目的性，刑罚目的变迁的结果衍生出行刑的目的问题，随后刑罚本体的目的便与行刑的目的如同形影。基于此，我国刑罚执行机关行刑的目的可表述为：实现国家审判机关经有效刑事裁判确定的，施加于犯罪行为人身上的具体的刑罚；通过刑罚的执行，实现刑法确定的预防和减少犯罪的基本目标；同时，转变犯罪行为人的不良人格与品德，矫正行为恶习，并传授一定的科学知识和劳动技能，使之能重返社会，成为遵纪守法的自食其力的公民。② 《监狱法》第 1 条规

① 金鉴主编：《监狱学总论》，法律出版社 1997 年版，第 197 页。

② 金鉴主编：《监狱学总论》，法律出版社 1997 年版，第 231 页。

定：“为了正确执行刑罚，惩罚和改造罪犯，预防和减少犯罪，根据宪法，制定本法。”正确执行刑罚，是国家制刑、量刑的立法和司法要求，体现刑罚的目的；惩罚和改造罪犯，是行刑的中心任务和目的要求；预防和减少犯罪，体现刑罚目的与行刑目的的统一性，一般通过特殊预防和一般预防来实现。

对刑罚目的与行刑目的两个概念的阐析表明，两者的区分具有相对性。刑罚目的指向整个刑事司法活动，而行刑目的仅指向刑事执行活动，换言之，刑罚目的在制刑、求刑、量刑与行刑诸阶段都要得到体现，而行刑目的只体现于行刑阶段。两者表现为包含的关系，因此两个目的的内涵表现出统一性特征。

（二）教育目的之内涵

刑罚目的的历史发展，教育矫正的思想蕴涵其中；依附于刑罚目的的行刑目的，教育矫正的目的深邃其中。教育目的是指矫正机构之教育目的，它是指矫正机构及其工作人员通过一系列的教育改造活动最终所要达到的结果，即要把服刑人员教育成怎样规格与质量的人。《监狱法》第3条规定：“监狱对罪犯实行惩罚和改造相结合、教育和劳动相结合的原则，将罪犯改造成为守法公民。”这一规定明确了教育矫正罪犯的根本目标——将罪犯改造成为守法公民。

国内学者对将“守法公民”作为矫正机构的教育目的基本没有异议，持较为一致的认识；同时，许多学者认为，“守法公民”这样一个教育目的较为抽象、笼统，缺乏可操作性，需要进一步细化。但是，在进一步解读“守法公民”的内涵时表现出一定的差异性。有学者认为，守法公民可分为三种人群：社会精英、普通大众与低劣人群。改造罪犯的合理目标应当是普通大众一类的守法公民，即道德品质、职业发展和经济收入等方面均属于中等的普通人；同时认为，把“低劣人群”作为改造目标也是可以的，只要他们遵守法律、不再重新犯罪，就基本实现了改造罪犯的目标。[①]另有研究者认为，将罪犯改造成为守法公民是监狱改造的基本目标。这个守法公民的底线是守法，不再重新犯罪，同时，还应当具备当今社会合格公民的本质特征，即以公民的独立人格为前提，以自由、平等、民主为理念；以权利与义务的统一为基础；以合法性为底线。[②] 教育目的的上述细化，具有了一定的可操作性，突出了守法公民的底线——不再重新犯罪。

还有学者认为，将罪犯改造成为社会的守法公民，这是罪犯教育目的的核心问题。培养罪犯良好的思想素质、知识技能素质和身心素质，这是在改造过程中罪犯所形成的具体素质及其结构问题。在这三个方面的素质中，思想素质的提高是罪犯教育的基础，知识技能素质的获得是关键，健康的身心素质是保证，三者是相互联系的，不可割裂的，他们共同组成了罪犯教育目的的重要内容。[③] 在这里，教育目的细化为思想、文化、身心素质的提升。然而，何为素质的提升却需要进一步具体化，因此这一教育目的的细化显得缺乏可操作性。

我们赞同“守法公民”作为矫正机构教育的目的，同时也认为需要对此进行细化。细化的路径有两条，一是如果认为犯罪原因是思想道德的缺陷、行为恶习使然，那么犯罪人道德观念、道德情感、道德意志、道德行为的改善，行为恶习的破除与亲社会行为的

---

① 吴宗宪著：《罪犯改造论——罪犯改造的犯因性差异理论初探》，中国人民公安大学出版社 2007 年版，第 255~258 页。

② 贾洛川著：《监狱改造与罪犯解放》，中国法制出版社 2010 年版，第 54 页。

③ 王祖清、赵卫宽主编：《罪犯教育学》，金城出版社 2003 年版，第 24~25 页。

建立，是教育目的具体构成内容；二是针对犯罪人的犯因性缺陷，[1] 包括犯因性生理因素、犯因性心理因素与犯因性社会因素三个方面。[2][3][4] 由于造成个体犯罪的原因并非矫正机构都能实现变革，如造成极少数个体犯罪的染色体异常、影响个体犯罪的社会环境因素等，矫正机构及其工作人员几乎无矫正工作可做。矫正机构在这三个方面实现矫正机构所能够实现的改善，构成教育目的的具体内容。我们认为，第二条路径更具有可操作性。

细化矫正机构教育目的的途径，有临床的与统计的、静态的与动态的；具体方法有诊断性评估、矫正需要测量、他人观察与犯罪人自我陈述等。这些内容将在本书第二章详细阐述。

二、教育目的与矫正机构功能的辩证关系

惩罚与改造是矫正机构的两项基本功能，是现代监狱等矫正机构行刑中不可分割的两个方面。

刑罚所具有的剥夺功能使得犯罪人必须承受就其本意来说不愿意承受的痛苦，刑罚给犯罪人造成的痛苦是刑罚本身的自然属性，如果没有这种惩罚的属性，那么刑罚就失去了它的存在价值。但是，仅仅看到刑罚的痛苦属性是不够的，因为这只是看到了刑罚的表面现象。监狱等矫正机构对服刑人员执行刑罚，并不单纯地要对服刑人员实施惩罚，惩罚只是刑罚执行的内容之一。刑罚执行的目

---

① 犯因即犯罪原因，是个体实施某一犯罪起诱发、推动和助长作用的各种因素。犯因性缺陷，即具有犯罪原因性质的各种因素，之所以把这些因素称之为缺陷，是基于矫正之意义，把各种犯因性因素病态化。

② 吴宗宪著：《罪犯改造论——罪犯改造的犯因性差异理论初探》，中国人民公安大学出版社 2007 年版，第 110~218 页。

③ 于爱荣主编：《罪犯个案矫正实务》，化学工业出版社 2011 年版，第 28~30 页。

④ 邵晓顺主编：《服刑人员心理矫治：理论与实务》，群众出版社 2012 年版，第 262~263 页。

的是要将服刑人员改造成为守法公民，实现教育目的，而这一目标必须通过对服刑人员的改造来实现。因此，刑罚执行的另外一个重要内容就是改造。惩罚与改造同属刑罚执行的内容，构成矫正机构的两个基本功能，二者互为条件，交互发挥作用。对服刑人员实施惩罚，是将他们改造成为守法公民的前提，而把服刑人员改造成为守法公民则是刑罚惩罚的目的之所在。惩罚与改造在刑罚执行过程中、在监狱等矫正机构行刑过程中是有机结合、缺一不可的。因此，刑罚目的、行刑目的与教育目的在体现差异性的同时具有其内在的统一性。

三、教育目的的层次性

对矫正机构的教育目的进行有效的分层，构建起教育目的的层次性，将有利于矫正机构工作人员更准确地把握教育目的的内涵，从而更好地实现教育矫正的目的。

有学者把“守法公民”分成社会精英、普通大众、低劣人群三个层次的基础上，认为监狱等矫正机构的教育目的也有三个层次，即把服刑人员改造成为社会精英类的守法公民、普通大众类的守法公民与低劣人群类的守法公民，而且认为，我国监狱系统在服刑人员改造目标上，似乎都朝着第一种目标努力，也就是朝着把服刑人员改造成为“社会精英”型守法公民的方向努力。而正确的做法，应当把改造服刑人员的合理目标调整到“普通大众”型守法公民，甚至降格以求，把“低劣人群”作为改造目标也是可以的，只要他们遵守法律，不再重新犯罪。[①] 因此，监狱等矫正机构的教育目的有两个层次，即“普通大众”型守法公民与不再重新犯罪的“低劣人群”型守法公民。

我们认为，矫正机构教育目的的层次性至少包括两个方面的内

---

① 吴宗宪著：《罪犯改造论——罪犯改造的犯因性差异理论初探》，中国人民公安大学出版社2007年版，第251~259页。

容，即教育目的内容上的层次性与教育目的构成上的层次性。

第一，教育目的内容的层次性。在教育目的的内容上，具体有这样三个方面：一是矫正机构应当实现服刑人员犯罪思想（犯因性问题）得到矫正的目标；二是通过矫正机构的教育改造，能够实现防止刑满释放人员重新犯罪；三是实现行刑的根本目标——把犯罪人改造成为守法公民。三个具体矫正目的之间的关系是：矫正犯罪思想（犯因性问题）是矫正机构的内在逻辑要求，是应当做到的，也是实现后两个目标的前提和基础；不再重新犯罪是矫正机构所追求的，是行刑目的的基本要求，然而实现这一目的非矫正机构一个部门能左右，还会受到社会环境的诸多影响；使犯罪人成为守法公民是矫正机构的根本目的，是前两个目的实现后的重要结果，守法公民不仅是没有触犯刑事法律的公民，还是遵守国家其他法律法规的公民。

在教育目的构成内容方面，一个有价值的思路是，教育目的的内容可分为定性与定量两个部分。教育目的的定性内容指明教育目的的方向，构建起教育目的的具体定位；教育目的的定量内容，是教育目的的具体表现，以量化的形式表达。量化形式的教育目的，是矫正机构今后的工作方向之一。

第二，教育目的构成的层次性。从个体角度来分析矫正机构的教育目的，可把它分解为根本目标、个案矫正目标、分项目标以及具体目标四个层次。按我国目前行刑法律规定，犯罪人个体矫正的根本目标仍然是“守法公民”；个案矫正目标应当是改善犯因性问题，不因为犯因性问题而再次犯罪；分项目标可细化为生理、心理、行为、认知等，即能够实现对服刑人员犯因性生理、心理、行为、认知因素的改善与转归；每个分项目标之下又可分为若干个具体目标。①

---

① 于爱荣主编：《罪犯个案矫正实务》，化学工业出版社 2011 年版，第 48~51 页。

第三节　矫正机构中期教育指导思想与原则

矫正机构中期教育指导思想是本章的核心内容。具备正确的中期教育指导思想是矫正机构及其工作人员有效开展中期教育各项活动的最重要的思想基础与前提条件，必须给予充分的重视。同时，中期教育要遵循一定的原则来展开。

一、矫正机构中期教育指导思想的内涵

要准确地把握指导思想的内涵，应当从两个层次来理解。一方面是组织层面。一个组织的指导思想，是指通过该组织领导者的思维，或者通过该组织的社会实践活动提炼形成的，并经组织领导层或组织机构通过一定的程序确立的、具有高度概括性和宏观统领性的、用以指导某领域工作的思想体系。另一方面是个体层面。某一个体从事职业实践活动的指导思想，是指该个体所从属组织的指导思想与个体本身价值观念体系的综合，是用于指导该个体开展或从事职业实践活动的思想观念体系。在本书中，两个层面的意思综合使用。

在监狱学领域，“监狱工作方针”是一个经常用的词。监狱工作方针是监狱工作的宏观指导思想，是国家根据一定社会的政治、经济要求，为实现一定时期的监狱工作目的而规定的工作总方向。因此，在本书中，“工作方针”与“指导思想”不作严格区分。

矫正机构中期教育的指导思想与矫正机构教育改造的指导思想一脉相承，都是指直接指导监狱等矫正机构开展教育改造实践活动的带有方向性、指针性、政策性的思想体系。但是，两者之间又存在一定的差异性。矫正机构中期教育指导思想特指对处于矫正中期服刑人员的教育矫正活动的指导思想；而矫正机构教育改造指导思想是统领矫正机构全部教育改造活动的指导思想。

矫正机构教育改造指导思想具有以下特征：一是方向性，它应

明确地指出改造人的方向，监狱等矫正机构教育改造工作改革和发展的方向。二是全局性，它对所有矫正机构及其工作人员的教育改造工作都起着全方位的调控作用。三是稳定性，矫正机构教育改造指导思想不能经常地、任意地改变。全国性的监狱教育改造指导思想必须通过立法的形式由国家最高权力机关确认。

新中国成立以来，我国监狱教育改造的指导思想经历了数次飞跃。① 发展到目前，我们认为，矫正机构教育改造的指导思想，应当有所创新、有所发展；而矫正机构中期教育指导思想更应当具体化。因此，其指导思想应当具体由教育前提、教育思想、教育理念、教育目标四个部分来构成，其中有效的刑罚是中期教育的前提条件，科学与人文、互动与选择是中期教育的主体指导思想，有利于服刑人员成长是中期教育的思想理念，而顺利回归社会是中期教育的目标指向。

二、矫正机构指导思想的发展过程

我国矫正机构教育改造指导思想，在新中国成立之前就已提出，并经历了一个逐步发展的过程。

1932 年《中华苏维埃共和国劳动感化院暂行章程》第 1 条规定，设立劳动感化院的“目的是看守、教育及感化违反苏维埃法令的一切犯人”。1949 年《中国人民政治协商会议共同纲领》第 7 条规定：“……对于一般的反动分子、封建地主、官僚资本家，在解除其武装、消灭其特殊势力后，仍须依法在必要时期内剥夺他们的政治权利，但同时给以生活出路，并强迫他们在劳动中改造自己，成为新人……”

1951 年毛泽东对《第三次全国公安会议决议》进行修改后明确指出：“大批应判徒刑的犯人，是一个很大的劳动力，为了改造

① 中国监狱学会编：《中国监狱学会 20 年（1985～2005）》，法律出版社 2006 年版，第 253 页。

他们，为了解决监狱的困难，为了不让判处徒刑的反革命分子坐吃闲饭，必须立即着手组织劳动改造的工作。”这就是“三个为了”的监狱工作指导思想。

1954 年《中华人民共和国劳动改造条例》第 4 条规定：“劳动改造机关对于一切反革命犯和其他刑事犯，所施行的劳动改造，应当贯彻惩罚管制与思想改造相结合、劳动生产与政治教育相结合的方针。”这是“两个结合”的监狱工作指导思想，也是我国在监狱工作指导思想上的第一次飞跃。

1964 年中共中央在批转公安部《关于第六次全国劳改会议情况的报告》中明确：“做好这项工作，必须坚决执行中央的既定方针，即改造与生产结合，改造第一，生产第二的方针。”这是我国在监狱工作指导思想上的第二次飞跃。

1994 年我国制定了《中华人民共和国监狱法》。1995 年国务院国发〔1995〕4 号文件《国务院关于进一步加强监狱管理和劳动教养工作的通知》中明确提出：监狱工作要坚持“惩罚与改造相结合，以改造人为宗旨”的方针。这是我国在监狱工作指导思想上的第三次飞跃。

2007 年司法部《教育改造罪犯纲要》指出，教育改造罪犯的指导思想是：以邓小平理论和“三个代表”重要思想为指导，全面贯彻落实科学发展观，牢固树立社会主义法治理念，按照构建社会主义和谐社会的总要求，贯彻“惩罚与改造相结合，以改造人为宗旨”的监狱工作方针，紧紧围绕提高罪犯改造质量，坚持以人为本，充分发挥管理、教育、劳动改造手段的作用，发挥心理矫治的重要作用，推进教育改造罪犯工作的法制化、科学化、社会化，把罪犯改造成为守法公民。

三、矫正机构中期教育指导思想构成

（一）教育前提：有效的刑罚

刑罚是对犯罪行为的否定和对犯罪人的谴责，刑罚的本质在于

惩罚性，惩罚性是刑罚的内在属性。刑罚区别于其他责任形式的根本不同在于其严厉性程度。刑罚的惩罚性不仅是报应的需要，也是矫正与预防的需要。可以说，在行刑过程中，如果剥离了刑罚的惩罚性，既违背了刑罚自身存在的价值，也否定了定罪和量刑的宗旨。不过在行刑过程中，世界性的发展潮流是矫正因素日益突出，惩罚性逐渐退居其后。然而，不管如何强调矫正的重要性，仍然难以割舍刑罚的惩罚性。如果去除了刑罚的惩罚性要素，就是“只见其人，不见其（罪）行”，这显然脱离了刑罚意义上的矫正，并极有可能蜕变为变相的纵容，因而有违刑罚的要义，同样违背了矫正机构教育矫正的宗旨。

我国监狱等矫正机构的基本职能是惩罚与改造服刑人。西方国家学者对犯罪人惩罚的研究表明，对于少数犯有严重罪行的犯罪人来讲，如果不给予其一定形式的强制或威胁，他们就不可能寻求或者接受治疗。[①] 这一结论也适合我国矫正机构的教育改造工作。

从目前世界范围矫正机构的现实存在角度来说，惩罚与改造（矫正）作为行刑这一事物的两个方面，学者们所进行的划分是基于一种认识上的意义，是理论研究的需要。在事物的实质上，惩罚与改造（矫正）是不可分割的，也是无法将二者分解开来的。也就是说我们不能从事物的存在上，划定出行刑的惩罚部分，然后标定行刑的改造（矫正）部分。二者之间是一种在时间上和空间上都处于一体的、内在联系密切、相互作用、相互促进的关系。这表明惩罚与改造（矫正）是统一的。但是，当我们从教育改造角度来检视行刑这一事物时，有效的刑罚就成为必须。如果刑罚缺乏了有效性或正当性，教育改造就无从谈起。例如，因冤案入监的人，从本质上说没有教育改造的必要。

从制刑、求刑、量刑角度审视，“有效的刑罚”应当使犯罪人的犯罪行为被惩罚是必然的、及时的与严厉的。而从行刑的教育角

---

① 吴宗宪著：《当代西方监狱学》，法律出版社2005年版，第137页。

度来看，“有效的刑罚”是指犯罪人被判处的刑罚类型与量刑的程度应当准确，所谓“罪刑相当、刑当其罪”。可以说，当前我国审判机构的量刑在大多数情况下是较为准确的，犯罪人是“罪当其罚”。冤假错案总是少数，更多的情况是有的服刑人员即使在“罪刑相当”的情况下，还是不能够认罪服法。而刑罚效果的研究表明，如果犯罪人认为对他们所判处的刑罚是公平的，他们被判刑是咎由自取，他们自己应当遭受刑罚惩罚的话，那么刑罚就会产生转变犯罪人的态度和行为的积极效果。相反，如果犯罪人认为刑罚是对他们意志的一种不公平的强制，是执法当局权力的一种表现，那么刑罚就会增强他们的这种信念，只能鼓励他们保持自己的消极行为模式。[①] 因此，认罪服法教育是教育矫正工作首先应当开展的。

（二）教育思想：科学与人文，互动与选择

矫正机构及其工作人员在矫正服刑人员的教育思想上，可分为四个构成部分，即科学与人文、互动与选择。这四个部分相互间紧密联系，又互相作用。

1. 科学。是指矫正机构及其工作人员对服刑人员的教育矫正应当具有科学精神。科学精神是人们在长期的科学实践活动中形成的共同信念、价值标准和行为规范的总称，是指由科学性质所决定并贯穿于科学活动之中的基本的精神状态和思维方式，是体现在科学知识中的思想或理念。它不仅约束科学家的行为，也给一切社会大众的现实活动与行为以指导。对于一个组织来说，以科学精神为指导来开展各项组织活动是该组织的内在的必然要求。同样地，对于社会每一个体的工作活动来说，工作的方方面面都应当遵照科学的思维，符合科学的规律，以科学的精神来指导自己的各项工作。

矫正机构在教育改造犯罪人的活动中以科学精神为指导，包括两个方面的内容。一是理念性的，即一种内置于矫正机构内部的或者根植于矫正工作者头脑中的、用于指导矫正机构及其工作人员组

① 吴宗宪著：《当代西方监狱学》，法律出版社2005年版，第138页。

织开展教育矫正工作的科学的思想观念。二是工具性的，即科学地认识犯罪人、科学地矫正犯罪人。两个方面的科学精神相互作用、紧密相连。科学理念指导、规范并保证矫正过程的科学性，而科学的矫正过程要体现科学的理念，科学精神与科学理念体现于科学的矫正过程之中。

科学地认识犯罪人，即要认识到每个服刑人员都是"人"、"犯罪人"、"服刑人"三层关系中的存在物，三个方面缺一不可。服刑人员作为一个"人"，他具有自然性与社会性，而社会性是他的本质属性，体现为"社会关系的总和"，但是又不能忽视其自然性的一面。服刑人员作为一个曾经犯了罪的人，必然有其犯罪的原因，存在于服刑人员头脑中的犯罪思想或犯罪心理，是引发其违法犯罪行为的内在原因。思想决定行为，原因决定结果，服刑人员曾经的犯罪行为是由其犯罪思想决定的。服刑人员作为一个正在服刑之人，其心理又与服刑环境紧密相连，服刑环境的存在状态决定服刑人员此时此刻的心理与行为，并可能给服刑人员带来长期的影响与改变。三个层面的内涵统一于服刑人员一身，绝不能割裂。完整而科学地认识服刑人员，应当全面把握他们三个方面的特征，而并非只认识其中的一个方面或两个方面。

科学地矫正犯罪人，即矫正机构及其工作人员的教育改造活动应当是理性的、循证的，符合逻辑规律与教育规律。理性和感性相对，是指处理问题、解决问题时要按照事物的发展规律来进行处置的态度，考虑问题、处理事情不冲动，不凭感觉做事。理性是基于正常的思维结果的行为；反之，就是非理性。理性的意义在于对自身存在及超出自身却与生俱来的社会使命负责。在我国监狱等矫正机构教育改造活动中，非理性的情形大量存在，典型的表现为教育的非针对性、教育模式的单一性、教育过程的单向性、教育过程与效果评估缺乏等。

循证矫正是指矫正机构及其工作人员在教育矫正犯罪人时，针对他们的具体问题，特别是针对其犯因性缺陷，按照现有的或者通

过研究制订最佳的矫正方法与措施等，结合犯罪人特点与意愿来实施矫正活动的总称。循证矫正专业性和技术性强、要求高、难度大，关键是解决好“证”和“循”两个方面的问题。一方面，解决“证”的问题。通过高质量的矫正活动及相应的研究，为循证矫正提供可供遵循的高层级证据；通过制订良好的实践指南、原则、标准或手册，为循证矫正提供可供遵循的最佳证据；通过已有的矫正研究成果，利用计算机、网络等技术手段建立功能完善的证据数据库，为开展循证矫正提供方便高效的证据检索和查询服务。另一方面，将“循”贯穿于循证矫正实践的全过程，包括从发现和明确矫正问题，到检索、收集解决问题的证据，对证据进行评鉴并从中找出最佳证据（矫正途径），将最佳证据应用于实践，评估循证证据应用的结果与效果等若干个环节。循证矫正是我国矫正机构今后发展的方向之一。

教育矫正服刑人员应当符合教育的规律。教育规律有许多，其中的一条规律如教育诸要素之间的联系表现为：教育者按一定的目的要求去改变受教育者，教育者和受教育者之间发生相互作用；教育者和受教育者之间作用与联系是以一定的教育影响为中介的；三者之间联系和作用的结果是受教育者发生合乎目的的变化。[①] 这一教育规律要求矫正机构和工作人员的教育矫正活动应当具有明确而正当的目的性，矫正者与服刑人员的教育要保证互动性，通过制定并运用有效的教育介质使得服刑人员的身心发生预期的积极变化。只有遵循各项教育规律，才能保证教育矫正活动的有效性。

2. 人文。是指矫正机构及其工作人员对服刑人员的教育矫正应当具有人文精神。人文精神，英文是 humanism，通常译作人文主义、人本主义、人道主义。它是一种普遍的人类自我关怀，表现为对人的尊严、价值、命运的维护、追求和关切，对人类遗留下来

---

① 南京师范大学教育系编：《教育学》（第三版），人民教育出版社 2005 年版，第 25 页。

的各种精神文化现象的高度珍视，对一种全面发展的理想人格的肯定和塑造。从某种意义上说，人之所以是万物之灵，就在于它有人文，有自己独特的精神文化。没有人文，人不像人，文明将毁灭。人文是为人之本、文明之基。

人道主义行刑论认为，无论犯有罪行的受刑人如何残酷、如何没有人性，人类社会本身在对其进行惩罚行刑时应遵守或体现一定的人类文明标准；行刑在一定程度上应表现出符合人类文明的人文性、宽容性、慈悲性；行刑虽然是报应惩罚，但这种报应惩罚应具有合理性，不能超越人类文明标准去漫无边际地追求报应惩罚的残酷性和严厉性；作为报应惩罚的行刑不应完全否定或剥夺受刑人试图恢复自我人文性的可能性和努力，行刑应包括教育，应通过教育等方法促使受刑人改过自新。人道主义行刑论的基本依据就是人类社会的人文性、宽容性、慈悲性和合理性。①

以人为本的理念已经在我国的主流思想中得到了确立。监狱等矫正机构作为国家司法机关的一部分，应当与时俱进，在各项工作活动中、在教育矫正活动中充分贯彻以人为本的理念。司法部《教育改造罪犯纲要》（2007 年 7 月）在“教育改造罪犯的指导思想”中提出了以人为本的指导思想，是我国在服刑人员教育改造工作理念上的进步，值得肯定。

人是社会的主体，社会的一切都是为人服务的，监狱等矫正机构对服刑人员开展的各项管理教育活动同样是立足于改造他们，服务于对服刑人员的改造。因此，一方面，矫正机构及其工作人员要看到服刑人员这个“人”，服刑人员也是一个有血有肉有情有欲的人，是一个有思维、有认识、有需要、有愿望的个体；另一方面，要强化服刑人员改造自己的主体性，树立服刑人员也是改造自己的主体的思想，并最终实现把他们改造成为守法公民的目标。因而，

---

① 王云海著：《监狱行刑的法理》，中国人民大学出版社 2010 年版，第 18~19 页。

在教育矫正工作中，必须切实纠正或避免把服刑人员“物”化的现象，教育矫正活动必须反映服刑人员的内在需求，承认服刑人员不仅是教育矫正的客体，而且也是教育矫正的主体。唯有如此，才能更加有利于服刑人员的改过自新。

3. 互动。是指矫正机构及其工作人员对服刑人员的教育矫正活动应当具有互动性，建立和具备互动机制。人是交互作用的产物，人从出生时的“自然人”到成年后成为“社会人”，是在人与环境的相互作用过程中实现的。这是人的“社会化”过程。人的成长、思想的形成与发展都是交互作用的结果，而人的思想的变革也是交互作用的结果。每个服刑人员的思想包括犯罪思想的形成与发展，是与其周围环境主要是与社会环境的交互作用来完成的，而犯罪行为的实现也是交互作用的结果。脱离社会环境的“狼孩”，不可能形成人类的思想与行为。[①] 要实现对服刑人员犯罪思想的转变，实现“再社会化”，同样需要将他们处在一个相互作用的教育矫正环境中，通过矫正环境特别是矫正工作人员（以及社会相关机构与人员）与他们的交互作用过程来实现。教育学研究表明，在教育过程中教育主体与受教育的客体的关系，不仅表现为主体对客体的作用，也表现为客体对主体的能动作用。教育者与受教育者之间是一个相互作用的过程。[②]

教育矫正过程中的交互作用有两种表现形式。一是人与人的交互作用（面对面），体现为矫正工作人员与服刑人员之间面对面的教育矫正过程，在个别教育中表现得最为明显；二是人与物（机）的交互作用，但它本质上也体现为人与人的交互作用，譬如服刑人员通过对矫正机构提供的教育读物的学习，或者通过对视频资料的

---

① 黄希庭著：《心理学导论》，人民教育出版社 1991 年版，第 78～79 页。

② 史万兵编著：《教育通论》，教育科学出版社 2011 年版，第 77～81 页。

学习而影响和实现其思想转变。从表面上看是人与物的关系，其实教育读物也好、视频资料也好，都是具体的人来编写制作的，是人的思维活动的结果，最终体现为人与人的关系。然而，不管是矫正工作人员与服刑人员面对面的教育矫正活动，还是安排服刑人员学习思想教育资料，教育者都应当充分体现或考虑到受教育者的主观能动性，从而努力体现出双方的互动性特征。只有这样才能使教育矫正活动事半功倍；否则矫正工作者的教育活动如果是一种"独角戏"，没有体现出双方的互动性，教育矫正效果将事倍功半，甚至没有任何矫正效果。有学者指出，如果我们的"民警观"还是唯我独尊、唯我是从，唯监狱工作人员的意志为转移，极少考虑罪犯自身的人格、接受程度和真情实感，就很难使罪犯与民警间产生良性互动，其改造效果也就可想而知的。①

4. 选择。是指矫正机构及其工作人员对服刑人员的教育矫正活动应当具有选择性，建立和具备选择机制。这种选择性既体现为矫正机构及其工作人员对教育对象与教育内容等的选择，也特别体现为服刑人员作为被教育者对教育者与教育内容等的选择。矫正机构及其工作人员应当具备这样的一种理念，教育矫正过程具有选择性，并非教育者按自身意愿安排教育内容就能使受教育者得到改变。

人的选择性是人的自主性的体现。思想转变的过程终究是一个自主的过程。虽然诸多学者认为服刑人员思想转变是一个从强迫到自觉的过程，但是仍然不能忽视服刑人员在教育矫正活动中的主体性与选择性。这种自主性体现为受教育主体的主观能动性。思想转变存在一个内在的机制，如果没有服刑人员内因的作用，思想转变过程是难以实现的。

教育矫正活动中的选择性表现为两个方面，一是对教育内容与

① 贾洛川著：《监狱改造与罪犯解放》，中国法制出版社 2010 年版，第 54 页。

方式的选择，矫正工作人员需要选择合适的教育内容以合适的教育方式（传播媒介）呈现给服刑人员，服刑人员也必然是选择性地吸收或接受教育内容；二是教育矫正人员双方的选择，教育者与被教育者需要进行匹配。选择合适的教育者去教育矫正合适的服刑人员；服刑人员亦可选择他认为合适的教育矫正人员。只有实现上述两个方面，才能有效提高教育矫正的效果与效率，才能切实保证教育矫正的有效性。而在自主性学习过程中（如在人机学习方式下），服刑人员对教育者与教育内容都可实现选择的主动性，这样也就更能调动他们的学习积极性并提高学习的效率与效果。因此，运用现代科学技术实现教育内容与方式的人机互动选择，是提升教育效果的有效途径。

5. 科学与人文、互动与选择的关系。在科学与人文的关系上，一种普遍的观点是“人文为科学定向”说，认为“科学是求真，但科学不能保证其本身方向正确；人文是求善，但人文不能保证其本身基础正确，可能事与愿违”。[①] 不过，另有学者认为，科学本身具有人文价值，作为人类文化生活重要组成部分的科学，它所内含的精神资源就是建构当代人文精神的宝贵财富。[②] 因此，有学者认为，培养科学精神意味着培养勇于探索的精神、追求真理的精神、忠于事实的精神和自由探讨的精神。在科学活动中贯彻人文精神，意味着在科学活动中体现美的理想和善的价值。科学精神与人文精神在根基处不是分裂的。[③] 我们赞同科学与人文、科学精神与人文精神是紧密相连、相互支撑、共同指导人类文化与精神生活的

① 杨叔子：《科学人文和而不同》，载《中国高教研究》2002 年第 7 期。

② 王建平：《“人文为科学定向”说辨析》，载《现代大学教育》2010 年第 6 期。

③ 汪堂家：《科学 · 科学精神 · 人文精神》，载《学术月刊》2009 年第 11 期。

观点。两者都是在探索和追求客观事物和人类社会的客观规律与真理，但是两者并非同一，科学更加注重对事物客观规律性的探讨，而人文更加关注人的自身价值与精神家园。在当前我国各项建设事业中，科学精神与人文精神的全面贯彻与指导，是需要给予高度关注和认真对待的。作为国家社会管理机构有机构成部分的行刑矫正机构，以科学精神与人文精神作为指导思想，迫切而必须，应当在行刑过程的各个方面包括教育矫正全过程中得到全面贯彻。

需要指出的是，“科学与人文”作为矫正机构与教育矫正工作者在组织教育矫正活动中的指导思想，主要体现在教育者一方，即矫正机构及其工作人员在开展教育矫正活动中要以科学精神与人文精神作为指导思想；一般不体现于受教育者——服刑人员一方。

互动与选择机制，是科学与人文精神在教育矫正工作中的一种体现。承认教育改造活动中矫正工作人员与服刑人员的互动与选择，是教育改造工作科学化的体现。科学的教育改造活动必须关注被教育者——服刑人员的内在身心特征和他们在教育矫正过程中的自主性，这是人文精神在教育改造工作中的具体体现。从这个意义上说，科学与人文，是矫正机构及其工作人员教育改造工作指导思想的主体内容。

需要明确的一点是，“互动”是矫正工作者与受教育者在教育方式方法上的工作机制，“选择”是矫正工作者与受教育者在教育内容上的工作机制，两者属于教育矫正工作中内容与方法的范畴，统一于每次教育矫正活动中，构成矫正机构及其工作人员教育改造工作指导思想的操作层面内容。

（三）教育理念：有利于服刑人员成长

有利于服刑人员成长的理念，是指矫正机构及其工作人员在开展教育矫正工作时要着眼于服刑人员的成长。矫正活动的组织与实施要促使服刑人员“破旧立新”，产生积极的变化，从而使服刑人员不断地变得更好、更优、更成熟。

有利于服刑人员成长的理念具体表现在三个方面。一是教育内容的组织、教育方法的运用要有利于服刑人员成长。这点似乎是显而易见的，然而在教育矫正的现实活动中并非总是能够实现。例如，当我们把劳动教育纳入大教育范畴的时候，劳动教育的组织如何有利于服刑人员成长是值得矫正机构认真思考的。目前，监狱等矫正机构所实行的以“生产劳动的过程”替代“劳动教育的内容与方式”的现象，即重视劳动结果忽视劳动教育的现象，并不一定符合“有利于服刑人员成长”的理念。二是当决定何种教育内容、方法时要按有利于服刑人员成长的理念。譬如，对不同年龄阶段服刑人员的教育，教育内容与方法要适应其年龄特征，对未成年犯与成年犯的教育要有差别，青年服刑人员与中老年服刑人员的教育内容与教育形式亦应当有所区别，要选择适合他们年龄特征的教育内容与方法，从而使服刑人员能够得到更多更大的积极变化。三是教育内容、方法出现矛盾、冲突或争执时，要按照有利于服刑人员成长的理念来处理。特别是当这种矛盾、冲突与争执是出现在服刑人员与矫正工作者之间或者是矫正工作人员内部时，“有利于服刑人员成长”的理念有时会被放置一边，往往按照便于矫正工作者的工作来实施教育矫正活动。甚至这种情况在某些矫正工作人员头脑中还被认为是理当如此。譬如，某监区或分监区教育干事制订了一份教育改造计划或方案，因给部分民警带来不便利而遭到反对，那么这份计划或方案的后果，往往或者是被放弃或者是被修改，而修改时常常不是按照有利于服刑人员的成长为标准的，通常是按照有利于民警的便利来修改。我们认为，“有利于服刑人员成长”理念第三个层面是否能够得到实现，可用于检验我国矫正机构及其工作人员是否达到了职业化的水平或达到的职业化水平的程度。

（四）教育目标：顺利回归社会

监禁刑矫正机构的服刑人员，他们中的绝大多数人最终都要回归社会。但如果人回到了社会而依然故我，那么就有可能难以适应社会和在社会上立足，甚至可能重新犯罪又回到监狱。因而，如何使他们能够适应社会，不再重新犯罪，是矫正机构及其工作人员应当予以充分考虑的。顺利回归社会，应当成为监禁刑矫正机构教育改造的努力方面。

犯罪人，从社会学角度分析，是社会化的失败者；对犯罪人的教育改造，又称之为“再社会化”的过程。社会化，是指通过社会教化，个体获得知识、技能与规范，习得社会角色，成为一个合格社会公民的过程，也是个体从“自然人”发展成为“社会人”的过程。犯罪人既然没有完成好社会化过程，他们的社会化存在缺陷，那就应当在监狱等矫正机构中补上这一课。因此，从这一角度来说，对服刑人员的教育改造，是完善他们的知识与技能，掌握社会规范，培育社会角色的过程，也是一个为顺利回归社会的准备过程。

从教育矫正维度来分析“顺利回归社会”的教育目标，要求矫正机构不仅要解决服刑人员的犯因性问题，而且需要大力开展文化教育、职业技能教育，以及法制教育，以提升他们的文化、技能水平与规范意识。同时，要积极开展专题教育，以及专项矫正项目的设计与实施，促使服刑人员建立良好的社会角色。

从行刑角度来分析“顺利回归社会”的教育目标，要求矫正机构创新行刑方式，大力探索行刑社会化的工作机制，改革目前一维的监禁方式，使得服刑人员主要是刑期较长的服刑人员，从监禁刑矫正机构到回归社会过程中有一个过渡期。“将一个数年之久关押在高度警戒监狱里的人，告诉他每天睡觉、起床的时间和每日每分钟应做的事，然后再将其抛向街头并指望他成为一名模范公民，这是不可思议的！”“矫正官员和囚犯一般都赞成逐步地步入社会比突然地进入社会好。”[①] 因此，应当建立监禁刑服刑人员重返社会制度，如创立“半开放型监狱”，以及“中途之家”等，并进一步提高假释的比例。“中途之家”在国内已有所开展，要总结经

① ［美］克莱门斯·巴特勒斯著：《矫正导论》，孙晓雳等译，中国人民公安大学出版社1991年版，第130页。

验，进一步提升到国家层面而得以全面推广。“半开放监狱”在中国内地尚未有突破，需要监禁刑矫正机构在借鉴他国经验基础上来创新。

四、矫正机构中期教育原则

根据我国监狱法之规定，教育改造罪犯，实行因人施教、分类教育、以理服人的原则。作为教育矫正之基本原则，是矫正机构对服刑人员实施教育改造时应当遵循的基本准则。因人施教、以理服人构成矫正机构中期教育的原则，除此，还有循序渐进的原则，而分类教育应当是中期教育的方法之一。

（一）因人施教的原则

因人施教是古往今来教育科学中的一条普遍原则，古今中外概莫能外。“孔子教人，各因其才。”“人”作为一个抽象的概念，无论其有多少共同属性，都不能掩盖活生生的个别差异性与个性特征。每一个教育对象，都是在知识水平、接受能力、学习态度等方面各具特色和差异的复杂的个体。教育就必须充分考虑到这些特点和差异性，有的放矢地开展教育活动，才能收到良好的教育效果，达到预定的教育目的。这一点，对于矫正机构的教育改造工作来说也是毫无例外的。

在中期教育活动中，贯彻因人施教的原则，就是要求对服刑人员实施教育时必须从他们的实际出发，根据个体的不同特点，有针对性地开展教育矫正工作。服刑人员作为教育矫正的对象，他们往往具有比学校教育对象更为复杂的特点。进入矫正机构的服刑人员，他们犯罪性质各异，刑期长短不一，原有文化程度差异巨大，如何有效地组织教育矫正活动，是相当困难的事情。而且服刑人员接受能力参差不齐，性格特征各不相同，日常行为表现有好有坏、时好时坏，对他们的教育，必须分别对象，因人、因事、因时而异。只有贯彻因人施教的原则，才能避免“一锅煮”、“一刀切”的粗放教育，运用个别化的教育矫正方式方法进行精耕细作，使每个服刑人员都受到针对性的教育，有效地转化他们的犯罪思想并调动起他们改造的积极性。

贯彻因人施教的原则，不仅要求矫正机构工作人员要深入、细致地了解服刑人员的情况，分析他们存在的各种问题，而且要最大限度地利用服刑人员自身存在的积极因素，促进其思想转化。

（二）以理服人的原则

以理服人，就是在教育矫正过程中，对服刑人员摆事实、讲道理，做耐心细致的说服教育工作，在解决服刑人员的思想问题时，不以势压人，不以力服人，而要善于疏通、诱导和说服。

理论与实践都证明，凡是思想问题、精神世界的问题，只能靠摆事实、讲道理的办法解决，用简单粗暴的压服方法不但无效，反而有害。因为内心世界活动的自由，是任何他人也无法剥夺的。因此，在教育过程中，应当特别注意以理服人，做耐心细致的说服教育工作。

贯彻以理服人的原则，要立足于摆事实、讲道理。摆事实是讲道理的基础，在对服刑人员进行一般教育时，要注意多用说服力强的典型事例，引申出正面道理，把事情的本质分析清楚。在解决服刑人员的具体问题时，也要在实事求是地弄清事实的基础上进行，而不能先入为主，以主观代替客观，以想象代替事实。在此基础上，应区别情况，不失时机地做好说服教育，使说服教育贯穿于矫正工作的各个环节。

（三）循序渐进的原则

循序渐进，就是指对服刑人员的教育矫正，必须有计划、有步骤、有系统地进行，逐步提高他们的思想认识及文化技术水平。

从各门学科的特点来看，不论是思想教育，还是文化和技术教育，每门学科知识都具有严密的逻辑体系，都是由易到难、由简到繁、由浅入深的逐步深入过程。对受教育者来说，没有对前一部分的掌握，就很难对后面的问题作出正确的理解。没有对简单知识的掌握，就很难去学习更为复杂的知识。思想的教育、知识的学习、技术的掌握，都要遵照循序渐进的原则，才能逐渐深化服刑人员的思想认识，保证服刑人员逐步掌握知识技能。

贯彻循序渐进的原则，要制订科学的教育计划并有步骤、有系统地落实教育计划；要对服刑人员的教育坚持不懈、持之以恒；要坚持做长期的、大量的、细致的教育矫正工作。指望靠突击的做法完成教育任务，实现教育目的，是不现实的，也是十分有害的，必须坚决摒弃。

贯彻循序渐进的原则，要正确对待服刑人员在教育改造过程中出现的反复。由于人的认识的复杂性，原有错误思想的顽固性，服刑人员的思想矫正并非一蹴而就，往往会出现思想的反复，“前进两步倒退一步”。为此，必须在循序渐进的基础上，搞好反复教育，抓反复、反复抓，使服刑人员的认识问题得到彻底解决，从而巩固正确认识，实现矫正目的。

循序渐进的原则，不仅在思想、文化、技术等教育中要得到体现，而且在集体教育、分类教育、个别教育时也要遵循。它体现于教育矫正工作的全过程和各方面。

矫正机构中期教育的指导思想与原则是互相联系、紧密相连的。因人施教、以理服人、循序渐进的教育原则，深刻体现了科学与人文精神。同时，在中期教育过程中贯彻这样一些原则，也要求矫正机构工作人员对服刑人员的教育矫正活动的方式与内容应当是互动与选择的。只有这样，才能调动被教育者的改造积极性，并做到有的放矢。

第四节　矫正机构中期教育流程

一、工作流程与教育流程

（一）工作流程

矫正机构教育改造工作流程，简称工作流程，是指入监教育、中期教育、出监教育三个前后相继的工作阶段。根据有关规定，监狱等矫正机构应当对刑满释放人员回归社会后的情况进行调查，以评估教育改造工作的质量和效果。这个部分的工作内容称之为“向后延伸”，如果它不包含在出监教育阶段中，则构成教育改造工作的第四个工作阶段。

根据司法部《监狱教育改造工作规定》，入监教育的内容包括宣布罪犯服刑权利和义务，开展法制教育与监规纪律教育等；还要了解掌握罪犯的基本情况、认罪态度和思想动态，进行个体分析和心理测验，评估危险程度、恶性程度与改造难度，并提出改造建议。在入监教育结束时还需要进行考核验收。入监教育的工作过程包括入监适应阶段、集中训练阶段、考核鉴定阶段等。具体内容在本书第十四章阐述。

《监狱教育改造工作规定》规定出监教育的内容包括形势政策前途教育、遵纪守法教育、就业指导、实用职业技能培训，以及邀请社会部门来监介绍国家政策与社会现实情况，教育罪犯做好出监思想准备。同时，要对罪犯改造效果进行综合评估，寄送《刑满释放人员通知书》。另外，还应当对刑释人员回归社会后的情况进行了解，以评估教育改造工作的质量和效果，总结推广教育改造工作经验，提高教育改造工作质量。出监教育的工作过程包括分析与总结阶段、补充教育与学习阶段、巩固与提高阶段等。具体内容在本书第十四章详述。

（二）教育流程

教育矫正流程，简称教育流程，是指以教育对象的评估分析为起点，通过制订并实施针对性的教育矫正方案，最后评价教育矫正效果这样一个具有前后逻辑关系的教育过程。因此，它主要包括评估诊断、制订并实施矫正方案与矫正效果评价三个过程。评估、矫正与效果检验，是教育流程的核心内容。

教育流程的三个构成部分，在个别教育、分类教育中表现明显，也应得到体现，在某些集体教育活动中也应如此。但在一些集

体教育中不一定要具备完整的三个部分，如对全体（监狱、监区或分监区）服刑人员讲解某方面法律知识，入监教育阶段讲解服刑人员权利义务，出监教育阶段宣讲国家有关就业、安置、社会保障等政策。诸如此类的集体教育，一般不需要对全体服刑人员进行评估，制订一个相关教育方案予以实施，并对教育效果作评价即可。

在目前教育改造的现实工作中，教育流程不完整的情况可能较多地存在。在教育方案中或方案执行时，只有一个实施过程，缺乏对教育对象的评估分析以及矫正效果评价，即使方案中有对教育对象的分析，也往往是方案制订者的已有经验或简单的观察后得出的。这会造成教育矫正活动缺乏针对性，陷入随意性、科学化不足的境地，也必然影响到教育改造的效果。因此，对于追求教育改造工作科学化的我国各类矫正机构来说，做到教育流程的完整性是一个前提条件。

（三）工作流程与教育流程的关系

每个教育改造工作流程都包含有许多个教育矫正流程。每个教育流程只是工作流程的一部分，若干个教育流程构成一个工作流程。工作流程相对独立，教育流程可跨越工作流程，但一般应在一个工作流程内完成整个教育流程。如果一个教育流程在一个工作流程内没有完成，在下一个工作流程内可继续执行。例如，某个教育方案在入监教育阶段完成了一部分，则可在中期教育阶段继续实施未完成的部分。对某些短刑期服刑人员来说，如余刑一年以下特别是三个月以下的服刑人员，可能会出现（某个）教育矫正流程未能完成就已刑满释放的情形。对此，矫正机构要与社会安置帮教部门加强沟通，在可能的情况下，由社会安置部门继续完成必需的教育矫正流程，以实现对服刑人员的教育改造。

二、评估、矫正与效果检验

（一）评估

服刑人员评估就是应用科学的方法和工具了解服刑人员的内在特征及其相关情况的过程。

从教育改造的角度来看评估内容，它包括三个方面：一是要了解服刑人员的犯因性问题，为教育矫正活动指明具体对象；二是要了解服刑人员个体的差异性特征，为合理地管理、教育他们服务；三是要了解服刑人员的社会关系方面的情况，包括家庭状况与曾经的社会交往情况等，明确服刑人员的社会支持情况，为教育改造服务。

评估的时间分布有两类：一类是入监阶段的评估、服刑中期阶段的评估与出监阶段的评估。这是从教育改造工作阶段角度所划分的评估，是服刑人员从一个工作阶段转入另一个工作阶段所做的评估。另一类是每个教育方案制订前、实施过程中、实施结束后的评价。这是一个完整的教育矫正流程所需的评估。教育方案制订前的评估以及实施结束后的评价比较容易理解，教育方案实施过程中的评估似乎较为难以理解。我们说，对服刑人员的教育矫正，并非一个“点”或者一个“面”上的矫正，往往需要对他们进行综合矫正，需要对多个“点”或多个“面”进行系统矫正，这样就需要在每个“点”或每个“面”实施矫正后对矫正进展情况作评估，此其一。其二，即使是对服刑人员某一个方面进行的矫正，往往也并非一蹴而就，需要一步步地来开展教育矫正工作，那么每完成一步教育矫正活动就需要进行一个简要的评估，以明确矫正的效果。正是从这个角度说，评估统一于矫正活动过程中、矫正过程包含有评估过程。另外，矫正活动结束后的效果检验，从某种意义上说也是一个评估过程。

从目前我国监狱等矫正机构服刑人员评估现状来看，评估什么和用什么评估都存在一些问题。这两个问题其实反映了缺乏科学的

评估工具的问题。因此，评估工具的开发，迫切而必需。目前，监狱系统应用较多的是心理测验，虽然有其价值，但是对于矫正评估所要清晰的犯因性问题，已有的心理测验常常不能满足需要。开发针对性的评估工具，包括犯因性问题访谈清单和犯因性问题调查问卷（或称之为"矫正需要评估量表"），是中国矫正机构的工作走向科学化的重要基础。另外，目前我国矫正机构年轻的工作人员比例大、非矫正相关专业（如不是教育学、心理学、社会学、犯罪学等）的矫正工作者众多，使用标准化的评估工具更有其必要性。

（二）矫正

矫正包括制订与实施矫正方案两个步骤。

制订矫正方案是指预先拟订服刑人员教育矫正的具体内容、行动步骤和矫正方法的过程。这一过程的结果，就是制订出切合实际的、有效的、有针对性的教育矫正方案。

教育矫正方案可分为以下三类。分类一：宏观的与微观的矫正方案。宏观的教育矫正方案可分为省级（省监狱管理局、省司法厅社区矫正管理部门、省公安厅公安看守所管理部门）、监狱、监区直至分监区级的教育改造总体方案或计划。微观的教育矫正方案是指针对某一具体犯因性问题制订的矫正方案。分类二：个别教育方案、分类教育方案、集体教育方案，以及其他方法类（如社会帮教）矫正方案。这是以教育方法为维度的教育方案分类，在矫正机构中一般不常用。分类三：思想教育计划、文化教育计划、职业技术教育计划等。这是以教育内容为维度的教育方案分类。在当前的矫正机构教育计划中，分类一的宏观类教育计划是较为常见的，特别是监狱系统，每年的教育计划是给予制订成文的。可是，分类一的微观的教育矫正方案是目前较为缺乏的，但也是教育改造工作深化发展所必需的。这方面需要创新与发展。本书相关章节在这方面做了些探索。

实施矫正方案就是将服刑人员教育矫正方案付诸实际的活动。实施过程中的注意事项，在本书的相关章节有详述。

制订与实施两个步骤中，制订矫正方案的过程更为关键。在制订了有针对性的、综合的教育矫正方案之后，特别是针对犯因性问题所做的矫正方案，常常需要狱政管理、教育改造、劳动改造、心理矫治等多手段的综合运用，需要以某个部门牵头、多部门共同合作，或者以某个民警为主、多部门若干民警分步实施矫正，因而实施过程中的计划性、相互支持与配合是甚为重要的，需要各司其职，在教育矫正的现代理念指导下做好各自承担的工作。在此强调要以前面所述的中期教育指导思想来指导教育矫正方案的实施，这是因为无论方案制订得多么完善，在实施过程中总会出现各种各样的问题是方案所没有包含的，此时就需要矫正工作人员用正确的指导思想来处理这些问题，并要遵循教育矫正的原则以及以制订该矫正方案的内在要义为宗旨。

然而，正如前面所提到的，由于目前我国矫正机构年轻的工作人员比例大、非矫正相关专业（不是教育学、心理学、社会学、犯罪学等专业）的矫正工作者众多，因此如何切实有效地实施矫正方案可能会成为一个问题。在制订了切实可行的矫正方案之后，“干部是决定因素”。因此，面对当前民警构成上的困境、专业人员的不足，开发教育矫正的“专家系统”显得尤其重要。循证矫正的“证”的建设应当加快推进。

（三）效果检验

对教育矫正效果的评价，是教育改造工作的重要组成部分。进行这方面的工作，既是衡量服刑人员矫正质量（服刑人员自身的积极变化情况）的需要，也是检验某一阶段教育改造工作质量（矫正工作人员的工作效率与结果）的需要。它对于改进服刑人员教育改造工作和提高教育改造质量，都具有十分重要的意义。

教育矫正效果评价有三种类型。根据前述教育矫正方案的分类一，教育矫正效果的评价有宏观教育改造方案的效果评价与微观矫正方案的效果评价。各级宏观教育改造方案实施结束所作的总结以及年度教育改造工作总结，是一类教育改造效果评价。针对服刑人员的犯因性问题所制订的矫正方案实施结束后所作的矫正效果评价，是又一类矫正效果检验。另外，根据司法部《监狱教育改造工作规定》，要求对服刑人员刑满释放后进行追踪考察，以评估教育改造工作的质量和效果。这是第三类改造效果评价。

矫正效果检验的标准，主要是方案中所制订的教育改造目标的实现情况与程度。如果经检验实现了教育改造的目标，那么教育矫正的效果就达标了。如果没有实现教育改造的目标或者矫正目标只是部分得到实现，那么矫正效果检验就是不达标或基本达标。对于没有完成矫正目标的情形，应当认真分析其原因，或者对制订的矫正方案进行修正，或者重新制订教育改造的方案。而对刑满释放人员的改造效果检验如果没有达到教育矫正的目标，在反思监狱教育改造工作的同时，监狱相关部门需要与社会有关部门进行沟通并采取合理合法的补救措施，以实现教育改造的目的——守法公民。

如何更准确地评价教育矫正的效果，是一个值得矫正机构重视的问题。目前，我国矫正机构对教育改造的效果评价往往是定性的，而且评价的人员通常只是矫正工作人员。这常常导致非客观化，需要加以改进。扩大评价人员的主体或者采取第三方评价，是一个改进方向。而评价工具的开发，使得矫正效果检验定性与定量相结合，是需要重视的方面。

三、教育流程循环

对服刑人员教育矫正的现实情况表明，服刑人员在教育改造过程中的反复是经常出现的现象。这一方面表明矫正方案需要修正，另一方面表明可能需要制订一个新的矫正方案重新开展教育矫正工作。同时，对服刑人员的认识，包括对其犯因性问题的准确掌握有时会是一个递进的过程，就是在矫正过程中发现了造成服刑人员犯罪的新的犯因性问题。这就需要对原先制订的矫正方案进行修正，或者针对新发现的犯因性问题再制订一个有针对性的矫正方案。另外，因各种原因也会造成宏观的或年度的教育改造方案或计划有可能出现目标达不到的情形，或者是年度教育改造目标达到后，需要在此基础上进行新的教育改造工作，以保持整体教育改造工作目标的完成。这些情形都表明，对服刑人员的教育改造工作，是一个循环往复、螺旋上升的过程，常常需要在前一个阶段工作的基础上开展新一轮的教育矫正活动。新一轮的教育改造活动，仍然需要对矫正对象进行评估，然后制订新的矫正方案、实施该矫正方案，并评价矫正的效果。如此循环往复（如图 1-1），最终实现教育改造的根本目标。

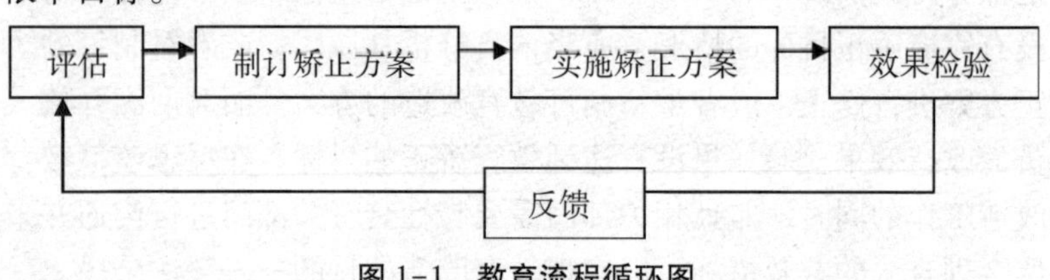

图 1-1　教育流程循环图

第二章　中期教育前提——评估与分类

矫正机构开展中期教育的前提是准确有效的评估工作，对服刑人员的教育总是以有效的评估为前提，而为了提高矫正工作效率，又需要对被教育者进行分类。这是本章要阐述的两个主要内容。本章要回答下列问题：

1. 服刑人员评估的内容有哪些？
2. 心理异常的服刑人员如何处置？
3. 如何开展人身危险性评估？
4. 如何降低服刑人员的人身危险性？
5. 如何评估服刑人员的矫正需要？
6. 矫正方案如何设计？

在进入正式议题之前，首先对评估与分类的内涵作简要介绍。评估的含义在第一章已述，是指应用科学的方法和工具了解服刑人员的特征及其相关情况的过程。矫正机构对服刑人员的评估包括前后有序的三个环节，即心理正常与异常评估、人身危险性评估与矫正需要评估。分类是指根据各种不同的标准区分出不同类型的服刑人员，并施加有差异的影响，以提供最有效的、适应他们需要的教育矫正活动的过程。

从目前一些监狱的实践情况看，对服刑人员的评估会在入监教育阶段完成。因而进入中期教育阶段时，根据入监阶段的评估及制订的教育矫正方案，首要的工作是实施方案工作。在矫正方案实施一段时间后，对矫正对象的再评估是应当考虑的。这个再评估包括上述三个环节。而对于某些在入监教育阶段未能进行有效评估的矫正机构来说，进入教育矫正中期开展三个环节的评估是优先需要进行的。

第一节　服刑人员心理正常与异常评估

对服刑人员心理正常与异常的鉴别，是监狱等矫正机构及其工作人员，包括社区矫正工作人员首先需要做的。因为对心理异常的服刑人员来说，教育、劳动、管理等诸项活动也许是难以取得成效的，也是不妥当的。对服刑人员心理异常的评估，应当遵从矫正机构心理矫治工作的标准化程序来开展。

一、心理正常与异常含义及区分标准

（一）心理正常与异常的含义

"心理正常"是指具备正常功能的心理活动或者说是不包含有精神病症状的心理活动。正常的心理，既正常心理活动，具有适应环境、正常人际交往、认识客观世界三大功能。

"心理异常"也即"心理不正常"，是指有典型精神障碍（俗称"精神病"）症状的心理活动。不正常的心理，即异常心理活动，是丧失了正常功能的心理活动，既丧失了正常心理活动的上述三大功能。

（二）心理正常与异常的区分标准

评定心理现象是否正常，有赖于制订明确的客观标准。然而，心理正常与异常之间的界限往往是相对的，不十分清晰。矫正机构及其工作人员在鉴别心理正常与异常时要清晰这一点。一般来说，区分心理正常与心理异常的方法有多种，譬如常识性区分方法、标准化区分标准、心理学区分原则等，目前公认、统一的区分标准尚且没有。然而，既然目的是区分心理的正常与异常，那就应当从心理学的角度切入，以心理学对人类心理活动的一般性定义作为区分

依据。据此有学者提出了“心理学三原则”作为确定心理正常与异常的依据。①

1. 主观世界与客观世界的统一性原则。心理是客观现实的反映，任何正常心理活动或行为其形式和内容与客观环境是保持一致的。不论是谁，也不论其处在怎样的社会历史条件和文化背景中，如果他看到或听到了在客观世界中并不存在的刺激物，那么这个人的精神活动就不正常了，因为他产生了幻觉。此外，如一个人的思维内容脱离现实，或思维逻辑背离客观事物的规律性，这时这个人就是产生了妄想。这些都是观察和评价人的精神与行为的关键，称之为统一性（或同一性）标准。在临床上，常常把有无“自知力”作为判断精神病的指标，其实这一指标已涵盖在上述标准之中。所谓“无自知力”或“自知力不完整”，是一个人对自身状态的错误反映，或者说是他的“自我认知”与“自我现实”的统一性已丧失，如精神分裂症的幻觉、妄想等症状。

2. 心理活动的内在协调性原则。人的心理活动被分为认知、情绪情感、意志行为等部分，是一个完整的统一体，各种心理过程之间是协调一致的。这种协调一致性，使人在反映客观世界过程中具有高度的准确性和有效性。然而，如果认知、情绪等与行为表现不协调，如一个人用低沉的语调述说令人愉快的事，对痛苦的事作出快乐的表情，说明他的心理过程失去了协调一致性，则称之为异常状态，如典型的强迫性神经症。

3. 人格的相对稳定性原则。一个人在漫长的人生道路上，会逐步形成自己独特的人格心理特征，这种人格特征一旦形成，便具有相对的稳定性，在没有重大外界变化的情况下，一般是不易改变的。如果在没有明显的外部重大原因影响的情况下，一个人的个性发生改变，就要怀疑这个人的心理活动出现了异常。所以，可以把

---

① 郭念锋主编：《心理咨询师（基础知识）》，民族出版社 2005 年版，第 299～300 页。

人格的相对稳定性作为区分心理活动正常与异常的标准之一。

上述三条标准是并列关系，只要一个人违反了其中的一条原则，就可以判定其心理出现了异常状态。

二、评估方法与步骤

（一）评估内容

为了区分服刑人员心理是否正常，需要收集以下信息与内容：[①]（1）外表。观察服刑人员的仪表是否杂乱邋遢、衣着是否与气候相适合等。（2）行为。观察服刑人员的步态是否反常、行为是否符合环境。（3）言语。注意服刑人员的言辞表达是否反常、是否符合文化传统，关注言语的内容和言语表达的情况。（4）对待面谈员的态度。（5）心境和感情。观察服刑人员的心境和感情是否与言语的内容相一致。（6）思维。（7）认知功能。用一些特别的问题检查服刑人员的定向力、记忆力（包括瞬间记忆、短期记忆和长期记忆）、注意力集中情况和计算能力。（8）抽象能力。（9）智力。（10）自知力。（11）判断力等。

然而，有时为了更准确地诊断服刑人员的心理状况，需要收集更多的信息内容，包括服刑人员的人口统计学信息、生活状况、婚姻家庭、工作状况、自我描述、内在世界等一般资料，以及各年龄阶段的成长史资料和服刑人员目前精神、身体与社会交往状态的资料，具体内容可参见相关书籍。[②]

（二）评估方法

心理评估一般采用定性和定量两种方法。常用的心理定性评估方法有个案法、会谈法、观察法、调查法、作品分析法等；定量评

---

① 吴宗宪主编：《中国罪犯心理矫治技术》，北京师范大学出版社 2010 年版，第 41 页。

② 郭念锋主编：《心理咨询师（三级）》，民族出版社 2005 年版，第 15~18页。

估方法包括各种心理测验和评定量表。[①]

为了确定服刑人员的心理正常与否，可以采用以下方法：

1. 诊断式会谈。是指通过访谈者和受访人，即服刑人员面对面的交谈来了解他们的心理和行为特征的评估方法。研究表明，会谈是很常用、也是较难掌握的一种评估手段。有人把这种技术称为“伟大的艺术”，意思是说，人人都有会谈的能力但并非能谈得成功。会谈评估的具体方式分为非结构性会谈与结构性会谈。

非结构性会谈，就是允许会谈评估者自由地重复问题、引入新问题、修改问题顺序等，并且随受访者问题或思维变化而变化。这种会谈的灵活性便于评估者采用适合受访者的特定情形的会谈技术。有时评估者可以忽略看起来价值不大的主题，有时可以引入起初没有列入计划的主题。有经验的会谈评估者还可以通过被访谈者的冲突、焦虑情绪和防御状况，诱发出他们所隐瞒的事实和症状起因。当然，非结构性会谈需要会谈评估者有足够的经验、较高水平的技能和训练，尤其要熟练掌握相关的理论和概念，以及有关会谈的背景知识。评估者通过非结构性会谈所掌握的有用信息，如受访者过去的历史、当前问题的描述、临床心理状况检查的结果、家庭成员和主要人物的看法等，就可以对受访者的心理状况作出分析总结，主要包括：一般的表现和行为，情绪和情感，感觉、知觉、言语和思维，判断力、自知力等。

为了减少非结构性会谈由于不同会谈风格和范围所导致的不可靠性，后来出现了结构性会谈，而且这种会谈已成为许多现代临床研究的基础。在结构性会谈中，对于同一位来访者，给予预先固定的标准化问题，不同的会谈评估者可以得到同样的信息。它往往要求有问题指向的记录系统。可以应用计算机的专家系统输入原始资料后作出具体可靠的评估结果。

---

① 宋胜尊著：《罪犯心理评估：理论、方法、工具》，群众出版社 2005 年版，第 1 页。

2. 心理测验。这是评估的重要手段之一，也是目前世界各国应用最广泛的评估方法之一。一般先通过会谈法对服刑人员的心理问题进行初步理解和判断之后，为提高理解和判断的可靠性，再选择相应的问卷或量表做进一步的量化分析。在诊断服刑人员心理状况方面，常用的量表主要有：①症状自评量表（SCL—90），②焦虑自评量表（SAS），③抑郁自评量表（SDS）和抑郁状态问卷（DSI），④明尼苏达多项（相）人格量表（MMPI）等。

如果心理测验与会谈法、行为观察的结论不一致，那么不可以轻信任何一方。必须重新进行会谈，而后再进行测量评估。

3. 行为观察。除了面谈与测量之外，矫正机构工作人员还可以通过观察各种行为表现来获取有关服刑人员的心理健康资料。亦可安排服刑人员同伴通过观察来收集该服刑人员的资料。所谓观察，就是有意识地关注服刑人员的言行举止的活动。观察可分为直接观察和他人观察；自然观察、模拟观察和参与观察。

观察可在会谈和测量之前，也可以安排在会谈和测量之后。观察到行为表现异常的服刑人员，既可进行诊断式会谈亦可安排做相应的心理测验，以明确其心理与行为问题。

（三）评估步骤

1. 评估资料的收集。一是收集服刑人员的一般资料，如姓名、性别、年龄、文化程度、出生地、犯罪类型、原判刑期，有无重大疾病和精神病史，颅脑是否受过损伤等，必要时可将服刑人员的“副档”调出以了解其犯罪经历，判断其是否受过强烈或相对强烈的精神刺激。二是组织心理测试，开展心理访谈调查。应用科学的测量手段，掌握服刑人员个性特征、心理健康状况、防御方式等内容，为准确诊断提供科学依据。通过对本人及其他服刑人员的访谈，掌握服刑人员的心理状况，发现心理问题，鉴别心理异常情况。三是资料分类汇总。对通过多种方法收集到的服刑人员的资料进行分类汇总。

2. 归纳、分析与诊断。归纳是从个别到一般，即从各种评估资料中得出一般性的结论。在评估资料分类汇总的基础上，应当对资料进行归纳整理，并得出相应的结论。同时，对获得的资料要进行分析。这个分析有两个部分：一是对资料可靠性的分析，这要求对多渠道获得的资料进行比较，判明是一致的还是相互间有矛盾。二是对经可靠性比较后的资料作进一步分析，以找出造成心理问题的主因与诱因，并经综合评估后形成诊断结论。只有经过认真、仔细、全面的归纳与分析，才能得出可靠的诊断结果。

3. 评估报告的撰写。心理正常与异常评估的最后一个环节，是对结果的解释与报告。在对评估结果进行解释时，一般应遵循以下原则：一是有益性，即应从有利于服刑人员的利益、有利于实现矫正机构工作目标的角度出发作出解释和结论。二是系统性，即应将服刑人员之前的经历或背景因素综合考虑进行系统解释，不能孤立地就本次评估的结果作出解释或得出结论。这一点在对服刑人员心理测验的分数进行解释时尤为重要。三是适应性，即对服刑人员评估结果进行解释和推论时，应注意与服刑人员的身份与现状相适应，作出符合服刑人员实际情况的解释与结论。

一般地，对服刑人员心理异常的诊断，在观察与会谈之后对有精神异常怀疑的服刑人员，可以选择做 MMPI 以提高判断的准确性。同时，按照《中华人民共和国精神卫生法》的规定，精神障碍的诊断应当由精神科执业医师作出。

三、评估结果分类处置

被诊断为心理异常的服刑人员，特别是存在精神障碍的服刑人员，主要应当依据医学模式进行治疗，并依据治疗进展情况运用心理矫治模式作配合治疗。经鉴定具有异常心理的服刑人员，首先应当遵从医学模式开展专业治疗。这一般由矫正机构附属医院的精神科医师或者是社会专业精神疾病医院的执业医师来完成。其中重性精神障碍的，应当依照医学模式治疗与管理；或送专门监区、监狱集中管理与治疗。神经症性服刑人员，针对不同类型实行医学治疗与心理矫治并重的治疗与矫治工作模式。

心理异常服刑人员的管理、教育与劳动安排，区别于心理正常者，需要专门研究矫正手段的配置方式，常规的矫正方式一般都不能适用或者只是部分能适用。刑罚效应与服刑人员权利保障需要综合考虑，对他们有效的管理与治疗都不可或缺。管理的目的是不因他们影响矫正机构正常的管理教育工作和其他心理正常服刑人员的教育改造活动，同时又要体现监禁的惩罚功能。而对他们的对症治疗则是服刑人员权益保障之需，是他们作为公民的权益之所在。

经治疗恢复正常心理的服刑人员，才可以对他们开展教育矫正、劳动改造，以及有效的管理活动。这是矫正机构及其工作人员需要拥有的基本概念。

第二节　服刑人员人身危险性评估

被评估为正常的以及经治疗后心理正常的服刑人员，接着需要进行人身危险性评估。这一评估是在心理评估之后开展，又可称之为二次评估。目前，有的监狱在入监阶段即开展服刑人员危险性评估，这是可以的。不过为了更好地了解服刑人员的身心状况与特征，保证更为准确地评估服刑人员的危险性，可以安排在入监6个月后即矫正机构中期教育阶段再开展此项工作。而对于那些刑期很短或者非监禁刑服刑人员，危险性评估与矫正需要评估可以合二为一，并建议以矫正需要评估作为主要的工作内容。

一、服刑人员人身危险性评估含义与评估内容

（一）服刑人员人身危险性评估含义

服刑人员人身危险性评估是指在服刑期间可能给矫正机构的管理或社会安全造成潜在威胁，或者给服刑人员自身带来影响其矫正的不确定状态的评价和鉴定。

服刑人员在服刑期间的脱逃、行凶、暴乱、劫持人质、自杀、

自伤、自残等，都是对矫正机构及其工作人员、社会人员以及服刑人员自身与其他服刑人员安全的威胁，需要矫正机构对此作出评估与预测，以保证矫正机构、服刑人员与社会各类人员及物品的安全，防范狱内案件和突发事件的发生。

一般而言，人身危险性评估可分为再犯危险评估、伤害危险评估和致命危险评估三种。服刑人员人身危险性评估通常围绕服刑人员暴力危险性、自杀危险性、脱逃危险性以及出狱后重新犯罪危险性四个方面进行。① 本书的人身危险性评估不包括再犯风险评估。

然而在我国，服刑人员人身危险性评估更多地被称之为“犯情分析”或“狱情分析”。从早期的“敌情分析”，到“狱内动态”，再发展为“犯情分析”，我国监狱持之以恒地开展此项工作以维护监狱的安全稳定和服刑人员的人身安全，取得了应有的成效。总结其中的成功做法与经验并能够上升到理论层面是矫正机构中期教育的需要，也是有价值的。不过，从现实总体情况看，我国监狱的“犯情分析”似乎更多地表现为经验型，缺乏理论性，或者理论性不足，以科学标准来衡量，常常显示出不可重复性。从国际行刑范围来看，我国现实中的“犯情分析”似乎也缺乏可交流性。因而，参考国际上人身危险性评估的做法与经验，发展出具有国际视野的本土化的人身危险性评估体系，亦是当务之急。

（二）人身危险性评估内容

国内外许多学者对服刑人员人身危险性评估作了诸多探索，提出了多种版本的评估体系，具体请参阅相关书籍。② 这些评估体系在我国监狱开展人身危险性评估时可资参考。下面简要介绍其中三种人身危险性评估变量体系，供我国矫正机构在作人身危险性评估

---

① 屈建伟：《影响危险性评估准确性的因素及危险性评估对法律机构的影响》，载《江苏警官学院学报》2011 年第 4 期。

② 陈伟著：《人身危险性研究》，法律出版社 2010 年版，第 197～202 页。

或编制人身危险性评估量表时参考使用。

一些用于服刑人员分类的变量可以作为人身危险性评估的内容，美国监狱的分类标准主要有：[①]（1）年龄，研究表明年龄与狱内的越轨及不适当行为有线性关系，年轻的服刑人员比年老的更常发生违反监规纪律的问题。（2）种族，在美国，这一因素与其他因素交织在一起可能会引发服刑人员的危险性行为。在中国某些地区的监狱中可能是评估服刑人员人身危险性的内容之一。（3）婚姻状况，未婚的服刑人员比已婚的人身危险系数高。（4）就业稳定状况，被捕前失业或无业的，狱内问题多，人身危险性大。（5）使用毒品或酒精情况，有使用的特别是年轻的服刑人员，人身危险性更高。（6）居住稳定状况，与监禁刑服刑人员的人身危险性及狱内行为问题相关性很少，但可能与非监禁刑服刑人员人身危险性的相关性大。（7）犯罪记录，一般地犯罪记录多者人身危险性高，并且首次犯罪年龄越小人身危险性越大，但有时年龄因素又会共同起作用，需要综合起来作分析。（8）过去的暴力行为，常常作为评估服刑人员人身危险性的重要指标，但应具体问题具体分析。（9）过去的监禁记录，这也是人身危险性评估常常考虑的因素。（10）刑期与服刑期，服刑人员在监狱中的越轨行为呈 U 型发展，服刑初期人身危险性大，对一些长刑期罪犯来说，服刑后期人身危险性会增高，但要与犯罪性质、年龄等因素结合起来评估。（11）心理因素，这个因素很复杂，要区分不同的人格特征并结合服刑人员的其他因素综合评判其危险性。

目前，国外监狱使用较为广泛的人身危险性评估量表是 HCR-20。它从 20 个因素来评估服刑人员的人身危险性，其中的 10 个项目是评价服刑人员的“过去”，分别是：以前有过的暴力行为，第一次出现暴力事件时年纪很小的情况，家庭关系不稳定，就业问

---

① 孙晓雳编著：《美国矫正体系中的罪犯分类》，中国人民公安大学出版社 1992 年版，第 57~59 页。

题，药物使用问题，有较严重的心理疾病，精神病，早年行为失调，人格障碍，以前有过假释监护失败的经历；5个关于目前的临床表现，分别是：缺乏洞察力，态度消极，心理疾病症状明显，冲动，对治疗反应迟钝；5个关于未来导向的危险性项目，分别是：计划缺乏可行性，暴露在不稳定人物前（如曾犯罪的同伙），不能自食其力，不服从矫治尝试，压力或紧张。①

一般认为，人身危险评估的预测因子包括犯罪性需要，犯罪史/反社会史，社会业绩，年龄/性别/种族，家庭因素，知识情况，个人情绪因素，就业情况等。预测因子有静态和动态之分。静态因子包括：年龄，犯罪史包括反社会的行为，家庭因素，犯罪情况等；动态因子包括：反社会人格，同情心，犯罪性需要，人际关系，社会成就，滥用毒品等。②

二、评估途径与方法

（一）我国监狱目前人身危险性评估途径与方法

目前，我国监狱所做的"犯情分析"，其工作过程与工作途径各省监狱各有其自身特色。例如，有的监狱管理局制定了犯情分析的制度：在省监狱管理局层面，省局每季度召开一次监狱犯情分析会议，由监狱管理局局长主持，监狱管理局党委成员、机关处室负责人全部参加，各监狱、未成年犯管教所党委书记、监狱长（所长）、分管领导、狱侦科长参加；在监狱层面，监狱每月召开一次犯情分析会议，由监狱长主持，监狱党委成员、机关科室、特警大队、医院、驻监狱武警部队和检察院负责人参加，各监区长（教导员）、分管副监区长（副教导员）、各分监区长（指导员）参加；

---

① ［英］Clive R. Hollin主编：《罪犯评估和治疗必备手册》，郑红丽译，中国轻工业出版社2006年版，第30页。

② 翟中东著：《国际视域下的重新犯罪防治政策》，北京大学出版社2010年版，第125页。

在监区层面，每半月召开一次犯情分析会议，由监区长主持，监区领导和各分监区长（指导员）全部参加；在分监区层面，每周召开一次犯情分析会议，由分监区长主持，分监区全体人员参加等。

另外，有人认为获取“犯情”的方法有：首先，全方位了解服刑人员投入改造前的情况。其次，认真开展心理测量工作。最后，准确判断服刑人员的危险等级。通过前面的心理测量，科学判断服刑人员的心理状况，结合他们在日常改造中的表现以及改造的期望值，综合其刑期、年龄、罪名、家庭等情况，对服刑人员在今后改造中的危险等级予以确定。①

上述评估途径与方法，是目前我国绝大多数监狱在服刑人员人身危险性评估上通行的做法。然而，理性地分析这些评估方法可以发现，需要增加其科学性，需要在吸收国外评估方法与技术的基础上来创新与发展。

（二）我国监狱服刑人员人身危险性评估途径与方法的科学发展

服刑人员人身危险性评估途径有两种类型，一类是临床的评估途径，另外一类是统计的评估方式。临床评估主要是在通过收集各种临床资料的基础上所进行的评估，更为准确的评估途径是通过如标准化的临床资料收集工具“明尼苏达多相人格量表（MMPI）”来收集服刑人员的相关资料后，对其人身危险性所作出的评估与预测。统计评估是在收集服刑人员危险因子的相关资料基础上，运用统计方法对服刑人员人身危险性作出评估与预测的过程。在我国，两种类型的人身危险性评估都是较为缺乏的。

两类评估途径各有其优势，应当结合起来，如可以采用临床与统计、定性与定量相结合的方式作出综合性评估。定性评估：监狱成立人身危险性评估小组，每周或每两周评估一次，由监狱教育改

---

① 金忠扣：《浅论危险分子的排查控制与转化》，载《监狱理论研究》2008 年第 4 期。

造科或狱侦支队主持，入监分监区或需要评估的分监区责任民警汇报初步的人身危险性评估结果，并由评估小组最后确定人身危险性等级。定量评估：参照国外评估量表，制订本土化的服刑人员人身危险性评估体系（量表式），对服刑人员开展分层次的定量评估工作。根据定性与定量评估结果，对服刑人员的人身危险性作出综合性结论。需要明确的是，两类评估统一于一个过程，而不是互相分割的，应当把它们有机地结合起来。

在服刑人员人身危险性评估科学化方法上，国内有了一些本土化的探索。有学者从服刑人员的违法犯罪行为、心理状态、生理状态、家庭状况、犯罪前的表现、犯罪后的表现等方面进行量化评估，建立四级评估指标，以百分制计分来确定危险等级。①

另有学者提出了服刑人员人身危险性评估模式，主要有：（1）服刑人员危险性的人格评估模型：需要强烈→获得性动机增强→兴趣集中在某一兴奋点上→价值观念中又格外在意这一兴奋点→态度一时无法转化为中性→气质属于胆汁质或黏液质→性格内向或外向→生理唤醒水平上升→外形强壮或拥有特殊工具和技能→暴力行为发生。（2）服刑人员危险性的认知评估模型：外界刺激→个体对刺激的认知→个体通过认知赋予刺激某种含义→引起情绪变化→出现某种态度→引发某种行为→行为后果强化或否定对刺激的认知。（3）服刑人员人身危险性的应激评估模型：服刑人员应激=来自机体内外的实际压力/服刑人员自身的承受能力，当负荷过重时，引起服刑人员的紧张状态，导致的结果一是宣泄或攻击，二是压抑或崩溃。（4）服刑人员人身危险性的情绪评估模型：同一刺激情景→评估结果（三种：有利、有害、无关）→情绪反应（三种：肯定的情绪体验并企图接近刺激物，否定的情绪体验并企图躲避刺激物，或个体予以忽视）。（5）服刑人员危险性的概率评估模型：

① 唐新礼、陈蕊：《论罪犯危险性评估操作技术》，载《河南司法警官职业学院学报》2007年第4期。

犯罪效益=财产性利益+精神性利益。该研究者指出，上述五种模型不是截然对立的，而是彼此之间有相容性，既要注意灵活运用，又要注意综合性运用。[①] 应当指出，五种模型的提出既有其价值性，是一种可用于人身危险性评估因子设计或思考的途径，但是缺乏量化与具体可操作性，定性成分仍然更为明显。

江苏省监狱管理局设计了服刑人员人身危险性检测表，包括6大类25个项目。具体是：（1）犯罪状况，包括判刑或劳教次数、本次判刑年龄、刑种刑期、犯罪形态、犯罪类别、共同犯罪成员或黑恶势力成员6项；（2）自然状况，包括犯罪前居住状况、受教育状况、婚姻状况、与家庭成员关系、家庭经济状况、犯罪前3年内就业经历、犯罪前掌握劳动技能情况7项；（3）恶习状况，包括犯罪前交往状况、犯罪前在娱乐场所消费或工作经历、犯罪前赌博状况、犯罪前酗酒状况、性行为状况5项；（4）涉毒情况，包括曾经有过吸食或贩卖毒品经历1项；（5）心理和生理状态，包括情绪稳定状况、精神或心理状况、适应环境状况、身体健康状况、自杀心理产生情况5项；（6）犯罪归因，包括犯罪归因状况1项。[②] 对上述25个项目，根据服刑人员过去的自然状况和犯罪事实与人身危险性的关联程度，分派一定的分值，并按罪犯的不同类型，即男性判10年以上有期徒刑、无期徒刑和死刑缓刑两年执行的服刑人员，男性判不满10年有期徒刑的服刑人员，女犯和未成年犯等划分不同的区间分值，确实危险、比较危险和相对稳定三个等次。[③] 这一人身危险性评估量表，具有原创性特征，在评估的科

---

① 宋胜尊著：《罪犯心理评估——理论、方法、工具》，群众出版社2005年版，第225~231页。

② 于爱荣主编：《罪犯个案矫正实务》，化学工业出版社2011年版，第188~190页。

③ 于爱荣主编：《罪犯个案矫正实务》，化学工业出版社2011年版，第57~58页。

学性上迈进了一大步，但是仍然有两方面的工作可以进一步开展，一是对该检测表进行信度与效度检验，譬如与国外同类量表作本土化修订后进行效标效度检验，以及重测信度检验等；二是积累更多的评估资料，如对长刑期服刑人员的人身危险性作连续性检测，并与他们的服刑行为表现作效度检验；更有价值的工作是对服刑人员刑满释放后的违法犯罪情况作追踪记录，从根本上来检验该量表的信度与效度。

（三）国外罪犯危险评估工具（OASys）介绍

"罪犯评估系统"（OASys）是英格兰与威尔士矫正机构所使用的服刑人员人身危险性评估工具，被认为是世界上同类系统中最先进的系统。[①] 本书引入该系统，并对其中少数项目作了修改，同时有的项目还需要进一步细化，因而只是供我国矫正机构工作人员作参考，并希望能够促使我国更多的矫正机构及其工作人员投入到科学评估量表的研制工作中。

罪犯评估系统（OASys）

说明：（1）用于在监狱中服刑超过6个月的成年人。（2）评估要素主要有：犯罪史；犯罪的情节；犯罪前居住情况；罪犯所受的教育情况；罪犯接受培训情况、就业情况；经济背景；社会关系；生活方式；与人的关系；是否吸毒、是否酗酒；情感状况；突出的思维方式；突出的行为特征；生活态度；罪犯在狱内的表现。（3）评估的内容主要包括：实施暴力犯罪的危险；自杀或者自残的危险；脱逃的危险；实施危险行为的可能。（4）危险度被分为低度、中度、较高与高度四个级别。（5）评估的实施主要是评估人员在阅读有关材料基础上与罪犯交谈完成。

---

① 翟中东著：《国际视域下的重新犯罪防治政策》，北京大学出版社2010年版，第167~177页。

部分 A：现行犯罪

A1　这次犯罪被独立定罪的个数

犯罪的个数	1	2~3	4+
分数	0	1	2

A2　犯罪涉及下列因素

打钩（一钩一分）

使用武器	
暴力威胁	
玩手段 Cunning/Manipulation	
行为表现出一定的迷恋性	
行为表现出一定的装腔作势	
背信	
对财产造成一定损害	
长时间策划	
有性的因素	

A3　现在的犯罪是否是行为模式的一部分

否　0

是　2

A4　现在的犯罪是否在以前犯罪的基础上有所发展

否　0

是　2

A5　被害人情况

被害人总数	分数
0~1	0
2	1
2 个以上	2

对同一个被害人侵害

否　0

是　2

被害人是否是老弱病残

否　0

是　2

被害人是否是陌生人

否　0

是　2

部分 B：犯罪史（以前定罪情况）

B1　18 岁以前被定罪的情况

被定罪情况	0	1～2	3+
分数	0	1	2

B2　成人后被定罪次数

被定罪情况	0	1～2	3+
分数	0	1	2

B3　第一次被定罪时的年龄

年龄	18+	14～17	14 岁以下
分数	0	1	2

B4　第一次与警察打交道的年龄，包括警告

年龄	18+	14～17	14 岁以下
分数	0	1	2

B5　21岁以下被监禁次数

监禁刑	0	1~2	3+
分数	0	1	2

B6　21岁以上被监禁次数

监禁刑	0	1~2	3+
分数	0	1	2

B7　违反保外、假释规定

否　0

是　2

B8　是否具有脱逃史

否　0

是　2

B9　在监管设施内具有实施暴力、攻击与破坏的历史

否　0

是　2

B10　犯罪种类

故意杀人、伤害、故意杀人预备、伤害预备

其他暴力，包括攻击、持有武器

性犯罪

绑架

夜盗

盗窃

诈骗、伪造

其他不诚实的行为

投毒

进口、提供与拥有毒品

交通犯罪

犯3种罪	0
犯3~4种罪	1
犯4种以上罪	2

部分C：态度

没有问题=0　有些问题=1　严重问题=2

C1 接受或拒绝自己的犯罪责任
C2 犯罪的动机
C3 对被害人态度
C4 对量刑与法律程序的态度
C5 对管理人员的态度
C6 对假释等促进罪犯重返社会措施的态度
C7 对自己犯罪的态度（将来）
C8 对犯罪的一般态度（提供机会是否任何人都会犯罪）
C9 对社会的态度
C10 对自己的态度（是否有信心）

部分D：住宿

没有问题=0　有些问题=1　严重问题=2

D1 罪犯住哪类房屋
D2 释放后是否有确定的住所
D3 住宿的适宜性
D4 是否经常迁移
D5 释放后所使用的住宿是否与犯罪活动或被害人比较接近

部分E：家庭或者婚姻关系

没有问题=0　有些问题=1　严重问题=2

E1 与家庭、孩子的关系，如是否能够经常关心孩子
E2 在未成年时期是否受到过虐待

E3 现在与最亲近亲属的关系

E4 过去与最亲近亲属关系情况，如数量、满意程度等

E5 现在与配偶的感情情况

E6 家庭暴力情况

E7 为人父母角色下看与孩子的关系

E8 亲近的家庭成员是否有犯罪记录

没有＝ 0

有＝ 2

部分 F：所接受教育与训练情况

没有问题＝0　　有些问题＝1　　严重问题＝2

F1 上学情况，是否逃过学、被学校逐出

F2 未获得文凭

F3 在阅读、写作与数学上存在问题

F4 在学习上有困难

F5 对学习与培训的态度

部分 G：就业情况

G1 现在的就业情况

	分数
在狱内全时劳动	0
经常劳动	0
偶尔参加劳动	1
参加政府的训练项目	0
参加全日教育	0
曾经失业（6个月以下）	1
曾经失业（6个月以上）	2

续表

	分数
退休	0
因为能力原因未能找到工作	1
其他没有找到工作的原因	1
照顾家庭成员	0

说明：如果罪犯符合 1 种以上情况，以最高分计。

G2 就业史，如工作种类、数量、离职的原因

G3 与工作相关的技能，如木工

有技能 = 0　　无技能 = 2

G4 最近有多少个月没有工作

月数	0~17	18~21	22+
分数	0	1	2

G5 工作中与人的关系

G6 对就业的态度

部分 H：理财能力与收入

没有问题 = 0　　有些问题 = 1　　严重问题 = 2

H1 已经申请福利（入狱前）

没有 = 0　　有 = 2

H2 非法收入是钱物主要来源

H3 生活主要依靠别人的经济帮助

H4 理财情况，如收支关系处理

H5 存在滥用钱财问题，如赌博、滥用信用等

H6 对经济上需要帮助的人予以帮助，如自己的孩子、其他家庭成员

部分 I：生活方式与外在联系

没有问题 = 0　　有些问题 = 1　　严重问题 = 2

I1 有些孤僻，很少有亲密朋友

I2 融入社会情况，是否加入诸如体育俱乐部类的社团组织

I3 与其他罪犯的关系

I4 是否与其他罪犯共度时光

I5 是否容易受到犯罪性交往的影响

I6 休闲活动是否与犯罪机会创造相关

I7 是否滥用友情，是否欺负他人，是否利用他人

I8 生活方式中的其他问题

I9 行为大意，存在对刺激的需要

部分 J：酗酒

没有问题 = 0　　有些问题 = 1　　严重问题 = 2

J1 喝酒频率

J2 犯罪前 6 个月喝醉酒的情况

J3 通常酗酒频率

J4 与处方药品一起使用酒精

否　0

是　2

J5 因酗酒身体状况很差

否　0

是　2

J6 家庭成员也存在酗酒问题

否　0

是　2

J7 由于酗酒从事任何工作都有问题

否　0

是　2

J8 其他与酗酒相关的问题，如驾驶、理财

否　0

是　2

J9 酗酒后有使用暴力的记录

否　0

是　2

J10 有证据证明监禁后还使用过酒品

否　0

是　2

J11 在矫治中酒瘾复发

复发次数	0~1	2	3+
分数	0	1	2

J12 使用酒类的态度

部分 K：使用毒品

K1 使用毒品情况

毒品种类	没有使用	以前使用	现在偶尔使用	现在经常使用
可卡因				
兴奋性的药品				
幻觉性的药品				
鸦片				
苯丙胺类毒品				
巴比妥类				
大麻类毒品				
苯二氮类				
类固醇				

续表

毒品种类	没有使用	以前使用	现在偶尔使用	现在经常使用
溶剂类				
其他				

说明：偶尔使用 1 分；经常使用 2 分。

K2 使用的主要毒品

K3 曾经注射过毒品

没有 = 0　有 = 2

K4 滥用处方药品

没有 = 0　有 = 2

K5 经常性地与酒精一起使用药品

没有 = 0　有 = 2

K6 因使用毒品存在健康问题

没有 = 0　有 = 2

K7 家庭成员与使用毒品有关

没有 = 0　有 = 2

K8 因为使用毒品从事任何职业都有问题

没有 = 0　有 = 2

K9 其他因使用毒品的问题，如个人经济问题、驾驶问题等

没有 = 0　有 = 2

K10 与使用毒品相关的暴力行为史

没有 = 0　有 = 2

K11 在监禁中使用过毒品

没有 = 0　有 = 2

K12 在矫治中复发

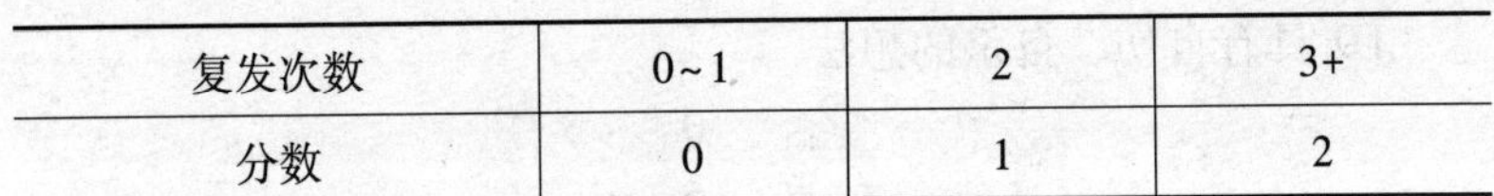

复发次数	0~1	2	3+
分数	0	1	2

K13 是否以毒品买卖为职业

没有=0　有=2

K14 对使用毒品的态度

部分 L：情感或者心理问题

没有问题=0　有些问题=1　严重问题=2

L1 有问题，如情绪不稳定、处于紧张中，容易焦虑

L2 存在抑郁问题

L3 儿童时存在问题，如破坏公物、残害动物、注意力不集中、不良性倾向等

L4 具有头脑被伤害的历史

否　0

是　2

L5 现在接受精神治疗

否　0

是　2

L6 曾经接受过精神治疗

否　0

是　2

L7 因为精神健康问题有过“静默”治疗

否　0

是　2

L8 在特别的医院或者地方安全机构呆过

否　0

是　2

L9 具有自伤、自杀的想法

否　0

是　2

L10 现在的心理或者精神问题

部分 M：相互之间的行为

没有问题=0　　有些问题=1　　严重问题=2

M1 交往技能水平

M2 交往中的敌对态度，是否对他人总有疑心，是否有敌对态度

M3 攻击性行为，有通过威胁或者暴力解决问题的倾向

M4 愤怒管理情况，如是否容易生气、不能管理自己的情绪、解决问题的能力差

M5 存在歧视他人问题，如种族歧视、性歧视等

部分 N：思维形式

没有问题=0　　有些问题=1　　严重问题=2

N1 意识到问题的能力

N2 解决问题的能力

N3 对结果的判断与了解能力

N4 确定目标的能力，是否确定不具有可行性的目标

N5 解读环境，包括社会环境、人际环境，能否理解他人，体会他人的情感

N6 是否容易冲动，是否倾向于无计划前行动，倾向于刺激

N7 抽象思维能力，如以刻板的思维思考、看待问题

计算总分。

总分数：

分值与重新犯罪率（危险性）的关系是：

OASys 分值	重新犯罪可能
0~40	重新犯罪危险低
41~99	重新犯罪中度危险
100~168	重新犯罪高度危险

作者对上述评估系统中的某些项目根据我国的情况作了些修改，同时有的项目亦没有进一步的细化，另外由于国内外文化、制度等存在多样的差异性，因此“分值与重新犯罪率（危险性）的关系”常模仅供参考，需要国内矫正机构与学者根据我国服刑人员的特征重新来建构分值与危险性的关系常模。

三、评估结果分类处置

根据两类评估方法的综合评定结果，确定服刑人员的危险等级。从教育矫正的角度来说，对高度危险性的服刑人员，要优先开展减低其危险性的针对性工作，而对中度危险性的服刑人员，也要开展减低危险性工作。

从更为广泛的角度来看，目前我国监狱等矫正机构对处于危险等级的服刑人员，会采取一系列的管控措施。这些措施有的上升到制度层面，如司法部的《监狱教育改造工作规定》、《顽危犯管理办法》等，以及各省监狱管理局的《严管工作规定》等。例如，有的省监狱局规定，对有脱逃、行凶危险，对监管安全构成威胁的；以自伤、自残、自杀、装病等手段公开抗拒改造的，要进行严管。

从监禁刑矫正机构管理角度分析，对服刑人员人身危险性评定后的措施，首先可以考虑根据不同的危险等级给予不同警戒度的关押地点。这在一些国家是一种普遍性的做法，在我国尚未能全面实施。区分不同警戒度监狱（监区），关押不同危险等级犯罪人，无论是从逻辑分析角度，还是从行刑成本、管理与矫正效果、矫正工作人员队伍建设等角度考虑，都有其必要性。国内有研究认为可设置高、中、低三个等级警戒度的监狱或监区（分监区），不同危险等级的服刑人员分送到相应的警戒等级监狱或监区（分监区）关押矫正。[①] 国外有设置四个或五个警戒等级的监狱，如美国联邦监狱系统，监狱被分为五类，关押危险程度不同的服刑人员；而英国则形成了四个等级的监狱分类制度。有的国家还在监狱内设置“隔离单元”或“控制单元”，以关押最危险、最具有严重破坏力的犯罪人。[②] 当然，不管是国内监狱还是国外监狱，关押不同警戒等级监狱或监区的服刑人员，根据其危险性程度的变化情况，要作出相应的调整。“从高到低”和“从低到高”，两种情况都是存在的。

对危险程度不同的服刑人员采取针对性矫正措施，是中期教育工作的重点之一。我们认为，经评估人身危险性为高度危险的服刑人员，是中期教育工作的重中之重。然而，司法部《监狱教育改造工作规定》中要求建立对顽固型罪犯（简称顽固犯）和危险型罪犯（简称危险犯）的认定和教育转化制度，并要求监狱应当对顽固犯、危险犯制订有针对性的教育改造方案，建立教育转化档案，指定专人负责教育转化工作，必要时，可以采取集体攻坚等方式。对此，有两个方面需要明确，一是《监狱教育改造工作规定》中的顽固犯与危险犯，经科学的量化评估并不一定是危险程度高的服刑人员；二是从目前整体工作要求角度考虑，按《监狱教育改造工作规定》的要求与程序确定的顽固犯与危险犯，可以与经评估确定的危险犯一起纳入到减低危险性程度的工作中。这是从现实角度出发，以保证监狱警察工作的规则性（遵守《监狱教育改造

① 于爱荣等著：《矫正质量评估》，法律出版社 2008 年版，第 94～95 页。

② 翟中东著：《国际视域下的重新犯罪防治政策》，北京大学出版社 2010 年版，第 192～193 页。

工作规定》的要求）与科学性（定性定量评估确定危险等级）。

减低服刑人员危险性的矫正工作，需要采取综合矫治模式，即以个别化矫正策略为主、配之以分类矫治与集体教育以及社会帮教等多手段、多途径方式。突出个别化矫正策略，是确保矫正工作的有效性；强调多手段综合运用，是为了提高矫正工作的效率，节约人力资源，同时在一定程度上也有助于提高工作的效果。

个别化矫正策略，要求矫正机构工作人员为矫正对象建立一人一档，并善于做一人一事的、细致的教育转化工作。此阶段的工作指向，是减低其危险性，因而影响服刑人员危险性的维度要求优先考虑，矫正需求可先放置，等到下一阶段再考虑。例如，因家庭重要亲人病重有脱逃意向的服刑人员，其矫正需求却可能是自我控制不足与哥们义气等，危险性因子与矫正需求因子并不同一，应当先着力解决服刑人员的危险性因子。但是如果影响危险性的维度与矫正因素叠加，自然可以一并工作。譬如，有的服刑人员因承受挫折能力差而犯罪，进入监禁刑矫正机构后因遭受若干个挫折而意图自杀，则减低危险性与矫正需求可以合并到一起进行针对性的矫治工作。

第三节　服刑人员矫正需要评估

对评估为危险性低的服刑人员，以及减低了危险性的服刑人员，接着要开展矫正需要评估。评估应当采用定性与定量相结合的方法。评估结果分为三个方面：生理性犯因性问题、心理性（思想性）犯因性问题与社会性犯因性问题。由于生理性与社会性犯因性问题目前的监禁刑矫正机构较难以起到作用，因而主要是对心理性（思想性）犯因性问题进行教育矫正；而社区矫正机构则可以对非监禁刑服刑人员的心理性（思想性）犯因性问题与社会性犯因性问题两个方面进行矫正。

一、矫正需要评估含义与评估维度

矫正要考虑服刑人员的“犯因性问题”或“犯因性缺陷”，并且以犯因性问题为根据来安排矫正项目。因此，矫正需要评估的实质是犯因性问题的评估。

犯因性问题，是指“具有犯罪原因性质的问题”、“起犯罪原因作用的问题”。犯因性问题或犯因性因素的某些现象或特征对于犯罪心理（思想）的形成和犯罪行为的实施起推动和助长作用，它包括一切与犯罪心理（思想）的形成和犯罪行为的实施有关的因素。[①] 矫正需要评估就是要明确影响犯罪心理（思想）形成和犯罪行为实施的各种因素，以及造成服刑人员刑满释放后重新犯罪的各种因素。

根据上述犯因性问题的含义，矫正需要的评估维度就较为广泛。有学者采用例举方式指明矫正需要评估的内容应当包括：犯罪史（包括犯罪人以前服刑情况），出狱后的住宿，教育、培训与就业，理财能力，人际关系，生活方式与社会联系，使用毒品，酒精滥用，精神健康状况，思考与行为方式等。经过相关分析，与重新犯罪关系比较密切的因素包括服刑人员的态度、价值，支持犯罪生活方式的行为，犯罪史，服刑人员所受的教育、培训与就业，年龄、性别、种族，家庭因素；而服刑人员的智力因素，个人焦虑、自尊等因素，个人的社会地位等因素与重新犯罪关系比较弱。[②]

另有学者把犯因性问题的评估维度分为犯因性环境因素、犯因性个人因素与犯因性互动因素三大方面。犯因性环境因素包括不良家庭、不利的学校环境、不良交往与犯罪亚文化、犯罪高发邻里、

① 吴宗宪著：《罪犯改造论——罪犯改造的犯因性差异理论初探》，中国人民公安大学出版社 2007 年版，第 69 页。

② 翟中东著：《国际视域下的重新犯罪防治政策》，北京大学出版社 2010 年版，第 241~244 页。

不力的执法状况、犯因性物质的情况、不良的工作环境、不良的大众传媒报道、经济不平等、有害的社会风气十项内容；犯因性个人因素包括犯因性生理因素、犯因性心理因素、犯因性行为因素三项内容；犯因性互动因素包括犯因性认识缺陷、犯因性反应方式、犯因性情境因素三项内容。①

我们认为，从矫正服刑人员的角度出发，从矫正可矫正的内容出发，犯因性问题或者说犯因性缺陷，其评估维度主要包括三个方面：犯因性生理因素、犯因性心理（思想）因素与犯因性社会因素。犯因性生理因素主要包括天生犯罪人特征与犯罪易感性生理特质，如大脑半球不对称和缺陷、额叶功能障碍、脑电图异常、因孕产期造成的神经功能损伤、易患多动症的生理体质等。犯因性心理因素主要有：犯罪人格、缺陷人格（以是非观念不清、自私、自我中心、挫折承受力低为特征）、犯罪心理素质（认知能力低下、个性倾向不良）与自我控制能力低等。犯因性社会因素包括宏观社会环境中的问题与事件，微观社会环境中的家庭、学校教育偏差，社区邻里以及工作单位中的不良氛围等。② 然而，不管是犯因性生理、心理因素，还是社会环境因素，都是较为复杂的，特别是社会环境因素，其影响广泛、间接且繁多。矫正机构工作人员在作矫正需要评估时，应当注意从犯罪人个体层面来分析把握，力求全面。但在设计矫正方案与项目时，犯因性问题的把握又应当主次分明，有所侧重。

在此需要进一步明确矫正需要评估与危险性评估的关系。有学者认为，矫正需要评估所依赖的“犯因性问题”范围与危险性评估的预测因子范围基本相同，而且两类评估的价值取向根本一致，

---

① 吴宗宪著：《罪犯改造论——罪犯改造的犯因性差异理论初探》，中国人民公安大学出版社 2007 年版，第 110~218 页。

② 邵晓顺著：《犯罪个案研究与启示》，群众出版社 2013 年版，第 381~390页。

因而两者是交叉、重叠关系。[①] 我们认为，矫正需要评估与危险性评估在资料收集阶段存在交叉、重叠情形，但是在评估内容与结果方面，根据评估目标与价值取向的不同会产生差异性。如果矫正需要评估与危险性评估的目标都是着眼于减少重新犯罪，两者会是重叠关系。但是，根据目前我国监狱工作现状，如果危险性评估的目的在于防范狱内突发事件、保证监狱安全，那么两类评估的内容与结果常常会不一致。这一点前面已有阐述。

二、评估途径与方法

矫正需要评估的途径与方法与危险性评估的途径与方法存在重叠现象，依然可以区分为临床的与统计的两种途径。而矫正机构工作人员评估服刑人员犯因性问题的方法主要有五种，即诊断式访谈、心理测验、行为观察、自我陈述与亲属了解；除此，还有如查阅档案等方法可作为辅助方法。

1. 诊断式访谈。可分为三种类型，即结构式访谈、非结构式访谈与半结构式访谈。结构式访谈与非结构式访谈的内涵在第一节已有阐述，而介于两者之间的是半结构式访谈。然而，不管哪种谈话方式，整个谈话调查可分为三个部分：谈话前准备、谈话的实施、谈话资料建档。（1）谈话前准备。主要是指矫正机构工作人员阅读有关违法犯罪人的文字、音像记录等材料，如谈话对象的判决书（决定书），违法犯罪人所写的自传，以及心理测验结果、观察记录、有关鉴定书等。（2）谈话的实施。谈话应当包括以下内容：①进一步了解违法犯罪人员的背景信息。②要求对本次违法犯罪事实作简要陈述，如曾受到过刑事、行政处分，则需要对以往违法犯罪情况作详细了解。③谈话中还需要了解掌握的信息有：家庭教养方式，家庭经济情况，父母兄弟姐妹或亲属犯罪情况，已婚违

---

① 翟中东著：《国际视域下的重新犯罪防治政策》，北京大学出版社2010年版，第260~261页。

法犯罪人的家庭与子女具体状况，抚养与个体成长经历，受教育情况，（如有中学阶段）中学同伴交往情况，社会交往情况，工作就业情况，曾经历以及目前是否有重大生活事件，如离婚、家庭重要亲人死亡、配偶死亡、夫妻分居、曾患重病或较严重受伤等。（3）谈话资料建档。谈话结束，应当进行谈话回顾，并填写相应表格，建立资料档案。[①]

2. 心理测验。目前，我国矫正机构对服刑人员开展的心理测验，使用的量表可分为通用量表和专用量表两种。通用量表是指矫正机构和社会人士都可适用的心理测验量表，如明尼苏达多项人格量表（MMPI）、艾森克个性问卷（EPQ）等。专用量表是指专门用于对服刑人员进行心理测验而编制的针对性的量表，国外较多，如历史/临床/风险控制量表（HCR-20）等，具体可参考相关书籍。[②] 国内通用与专用量表开发都不多，矫正机构大多使用国外的通用量表。国内开发的专用量表主要有：中国服刑人员心理评估系统；服刑人员危险程度测评量表，心理认知行为综合量表[③]等。后两个量表由江苏省监狱系统研制，有其使用价值。不过，这些专用量表应当说都只是处于起步阶段，需要积累更多的经验与资料来完善。我国矫正机构应当重视违法犯罪人员专用量表的研制工作。

3. 行为观察。在本章第一节已有阐述。

4. 自我陈述。自我陈述又称自我观察、自我分析、主观观察等。它是个体对于自身的心理现象进行观察并加以陈述的评估方法。矫正工作人员可以要求服刑人员把自己的心理活动及其经历报

① 邵晓顺著：《犯罪个案研究与启示》，群众出版社2013年版，第406~415页。

② 翟中东著：《国际视域下的重新犯罪防治政策》，北京大学出版社2010年版，第244~260页。

③ 于爱荣主编：《罪犯个案矫正实务》，化学工业出版社2011年版，第172~188页。

告出来，然后通过分析报告资料来进行犯因性问题的评估。可以预先告诉被评估者按照一定要求就某些方面作专门的报告，也可以不作定向指导，让其报告全部或主要的心理活动及其经历。在具体表现形式上，可以是口头报告，也可以是书面报告。

矫正机构及其工作人员在运用自我陈述评估方法时，可重视服刑人员自传的撰写。但对自传撰写要提出一定要求，如自传内容包括：个人基本信息、判决结果、成长过程（含就学经历）、就业情况、犯罪过程、对犯罪原因的认识、矫正经历（假释或者曾有矫正经历的服刑人员）等。

5. 亲属了解。可通过与服刑人员的亲属（更广泛的包括邻居、老师等）交流，来获得被评估对象的各种信息，包括亲属姓名、性别、年龄、职业、健康史、家族遗传病史、亲属成员受教育情况等。家庭功能健全与否，与评估对象的身心健康有密切相关，是亲属了解的重点。在进行亲属了解时，除要了解亲属成员的情况、家庭类型、结构、亲属资源和存在的压力等情况外，还要着重了解亲属功能发挥的程度、存在的问题及原因、亲属对评估对象的支持状况等。评估主要是通过与亲属的交谈，也可通过观察来了解掌握。

三、矫正方案设计

矫正方案，又可称之为个别化矫正方案，是指针对服刑人员的犯因性问题，设计矫正步骤与措施并实施，实现服刑人员心理与行为积极变化的方案。“积极变化”是矫正效果对照犯因性因素而起的正性变化。这种正性变化应当是犯因性因素经矫正后，消解犯因性作用或犯因性效果，并强化服刑人员亲社会心理和亲社会行为，回归社会后能够持久守法。

矫正机构工作人员在制订服刑人员矫正方案时，首先要明确矫正方案的具体构成内容。这一般包括服刑人员基本信息、犯因性问题、矫正目标、矫正阶段（包括矫正内容、技术方法与人员配置、矫正时间设置）、矫正效果评估过程与方法，以及矫正双方签订的矫正协议。

个别化矫正方案中的矫正目标，是指在矫正活动中由矫正双方（矫正机构工作人员与服刑人员）共同设定，通过运用各种矫正方法，所要达到的预期效果。矫正目标可由根本目标、个案矫正目标、分项目标以及具体目标等构成。根本目标即监狱法等法律规定的将服刑人员改造成为“守法公民”的目标。个案矫正目标应当是针对某个特殊个体所制订的矫正目标，主要是造成该个体违法犯罪的犯因性问题的解决，具体可分为生理、心理和社会环境等要素。由于社会环境因素纷繁复杂，一般不是矫正机构可以轻易改变的，因此要制订矫正机构的矫正工作所能实现的目标，即分项目标，主要包括生理、心理、行为和认知四个方面。在具体到某个犯罪人时，又要根据其犯因特征以及不同矫正需要制订更为具体的目标。

由于矫正工作涉及面广，政策性强，矫正机构各相关部门、单位要相互配合，各负其责，协同工作。从我国已开展的个别化矫正试点情况看，矫正方案的主责单位为监区或分监区，监区负责对服刑人员的犯因性问题评估与矫正最后阶段的效果评估，分监区负责制订个别化矫正方案以及方案的实施。在矫正机构管理层面成立服刑人员矫正质量评估办公室，对服刑人员矫正效果评估与质量保障作出最终结论。个别化矫正方案的实施要落实到分监区的民警，确定具体负责矫治的主责人员，由其协调对服刑人员的矫正工作。具体矫正工作人员既可以是矫正机构工作人员，也可以是矫正机构外的人员，如社会上的教师、心理咨询师、医师、律师、志愿者等。不管是服刑人员犯因性问题的评估，还是方案的制订与实施，都可以请社会上的专业人士参与，而且要注意学科配置，使评估、方案制订与实施中都有法学、监狱学、教育学、心理学、犯罪学、管理学、社会学、精神病学、生理学以及脑科学等各类学科人员的参与，以保证评估准确、方案科学、实施有效。

矫正方案从另一个角度说包括两个部分，一是针对某个体的总体个别化矫正方案，二是针对某个犯因性问题的矫正单元（矫正项目）计划，其中，矫正项目的设计是更为关键与困难的。在我国，矫正项目的设计还处于起步阶段。有关内容在本书第八章详细阐述。

第三章　中期教育核心
——工作模式构想

矫正机构中期教育的工作模式，是有关中期教育研究的核心内容。新中国的监狱工作在世界范围内独具特色，创造了辉煌的成就。在新的历史时期，中国监狱工作如何在吸收世界行刑成功经验的基础上，与时俱进，创新监狱工作模式，是一个重大的课题。

本章重点阐述以下问题：

1. 新中国监狱经历了哪些工作模式?
2. 新中国监狱工作模式的优点与缺点怎样?
3. 西方国家监狱工作模式有哪些?
4. 如何构建矫正机构中期教育的工作模式?

第一节　新中国监狱工作模式

新中国成立以来中国监狱的工作模式究竟有哪些？翻阅监狱学及相关学科资料，尚没有一个总体的、完整的阐述。劳动改造模式是新中国监狱工作的典型模式，应当没有异议；但是，这一模式的起始与持续时间，尚未有一致的结论。目前的中国监狱工作模式是监管安全模式，绝大部分监狱工作者不会有异议，但是学界对此褒贬不一。而在讨论本书编写提纲时，从事监狱理论研究与从事监狱实务工作的诸位作者，都提出了中国监狱工作的特殊学校模式；这一模式在相关监狱学理论研究资料中亦有所体现。因此，本节将阐述新中国监狱工作的三个模式，即劳动改造模式、特殊学校模式与监管安全模式。首先，对工作模式作一解读。

一、工作模式的含义

（一）模式与工作模式

《现代汉语词典》（商务印书馆 2014 年修订第 6 版）对“模式”的解释是：“某种事物的标准形式或使人可以照着做的标准样式。”从模式的这一表述即得知模式对人们的意义。

与“模式”相对应的一个词是“模型”。模型是指对于现实世界的事物、过程或系统的简化描述，或其部分属性的模仿。随着科学技术的进步，人们将研究的对象看成一个系统，从整体的行为上对它进行研究。这种系统研究不在于列举所有的事实和细节，而在于识别出有显著影响的因素和相互关系，以便掌握本质的规律。对于所研究的系统可以通过类比、抽象等手段建立起各种模型。[①] 对现实世界的事物、过程或系统的简化描述，常常构成一种模式。而建立模型的过程，从某种程度上说，也是构建一种模式的过程。因此，本书对“模式”和“模型”认为是意义同构，内涵上不作区分。

工作模式是指他人或某个组织在某项工作中可以照着做的标准样式。它是对某项工作模型化的建构过程。从该项工作的纷繁复杂的现象中识别出具有显著影响的因素及相互关系，以便掌握该事物的本质规律，从而指导今后的工作或给他人工作以参照。

（二）行刑模式与监狱工作模式

有学者指出，所谓行刑模式，是指具有典型意义的某种刑罚执行方式。其典型意义表现在，它是在特定的行刑目的的指导下，适合特定行刑对象所采取的一种具有特定内容和方法的行刑方式。这

---

① 中国大百科全书出版社编辑部编：《中国大百科全书·自动控制与系统工程卷》，中国大百科全书出版社 1991 年版，第 313~314 页。

种行刑方式因其显著的独特性和差异性而在学理和应用上具有比较或借鉴意义。[①] 这一定义指出，总结、归纳出来的行刑模式，是矫正机构在今后的行刑过程中或者说在今后的教育矫正工作中可以参照使用的一种行刑方式。因而，行刑模式也就是监狱工作模式，具体到教育矫正工作领域，也就是教育矫正工作模式。

（三）监狱工作模式的构成要素

监狱工作的运行需要由多种要素构成，包括行刑对象、行刑者、行刑环境、行刑内容和方法等。[②] 具体可分为两个方面：

1. 监狱工作的有形要素。行刑对象、行刑者和行刑环境是监狱工作的有形要素。行刑对象即服刑人员，是行刑的核心要素，不同行刑模式反映不同行刑对象的行刑需要。行刑者即监狱工作人员，他们代表国家并以特定的岗位分工分担刑罚权能，承担不同的行刑任务。不同国家行刑者的构成有着较大区别，我国监狱工作者都是人民警察，而在美国等西方国家，行刑者除了警务人员，还有大量非警务编制的专业技术人员或管理人员。行刑环境包括物理环境和制度环境。它们是监狱工作模式的重要组成部分。

2. 监狱工作的无形要素。主要包括行刑目的、行刑内容和行刑方法等。它们的差异可以区别出不同的行刑模式。在这些无形要素中，行刑目的是第一位的，它决定行刑内容和方法。行刑目的包含了行刑的依据和理念。

二、新中国监狱工作主要模式

（一）劳动改造模式

劳动改造，包括广义和狭义两层含义。就广义而言，是指我国

---

① 郭明主编：《监狱学基础理论》，中国政法大学出版社 2011 年版，第 154 页。

② 郭明主编：《监狱学基础理论》，中国政法大学出版社 2011 年版，第 155~156 页。

刑罚执行机关对被判处死刑缓期二年执行、无期徒刑、有期徒刑的服刑人员实施惩罚和改造的刑罚执行制度。就狭义而言，是指我国刑罚执行机关以劳动改造为基本手段对服刑人员实施的改造活动。本章所说的劳动改造模式取广义。

自新中国成立到党的十一届三中全会之前，我国刑罚执行机关主要是在广义上使用劳动改造。因此，这段时间的中国监狱工作模式，可称之为劳动改造模式。

有学者认为，新中国大规模改造罪犯的历史，在很大程度上就是劳动改造罪犯的历史。尽管在改造当中，监管手段、教育手段和劳动手段同时并用，但在主导思想和主导措施上，始终以劳动改造为基本理论、基本制度和基本实践。在这个基本点上，无论是决策层还是执行层，历来是思想明确、认识一致、前后一贯和行动统一的。①

首先，劳动改造模式在决策层是明确和坚定的。以毛泽东为首的最高决策层，为我国惩罚和改造罪犯制定了基本的思想、方针、政策和制度。而这些基本的思想、方针、政策和制度，是明确而又坚定地以劳动改造为基本思路的。其次，劳动改造模式在执行层得到不折不扣的落实。在新中国成立后的 30 多年间，广大民警始终遵照中央劳动改造罪犯的部署和指示，设计、规划、组织罪犯的劳动改造工作。劳动无论在时间、空间和在实际内容上，都占了改造活动的绝大比重。从世界范围看，这一监狱工作模式虽非中国所独创、首创，但是却在中国得到全面实践而独具特色。

我国实施劳动改造模式 30 多年，取得了辉煌的成就。成功地改造了日本战犯、国民党战犯和反革命犯，改造了数以千万计的其他各类刑事犯罪人，并为白手起家的新中国监狱创造了较为雄厚的物质基础，积累了较为丰富的劳动改造罪犯的经验。

劳动改造模式在计划经济时代可以得到顺利实施。但是到了新

① 金鉴主编:《监狱学总论》，法律出版社 1997 年版，第 569~570 页。

的历史时期，各种问题和弊端日益显露出来，并且许多问题非常严重，到了积重难返的境地，不从体制上、根本上动大手术，是无法解决的。

劳动改造模式存在的问题主要有：一是劳动改造手段异化。惩罚与改造构成监狱的基本功能，劳动只能定位于改造手段上，否则就会偏离监狱工作的中心。但是在行刑实践中，罪犯劳动在一定程度上发生了异化，一些监狱将罪犯的劳动生产视为获取经济利益的手段，以经济效益为中心，民警的考核与经济效益挂钩，罪犯的考核以劳动任务完成与否为指标，劳动好就是改造好的现象明显。二是劳动改造效果差。劳动没有与相应的教育相结合，不可能取得改造的效果。而我国现行的劳动改造中，绝大多数监狱唯劳动是劳动，除了劳动还是劳动，根本没有相应的教育措施和手段，罪犯的全部时间和精力都在劳动上。有的监狱即使有一点教育，也是针对性不强，徒有形式走过场，根本起不到改造的作用。而且罪犯的劳动不是根据改造的需要，而是根据生产效益的需要来安排，不考虑罪犯的思想实际，不针对罪犯的犯罪思想，过分地、超限度地进行劳动。三是有法不依的现象仍然存在。监狱不遵守罪犯劳动改造工作法律法规的现象较多存在。法制观念不强，法律意识、法律神圣不可侵犯的观念尚没有建立起来。①

改革和完善我国罪犯劳动改造制度，首先必须建立并实现监狱经费国家全额保障制度，同时要优化监狱执法环境，完善法律制度，还原罪犯劳动改造的本来面目，逐步实行罪犯劳动工资制，使我国的监狱工作回归到惩罚和改造的本质轨道上来。

（二）特殊学校模式

党的十一届三中全会后，为了适应国家改革开放和社会主义物质文明和精神文明建设的需要，对罪犯的文化、技术教育在监狱系

---

① 冯建仓、陈志海主编：《中国监狱若干重点问题研究》，吉林人民出版社2002年版，第156~166页。

统得到广泛开展。1981 年 4 月，《人民日报》以“既改造人，又造就人”为题，报道了辽宁省辽源一支队在罪犯中系统地开展文化、技术教育的消息，揭开了监狱系统办特殊学校的序幕。①

1981 年 8 月，全国第八次劳改工作会议（简称“八劳”会议）召开。“八劳”会议明确提出“要加强对罪犯的教育改造工作，把劳改场所办成改造罪犯的特殊学校”的任务。1982 年 1 月，中共中央发出的《关于加强政法工作的指示》，进一步强调指出：劳改、劳教场所是教育改造违法犯罪分子的学校，它不是单纯的惩罚机关，也不是专搞生产的一般企业、事业单位。从此，各地对办特殊学校进行积极尝试，相继涌现出一批办学工作开展得较好的单位。

1982 年 10 月，公安部劳改局在山东省潍坊劳改支队召开办学工作现场会。会议研究和交流了把劳改单位办成改造罪犯的“政治熔炉”、文化技术教育的“职业学校”，并提出了三五年内把全国大多数劳改单位分期分批办成改造罪犯的特殊学校的目标，以及办学的五条标准。这五条标准已不仅限于教育改造，还包括队伍建设、罪犯管理、劳改经济等多方面内容，办特殊学校已成为促进监狱工作整体发展的一个综合目标。1988 年 12 月，司法部印发《劳改场所特殊学校开展上等级活动的实施意见（试行）》，提出了特殊学校上等级活动的指导思想、目的要求、等级标准和考核的指标。到 1998 年年底，全国办成特殊学校的监狱达到 655 个，占全国监狱总数的 94.84%。②

创办特殊学校工作，为我国监狱的教育改造注入了新的活力，推动了监狱教育改造的正规化发展，对克服形式主义、促进监管改

---

① 中国监狱学会编：《中国监狱学会 20 年：1985～2005》，法律出版社 2006 年版，第 255 页。

② 中国监狱学会编：《中国监狱学会 20 年：1985～2005》，法律出版社 2006 年版，第 255 页。

造工作、提高改造质量，起到了积极的推动作用。如果说新中国成立初期开始的全国大规模组织罪犯劳动改造工作，并使劳动改造制度成为中国监狱制度的一大特色，那么从20世纪80年代初开始，以创办特殊学校为主要活动载体的教育改造工作，则成了中国监狱制度的又一特色，是新中国监狱工作史上的一次飞跃。

但是，有学者认为，司法部提出创办特殊学校的要求，对教育改造的推动作用是巨大的。可是到了后期，由于制订的目标和要求不切合实际，人为提高，各监狱在学校基础设施上投资浪费较多。到1994年以后，司法部就不再强调创办特殊学校，因此各监狱都纷纷转移工作重点，致使许多监狱民警产生了教育改造工作不重要的错误想法。1994年以后，司法部开始创建现代化文明监狱活动，没有与创办特殊学校的政策承接起来，造成了这一政策的不连续。由于政策的不连续，造成特殊学校较为完备的教育设施改作他用，致使目前许多监狱的各种教育设施非常简陋、破旧，难以继续维修和使用，也满足不了现代教育矫正的要求。①

（三）监管安全模式

监狱安全，主要是指监管安全，是监狱工作物质、制度和精神状况最基本、最直接的反映，是第一层面的。它的第一层面性，还决定了无论中外各国，或任何历史阶段，都始终把监狱安全放在首位予以重视和关注。监狱时刻把监管安全工作放在首位来抓，无论是监狱上级机关的要求，还是监狱自身的要求，都时时处处突出监狱安全工作，形成了我国监狱工作的监管安全模式。这是进入21世纪以后到目前为止我国监狱工作主要模式。

有研究者认为，目前由于受到一系列条件的制约，监狱工作还停留在安全模式的层面，从监狱工作的政策导向看，监狱安全是监狱最重要的工作，在具体的工作措施落实上，更是以是否安全为衡

---

① 冯建仓、陈志海主编：《中国监狱若干重点问题研究》，吉林人民出版社2002年版，第128页。

量标准，对罪犯矫正工作的考核也是以安全为中心。[①] 这是笔者所见资料中首次出现安全模式，并对这一模式进行了反思。

根据“监管安全模式”，在监狱安全上，要坚持高标准、严要求，从讲政治的高度真正做到认识到位。确保监狱安全，必须坚持务虚与务实相结合，围绕安全目标，力促安全防范观念新突破。要通过各种行之有效的形式，使广大民警清醒地认识到我们站在“火山口”、坐在“炸药库”，增强危机感，做到警钟长鸣，常备不懈。要引导广大民警“三破除三树立”，即坚决破除把安全稳定工作仅仅看做是管教业务工作的陈旧观念，牢固确立“稳定压倒一切”的指导思想，坚持把安全稳定工作作为全局性、综合性的工作来抓；坚决破除满足于现有成绩、不求进取的自满思想，牢固树立争创一流，为实现“三个绝对不能”、“四个绝对不允许”的目标而努力的雄心壮志；坚决破除监狱发生安全事故不可避免、无关大局的错误认识，牢固树立“安全稳定无小事”、防微杜渐的安全防范意识，不断增强做好监狱安全工作的责任感和自觉性。要层层落实安全工作责任制，做到领导到位，工作到位，责任到位。坚持“一把手”对监狱安全负第一位责任，从目标、责任、检查、考核、奖惩等方面建立激励机制。对发生重大安全事故的单位和领导，实行“一票否决”制度。[②] 要完善各项监管安全工作制度，通过职责的明确、管理的规范，发现和消除安全工作的“死角”，使安全防范工作横到边、竖到底、无断层，从而形成一个全天候、全方位、全员性的安全防范新体系。[③] 这是学者对监管安全模式所作

---

① 于爱荣等著：《矫正技术原论》，法律出版社 2007 年版，第 74 ~ 75 页。

② 冯建仓、陈志海主编：《中国监狱若干重点问题研究》，吉林人民出版社 2002 年版，第 75 页。

③ 冯建仓、陈志海主编：《中国监狱若干重点问题研究》，吉林人民出版社 2002 年版，第 84 页。

的明确而清晰的阐述。

中国监狱监管安全模式的实施，保证了监狱的安全稳定工作取得持续成效。由于各级监狱机关和全体监狱人民警察的严防死守、共同努力，目前我国监狱的主要安全指标下降到了新中国成立以来的最低水平。近几年，我国监狱的罪犯脱逃人数保持在个位数的水平。

有研究者对监管安全模式进行了反思，认为近年来有关监狱工作的要求不全面，工作重点发生了偏差。司法部提出监狱工作必须确保监狱安全和监内秩序稳定，做到“两个一，一个确保”，甚至提出确保监管安全是监狱工作的目标，并且把监狱安全定位在民警的严防死守上，忽视罪犯的教育改造。这只能说是治标不治本，即使能保住监狱的安全，也是暂时的，不能持久，而且长时间的严防死守会耗尽民警的精力，留下爆发更大安全事故的潜在危险和隐患。① 因此，即使是同一本书的不同作者，对比他们对监管安全模式的认识，相互间也是有差异的。

笔者多次参加华东六省一市监狱学研讨会、长三角监狱学（高峰）论坛、某省以及该省各监狱的理论研讨会，在监狱安全上的共同表现就是强调监管安全的“三个绝对不能”、“四个绝对不允许”；还有的作者强调要把服刑人员24小时监控起来以确保监狱的安全稳定。对此，笔者愿意从辩证唯物主义角度作一分析。马克思的辩证唯物主义认为，运动是绝对的，静止是相对的，一切事物都处在永恒的运动、变化和发展之中。全部科学都证明了这个辩证唯物主义的原理。从微观世界到宏观世界，从宏观世界到宇观世界，从无机界到生命有机界再到人类社会，都无时无刻不处在运动变化之中，不存在绝对不动不变的东西。肯定事物处在绝对的运动之中，并不是否认事物有某种静止的状态，有某种稳定的形式。不

① 冯建仓、陈志海主编：《中国监狱若干重点问题研究》，吉林人民出版社2002年版，第128页。

过，这只是在物质运动过程中的静止或稳定，是物质运动的特殊形式或一定状态，因而静止是暂时的、有条件的、相对的。[①] 监狱的安全稳定，应当是运动过程中的相对静止或稳定状态。如果认为监狱安全稳定是一种绝对的“静止状态”，那么它就不应该发生任何事故。显然，古今中外的监狱到目前为止还没有实现。如果承认监狱安全稳定的“相对性”、有条件性，那么所谓的“三个绝对不能”、“四个绝对不允许”的监狱工作目标与辩证唯物主义的基本原理相冲突。

笔者在考察美国、澳大利亚等国矫正机构时，多次与矫正机构工作人员交流有关监狱安全稳定以及发生安全事故后的处置途径与方法。澳大利亚新南威尔士州 Brush Farm 矫正中心主任 Alan Moran 先生介绍说，澳大利亚对犯人脱逃的处置是，一旦犯人脱逃，由第三方开展调查，以明确管理人员的责任；然后根据调查结果来处理。[②] 而美国沃斯特市的 Sheriff 在回答笔者关于犯人脱逃如何处置的问题时说，一旦发生犯人脱逃，监狱的防暴队首先出动；2 小时后还未能被抓获，则当地的治安警察会介入；同时当地检察官也会介入调查，以确定犯人脱逃与警察具体行为的关系，如果两者之间存在因果关系，检察官就会起诉该警察或若干警察，如果两者之间没有关系，警察做到了他们应尽的职责，那么犯人脱逃与任何人都没有关系。因此，监狱发生安全事故后如何科学地问责，在目前我国的监狱管理中是个问题。有学者反思了我国监狱系统问责制现状，认为存在若干误区：一是问责简单化。只要发生事故就追究责任，忽视事故发生的“偶然性、未确定性和难以有效控制性”等因素，结果是造成一些工作责任心强、工作实绩突出的干部也同样

---

① 萧前、李秀林、汪永祥主编：《辩证唯物主义原理》（第三版），北京师范大学出版社 2012 年版，第 44 页。

② 邵晓顺：《澳大利亚矫正机构学习考察记录》，载《浙江监狱》2011 年第 12 期。

受到处理，无法真正实现问责制是“促进各级履行相应责任”的目的。二是问责扩大化。问责主要是对负有直接责任的干部问责，要明确事故与监狱警察工作的因果联系。而现实往往是将发生的事故严重程度与处理相应职级和数量的干部相联系，容易造成被问责人员范围扩大，使问责制背离实施的初衷。三是责任推托现象。各级领导为了减少自身责任，在出台文件、工作部署时，一味高标准严要求，把责任转嫁给下层，最后转移到基层。四是问责容易受舆论影响。由于整个监狱系统缺少积极应对媒体的严密预案及娴熟的应对技巧，监狱及其警察的责任追究往往受媒体影响。①

监管安全模式偏离了监狱工作的本质规定性，应当纠正。监狱安全是监狱开展各项工作的前提与基础，监狱安全不能保证则监狱开展各项工作都要受到影响。然而，监狱安全不是监狱工作的一切与全部，应当正确定位监狱安全工作，辩证认识监狱安全与监狱功能——惩罚与改造之间的相互关系，让我国的监狱工作回归到监狱本质功能上来。只有这样，才能使中国的监狱工作走上科学发展的轨道，才能推动我国监狱工作取得更大成就。

第二节　西方国家监狱工作模式

不同学者对西方国家矫正机构工作模式从不同角度进行了阐释。本节选择了其中的三种作介绍，希望给我国监狱等矫正机构的教育矫正工作以启示。

一、专业化行刑模式分类

美国监狱学者克莱门斯·巴特勒斯根据对美国监狱的研究，在其所著的《矫正导论》中，从“目的—内容—方法”角度，提出

① 范思：《以科学精神指导并推进监狱维稳工作》，载《浙江警官职业学院学报》2012 年第 2 期。

了康复模式、重新回归模式和惩罚模式三种具有代表性的行刑模式。①

（一）康复模式

该模式盛行于20世纪30年代至50年代的美国。实证犯罪学派为这种模式提供了理论依据。它的论点是：服刑人员只是病人，而非坏人，正是他们的疾病驱使其犯罪。康复模式（或医疗模式）的意图旨在将监狱转化为治疗服刑人员疾病的医院。治疗者意在帮助服刑人员解决驱使其犯罪的内在冲突，使他们因此而得到康复。为了使服刑人员康复，就要对服刑人员进行分类。通过社会调查、心理和病理检查以及精神病学检查探知服刑人员的心理需求，并据此安排其参加适当的活动。从20世纪30年代的心理疗法开始，各种治疗方法随后进了监狱大门，心理剧、交往分析、现实疗法、行为矫正和集体疗法是其中最为流行的。康复模式到了20世纪70年代初逐渐失去支持，到20世纪70年代中期在许多矫正机构受到了冷落。

（二）重新回归模式

该模式产生于20世纪60年代的美国，重新回归思想是社区矫正得以建立的理论基础。重新回归模式的任务和挑战在于将服刑人员置于社区环境中，帮助其重新适应社会生活。重新回归模式把社区当作治疗中心，认为监禁只应作为最后的一种手段来使用。在此模式中，给服刑人员提供了广泛的重新回归活动项目，包括提前释放、工作释放、教育释放以及探亲等。20世纪70年代中期，由于严厉惩处罪犯政策所导致的监狱拥挤，居住环境管理不良以及社区的排斥，重新回归模式逐渐衰落。

（三）惩罚模式

该模式是美国在20世纪70年代之后流行的一种行刑模式。由

---

① ［美］克莱门斯·巴特勒斯著：《矫正导论》，孙晓雳等译，中国人民公安大学出版社1991年版，第21~24页。

于受20世纪70年代中期否定矫正效果的“马丁森炸弹”的影响，美国监狱行刑开始转向惩罚模式，主张将更多的人关押在监狱。坚持刑罚的严厉性和确定性，认为应当判处罪犯长期刑，使他们与社会隔离，同时告诫人们：犯罪得不偿失。但是这种模式也遭到批评，历史也已证明，惩罚模式不起作用。研究也表明，单纯使用强制不能保证被强制对象改变自己的行为，不能保证这些人遵从新的法律规范，也不能保证这些人服从自己以前曾经违反过的法律规范。

二、人类具有代表性的改造模式

人类虽然在一个时期或一部分国家曾经或仍在对改造服刑人员提出疑问或持否定态度，但大部分时期或多数国家都在一直追求行刑的改造效果，视行刑与“改造”（矫正）同义，形成或发明了众多的改造模式。其中，具有代表性且长期被付诸实践的有以下五种。①

（一）基于宗教理念的改造模式

这种改造模式试图通过灌输特定的宗教理念、培养一定的宗教信仰来达到改造服刑人员的目标，靠宗教的力量改变服刑人员的人格和行为，进而使其不再犯罪。18世纪90年代至19世纪70年代的美国监狱行刑是这种模式的典型。在这种模式下，对服刑人员进行严格的隔离，除了圣书之外不得接触任何东西，迫使服刑人员每天熟读圣书，以此促进他们自我反省，养成以宗教教义约束自己行为的习惯，从而不再犯罪。时至今日，完全以宗教原理为基础的行刑已不多见，但仍有许多国家把灌输宗教信仰作为矫正的一种方法加以运用。

① 王云海著：《监狱行刑的法理》，中国人民大学出版社2010年版，第75~78页。

（二）基于文化理念的改造模式

这种改造模式以社会上的文化道德及民间习惯作为改造服刑人员的基础，试图通过教化或培养民间的文化道德观来改变服刑人员的意识和行为方式，使其像一般人一样遵纪守法、不再犯罪。这种改造模式发端于第二次世界大战后的日本。这里的“文化”特指“民间性规矩、习惯和价值”。在日本，文化构成了社会的基础和最基本的社会力量，政治和法律背靠在文化之上，仅仅是文化的延长和外在化。行刑也不例外，也是以日本社会的文化为基础，利用文化手段进行矫正，将文化上的价值作为行刑的目标。除日本之外，还有一些国家也有将民间的价值观念作为培养服刑人员遵纪守法习惯的重要根据。

（三）基于教育理念的改造模式

这一改造模式是指视教育原理为改造的基础，以文化教育为改造的内容，试图通过提高服刑人员的文化修养、知识水平、职业技术来实现改造服刑人员，使其顺利回归社会的改造模式。在这种改造模式下，监狱被视为与普通学校具有同质性，被视为“特殊学校”；改造被认为与教育活动相同，文化教育和职业训练构成改造活动的主要内容。

这种教育式改造模式见诸大多数国家的行刑中，它不仅受到服刑人员的欢迎，而且也容易为社会各个方面所接受。然而，监狱虽与学校有着某种同质性，但却不可能完全相同；改造虽与教育活动有着相同的一面，但却不可能完全一样。因此，这种改造模式有其局限性，试图把所有监狱都办成学校，把改造活动完全改为教育活动的想法并不现实。

（四）基于医学理念的改造模式

这一改造模式是指以医学理论作为改造的基础，以医疗方法作为改造的方法和内容，试图通过医学治疗使服刑人员回归社会的改造模式。这一改造模式即前述“康复模式”。

（五）基于政治理念的改造模式

这一改造模式是以特定的政治原理作为改造的基础，以此为根据确定改造的内容和方法，试图提高服刑人员的特定政治意识，通过培养服刑人员的这种政治意识，使其回归社会、不再重新犯罪。自新中国成立30多年来在行刑领域所实行的“劳动改造”制度，是这一改造模式的典型代表。“劳动改造”虽不是一种有关行刑的专门法律理论，但却是一种有着自己完整的体系的改造模式，与其他西方国家的改造模式一样，共同构成人类改造罪犯的理论财富。

三、西方国家改造罪犯方法分类

在当代西方国家的矫正领域中，不仅仍然奉行改造罪犯的理念，而且还采取了多种类型的方法，进行改造罪犯的实践。西方国家矫正领域中改造罪犯的方法，大体上可以分为以下五种类型。[①]这些改造方法，从某种程度上说也是一种教育矫正服刑人员的工作模式，或者说是构成监狱工作模式的重要组成部分，所以在此作一介绍。

（一）宗教型改造方法

宗教型改造方法是指利用宗教教义、宗教人员与宗教设施进行服刑人员改造的方法。

在西方国家矫正系统中，宗教发挥着极其重要的改造罪犯的作用。从一定意义上说，大量在中国监狱系统中进行的道德教育性质的活动，在西方国家的矫正机构中，主要是由宗教人员通过宗教活动进行的。

根据美国矫正协会的资料，监狱牧师的主要功能有：（1）提供圣礼服务，包括常规宗教服务，与洗礼、忏悔和圣餐等有关的特别宗教服务。（2）通过使用合同牧师、非专业牧师和志愿人员，

① 吴宗宪著：《罪犯改造论——罪犯改造的犯因性差异理论初探》，中国人民公安大学出版社2007年版，第17~28页。

协调与其他信仰群体的牧师的关系。(3) 提供对服刑人员所属的教派来说十分重要的宗教指导；为其他教派的服刑人员提供指导资料。(4) 提供私下的、个别的咨询。这种咨询是牧师工作的一个基本组成部分，既包括在牧师办公室的谈话，也包括在医院、禁闭单元等地方对服刑人员的探望。(5) 照顾服刑人员的家庭和其他有关的成员。监狱中的许多紧张焦虑情绪，都来源于服刑人员对自己所爱的人们的担忧，或者来自害怕被外面的人们所遗忘的恐惧。在牧师进行咨询的过程中，他们把很大一部分时间用于处理这方面的事务。(6) 作为牧师、指导者和咨询员，为监狱工作人员以及服刑人员提供服务。(7) 为社区提供解释性的宗教服务。牧师可以向社区的成员解释现代监狱的目的，争取社区成员对矫正事务的支持。

(二) 教育型改造方法

教育型改造方法是指通过提供文化教育和职业技能培训进行服刑人员改造的方法。在当代西方国家的矫正机构中，普遍向服刑人员提供文化教育和职业技能培训，而且在提供这类教育和培训时，往往以“矫正计划”的形式组织和实施。

文化教育主要包括扫盲教育与基础教育、中等教育（中学教育)、大学教育（高等教育）和特殊教育（针对学习困难与生理障碍的服刑人员)。职业技能教育一方面是组织服刑人员学习在劳动力市场上可以使用的职业技能，另一方面从宽泛的意义上理解职业技能教育，包括向服刑人员提供有意义的活动、培训技能和劳动习惯、为出狱后的就业做准备、获得报酬的方法与途径、克服懒惰思想等。

(三) 心理型改造方法

心理型改造方法是指利用心理学原理和技术，预防和治疗服刑人员的心理与行为问题的改造方法。在当代西方国家的矫正机构中，一般称之为“心理学计划”、“心理学治疗计划”、“心理学服务”、“心理健康服务”等。

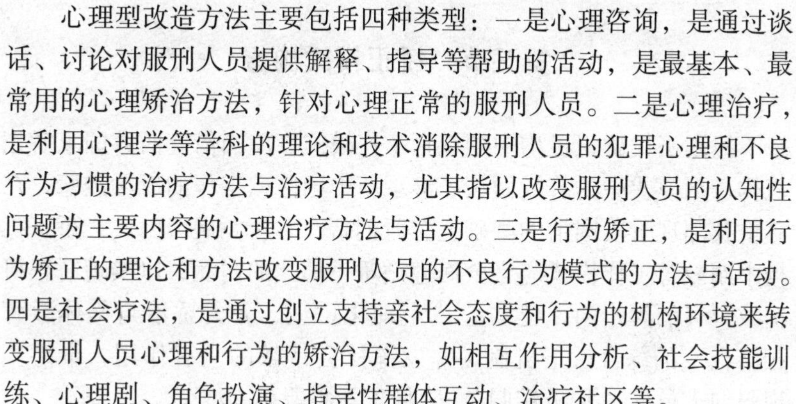

心理型改造方法主要包括四种类型：一是心理咨询，是通过谈话、讨论对服刑人员提供解释、指导等帮助的活动，是最基本、最常用的心理矫治方法，针对心理正常的服刑人员。二是心理治疗，是利用心理学等学科的理论和技术消除服刑人员的犯罪心理和不良行为习惯的治疗方法与治疗活动，尤其指以改变服刑人员的认知性问题为主要内容的心理治疗方法与活动。三是行为矫正，是利用行为矫正的理论和方法改变服刑人员的不良行为模式的方法与活动。四是社会疗法，是通过创立支持亲社会态度和行为的机构环境来转变服刑人员心理和行为的矫治方法，如相互作用分析、社会技能训练、心理剧、角色扮演、指导性群体互动、治疗社区等。

（四）社会型改造方法

社会型改造方法是指利用社会资源改造服刑人员的方法。

社会型改造方法主要有：一是接触社会信息法。一般地，西方国家矫正机构中的服刑人员在接触社会信息方面限制很少。譬如，服刑人员可以使用收音机，可以看电视，可以从出版商那里直接购买刊物和书籍，可以和社会上的很多人通信等。通过这些途径接触社会信息，可以对服刑人员的态度和行为产生潜移默化的作用。二是外系统官员探视法。这是指矫正系统外的其他官员、议员和政府工作人员等来监狱探视服刑人员。他们在帮助改善监狱条件、解决服刑人员存在的问题的同时，也对服刑人员起到改造的作用，相当于我国监狱机关所做的“向外延伸”工作。三是志愿人员探视法。在西方国家矫正系统中，社会志愿人员（特别是具有宗教背景的志愿人员）在矫正服刑人员方面发挥着很大的作用。他们与服刑人员交谈，给服刑人员提供信息，疏导服刑人员的情绪，帮助服刑人员解决困难等，对服刑人员改造带来积极作用。四是参加社会活动法。譬如，服刑人员参加远程学习，通过学习释放参加社会学习，通过工作释放到社会上寻找和从事工作等。

第三节　矫正模式构想

我国当代矫正机构中期教育工作模式，应当借鉴西方国家矫正机构行刑模式中的有效做法，继承新中国监狱工作的成功经验，在尊重我国现阶段国情的基础上有所创新、有所发展。因此，矫正机构中期教育工作模式应当全面遵循矫正模式的内涵，以实现矫正机构教育目的为指向，建构起“个别化矫正、分类矫治与集体教育相结合”的综合矫正机制，并发挥社会帮教的应有作用，最终实现服刑人员的“积极转归”，降低重新犯罪率。

一、矫正模式的内涵与意义

（一）矫正与矫正模式

关于矫正，不同的学者见解各异。有学者认为，矫正是一个社会通过系统的、有组织的努力，来实现惩罚犯罪者、保护公众利益、转变犯罪者犯罪行为、补偿受害者的功能的活动。因而，矫正包括四个重要的内容：惩罚、保护、转变、补偿，这些内容反映了矫正领域的全部活动。[①] 这可能是最宽泛意义上的矫正概念。

另有学者指出，改造的标准是道德，改造的目标是将坏人改变为好人。矫治的标准是健康，特别是心理健康，目标是将病人治疗为健康人。矫正在意义上既包容改造，也包容矫治，具有综合性，因而更宽泛。[②]

我们赞同“矫正”的后一种定义，认为对服刑人员的矫正，既包括通过改变犯罪人原有的动机、价值观念、自我概念及态度来

① 潘国和、罗伯特·麦尔主编：《美国矫正制度概述》，华东师范大学出版社 1997 年版，第 1~2 页。

② 翟中东著：《国际视域下的重新犯罪防治政策》，北京大学出版社 2010 年版，第 16 页。

预防犯罪，也包括对服刑人员存在的心理问题、心理障碍的治疗与康复。它指向对服刑人员的全面改造，其最终目标是“守法公民”。

矫正模式是指矫正机构以矫正理念为内核构建起来的一整套转变服刑人员思想、心理与行为的工作模式。矫正模式以有效的惩罚为前提条件，惩罚着眼于矫正（改造），以有效的矫正（改造）作为行刑的最终目的。换言之，对服刑人员的各项行刑工作，以转变其犯罪思想使之不再重新犯罪为目标指向，同时希望在矫正机构工作人员及社会专业人员的帮助下，能够使服刑人员身心健康，平安地度过服刑期。

当前，我国矫正机构开展了循证矫正的研究与实践工作。循证矫正在西方国家的矫正机构已经得到较好开展，循证矫正工具亦得到较为广泛的应用。循证矫正与现代矫正模式相继相承，对于目前我国的矫正工作来说，循证矫正既具有理念创新的意义，同时还具有变革矫正方法与技术的意义。循证矫正的方法与技术强调实证与数据支撑，要求矫正机构所运用的矫正技术与方法是确实有效的。这也是现代矫正模式所追求的。从某种角度来说，循证矫正是现代矫正模式的主体构成部分。

不过，矫正模式的内涵要大于循证矫正，它包括矫正理念（指导思想）、矫正目标、矫正策略与方案、矫正结构等诸多内容。

准确理解矫正模式，还需把握好以下两点：一是矫正应当是矫正可矫正之人。大多数的矫正学研究者认为，人是可以矫正的，然而具体到某个犯罪人，由于其形成犯因性缺陷是在人生的早年以及/或者犯因性缺陷具有极其顽固性，在有限的刑期内也许无法完成矫正目标，此其一。其二，对于某个或某些犯罪人来说，由于负责矫正他们的工作人员知识与技能的局限性，可能不能够实现对他们的有效矫正。二是从行刑成本角度来说，要实现对某个或某些犯罪人的矫正，成本过于巨大，纯粹的关押模式也许更为适合，矫正可以退而求其次。这一观念是目前美国的一些矫正机构所推崇的。

（二）矫正模式的重要意义

1. 构建矫正工作模式，是回归矫正机构本质功能的需要。目前，我国矫正机构的工作模式是在劳动改造模式影响下的监管安全模式，这脱离了矫正机构的本源，必须加以变革。惩罚与改造作为矫正机构的本质功能，应当得到全面贯彻。作为刑罚执行机关，监狱等矫正机构要体现其惩罚功能，然而，不能为了惩罚而惩罚，惩罚是为了更好地改造服刑人员。因而，改造应当成为监狱等矫正机构的核心内容与工作重心。脱离了惩罚，将不能有效地改造服刑人员，也就不能准确地执行刑罚；没有了改造，矫正机构也就迷失了方向，丧失了矫正机构的本质规定性，没有存在的价值，必然会给社会的和谐稳定带来重大损害。

2. 构建矫正工作模式，是创新矫正机构工作的需要。我国矫正机构经过60多年的发展，积累了许多成功的经验，取得了丰硕的成果。但是，不可否认的是，目前我国矫正机构也面临着诸多问题与挑战。矫正机构如何创新发展，是摆在我们面前的一个重大课题。是继续把劳动改造作为我国矫正机构的制度设计，还是在强调惩罚基础上将保障监管安全作为工作指向？显然，这些都不是矫正机构的可持续发展模式。处理好惩罚与改造、监管安全与教育矫正的辩证关系，坚持以矫正犯罪人作为目标指向，是我国矫正机构的发展方向。因而，全面总结与继承我国60多年改造罪犯的有效经验，广泛汲取国际行刑领域的先进理念与技术，构建符合中国特色的矫正工作模式，是当前我国矫正机构创新发展的必然选择。

3. 构建矫正工作模式，是实现矫正机构工作科学化、专业化的内在要求。司法部提出监狱等矫正机构工作要实现科学化、专业化与社会化，这是推进我国矫正机构进一步发展的有效举措。如何实现“三化”，是值得深入研究的课题。而要实现矫正机构工作的科学化、专业化，矫正工作模式成为必然选择。目前，监狱等矫正机构以劳动作为主要改造载体，以经济效益作为重要考核指标，是非科学的思维路径，到了非改革不可的地步。矫正机构确立矫正工作模式，要以准确有效的评估作为开展矫正工作的前提，然后设计有针对性的矫正方案，以个别化矫正、分类矫治、集体教育相结合的综合矫正方式实现对服刑人员的改造，是科学矫正之构想与路径。而要实施这样的矫正模式，必然要求有专业化的矫正工作人员队伍，而矫正工作人员的专业化也需要以矫正模式作为主要的载体。

二、矫正模式的核心结构

以个别化矫正、分类矫治与集体教育相结合的综合矫正模式，要求教育（含劳动教育）、管理、心理矫治等多手段的综合运用，并以“矫正方案”作为载体，以矫正需要评估后的分类矫治和以团体辅导理论为基础的分类矫治作为重要途径，结合集体教育方式，以社会帮教作为补充，共同指向服刑人员的“犯因性问题”这一矫正内容。

矫正过程设计如下：入监（教育）→正常与异常心理评估→人身危险性评估→犯因性评估→制订与实施矫正方案→矫正效果评估→出监（教育）

上述综合矫正模式与循证矫正存在包含或重合关系。两者都重视对服刑人员的风险评估与犯因性问题的评估。完成评估后，制订综合性矫正方案时往往包含有矫正项目，但也可能是对某个或某些服刑人员的一个具体的教育矫正方案；而有的时候矫正项目的实施，能够实现对某些服刑人员的矫正，从而完成矫正机构的工作目标，此时两者合二为一，存在一致性关系。

矫正模式的核心结构有四个部分，分别是个别化矫正、分类矫治、集体教育与社会帮教。

个别化矫正是指基于刑事个别化原则，监狱等刑罚执行机关根据服刑人员产生犯罪的不同犯因性问题，采用有针对性的治疗、调适、干预和教育等技术，矫正其行为、心理以达到特定矫正目的的专门活动。[①] 个别化矫正针对的是服刑人员的个别缺陷，即造成服刑人员犯罪的个别化犯因问题，以及服刑人员在服刑过程中产生或存在的特殊性心理问题与心理障碍。个别化矫正的核心内容是设计个别化矫正方案，这在本书第二章已述，在第八章将详述。

分类矫治主要是指针对服刑人员的共同性犯因问题，采用分类管理与矫治的模式，以实现矫正目的的活动。它同样适用于两类问题：犯因性缺陷、心理问题或心理障碍。其矫治形式也有两类，即针对某类或某些犯罪人的共性问题，采取针对性的管理与教育矫正活动是途径之一，以团体辅导理论为基础形式进行的分类矫治是途径之二。

集体教育是指对全体服刑人员进行文化、技术与思想教育，以及心理健康教育等。对服刑人员开展的集体教育，有两个方面的内容需要给予重视。一是对心理正常服刑人员开展的价值观、人生观教育，其核心教育内容应当是人生价值与是非观念教育；[②] 开展法制教育的核心内容应当是法律知识与守法意识教育。二是对初中以下文化程度的服刑人员，重点教育内容可以是以课堂教学形式开展的文化知识教育；初中以上文化程度的服刑人员，重点教育内容可以是以课堂教学与技能实践相结合的教学形式所开展的职业技能教育。

社会帮教是指利用社会力量对服刑人员进行教育矫正的活动。社会帮教的对象主要是服刑人员，但也可以是矫正工作人员。后者的社会帮教主要有两个方面，一是利用社会智力提高矫正工作人员的知识与技能，二是帮助解决矫正工作人员在矫正活动中引发的各类身心问题。对服刑人员的社会帮教活动，一个方面是引进社会智

---

① 于爱荣主编：《罪犯个案矫正实务》，化学工业出版社 2011 年版，第 1 页。

② 邵晓顺著：《犯罪个案研究与启示》，群众出版社 2013 年版，第397~398 页。

力为矫正机构服务，这主要是各类技术人员参与到矫正活动中来；另一方面是服刑人员的关系方，如父母、亲人等参与到矫正活动中，通过亲情等天然纽带关系对服刑人员产生正性影响。医学、心理学、社会个案工作者等专业技术人员参与到矫正工作中，是矫正模式的必然要求。在越来越重视矫正工作的我国监狱，社会力量参与矫正工作已经有所开展。

矫正模式上述四个组成部分的相互关系是：个别化矫正是核心，分类矫治是重要构件，集体教育是基础，社会帮教是必要补充。而社会力量参与矫正活动，在个别化矫正、分类矫治与集体教育各矫正方式上都是需要的。

综合矫正模式突出个别化矫正，是为了确保矫正工作的有效性；强调分类矫治与集体教育的综合运用，是为了提高矫正工作的效率，节约人力资源，同时也有助于提高矫正工作的效果。

三、矫正模式的重点与难点

我国矫正机构要推行矫正模式，需要重点关注以下问题。

（一）矫正理念梳正

长期以来，由于我国监狱等矫正机构以劳动改造作为教育矫正服刑人员的主要手段，而且在相当长一段时间里，监狱等矫正机构的工作经费主要依靠或部分依靠服刑人员的劳动产出，而且到目前为止，这种现状尚未得到根本扭转，“生产是硬指标，改造是软指标”的现象较为普遍存在，因此要求矫正机构及其工作人员转变工作导向，以矫正效果作为工作目标是有难度的。

特别严重的是，近几年来，监狱等矫正机构出现了另外一个倾向，即唯监管安全论，把监管安全当作“首要工作目标”，甚至把监管安全提升为“首要政治任务”。在监管安全面前，所有的工作都得让步，一向重视的劳动生产也可以抛在一边，更不用说矫正活动了。这些都使得矫正理念难以在矫正机构及其工作人员身上根植。

应当说，并非矫正工作人员都没有正确的矫正理念，许多矫正工作人员之所以轻视教育矫正，是因为我国矫正工作的制度设计存在一些问题，如对矫正机构出现问题时的“无限”责任追究制度，造成矫正工作人员只能全神贯注于监管安全。因此，矫正机构管理制度的顶层设计尤为重要。这是矫正理念梳正的一个方面。另外，不可否认的是，部分矫正工作人员确实缺乏矫正理念或者矫正理念存在一定的偏差，这些都应当进行纠正。

因此，推行矫正模式，首要的问题是解决理念障碍，必须使矫正机构及其工作人员充分认识到矫正的必要性与重要性，建立行刑的矫正目标指向。矫正机构及其工作人员没有在理念上清本溯源，认识到矫正是行罚执行机关的本质功能，矫正对服刑人员改造的重要意义，就难以真正有效地推行矫正模式。只有建立教育矫正是矫正机构本质功能的思想，认识到教育矫正是矫正工作人员的本职工作，追求矫正的有效性是矫正工作人员的分内之事，劳动只是手段，安全只是前提，矫正有效才是目标，那么矫正模式的推行才有可能。

（二）个别化矫正技术与方案

综观我国监狱等矫正机构的教育改造工作，对服刑人员的个别教育工作在许多时间段是重视的，也因此使得我国的监狱工作取得了巨大成绩。但是，由于我国整个社会管理活动是重定性描述而不太重视定量分析，对服刑人员的个别教育没有制定出严格的工作标准，整个监狱工作亦缺乏工作标准，使矫正工作容易陷入空泛，难以准确考核。在这样的背景之下，以评估为基础的个别化矫正工作无从谈起。

要创新我国的矫正工作，就需要变革矫正工作模式，即代之以综合矫正模式。而个别化矫正工作是这一模式的重点。然而，由于这是一个较为新颖的工作内容，监狱等矫正机构的大多数工作人员对此并不那么熟悉，使之成为了矫正模式实施的难点。不过，近年来，有的监狱已经在逐步探索个别化矫治的方法与技术，取得了一

些有价值的经验，如提出了“以调查为基础，建立个体调查体系；分析鉴别调查情况，制订‘一人一策’的矫治方案；明确过程管理，促进个别化矫治的落实”等工作体系和机制，值得总结推广。①

以（自然）科学思维和实证思想建立起来的西方国家矫正活动，在个别化矫正方面给我们以借鉴。在学习、借鉴、吸收西方国家行刑方法与技术的基础上，开创符合我国国情的个别化矫正方法与技术，是矫正模式得以实施的关键所在。目前，循证矫正的理论与实践在我国矫正机构得到了重视，这一活动的深入发展，对我国矫正机构的创新发展具有重要意义。循证矫正技术与个别化矫正技术相辅相成，两者必将互相促进，共同发展。

（三）矫正队伍建设

矫正的理念、技术与矫正模式的推行与实施，都离不开一支专业化的矫正工作人员队伍。然而，正如前面所述，我国矫正机构工作人员队伍不管是在思想、理念方面，还是知识与技能方面，与全面推行矫正模式的要求相比，都存在一定的差距。一方面，要解决矫正队伍观念层面的问题。而这个又与矫正机构最高管理层的观念息息相关。监狱等矫正机构作为整体社会的一个组织机构，在社会组织中的作用是明确的，它要承担其自身应当承担的职责，而不能赋予矫正机构本质功能之外的职责。对矫正机构的本质需要有清晰的认识。另一方面，在转变观念，作好顶层设计之后，要开展对矫正工作人员教育矫正知识与技术的培训工作。许多矫正工作人员的知识陈旧、矫正技能不足，这是客观事实。老一辈监狱工作者具有优良的传统，但是也许知识更新不够；新一代矫正工作人员知识丰富，具有鲜明的时代气息，但是可能缺乏优良的工作传统；还有一个情况是，近几年新招收的一些矫正机构工作人员与矫正相关的专

---

① 郑天明：《个别化矫治的探索与思考》，载《犯罪与改造研究》2012年第2期。

业知识缺乏。凡此种种，都要求加强矫正观念、矫正专业知识与技能的培训教育工作。如果没有理念的更新，没有专业知识的学习，矫正模式的实施将是空中楼阁；即使强力推行了，也将是个“畸形儿”。为此，矫正机构队伍建设应当考虑专业化与职业化分工模式，在专业化发展的基础上，成为一支职业矫正师队伍。

第四章　中期教育内容——文化教育

文化教育是监狱教育的一项重要内容，对服刑人员在监狱内的重新社会化和重返社会后顺利适应社会生活都有显著的现实意义。但是，从当前监狱工作实际看，监狱文化教育仍得不到应有的重视，从内容的选择到方法的运用都不尽如人意。本章探讨以下三个问题：

1. 文化教育的内涵与意义如何？
2. 文化教育的现状怎样？
3. 如何进行文化教育的设计与组织？

第一节　文化教育的内涵与意义

一、文化教育的内涵剖析

"文化"一词起源于拉丁文的动词"Colere"，意思是耕作土地（故园艺学在英语为 Horticulture），后引申为培养一个人的兴趣、精神和智能。英国人类学家爱德华·泰勒在 1871 年将文化定义为"包括知识、信仰、艺术、法律、道德、风俗以及作为一个社会成员所获得的能力与习惯的复杂整体"。文化在汉语中实际是"人文教化"的简称。前提是有"人"才有文化，意即文化是讨论人类社会的专属语；"文"是基础和工具，包括语言和（或）文字；

“教化”是这个词的真正重心所在：作为名词的“教化”是人群精神活动和物质活动的共同规范（同时这一规范在精神活动和物质活动的对象化成果中得到体现），作为动词的“教化”是共同规范产生、传承、传播及得到认同的过程和手段，它表示对人的性情的陶冶，品德的教养，属精神领域之范畴。

所谓监狱文化教育，有广义和狭义两种理解。狭义的监狱文化教育从监狱制度层面和现实操作层面作这样的解释：监狱文化教育是以监狱服刑人员为教育对象，监狱有组织、有目的、有计划实施的传授文化科学知识的活动。它是罪犯教育改造的重要内容之一。根据监狱在押罪犯的特殊情况，按照罪犯实际测验的文化程度分别编班，重点开展扫盲教育、小学教育、初中教育等义务教育。对于尚未完成义务教育、不满 45 周岁、能够坚持正常学习的罪犯，应当接受义务教育。文盲罪犯应当在入监两年内脱盲，脱盲比例达到应脱盲人数的 95%以上。罪犯刑满释放时，小学文化程度以上的应当逐步达到应入学人数的 90%以上。对已完成义务教育的罪犯，有条件的可以开展高中阶段教育。具有高中以上文化程度的罪犯，有条件的单位可以组织他们自学或报考电大、函大、刊大，也可以鼓励他们参加其他形式的专业学习。罪犯文化教育经考试合格的，由教育部门发给相应的学业证书。通过文化教育，可以提高罪犯的文化知识水平，使其摆脱愚昧无知的状态，提高其辨别是非的认识能力，为接受思想教育、促进思想转化和学习生产技术创造条件。

广义监狱文化教育的解释需从“文化”一词的源头开始，所谓文化是指一个国家或民族的历史、地理、风土人情、传统习俗、生活方式、文学艺术、行为规范、思维方式、价值观念等。“文化”一词最早出于《易经》。《易经》贲卦的象辞上讲：“刚柔交错，天文也；文明以止，人文也。观乎天文以察时变，观乎人文以化成天下。”其意是说，日月往来，阴阳并陈，这是天文，即自然；文化教育旨在使人行当所行，止当所止，这是人文。治国家者必须观察天道自然的运行规律，以明耕作渔猎之时序；又必须把握现实社会中的人伦秩序，用以教化、造就天下人，使人们的行为合乎文明礼仪，并由此而推及天下，以成“大化”。文化作为一种亘古绵久的社会现象，它与教育相伴而生，相随而长，在漫长的历史长河中，互为前提，互相砥砺。文化给教育以社会价值和存在意义，教育给文化以生存依据和生机活力。两者缺一不可。在儒家思想中，荀子曰：“人之性恶”，如何“化性起伪”，使“涂之人能为禹”？“在化而不在性”，“化性起伪”，其中的“化”都是讲环境及教育的影响。“化”，更多地是指教育、教化的影响作用，使人教化迁善。因此，广义的监狱文化教育应该指的是所有能使服刑人员改恶迁善，顺利回归社会的教化活动。

狭义监狱文化教育的弊端在于教育内容的狭隘与呆板，以量化的考核为指标，使教育的目的服从于数据的可观性，从人的发展角度而言无甚大益处。其优势在于因其强制与整齐划一的特点，罪犯或多或少有所收获。

广义监狱文化教育的弊端在于教育内容的不确定性、欠系统性，甚至是无计划性，而使教育活动处于零碎状态，更因服刑人员能力、情感、态度变化的不可测，教育的成效难以立竿见影。但优势在于这种教育以人为本的初衷，开启了服刑人员主动学习、主动改变的愿望，从长远来看是有益的。

本章试图从狭义和广义的监狱文化教育中找到教育的平衡点，切实有利于服刑人知识、能力、情感的变化，使之能改恶迁善，顺利回归社会。

二、文化教育的意义

文化是人创造的，反过来又影响人、熏陶人、塑造人。文化对人的影响既来自特定的文化环境，也源于人们参与的各种文化活动。每一个人都生活在一定的文化环境之中，都在不知不觉中受到文化的影响。人的社会化过程就是不断接受文化影响，由生物人变成文化人的过程。先辈的引导和教诲，社会的褒扬和惩戒，无不在自觉或不自觉地传播一种文化观念。人们接受各种教育、参与这样那样的文化活动，都是在接受教化。文化最主要的功能在于化人，教育人、熏陶人、塑造人。一个人小到饮食起居、待人接物，大到世界观、人生观、价值观，无不是一定文化影响的结果。文化影响人们的行为方式、交往方式、思维方式、价值观念，影响人们的认识活动和实践活动。在一定的意义上可以说，人是文化的产物。

对于文化教育的作用，我们试图从人与自我、人与他人、人与社会交往的三个角度来阐述。

1. 自我。文化影响人们的实践活动、认识活动和思维方式，因而影响一个人健康人格的形成。优秀的文化能够丰富人的精神世界。积极参加健康有益的文化活动，不断丰富自身的精神世界，是培养健全人格的重要途径。优秀的文化能增强人的精神力量。优秀的文化作品，总能以其特有的感染力和感召力，使人深受震撼、力量倍增，成为照亮人们心灵的火炬、引领人们前进的旗帜。优秀文化为人们的健康成长提供不可缺少的精神食粮，对促进人的全面发展起着不可替代的作用。服刑人员大多性格乖张，有这样那样的性格缺陷，与其文化程度不高密切相关，有些暴力犯自述往往很难控制自己的乖张行为，可见，服刑人员与自我交往的过程是并不愉悦的。一个与自我相处融洽的人往往有高度自制力，能约束和控制自己的行为，并在相处中悦纳自我，对自我有高度的认可度，无论自己处在怎样的境地。

2. 他人。文化影响一个人的交往行为和交往方式。古语曰：知书而达礼。意思是一个有知识有教养的人通常知礼明理，与人交往懂得礼貌，有理有节。每个人都是社会人，必然与他人进行着这样那样的联系，在人际交往中如何处理好人际关系，与一个人的教化修养正相关。许多服刑人员在服刑生活中的烦恼和不快来自于同犯间的互相猜忌，原因也许是一件很小的事情，但因为缺乏信任和理解，加之监狱狭小的生活圈，很难让人有宽阔的心境。同犯间的宽容和谅解往往更难做到。

3. 社会。文化影响一个人的社会地位、从业能力和社会责任担当。一个人接受文化教育的程度在某种意义上决定了他在社会生活中的地位。我国特定的社会制度决定了一个人从生下来起就贴上了社会阶层的标签，如果生在农民家庭，除了接受文化教育很难有其他路径实现“鲤鱼跳龙门”的愿望。因而文化教育对改变人的社会阶层举足轻重。我国服刑人员中有大部分户籍登记为农民的，且文化程度不高，这就决定了他们社会地位低下，除了劳作，其他社会从业能力很弱，伴随之的社会责任也往往无从谈起，做事以一己私利为目标，不作他想。

此外，文化对人的影响具有潜移默化、深远持久的特点，文化普遍渗透在风俗习惯、伦理道德、规章制度、法律政策之中，常常表现为某种“隐形”的因素，却对人产生深远的影响。因为祖祖辈辈代代相传，家家户户耳濡目染，即使一个不识字的人也自然浸润其中，受其影响而变成气质。俗话说：“近朱者赤，近墨者黑。”可见，文化对人的影响是一个水滴石穿的过程，是一个“润物细无声”的过程。同时，文化对人的影响又是深远持久的。文化对人的影响也是较为缓慢的、长期的过程，但一旦内化为人们的态度和信念，就会形成惯性和定式，指导人们的行为选择并逐渐形成相对稳定的心理和行为。文化转化为人们的思想观念、心理素质、行为方式、生活习惯、思维方式之后，就具有相对稳定性和持久性。在各种影响人类的因素中，最深刻、最持久的是文化。世界观、人生观、价值观是人们文化素养的核心和标志。一个人的世界观、人生观、价值观是在长期的生活和学习过程中形成的，是各种文化因素交互影响的结果。世界观、人生观、价值观一经形成，就具有明确的方向性，它们对人们的实践和认识活动具有根本性的影响，人们的世界观、人生观和价值观，往往以极强的辐射力和穿透力影响人们的行为动机和行为的全过程。对人的综合素质和终身发展产生深远持久的影响。

因为文化对人的影响是全方位的、潜隐的、深远的，因而对服刑人员的文化教育活动要遵循文化教育的特点和规律，坚持文化教育的多样性、陶冶性、持久性、巩固性原则。

第二节 文化教育的现状分析

一、历史沿袭带给监狱文化教育的禁锢及影响

随着我国行刑领域改革的深入，监狱工作重心从抓生产到抓罪犯改造质量的转移，监狱教育工作越来越受到重视，但实际收效甚微。文化教育亦然，在行刑范畴中，文化教育至今仍处于冰山一隅的地位，说起来重要，忙起来可以完全不要。剖析其不能尽如人意的原因当追溯新中国成立以来的行刑历史，历史的影响是深远的。如果考量新中国成立至今的监狱工作，劳动改造目前仍然是我们监狱工作的重中之重，在特定历史时期，劳动改造理论曾经发挥着举足轻重的作用，我们都无法绕开劳动改造理论谈监狱行刑，乃至被称为中国监狱工作的特色。即使在今天，对在押罪犯实行劳动改造仍然是监狱工作的三大手段之一，可见劳改理论在中国监狱的影响是弥足深远的。这种影响力和渗透力的形成是有它深厚的历史根基的，在实际改造中无疑会冲淡文化教育的力度，这种对文化教育的禁锢与淡化影响至今。

在百废待兴、内忧外患的新中国成立初期，国家财政收入严重短缺，无法保证监狱经费的充足，在这种历史条件下，监狱不得不选择自救的道路。1951 年 5 月，毛泽东在审定《第三次全国公安会议决议》时批示：大批应判徒刑的犯人，是一个很好的劳动力，为了改造他们，为了解决监狱的困难，为了不让判处徒刑的反革命分子坐吃闲饭，必须着手组织劳动改造。这里，劳动改造在监狱工作中的作用不仅仅是一种矫正手段，更附加催生监狱经济生活的作用。这种作用关乎民警生存，与切身利益息息相关，因而这种作用在特定经济政治生活中是会被强化和放大的。在后来的 20 年、30

年，甚至40年监狱工作中，劳动改造的经济功能或多或少成为了监狱工作的重要抓手。在某些地方某些监狱甚至凌驾于监狱惩罚和改造功能之上，监狱文化教育成了上报材料中的几个数据而已。进入20世纪80年代，中国社会开始了全面而深刻的变革，政治上的拨乱反正，“以阶级斗争为纲”的指导思想的转变，监狱行刑也逐渐放弃以政治性为第一着力点的行刑思想，更多地关注罪犯作为人的价值。以教育改造罪犯作为监狱行刑的视角，提出了“三像六字”监狱工作指导思想：监狱行刑要像医生对待病人、像老师对待学生、像妈妈对待孩子，对罪犯实行教育、感化和挽救。监狱办育新学校的行刑实践在全国全面铺开。这样的行刑理念试图改变监狱重劳轻教、重管轻教的行刑实践。关注人的价值和人的成长，与西方“教育刑”思想契合，无疑具有先进性。但不足的是这种似是而非、感性多于理性、注重情感渗透的行刑理念缺乏规范性和科学性，可操作性不强。文化教育在监狱工作中仍没有得到应有的重视。

二、新时期监狱文化教育的破冰之局

2009年11月17日，司法部下发了《关于加强监狱安全管理工作的若干规定》，其中规定“监狱应当坚持每周5天劳动教育、1天课堂教育、1天休息。罪犯每天劳动时间不得超过8小时，每周劳动时间不超过40小时”。从而形成了旨在提高监狱教育改造工作质量的“5+1+1”教育改造模式。① 尽管“5+1+1”只是对监狱教育在时间上作了一定的保证，但这已经是意义深远的影响了，监狱无论任何理由都不得侵占服刑人员一天的学习时间，保障了服

① “5+1+1”教育改造模式的称谓，在当前一些监狱理论研究者著作或文章中都有阐述。在此，需要指出的是，规定监狱罪犯“5天劳动教育、1天课堂教育、1天休息”，只是对当前监狱罪犯活动时间上的一个调整与设置，其背后的理念仍然没有超越，难称“新的教育改造模式”——邵晓顺备注。

刑人员受教育的权利。在今天中国国富民强的新时代，国家已经有能力全额保障监狱运行。随着司法体制改革的推进，监企分开工作的全面完成，监狱功能的纯化与回归，劳动改造也逐渐脱离了其经济枷锁的桎梏，监狱文化教育得到了应有的重视，也取得了可喜的成绩。以下举几个实例：

1. 以文化人　润物无声——酒泉监狱罪犯文化教育纪实。

近年来，酒泉监狱紧紧围绕全面提高教育改造质量这个核心，在创新教育形式上做文章，在提高教育实效上下功夫，不断加大罪犯文化教育力度，摸索出了一条富有特色的用文化建设提升教育改造质量的路子。

突出重点　扎实推进脱盲教育

对文盲罪犯进行脱盲，是酒泉监狱长期坚持开展罪犯文化教育的重点，这不仅巩固了“两基”教育成果，也为进一步提高教育改造质量夯实了基础。首先是理顺关系，完善教学体系。经过监狱积极协调，肃州区教育局于 2009 年 7 月在酒泉监狱建立了罪犯文化教育基地，将罪犯扫盲教育纳入了地方教育体系，实现了监狱办学和社会办学的有机结合，使扫盲教育步入了社会化、正规化轨道。其次是加强力量，确保教学质量。为巩固扫盲成果，对近年收押的所有 50 岁以下的文盲罪犯重新进行巩固性测试，达不到要求的全部重新回炉；对文化教学班重新整合，以扫盲教育为重点重新编班；并加强师资力量，选配经过专门培训、具有教学能力的罪犯担任专职教员，实行教员包班责任制；按照统一计划、统一教材、统一进度、统一时间、统一考核的“五统一”办法，确保了教学质量。最后是齐抓共管，扎实推进工作。为了确保扫盲教育取得实实在在的效果，监狱采用“三管齐下”、环环相扣、齐抓共管的扫盲教育模式层层推进扫盲教育。监狱的扫盲教育得到了酒泉市、区两级教育部门的重视，被列为肃州区教育扫盲的重点。省市区各级领导多次来到监狱视察和指导，给予了充分肯定。

夯实基础 全面普及义务教育

近年来，酒泉监狱认真贯彻落实司法部的《罪犯教育改造纲要》和省监狱局的《教育改造工作要点》，积极争取社会支持，不断加强狱内教育改造体系建设，构筑了一个目标明确、制度健全、责任落实的监狱义务教育体系。一是科学设置班次；二是制订合理计划；三是强化教学督促；四是保证学习时间；五是坚持互监助学；六是加强教学管理，保证教学内容扎实、授课方式活泼、作业批阅及时、教育效果明显。通过以上多种措施，有效激发了罪犯学习热情，一年来报名参加罪犯义务教育的学员共有360人，占到了在押人数的近20%。在监狱高度重视和倡导文化教育的环境中，罪犯的思想观念发生了深刻的变化，学习气氛明显浓郁起来，打牌下棋的少了，读书看报的多了；讲吃讲喝的少了，订书订报的多了；胡侃闲聊的少了，写信写稿的多了。不少原来的文盲、小学文化程度的罪犯学员现在都纷纷加入了监狱的报道员队伍中。

突出特色 积极提升职业教育

近年来，酒泉监狱紧紧围绕“全面提高教育改造质量，减少重新犯罪，服务和谐社会建设”的总体工作部署，利用监狱罪犯文化教育基地，在抓好罪犯职业技术教育的同时，将学历教育引入监狱，以此引领和带动职业技术教育向更高层次迈进。监狱积极联系与酒泉职业技术学院联合办学，在监狱开设了机电、风电、美术与广告装潢等多个专业的职业中专班，受到罪犯的热烈欢迎，也顺应了市场对技术和人才的需求方向。目前，已有多名罪犯完成了职业中专教育的全部课程学习，即将取得国家承认的学历证书。

践行理念 引导鼓励高等教育

鼓励罪犯积极参加高等教育自学考试，提高罪犯文化层次，是监狱教育改造工作新的实践。近几年来，监狱良好的学习条件和环境，极大地调动了罪犯学习的积极性，许多罪犯从思想上树立起了把刑期当学期的意识，纷纷报名参加高等教育自学、函授、电大等学习，人数占到了监狱押犯的5%。为了引导和鼓励罪犯接受高等教育，监狱在支持罪犯参加电大、函授、高等教育自学考试的基础上，经过和酒泉市教育局协调，在监狱内设立了自学考试考点，为罪犯考试创造了便捷条件。同时，还在政策上予以激励，对通过考试的服刑罪犯及时兑现奖励，有效激发了罪犯参加学习的积极性。对参加高等教育自学考试的罪犯，在学习时间上给予充分保证，解除他们学习时间不够的后顾之忧。2009 年，酒泉市自考办在监狱设置自学考试考点 4 个，有 36 名罪犯取得了 46 门单科毕业证，1 人取得大专文凭；2010 年有 102 名罪犯参加了 205 门课程的考试，有 61 人取得了 113 门单科结业证书，有 1 人取得了大专以上学历证书；2011 年上半年，有 41 名罪犯参加了 94 门课程的考试，有 32 人取得了 66 门单科结业证书，下半年已有 51 人报名参加 139 门课程的考试。

通过层层重视，多措并举，扎实推进文化教育，酒泉监狱的教育改造工作取得了明显成效，也得到了社会的广泛认可，酒泉监狱的教育改造工作者们将继续创新探索、向前迈进，将监狱教育工作做得更好。(酒泉监狱/邢晓娟)

2. 北京女子监狱对罪犯进行文化教育。

服刑犯已实现“零文盲”

北京监狱领导介绍，入监时文化程度在初中以下的服刑人员，均会接受扫盲、小学和初中文化的教育。监狱还在罪犯中选择大专以上、思想稳定、表达能力较好的罪犯担任“小教员”，帮助文化较低的服刑人员尽早“脱盲”。从汉语拼音开始，到汉字书写、课文及简单数学运算和常用的英语单词。目前，130 余名小学文化程度和 140 余名初中文化程度的罪犯接受了文化教育，监狱已实现服刑人员“零文盲”。

13 人通过自考

北京市女子监狱自成立以来，一直关注服刑人员的文化教育，严格落实对罪犯的逐一“扫盲”。近五年来，监狱已对 270 余名罪犯进行文化教育，近 10 余年，共有 1600 余人报名参加高等教育自学考试，13 人已通过专业考试。

一女犯将考取本科文凭

大专学历的小玉（化名），四年前因杀害男友被判死缓入狱。

小玉称，刚进来时脾气暴躁，后在民警帮助下，心态逐渐平稳，现在每天都会定时复习法律自考课程。小玉说："通过高等教育自考，是自己 2013 年最大的愿望。"

据了解，为鼓励和帮助罪犯在服刑期间提高自身文化水平，掌握与就业谋生相关的理论知识，监狱鼓励罪犯参加狱内高等教育自学考试。2001 年至 2012 年，共有 1600 余人报名参加考试，13 人已通过专业考试，1 人将报考今年的论文撰写和答辩课程，取得本科毕业证书。（记者李禹潼）

图为服刑人员在监区内看书

3. 永安监狱用中华传统文化促进罪犯改造。

永安监狱开展了以《弟子规》为主题的中华传统文化系列教育活动，促进罪犯自觉改造，确保监管持续安全稳定。一年来，犯人违规率成倍下降，有 49 名顽危犯得到有效转化。永安监狱在长期教育实践中，深入分析了服刑人员犯罪入狱的根源在于人生观、价值观以及道德的沦丧，认为通过道德观念的重塑，可促进其良好行为的养成，而《弟子规》是中华文化的精髓，它倡导的无私、公平、公正、诚实、仁爱、忠孝等人文哲理，是做人做事的基础。

基于这一认识，监狱成立了专门教育活动的领导小组，制订了系列教育活动方案和《弟子规》传统文化教育活动计划，规定每月安排8节课为正规课堂教育，用于精读、讲解、背诵《弟子规》的内容。每周安排两个夜间教育时间组织收看《落实〈弟子规〉，做好中国人》、“幸福人生”讲座、“百家讲坛”等传统文化教育影碟片。要求人人朗读、背诵《弟子规》，还组织服刑人员写学习体会、开展演讲比赛。据统计，一年来全监共写了3532篇心得体会文章。其中评选出较好的60篇，分别在黑板报和监狱小报上刊登。各监区还举行“学好《弟子规》，争做文明学员”主题演讲比赛活动。全监选出6名优胜者在六个监区进行巡回演讲，使众多罪犯从中得到醒悟，激发了自觉改造的积极性。

中华传统文化教育活动，使服刑人员的精神面貌焕然一新。过去，入狱后的服刑人员大多有“三怪”，即怪父母、怪社会，甚至怪被自己加害的受害者。父母来探监不给好脸色；向亲人写信总是叫苦喊累，要钱要物。《弟子规》系列教育开展以来，服刑人员从自身的思想品德找原因，对父母妻子等亲人，特别是对受害者感到愧疚，决心以改恶从善的实际行动，报答亲人和社会。有66名罪犯在父母来探监时，主动给父母洗脚、捶背，尽了一份孝心。春节期间，全监有519名罪犯给父母写了感恩信，有169名罪犯给受害者主动寄去了致歉信，还有255名罪犯用自己的劳动报酬给家里寄去了心意。

三、新时期监狱文化教育的尴尬

尽管新时期我国监狱文化教育工作取得了很多骄人的成绩，但实践中的矛盾与弊端亦甚为凸显。

1. 教育内容单一。在监狱的教育实践中常常存在教育内容滞后于时代发展、空洞抽象的现象，重“政治教育”轻“公民素质教育”，缺乏对道德的审视和重塑，缺乏真正深入罪犯内心的内容。原有教育内容没有随着时代的变化及时赋予新的内涵，做到与时俱进，而是更多地沿袭了传统的罪犯教育内容和方法，导致罪犯教育改造效果总体不甚理想。目前，监狱文化教育内容以 9 年义务教育课程为重点，主要设置识字、语文、数学、科学、思政等文化课程，课程内容安排近似于小学生、中学生的课程，内容相对单一、学科性强，而实用性、生活性弱。不符合服刑人员特殊的学习需求。服刑人员大多为成年人，虽然文化水平低，但生活阅历丰富，如果学习内容不注重实用性和趣味性，很难调动其学习的积极性。

2. 教材杂乱无序。随着“5+1+1”教育改造制度在全国的实施，各地监狱都在开发 1 天教育日的相关文化教育教材，但是至今国家级具有权威性的、符合服刑人员学习需求的教材没有开发出来，哪怕省监狱局组织开发的能在某省各监狱统一施行的教材也没有看到。目前的状态是各监狱各行其是，各显身手，虽然也确实开发了一批效果显著的文化教育课程，但毕竟规范性和科学性有所欠缺，大范围的推广也有难度。

3. 教育目标异化。监狱文化教育的目标是通过文化教育，可以提高罪犯的文化知识水平，使其摆脱愚昧无知的状态，提高辨别是非的认识能力，为接受思想教育，促进思想转化和学习生产技术创造条件。从目前的实践看，大多监狱文化教育追求的目标是“三率”：入学率、到课率、及格率。虽然数据是考量教育成效的一个重要指标，但不能因为要追求数据的漂亮而本末倒置。有些监狱为了使数据达标，往往采取一些非常手段，譬如泄露考题、考前针对性复习、考场管理故意松懈等做法，尽量拉高达标率。这就有违教育初衷，在某种意义上也滋长了服刑人员弄虚作假等不道德思想和行为，使监狱的思想教育业失去了伦理根基。例如，某监狱完成了扫盲班、小学班学习的罪犯，虽然成绩合格，但待办理出监手续时，不会写自己姓名的比比皆是，甚至有的罪犯连捺指印也找不着地方。

4. 教学资源不足。教学资源匮乏是各个监狱不争的事实。因为我国监狱的特殊性，民警具有多重角色，担负着多重职责。他们既是刑罚执行者也是管理者和教育者，在民警专业化分工还未开始的当前监狱，要做好多重角色是非常困难的。大多民警只停留在监管这样的角色定位，教育能力确实有待提高。监狱里很难选拔出可以担任教员的民警，而在社会资源还没有充分进入监狱教育领域的当下，民警仍然是主要的教育力量，事实上这股力量很薄弱。

5. 教学形式单一。因为教学资源的缺乏，在一定程度上也带来教学形式的单一、简单，脱离社会现实和罪犯自身实际。大班上课是最经济实惠的资源利用形式，但同时也是效果最差的教学形式，由于师资不够，服刑人员只能以听课为主，很少能以讨论、练习和实践等小班上课的方式学习新知识。另外，教学方法仍停留在说教、强制灌输接受层面，缺乏双向交流互动，无法调动罪犯自我革新的“内因”，当然也难以产生良好的教育效果。

6. 教育经费投入不足。尽管《监狱法》已明确规定，国家将保障监狱教育改造经费，但是，有的省财政保障不能完全到位，有的监狱经济还比较困难，监狱经费紧张，就更难落实教育改造经费了。以某省为例，该省监狱经济困难，罪犯教育经费尚未纳入财政预算。罪犯教育经费每月人均 5 元只是一个政策，有政策而无来源，教育经费仅靠监狱自己解决，因而实际用到罪犯教育上的钱往往是少之又少。然而，更为突出的问题是，即使财政保障到位、经费充足的监狱，在教育经费的投入上也不充分。在没有投入或投入不足的情况下，对罪犯开展的教育活动只能是少搞或者不搞，开展教育活动受到了限制。

综上所述，当前的监狱文化教育，首先，教育要求应更加科学，有效实施分类教育。对罪犯的教育不能照搬对普通成年人教育的办法，应根据押犯的实际需要、文化程度，科学合理分出层次，尊重监狱文化教育的规律，对不同层次的罪犯设立不同的教育目标。其次，教育内容应更加科学。目前的教材陈旧落后，要求偏高，罪犯学习压力大，普遍存在厌学情绪、恐惧心理。对此，应调整教育内容，使教材内容和社会实际发展相适应，激发其学习的积极性。最后，教育形式应更加科学。要把强制罪犯参加学习和引导罪犯自觉学习相结合，并使用必要的法律、行政、经济的手段，对完成学习任务、获得毕（结）业证书的，给以适当奖励和费用资助。还可借鉴西方国家让社会上的学校到监内开办分校，或者试行“学习释放”的办法，提高教育效果。也可利用社会资源到监狱开办中等以上的教育，探索罪犯自学、学校办学、社会助学、国家考试的办学形式，提高办学水平，弥补监狱办学的缺陷，推进监狱文化教育工作的社会化。

第三节　文化教育的设计与组织

一、文化教育的分层设计

每一层次都以两年为分层设计的时间单位。

（一）文盲教学目标：两年内识字 2000 个

扫盲班主要开设识字课、算术课、常识课，学习认字和简单的算术和常识，进行读、写、算教育，吸收罪犯中缺乏读、写、算能力的文盲、半文盲参加，要求两年内脱盲。有条件的监狱可进行计算机文化基础教育，扫除信息文盲。识字课本可由省监狱管理局统一编写，算术和常识课本可采用国民教育小学三年级以上课本。要求参加扫盲班学习的罪犯必须学会 2000 个以上常用汉字，达到会读、会用、会写一般性的简单书信、文章，阅读报刊，学会整数和小学四则运算。

（二）小学教学目标：1 年初小（读与算）；1 年高小（读写算）

小学班主要开设语文、数学、计算机文化基础、品德与生活、自然等课程，吸收有一定文化基础的罪犯和扫盲班结业的罪犯参加，要求两年达到小学毕业程度。通过语文课的学习，要求罪犯能阅读通俗书刊，能正确熟练地书写汉字，能写简单的记叙文和简单的应用文。通过数学课的学习，要求罪犯能正确熟练运用简单几何图形的周长、面积、体积的计算公式；掌握百分比、比例的要领和比例运算的基本知识和基本技能。品德与生活课教材，最好由省监狱管理局统一组织编写，其他教材可参照国民教育小学五六年级教材。

（三）初中：两年（降低义务教育课程标准，以培训实用技能所需文化为主）（语文、数学、科学）

初中班主要开设语文、数学、计算机文化基础、历史与社会、科学等课程，有条件的可开设外语课程，吸收初入监且具有小学毕业文化程度或原为初中生但不具备相应水平的罪犯，以及在监内经过小学班学习结业的罪犯参加学习，学制两年。通过语文课的学习，培养罪犯能较准确、生动地运用语言文字，具有现代文的阅读、写作能力和阅读浅显的文言文的能力；通过数学课教学，提高罪犯的数学知识水平，发展其逻辑思维和正确理解基本概念，掌握并熟练运用定理、公式进行证明推理、运算和分析问题解决问题的能力；通过科学课的学习，使他们了解物理、化学、生物等科学知识及实际应用，培养他们的科学观念、实验技能，使其能具有科学态度和科学方法。政治和法律常识教材，最好由省监狱管理局统一组织编写，其他教材可参考初级中学教材。

（四）提高型教育

提高班的罪犯分为高中班和成人自学函授班，主要吸收初中以上文化水平的罪犯参加，根据缺什么补什么的要求，进行重点补习或专业提高，并要与技术教育和生产中的一些关键难题等结合进行

学习。高中班可按照普通高中有关课程设置进行教学，但政治、法律课教材最好由省监狱管理局统一组织编写。成人自学函授班，应根据专业需要，配备监内辅导教师，确定专人做好教学管理工作，积极为他们订购教材、参考书籍，按时到当地有关部门办理报考手续，积极为他们创造良好的学习条件。编班要根据罪犯的实际出发，需要什么班，就设什么班，对不同层次和不同年级的课程，均采用班级授课制的教学形式，由任课教师按固定的时间分学科进行教学，要特别注意处理好学习和劳动的关系，不得随意挤占学习时间。

1. 高中：两年（降低高中教育课程标准，以培训实用技能所需文化和升级准备为主）（语文、数学、科学、英语）。

2. 自学考试1（专科两年）（视专业而定）。

3. 自学考试2（本科两年）（视专业而定）。

4. 本科以上学历者：刑期短以选修课程为主，刑期长挑选优秀者经培训进入罪犯教师团队（教育学、心理学培训）。

二、文化教育的组织

（一）文化分层的依据——罪犯文化水平评估

罪犯文化水平的依据有：

1. 初分：罪犯档案中的学历描述，要注意的是这种学历描述往往有太多的水分，只能作为最初的分层依据。

2. 细分：罪犯文化水平测试。需要准备的是务必建立科学有效的各层级文化水平测试题库，根据题库测试结果分层。要注意的是这种分层是动态的，因为有题库为基础，服刑人员在每学期末可以要求高一等级的测试，通过测试的予以奖励，并可直接升入上一层级的学习。这会最大限度地调动服刑人员的学习积极性，且学习成效也是显著而切实的。

（二）文化教育组织形式

文化教育的实施需以一定的组织形式进行，这种组织形式是指为完成特定的学习任务，教育对象和施教者按一定要求组合起来进行活动的结构。它不是固定不变的，会根据服刑人员的学习需求、学习任务性质、师资条件、教学设施条件选择不同的结构。通常可资借鉴的教学组织形式有以下几种：

1. 个别教学制：教育学意义的个别教学制最早出现于古代中国、埃及和希腊学校，指教师向学生传授知识、布置、检查和批改作业都是个别进行的，即教师对学生一个一个轮流地教；教师在教某个学生时，其余学生均按要求进行复习和作业。其优点在于教师能根据学生特点因材施教，使教学内容、进度适合于每一个学生的接受能力。其缺点是教师所能教的学生数量是很有限的。这种组织形式嫁接到监狱领域，广泛开展近乎不可能，但在对服刑人进行个案矫治过程中，需要对个案进行个别文化教育辅导的，可以适当采纳。其因材施教的初衷符合罪犯个案矫治理念，唯独矫治成本太高。

2. 班级授课制：班级授课制是一种集体教学形式。它把一定数量的学生按年龄与知识程度编成固定的班级，根据课表安排教师有计划地向全体学生集体上课。其优点在于它比个别教学制效率高；另外，同层次水平的学生能相互影响，有助于提高教学质量。其缺点是因过于注重集体化、同步化、标准化而拙于照顾学生的个别差异，不利于培养学生的志趣、特长和发展他们的个性。这种组织形式在监狱文化教育里即为大班授课，看起来一次授课受益面挺广，但实际教学效果会受到影响，加之如果师资水平不够，内容枯燥，照本宣科，会出现更多问题。

3. 道尔顿制：1920 年美国人 H. H. 柏克赫斯特在马萨诸塞州的道尔顿中学创建了一种新的教学组织形式，人们称之为道尔顿制。它是指教师不再上课向学生系统讲授教材，而只为学生分别指定自学参考书、布置作业，由学生自学和独立作业，有疑难时才请老师辅导，学生完成一定阶段的学习任务后向教师汇报学习情况和接受考查，每个学生的学习任务和学习内容都可以不同。其优点是尊重学生的学习需求，能调动学生学习的主动性和积极性，能培养学生的学习能力和创造能力。其缺点是青少年学生大多不具备独立学习的能力，往往事倍功半，学不到系统知识。这种组织形式我们认为是适合服刑人员学习境况的，服刑人员大多为成年人，一般知道如何选择适合自己的学习内容，这种形式满足了他们自主选择的需要，激发了他们的学习动机和兴趣。同时也避免了他们在同犯中因同级比较而带来的嘲笑，维护了他们的自尊。服刑人员学习的目的是将来更好地回归社会，出狱后不大可能走学术化的道路，因而他们大都不需要学习系统、难深的文化知识，这也很好地规避了道尔顿制的缺点。另外，其中文化水平高的罪犯可以担当一部分教师的责任，有效缓解了监狱师资不足的困境。

4. 分组教学制：是指按学生的能力或学习成绩等把他们分为水平不同的组进行教学。分组要根据情形而各有不同，有能力分组、作业分组、外部分组、内部分组等。其优点是比班级授课更切合学生的个人水平，但缺点是在操作层面很难科学鉴别学生能力和水平；学生、家长、学校很难达成共同的意愿；分组后学生标签作用凸显，副作用大。在目前监狱文化教育中，这种教学组织形式还是被广泛采用的，因为监狱管理制度的特点，一个监舍即为一个自然组，很多非线性课程学习的文化教育活动完全可以自然组的形态开展分组教学。

5. 特普朗制：它由教育学教授伊德·特普朗提出，试图把大班、小班和个别三种教学形式结合起来。大课由出类拔萃的教师担任；小班课（20 人左右）由一般教师或优秀学生担任，主要研究、消化大班课内容；个别教学即学生独立作业。三者间的时间比例是大班上课 40%，小班研究 20%，个别学习 40%。优点是每个学生都有享受优质师资的机会，缺点是教学秩序因多变的教学形态而显得混乱无序，一个环节没做好，往往教学效果就不好。在监狱文化教育中，这种形式的借鉴意义在于高质量的大班上课后，还有小班化教师的适时跟进和督导，这是目前监狱尚不能做到的。

第五章　中期教育内容——职业技术教育

职业技术教育是罪犯教育改造工作中的重要组成部分，对罪犯开展职业技术教育，是预防他们重新犯罪的重要措施，有着重要的现实意义。但综观目前的实际状况，罪犯职业技术教育工作存在诸多问题，这些问题无疑会影响到职业技术教育作用的发挥。罪犯职业技术教育中的难题是什么，如何对罪犯进行职业技术教育，职业技术教育的内容如何选择和设计，是本章要着重研究和讨论的问题。本章要讨论的问题有：

1. 罪犯职业技术教育的现状如何？
2. 罪犯职业技术教育存在的问题是什么？
3. 罪犯职业技术教育怎样分层？
4. 罪犯职业技术教育的内容是什么？
5. 如何组织罪犯职业技术教育？

第一节　职业技术教育的现状与作用

罪犯职业技术教育是为了适应生产劳动或者刑满就业的需要，给予罪犯从事某种生产劳动或职业所需要的知识和技能，同时给予职业道德和职业习惯的教育和培训。对罪犯开展职业技术教育，是监狱执法工作的重要组成部分。《监狱法》第 64 条规定：“监狱应当根据监狱生产和罪犯释放后就业的需要，对罪犯进行职业技术教育，经考核合格的，由劳动部门发给相应的技术等级证书。”第70条规定：“监狱根据罪犯个人情况，合理组织劳动，使其矫正恶习，养成劳动习惯，学会生产技能，并为释放后就业创造条件。”监狱根据罪犯个体不同的状况，对罪犯进行有目的、有计划、有组织的职业技术性质的教育改造活动，对于增强罪犯刑释后谋生的基本职业技能素质，促使其完成从监狱到社会的顺利转变，成为守法公民和自食其力的劳动者，从而最终达到预防、减少和消灭犯罪的目的。

一、罪犯职业技术教育的作用

1. 保障罪犯的权利，实现对罪犯教育改造的人本化。

根据人民法院的有罪判决，罪犯在高墙电网内接受教育改造，但其最基本的做人资格没有被剥夺，仍然具有人的尊严、权利和人的一般需要，人之为人的一切正常的情感、理性和需求，罪犯都毋庸置疑地拥有。在对罪犯的职业技术教育方面，联合国《囚犯待遇最低限度标准规则》第66条第1款规定：应该照顾到犯人社会背景和犯罪经过、身心能力和习性、个人脾气、刑期长短、出狱后展望，而按每一囚犯的个人需要，使用一切恰当办法，其中包括教育、职业指导和训练、社会个案调查、就业辅导、体能训练和道德性格的加强，在可能进行宗教照顾的国家亦可包括这种照顾。①

我国宪法规定，受教育既是权利又是义务。我国《监狱法》第66条规定：“罪犯的文化和职业技术教育，应当列入所在地区教育规划。监狱应当设立教室、图书阅览室等必要的教育设施。”可以说，我国立法关于罪犯受教育权利的规定，其中当然包括接受职业技术教育的权利，它与国际上有关法律规定的基本理念是一致的。

---

① 徐景峰主编：《联合国预防犯罪和刑事司法领域活动与文献纵览》，法律出版社1992年版，第238页。

罪犯作为触犯刑律的特殊的权利主体，不能因其受到刑罚处罚而剥夺应有的公民权利，这是现代社会所倡导的文明法制理念和人道精神。保护罪犯的人权，也是法治社会文明进步的标志。因此，监狱教育改造应首先立足于“人本化”的教育改造，可以说是一种人类主体理性价值的回归。

2. 为罪犯实现从监狱到社会的角色转换打下坚实基础。

根据社会学理论，个体的社会化是指个体适应社会的要求，在与社会的交互作用过程中，通过学习与内化社会文化而胜任社会所期待和承担的角色，并相应地发展自己的个性的行为。[①] 社会化的本质即人在社会中的角色承担。“社会化”是人作为个体与社会生活不断适应、协调、融合，在社会中立足并发展自身的潜能和素质，从而完成从“有机生物人”发展成为“社会人”的锻造、跃迁过程。监狱是社会的组成细胞，是纵横交错、相互制约的社会普遍联系网络上的一个“纽结”，它明显区别于其他社会组织结构。罪犯在被判入狱前，来自社会的各个方面，身上镌刻着各种各样的社会化印记。时代在进步，社会在发展，无论罪犯刑期长短，都不可避免地造成与现实社会的阻断和脱节，造成其认知、情感、行为、技能等方面不同程度地监狱化，刑期越长，这种监狱化的痕迹就越深，就越阻碍罪犯刑释后的重新社会化。[②]

通过对其进行职业技术教育，将带给罪犯当前社会的政治、经济、文化等信息，使他们在监狱内提前了解所关心领域的现状，尤其是刑满释放后谋生就业信息的输入，会促进他们改造的积极性，拉近他们与社会的距离，促使其从单一的监狱化生活模式向真正的社会化模式转变，为刑释后适应社会生活做准备。

马克思在《资本论》中指出：要改变一般人的本性，使他获

① 《马克思恩格斯选集》（第1卷），人民出版社1973年版，第18页。

② 肖丹：《罪犯职业技术教育的意义、问题及对策研究》，东北师范大学2008年硕士学位论文。

得一定劳动部门的技能和技巧，成为发达的和专门的劳动力，就要有一定的教育和训练。狱内对罪犯的职业技术教育，具有不可替代的工具性价值，可以使简单劳动力变成复杂的富有含金量的人力资本。“授之以鱼”，不如“授之以渔”，培养、训练罪犯基本的职业技能，是在为罪犯刑释后的谋生拓展选择空间，使其学会生存本领。

3. 提高罪犯刑满释放后的生存发展能力，预防和减少重新犯罪。

罪犯刑释后重新犯罪的原因，既有社会原因，也有自身原因。但罪犯本身无技术，缺乏基本的职业技能是其中的关键因素。对绝大多数罪犯而言，不论刑期多长，都将最终刑满释放回归社会，接受来自各方的挑战。从目前重新违法犯罪的情况看，有相当多的罪犯在刑释后处于社会边缘状态，不仅思想素质差，而且文化、技术素质也明显低于社会上的其他群体，劳动观念薄弱，没有学到一手实用的劳动技能，面对巨大的生存压力，不得不“重操旧业”，再一次陷入犯罪泥潭。上海市监狱局的统计表明，截至 2003 年年底，上海市监狱系统在押犯中，曾被判过刑者占 18.5%。这些重新犯罪人员具有以下特征：中年人明显增多，文化程度低的占大多数，重新犯罪时无业的占 56.05%。据统计，沪籍 1982 年刑释人员回归社会 3 年后仍失业的占 12%，而 1994 年、1995 年、2000 年刑释人员失业的分别上升为 53.3%、58.8%和 61.1%。[①] 相反，经过各地的大量调查发现，如果罪犯在服刑期间，思想得到良好改造的同时，掌握一种或多种技能，不但可以增强参与社会就业竞争的信心，获得生存安全感，而且还能提高融入社会、适应社会的能力，谋生就业就比较容易，从而最大限度地预防和减少重新犯罪。2002 年 10 月成立了专门的出监监狱——湖南省星城监狱，以就业为导

---

① 江伟人：《构建和谐社会与治理重新犯罪》，载《监狱理论研究》2005 年第 5 期。

向的职业教育为主，对4887名即将刑释人员进行了为期3个月的回归性出监教育，经过努力100%获得了省劳动厅颁发的培训上岗证，其中180多人培训后经监狱直接推荐找到了新的工作岗位，重新犯罪的仅4人，重新犯罪率为0.82‰。[①]

案例：

吴犯，1965年11月出生，汉族，已婚，河南人，初中文化。2005年3月，因犯故意伤害罪被判刑12年，剥夺政治权利3年。2006年5月来监服刑改造。

吴犯入监后，对监狱存在恐惧感，改造信心明显不足，对前途悲观失望，认为自己不知何时才能回归社会。在日常改造中，吴犯开始抱“无所谓”态度，劳动心不在焉，学习马马虎虎，情绪不稳定，自控力差，遇事稍不顺心便与其他罪犯大打出手。在初来监狱3年多的服刑时间里，曾多次因为争执打架、顶撞民警而受到禁闭、严管等处罚。虽然民警坚持不懈地对吴犯进行耐心细致的教育，但收效并不明显，仍时常出现各种小违纪。尤其他在受到刺激或遇到挫折打击时很难控制好自己的行为。

针对其莽撞冲动的特点，监狱民警及时调整了他的劳动工种，积极探索运用劳动手段开展行为矫治。民警特意安排他进玉雕车间学习玉器雕刻，希望通过玉雕来磨砺他的火暴性子。通过与玉紧密接触，他逐渐被玉的“莹”、“润”、“亮”所感染，开始真心喜欢上了这一块块晶莹剔透的玉石，更加珍爱自己辛勤制作的作品。劳动变成了学习，在雕刻的过程中吴犯感悟到了人性的“真”、“善”、“美”，找到了改造的信心。他在给警官的周记中写道：“一块块粗糙的石头在我手中变成了‘成品’，也渐渐地‘雕去’了我性格上的缺点和弱点，我的性情也平和多了。我要把握住这难得的机遇，抓紧每分每秒，多学生存技能，力争回归社会后能做一个自

① 李云峰等：《促进“监狱人”向“社会人”过渡的实践与思考——湖南开展回归性出监教育的情况调查》，载《监狱与社会》2004年第6期。

食其力的守法公民，走好自己的人生道路。”

经过两年多的勤学苦练，吴犯已经娴熟地掌握了雕刻技术与打磨技能，人也渐渐地有了自信心，脾气也变得随和多了。在技术上成熟起来，在做人上也沉稳起来，他各方面的改造屡屡受到民警的肯定和赞扬。他也因此多次被评为监狱改造积极分子，并获得减刑奖励。

点评：

适合罪犯个人特点的技能学习，不仅能够磨炼罪犯的性格，也是培养人格内涵的一种手段；一门技能的掌握，为罪犯未来回归社会夯实了基础。该案例中罪犯所在监狱的问卷调查显示，所有被调查者都认为学会了这门玉雕手艺将来能够赚钱养家，表示很喜爱玉雕工艺制作。其中，有60%的罪犯选择回归社会后将在玉雕行业就业，有32%的罪犯表示回归后要开与玉雕行业有关的玉器店。

二、罪犯职业技术教育的现状

（一）罪犯职业教育的基本状况

1. 罪犯职业技术教育在教育改造中地位日益重要。

监狱工作的最终目标是把罪犯改造成守法公民，改造过程中坚持“惩罚与改造相结合，以改造人为宗旨”的监狱工作方针。为了贯彻落实这一目标，从强化劳动改造功能，提升罪犯刑释后就业能力，降低重新犯罪率出发，各个监狱开展了形式多样的职业技能培训。犯罪的原因固然是多方面的，其中，“就业无路、致富无术”是犯罪的主要症结之一，这也使得罪犯职业技术教育在各个监狱的教育改造工作中处在了越来越重要的位置。

2. 职业技术教育时间得到了一定保障。

“5+1+1”教育改造制度为罪犯职业技术教育的实施提供了一定的时间保障。2009年11月17日，司法部下发了《关于加强监狱安全管理工作的若干规定》，明确规定监狱应当坚持每周5天劳动教育、1天课堂教育、1天休息。罪犯每天劳动时间不得超过8

小时，每周劳动时间不超过 40 小时。课堂教育包括思想、文化和技能教育，其目的在于教育罪犯、改造罪犯，使罪犯的心理得到矫治，文化水平有所提高，掌握一定的劳动技能，使其学会一技之长，将罪犯改造成自食其力的守法公民，达到避免或减少刑释人员重新违法犯罪的最终目标。个别监狱片面追求经济效益，超时进行生产劳动，侵占了罪犯接受课堂教育的时间，侵犯了罪犯的合法权利。“重劳轻教、以劳带教”的错误思想，违背了“惩罚与改造相结合，以改造人为宗旨”的监狱工作方针。“5+1+1”教育改造制度，弥补了劳动改造在教育改造工作中的不足，在时间方面保障了罪犯职业技术教育的实施。①

3. 开展形式多样的职业技能培训。

很多监狱按照“实用、实际、实效”的原则，开展形式多样的职业技能培训。例如，南京监狱先后组织缝纫操作技能、服装裁剪、服装生产工艺与检验、美容美体、计算机应用技术、多媒体编辑技术、电工、烹饪、医疗卫生等职业技能培训，还开办剪纸、串珠、刺绣等手工制作兴趣班，不少罪犯刑满释放时就被社会企业直接招工接走，社会反映较好。山东省监狱系统在对罪犯进行思想、法制、道德教育的基础上，突出抓好技能培训和教育，在狱内开办了微机、医疗、电气焊、铸造、养殖等三十多种行业实用技术培训班。安徽白湖监狱开设食用菌栽培、花卉苗木、葡萄种植、厨师、电器维修、汽车修理、卫生防疫员等培训班，全面提高罪犯职业技能水平。深圳监狱开设了电工、制冷设备维修工、汽车维修工、管乐技能等 10 个培训项目，增强就业能力，从而提高改造质量。

4. 开展社会化办学。

监狱职业技术教育社会化的首要任务是吸引社会力量参与。《职业教育法》第 21 条规定：“国家鼓励事业组织、社会团体、其

① 辽宁省凌源第三监狱：《浅谈如何以“5+1+1”教育改造模式践行“首要标准”全面提升罪犯改造质量》，载监狱信息网，2012 年 12 月 26 日。

他社会组织及公民个人按照国家有关规定举办职业学校、职业培训机构。”监狱与社会力量之间的合作可促进资源共享、优势互补，有利于打破单一办学主体的缺陷，充分发挥两个主体的办学优势和积极性，形成市场适应性强、多样化、特色化的办学模式，实行灵活的学制和学习方式、推行学分制等弹性学习制度，为罪犯劳动和学习交替、分阶段完成学业等创造条件。很多监狱在这方面进行了尝试，他们通过多种鼓励措施，采取与社会职业教育机构联合办学的方式，共享丰富的社会教育资源，以兼职或专职教师的形式，吸引更多专业的社会职业技术教育力量进入监狱参与教育工作，促进教师队伍专业化建设。

（二）罪犯职业技术教育现存的问题

从理论上分析，刑释人员只要通过培训，有了一技之长，就能顺利就业，安居乐业，就不会重新犯罪。而事实却出乎我们的意料，甚至令人吃惊。有研究者调查表明，刑释人员并不希望靠这个职业技术等级证去就业、去挣钱，一些刑释人员甚至刑满时一出监狱大门就将证书扔了。服刑和刑释人员中有84%的人认为技能培训没必要，不感兴趣。那么，职业技术教育为什么出现了与教育初衷背道而驰的结果？罪犯职业技术教育出现了什么问题？

1. 罪犯职业技术教育需求本位偏离。

罪犯年龄层次、文化程度、学习基础、专业类别、兴趣趋向、捕前职业、社会经历、刑期长短、余刑期限等方面的差异，对职业技术教育的期望与要求必然有所区别。而目前的技术教育实施统一的教学计划、安排统一的教学内容、实行统一进度、统一评价的“一刀切”教学模式，这无疑使得职业技术教育偏离了罪犯个体的需求。

很多监狱为了追求业绩，在系统内评优争先，将职业技术教育与罪犯的生产劳动改造混为一体，界限模糊不清。目前，监狱开展的职业技术教育大部分是在生产岗位上进行的实际操作技能培训，服从监狱本身的生产、创收需要，主要服务于短期经济利益，这既与罪犯的主观学习愿望、欲求相悖，同时也与罪犯客观的学习能力矛盾，使罪犯感受不到与自身利益紧密联系的教育成效和预期，监狱职业技术教育的效果大打折扣。

2. 缺乏师资力量。

教育是一项专业性较强的职业，教师素质是决定教育成败的关键因素。可是与此不对称的是承担罪犯技术教育的师资力量十分不足，具体表现在以下几个方面：

一方面，师资力量薄弱。长期以来，我国监狱的罪犯职业技术教育主要是由监狱民警完成，同时根据有关规定，也吸纳一些有相关职业能力的罪犯来辅助民警的教学工作。目前，许多监狱也都在尝试进行社会化改革，采取聘请一些专门技术人才或社会企业的技工到监狱给罪犯开展技能培训。随着社会的发展进步和生产方式的转变，对教育者的职业素质、专业化程度的要求也越来越高：教师既要具备精深的职业技术知识和技能，又要熟知教育教学规律。而监狱的警察队伍，其中不乏法律、经济、管理等专业方面的人才，但从罪犯职业技术教育所承载的专业化、多样化和个性化需求层面看，这样的师资力量距离实际要求还十分遥远。

另一方面，师资缺乏稳定性。尽管监狱也施行了吸引人才的方式，但是这种方式既有局限性，也存在质量问题，很难有稳定的效果。学历层次高、经验丰富的工程师、会计师、高级技师等“双师型”人才对监狱、罪犯心存顾虑，很少愿意到监狱固定或长期做罪犯职业技术教育的教师；即使请到有一定职业素质的“双师型”教师，也因为缺乏监狱管理学、罪犯心理学、罪犯改造学等专业知识，在面对罪犯这个特殊群体授课时，往往不能自如应对，对“突发事件”更是无法驾驭。这样就无法形成稳定的教学队伍，使得教学缺乏系统性和连续性。

3. 缺乏制度保障。

多数监狱开展罪犯职业技术教育时往往缺乏必要的制度保障。一是缺乏对职业技术教育完善的考核评估机制，对开展职业技术教

育没有一个刚性的考核指标与考核体系，对教育效果的评价往往只流于组织罪犯进行考试的形式，未能及时发现教育中存在的不足，也没有发挥考核的导向作用，造成监狱、监区、民警自上到下对罪犯职业技术教育重视程度不够。二是没有明确的教育内容，往往“干到哪儿学到哪儿”，教育内容的实用性不强，与罪犯刑释后的就业谋生需求存在一定差距。

4. “唯证书”式的技能培训，偏离改造目标。

司法部《教育改造罪犯纲要》规定，罪犯刑释时取得职业资格证书率要达到应参加培训人数的90%以上。因此，各地监狱在罪犯中开展职业技能鉴定工作，积极推行社会所认可的职业资格证书制度。但是在这个工作过程中，出现了只注重取得证书的数量，不注重质量的教育方式，“唯证书”而进行教育或培训，这又会导致很多问题。一方面，不顾职业证书所需的工作能力的技术含量，进行“一哄而上”、“大呼隆”式的培训，劳民伤财，偏离改造目标。罪犯有了证书，职业资格证书通过率达到了，但是刑满释放后证书成了一张废纸，既不能用来就业，也不能用来创业，反而使得监狱开展这样的培训有完成上级规定的政绩考核之嫌。另一方面，监狱开展的培训工种或专业有限。一般为单一工种大规模培训，缺少差别化、针对性培训，培训的工种或专业不能适应就业市场的需要，造成供需脱节。

5. 没有真正让罪犯掌握“一技之长”。

对“一技之长”的认识不能停留在传统的观念上，真正的“一技”应该是一般人如果没有通过较长时间训练根本不能掌握的技术，通过几个月时间人人都可以熟练掌握的手艺，那根本不可能算作“长处”，不能满足刑满释放后就业和养家糊口的需要。目前，国内外企业最缺少的就是技工，技工收入一般能够维持出狱人员基本生存所需，据抽样调查，中级技工以上刑满释放人员找到工作快、融入社会快。刑满释放人员一旦有了稳定而且较为满意的收入，一般而言将不会再铤而走险再次犯罪，这无疑对于有效降低日益攀升的重新犯罪率具有十分重大的意义。目前，监狱安全本位的管理模式，监狱生产从安全管理角度出发都退出了高危行业，这符合安全管理的需要。与此同时，许多监狱生产也进行了转型，劳动项目转化为技术含量低的劳动密集型的服装、箱包、羊毛衫等劳务加工型劳动项目，而汽车修理、电器维修、电脑维护、车铣磨刨、线切割、机修、钳工、电焊、制模等工种基本淡出了监狱生产的领域，而事实上，这些工种才真正是罪犯应该掌握的“一技之长”。

6. 硬件滞后。

一是场地与设备的不足。职业技术教育与文化教育的最大区别就是与实践锻炼关系紧密，这也是制约监狱开展技术教育的瓶颈问题。由于罪犯的特殊身份，再加上时间和空间限制，许多罪犯参加职业技术教育往往只是通过课堂授课，很少甚至没有实际操作的机会。近年来，虽然有一些监狱建立了罪犯职业技术培训中心，但一般场地都比较小，设备简陋，参训人员少。二是资金不足。监狱普遍存在罪犯改造经费得不到财政保障的问题，能够用于发展罪犯职业技术教育的经费捉襟见肘，资金投入不足成了制约罪犯职业技术教育发展的主要障碍。

第二节　职业技术教育的分层设计

罪犯职业技术教育应当以对罪犯周密、系统的分类调查为基本前提。罪犯知识层次结构复杂，学习动机和就业需求各种各样，因此需要根据罪犯自身的兴趣爱好、个性特长、知识基础、家庭状况、狱前职业、改造表现、矫正方案的适应性、狱后再就业期望、社会需求等情况设计教育或培训项目，并相应合理安排和设置内容，指导罪犯科学合理地选择项目，参与学习，使技术教育充分符合社会发展和罪犯个体需求，避免和减少教育的盲目性。职业技术教育的分层要结合我国的国情、监狱的实际情况、关押罪犯的群体特征进行设计。

一、罪犯回归社会后职业类别选择

职业的类型多种多样，每一种职业都有其自身的特点和规律，职业分类就是按照一定的标准和方法，根据职业本身的特性，把职业分成若干种类，以揭示各种职业间的区别与联系。目前，世界各国对职业分类基本上采取了横向分类和纵向分类两种方法。横向分类是根据各种职业的性质进行的分类，纵向分类是在横向分类的基础上，分别对每一类型的职业，根据其工作的难易程度、繁简程度、责任轻重以及所需人员资格条件等，把同一种职业类型划分成不同的级，以揭示职业的层次性。我国的职业分类结构包括四个层次，即大类、中类、小类和细类，依次体现由大到小的职业类别。《中华人民共和国职业分类大典》将我国社会职业归为八个大类、66个中类、413个小类，1838个职业。八个大类分别是：

第一大类：国家机关、党群组织、企业、事业单位负责人；

第二大类：专业技术人员；

第三大类：办事人员和有关人员；

第四大类：商业、服务业人员；

第五大类：农、林、牧、渔、水利业生产人员；

第六大类：生产、运输设备操作人员及有关人员；

第七大类：军人；

第八大类：不便分类的其他从业人员。

上述的职业类别，罪犯回归社会后并非都可以作为职业选择目标，从目前制度、行业对刑满释放人员所从事的职业限制情况分析，第一类和第七类的职业类别对刑满释放人员是不能选择的，刑满释放人员只能在其他六大类别中选择适合自己情况的职业。

从职业分类情况分析，职业分类呈现越来越细化的趋势。这种趋势对于罪犯未来的职业选择来讲有利有弊。有利的因素是，随着分类的细化，便于罪犯根据自身实际找到和确定未来的职业发展和定位；不利的是由于服刑的经历，使某些职业成为限制性的职业。

随着职业分类的细化，将推动职业技能呈现出分级分类不断精细化、专业化，考核鉴定机构对于劳动者的专业知识和技能水平的评价与认证也将日益严格规范。在这样的形势下，要求罪犯加强劳动技能和职业素质的提升，以应对不断发展的职业技能进步的需要。

二、职业技术教育培训的工种选择

（一）我国目前的主要技术工种类别

第一类，生产、运输设备操作人员。具体如车工、铣工、磨工、镗工、组合机床操作工、加工中心操作工、铸造工、锻造工、焊工、金属热处理工、冷作钣金工、涂装工、装配钳工、工具钳工、锅炉设备装配工、电机装配工、高低压电器装配工、电工仪器仪表装配工、机修钳工、汽车修理工、摩托车维修工、精密仪器仪表修理工、锅炉设备安装工、变电设备安装工、维修电工、计算机维修工、手工木工、精细木工、音响调音员、贵金属首饰手工制作工、土石方机械操作工、砌筑工、混凝土工、钢筋工、架子工、防水工、装饰装修工、电气设备安装工、管工、汽车驾驶员、起重装卸机械操作工、化学检验工、食品检验工、纺织纤维检验工、贵金属首饰钻石宝玉石检验员、防腐蚀工，等等。

第二类，农林牧渔水利业生产人员。具体如动物疫病防治员、动物检疫检验员、沼气生产工，等等。

第三类，商业、服务业人员。具体如营业员、推销员、出版物发行员、中药购销员、鉴定估价师、医药商品购销员、中药调剂员、冷藏工、中式烹调师、中式面点师、西式烹调师、西式面点师、调酒师、营养配餐员、前厅服务员、客房服务员、保健按摩师、职业指导员、物业管理员、锅炉操作工、美容师、美发师、摄影师、眼镜验光员、眼镜定配工、家用电子产品维修工、家用电器产品维修工、照相器材维修工、钟表维修工、办公设备维修工、养老护理员，等等。

第四类，办事人员和有关人员。具体如秘书、公关员、计算机

操作员、制图员、话务员、用户通信终端维修员，等等。

（二）我国急需技术工种

根据我国就业市场的调查分析，目前我国企业最缺少的就是技工，根据网络搜集的2009年数据显示：我国城镇所有的职工，其中技术工人只占一半；在技术工人中，初级技工所占比例高达60%，中级技工比例为35%，而高级技工只有5%。而发达国家的情况正好相反，技术工人中高级技工的比例超过35%，中级技工占50%以上，初级技工只占15%。不仅我国企业高级技工所占比例很小，而且年龄层次偏高。我国制造业的主力是青年工人，但他们中的绝大多数技术水平还达不到现有技术等级规定的标准，技术工人出现了青黄不接的现象。

数字是抽象的，但这些数字背后的人才短缺却又是如此具体：深圳到全国各地去招聘高级钳工，开出了6600元的月薪，结果未能如愿。招聘者不由发出“好钳工比研究生还难找”的感叹；青岛一家制造公司急需一名具有丰富经验的高级模具技工，在招聘会上开出了年薪16万元的“天价”，最终也因面试者寥寥而没有下文；上海有关部门对60家企业进行的调查表明，在企业的技术工人中，高级技师的比重仅占0.1%，技师和高级技工也仅仅各占1.1%和6.1%。目前，中级技工的工资一般在3000元以上，高级技工可以突破5000元，这样的月收入对刑满释放人员来讲一般都能维持基本生存所需，甚至还能过上不错的生活。在人才市场上，技术工人正成为“香饽饽”：在南方，高级技工和硕士博士一样大受欢迎；在深圳，大学生失业率逐年上涨至17%，而中高级技工的失业率基本为零。监狱对罪犯进行职业技能教育所选择的培训项目就应该是这些社会所急需的、稀缺的、岗位待遇好的工种，罪犯通过参加培训，将来回归社会后才能从事这种相对比较体面的工作，不至于失业。

根据市场调查，2012年急需（紧缺）技术工种目录及所需相应证书一览表如下：

表 5-1　2012 年急需（紧缺）技术工种

序号	职业（工种）名称	证书
一、机电服务类		
1	机修钳工	职业资格证书
2	装配钳工	职业资格证书
3	工具钳工	职业资格证书
4	车工	职业资格证书
5	数控车工	职业资格证书
6	数控铣工	职业资格证书
7	组合机床操作工	职业资格证书
8	加工中心操作工	职业资格证书
9	可编程序控制系统设计师	职业资格证书
10	镗工	职业资格证书
11	铣工	职业资格证书
12	磨工	职业资格证书
13	冷作钣金工	职业资格证书
14	模具设计师	职业资格证书
15	数控机床装调维修工	职业资格证书
16	电切削工	职业资格证书
17	抛（磨）光工	职业资格证书
18	维修电工	职业资格证书或特种作业操作证
19	电工	职业资格证书或特种作业操作证
20	焊工	职业资格证书或特种作业操作证
21	涂装工	职业资格证书
22	电梯安装维修工	职业资格证书

续表

序号	职业（工种）名称	证书
一、机电服务类		
23	电气设备安装工	职业资格证书
24	内燃装卸机械修理工	职业资格证书
25	电动装卸机械修理工	职业资格证书
26	船舶管系工	职业资格证书
27	船体装配工	职业资格证书
28	变配室值班电工	职业资格证书
二、信息服务类		
29	计算机网络管理员	职业资格证书
30	计算机程序设计员	职业资格证书
31	制图员（CAD）	职业资格证书
三、电子通讯类		
32	家用电子产品维修工	职业资格证书
33	办公设备维修工	职业资格证书
34	电子设备装接工（表面贴装技术）	职业资格证书
35	无线电装接工	职业资格证书
36	用户通信终端维修员	职业资格证书
四、能源动力类		
37	中央空调系统操作工	职业资格证书或特种作业操作证
38	制冷设备维修工	职业资格证书或特种作业操作证
39	制冷工	职业资格证书或特种作业操作证

续表

序号	职业（工种）名称	证书
五、交通运输类		
40	汽车驾驶员（公交）	职业资格证书
41	汽车维修工	职业资格证书
42	汽车维修漆工	职业资格证书
43	汽车维修钣金工	职业资格证书
44	起重工	职业资格证书
45	叉车司机	职业资格证书或特种作业操作证
46	挖掘机驾驶员	职业资格证书
47	装载机司机	职业资格证书
48	物流师	职业资格证书
六、化工环保类		
49	化学分析工	职业资格证书
七、纺织服装类		
50	服装缝纫工	职业资格证书
51	服装设计定制工	职业资格证书
八、建筑工程类		
52	智能楼宇管理师	职业资格证书
53	钢筋工	职业资格证书
54	架子工	职业资格证书
九、创意设计类		
55	室内装饰设计员	职业资格证书
56	动画绘制员	职业资格证书

续表

序号	职业（工种）名称	证书
十、会展服务类		
57	会展策划师	职业资格证书
十一、商贸服务类		
58	医药商品购销员	职业资格证书
十二、旅游服务类		
59	中式烹调师	职业资格证书
60	西式烹调师	职业资格证书
61	中式面点师	职业资格证书
62	西式面点师	职业资格证书
63	客房服务员	职业资格证书
64	前厅服务员	职业资格证书
65	烘焙工	职业资格证书
十三、生活服务类		
66	眼镜定配工	职业资格证书
67	眼镜验光员	职业资格证书
68	育婴师	职业资格证书
69	食品检验工	职业资格证书
70	养老护理员	职业资格证书
71	家政服务员	职业资格证书
72	保育员	职业资格证书
73	保安员	职业资格证书
十四、农林牧渔类		
74	花卉园艺师	职业资格证书
75	有害生物防制员	职业资格证书

资料来源：百度文库《2012年急需（紧缺）技术工种》

监狱应该根据市场需求的技工种类，结合监狱职业技术教育的条件，选择设置技术培训项目，供罪犯按照自己的条件和需求进行选择。

三、职业技术教育分层设计

（一）根据改造对象基本情况分层

进入中期教育的罪犯，并不是每个罪犯都要进行职业技术教育，也并非每个罪犯都一定要取得一个职业技术培训资格证书，罪犯要不要进行职业技术教育，安排什么样的职业技术培训项目，教育或者培训的时间需要多长等问题的确定，需要对罪犯进行综合评估。首先要进行犯因性评估，在犯因性因素中，衡量职业技术因素是否是其犯罪的主要因素之一，如果答案是肯定的，然后罪犯进入职业技术教育或培训阶段；而教育或者培训内容的选择，要评估罪犯的个性特点，人身危险程度，同时要结合培训项目的特点和罪犯的文化程度、年龄、刑期、健康状况、犯罪事实、捕前职业、社会环境、家庭情况、文化程度、个人需求等方面综合考量，选择要进行参加的职业技术教育项目。例如，考虑到罪犯的年龄、刑期和健康情况，如果刑释时年龄在50岁以上的或服刑时是病残者（含弱智、精神病人），评估后就不进入高一层次的职业技术教育阶段。具体分层设计为：

第一层次：监狱劳动所需项目的培训。该层次培训对象要求：（1）具有劳动能力，但是刑满释放后的年龄在50岁以上、人身危险性评定等级为低的罪犯；（2）服刑期间属于老弱病残的罪犯；（3）文化程度为文盲且经过监狱文化教育达不到小学毕业水平、人身危险性评定等级为低的罪犯；（4）刚刚进入中期教育的有劳动能力、人身危险性评定等级为低的罪犯。一方面，对他们的技术教育要服务于监狱的劳动，监狱有什么劳动，就对罪犯进行这些劳动项目所需的技术教育或培训，在此基础上，尽量兼顾到罪犯个体兴趣；另一方面，要服务于他们出狱后的正常生活，做一些力所能及的工作来维持正常生活所需的费用开支。

结合监狱所在地区经济发展情况和监狱生产发展的需要以及罪犯本身状况，目前适合该层次培训的项目主要是服装缝纫和定制、箱包缝纫和定制、家用电子产品维修、家用电器产品维修、照相器材维修、钟表维修、办公设备维修、养老护理、烹饪、家政、保育、花卉园艺等。

第二层次：初级技工的培训。该层次培训对象要求：具有劳动能力、人身危险性评定等级为低、刑满释放后年龄在50岁以下有就业需求的罪犯；同时具有小学文化程度，有学习技术诉求的，经过综合评估进入初级技工教育或培训阶段。适合该层次的培训项目有电工、钳工、铣工、磨工、木工、电子设备装接工、钢筋工、架子工等。

第三层次：中级技工的培训。该层次培训对象要求：具有劳动能力、人身危险性评定等级为低、刑满释放后年龄在50岁以下有就业需求的罪犯；同时要具备小学以上初中以下文化程度有学习技术诉求的，经过综合评估进入中级技工教育或培训阶段。该层次的培训项目除了对初级技工培训的项目进行继续教育，使之符合中级技工的要求外，还应该增添模具设计、计算机程序设计、计算机网络管理员、维修（包括机械、机器、制冷设备、数控车床、汽车等方面的维修）数控车工等方面的培训。

第四层次：高级技工的培训。该层次培训对象要求：具有劳动能力、人身危险等级为稳定、刑满释放后年龄在50岁以下有就业需求的罪犯，同时具有高中以上文化程度，有成为高级技工夙愿的，经过评估进入高级技工教育或培训阶段。该层次的培训主要是对中级技工培训项目的升级培训。

（二）根据刑期分层

对于刑满释放的人来讲，仅仅具有初级技工的能力，还不足以找到比较如意的工作，所以应当努力具有中级技工的能力并取得相应的职业资格证书。而中级职业资格证书的申领最基本的要求，一般需要熟练掌握基本技能和专业技能，能够完成本职工作，在特定情况下会运用专业技能完成比较复杂的工作，能够与他人进行合作。这些能力的获得并非短时期能够达到，如初中毕业的学生考取中职院校，要能够技能娴熟、操作技能熟练，达到“零距离上岗”，至少需要 2~3 年时间。中级技工到高级技工，条件更高。例如，数控车工证书取得的条件：

中级工（具备以下条件之一者）

（1）取得本职业初级职业资格证书后，连续从事本职业工作 3 年以上，经本职业中级正规培训达规定标准学时数，并取得毕（结）业证书。

（2）连续从事本职业工作 5 年以上（视不同工种而定，最多 7 年）。

（3）取得经劳动保障行政部门审核认定的、以中级技能为培训目标的中等以上职业学校本职业（专业）毕业证书。

高级工（具备以下条件之一者）

（1）取得本职业中级职业资格证书后，连续从事本职业工作 3 年以上，经本职业高级正规培训达规定标准学时数，并取得毕（结）业证书。

（2）连续从事本职业工作 8 年以上。

（3）取得高级技工学校或劳动保障行政部门审核认定的、以高级技能为培养目标的高等职业学校本职业（专业）毕业证书。

（4）取得本职业中级职业资格证书的大专以上本专业或相关专业毕业生，连续从事本职业工作 2 年以上。

可见，要成为一名技术人才，短、平、快式的培训很难达到社会的需要，培训时间至少需要 3~5 年。所以在罪犯人身危险性等级为低的前提下，按照刑期分层，职业技术教育开始的时间应该分为：

第一层次：始于刑满释放前 5 年。主要培训项目以监狱生产项目为主，培训一些耗时短、技术要求较为简单的项目，如服装缝纫工、眼镜定配工、眼镜验光员、育婴师、食品检验工、养老护理员、家政服务员、保育员、中式烹调师、西式烹调师、中式面点师、西式面点师、客房服务员、烘焙工等项目的培训。

第二层次：始于刑满释放前第4~5年。主要进行初级和中级技工工种项目的培训，如汽车修理、电器维修、烹饪、电脑维护、软件技术、车铣磨刨、线切割、机修、钳工、电焊、制模、木工等项目的培训。

第三层次：始于刑满释放前1~3年。主要进行高级技工工种项目的培训，如电工、电焊、电脑维护、软件技术、数控车工等项目的培训。

（三）根据危险等级分层

罪犯在监狱服刑不同阶段，都要对其人身危险程度进行评估，不同危险等级罪犯接受职业技术培训的内容和项目也不同，因此要针对罪犯的危险等级对教育或培训项目进行分层设计。使用“罪犯人身危险性等级评定表”对罪犯人身危险性程度进行评定，危险程度的评价依据测试的分值划分为“低”、“中等”和“高”三级，据此，对罪犯职业技术教育的分层也分为三层次：

第一层次：危险程度低。在该层次，职业技术培训项目的选择根据罪犯基本情况和刑期情况按照上述层次设置的项目进行培训。

第二层次：危险程度中等。在该层次，由于罪犯已经有一定程度的危险性，所以培训项目的设置要充分考虑到项目本身可能的危险性，对培训项目进行筛查，项目主要是从监狱劳动需求的项目中选择，比较适宜的培训项目主要为服装缝纫和定制、箱包缝纫和定制、照相器材维修、钟表维修、办公设备维修、养老护理、烹饪、家政、保育、花卉园艺等。

第三层次：危险程度高。由于在该层次的罪犯具有较高的人身危险性，所以职业技术培训的主要项目是监狱中已经在做的项目，如缝纫等危险等级低的项目，或者不安排技术培训。

需要强调的是，罪犯人身危险程度越高，他所选择的培训项目的危险程度越低，项目的技术含量也相对较低。但是，罪犯的危险等级是动态变化的，随着对罪犯的改造和矫正，罪犯的危险程度经过评估，如果确认已经下降，那么罪犯就可以选择参加与之危险等级相对应的层次的培训项目。这是一个动态调整的过程。

第三节　职业技术教育的内容选择

罪犯职业技术教育的分层不管按照什么标准来分，其目的是使得有不同需求的罪犯，在不同的改造阶段，根据其自身的情况都有一款合适的培训项目来选择和参与，并在刑期结束之际能够有一技之长。罪犯掌握一技之长的目的，也是我们对其进行职业技术教育的目的：一是为了监狱劳动所需掌握技能；二是罪犯刑满释放后具备在社会生存的本领——就业或创业。所以罪犯职业技术教育内容，不管培训的项目是什么，培训的内容首要是各培训项目所需技术培训，然后是根据掌握技术的目的选择所需内容的培训。

一、监狱劳动所需的职业技术教育内容

监狱劳动能力是根据或者主要根据监狱的生产需要组织技能培训后罪犯具有的能力。这种能力使罪犯具备劳动生产的知识和劳动生产技能，要求罪犯在生产中具有基本的操作技能，能够进行安全生产；同时要求罪犯在生产中形成正确的劳动观，热爱劳动，遵守劳动纪律，爱护劳动成果。培育罪犯具有监狱劳动所需的技能就要围绕监狱劳动能力来选择教育内容。

（一）技能养成教育

要使每一个罪犯都能够顺利地投入劳动改造，需要罪犯具备劳动生产的知识和劳动生产的技能。从目前服刑的罪犯看，虽有不少人来自工厂、农村，但大多数人由于好逸恶劳的消极意识作祟，并不认真劳动，因而生产技能精湛者极少。要使他们能够顺利地参加监狱现有的生产劳动项目以及着眼于将来刑满释放后的就业，就需

要对他们进行劳动生产技能的养成教育。

1. 上岗前的培训。为了罪犯能较快地适应劳动改造实践的要求，要让他们能够顺利地从事劳动生产活动。这就需要结合本监狱的生产特点对他们抓好上岗前的培训。通过课堂讲解、现场参观、岗位示范、亲手操作等形式，使罪犯在较短时间内，对设备性能、产品要求、工艺流程、操作技术等方面有一个基本的了解和掌握，以达到初步适应劳动改造中生产活动的要求。

2. 在岗罪犯的技术培训。对罪犯不仅要抓好上岗前的技术培训，更要抓好在岗罪犯的技术培训。抓好对罪犯所从事的现有工种技术的提高工作，这是直接关系到提高劳动生产率、降低成本、提高产品质量的关键所在。在岗罪犯的技术培训，要根据本行业技术等级标准的要求进行培训，严格执行本工种“应知”、“应会”的标准，使罪犯通过培训达到要求。

3. 采取多种形式开展劳动技能养成的教育。罪犯劳动改造中的技能养成教育，可以采取多种形式，通过多种渠道进行。既可以是岗前训练，也可以是在岗训练；既可以全局规划搞全员轮训，也可以按生产需要举办各种专业技术训练班；既可以办长期性的培训班，也可以办短期的、临时性的培训班；既可以办学习现有生产的专业培训班，也可以办适应未来就业需要的技术培训班；既可以自办培训学校，也可以组织参加广播电视学校、函授学校的学习，等等。只有多渠道、多形式的紧密结合，才会产生好的教育效果。

（二）罪犯劳动改造中的安全教育

罪犯劳动改造中的安全教育，对于实现安全劳动、文明生产、提高罪犯安全意识和安全素质，防止产生不安全行为、减少人为失误、消除安全隐患具有重要作用。罪犯劳动改造的安全常规教育的内容主要是罪犯劳动安全法律法规、岗位安全操作规程、生产设备和安全装置的正确使用方法；作业场所和工作岗位存在的危险因素、防范措施及事故应急措施、事故案例等。

二、就业和创业职业技术教育的内容

（一）就业能力培训

到工厂企业求职就业是绝大多数刑释人员的选择，作为求职者必须要清楚就业必须具备的条件。

1. 职业资格证书。为了提高劳动者的技能水平，增强其就业能力和适应职业变化的能力，实现高质量就业和稳定就业，我国在劳动就业方面有两个基本制度——就业准入制度与职业资格证书制度。

就业准入制度是指根据《劳动法》和《职业教育法》的有关规定，对从事技术复杂，通用性广，涉及国家财产、人民生命安全和消费者利益的职业（工种）的劳动者，只要从事国家规定的技术工种（职业），必须取得相应的职业资格证书，方可就业上岗的制度。

职业资格证书制度是劳动就业制度的一项重要内容，它是指按照国家制定的职业技能标准或任职资格条件，通过政府认定的考核鉴定机构，对劳动者的技能水平或职业资格进行客观公正、科学规范的评价和鉴定，对合格者授予相应的国家职业资格证书。职业资格证书是劳动者求职、任职、开业的资格凭证，是用人单位招聘录用劳动者的主要依据。

为了能顺利实现就业，监狱要组织职业技能培训，尽可能让罪犯获取相应的职业资格证书，作为刑释后重新开启职业生涯的“敲门砖”。

2. 正确的就业观念。就业观念是否正确，就业目标是否合理，对就业起着关键作用。很多罪犯有“我想要做什么，就做什么”的固执想法，在当前严峻的就业形势下，找到满意的工作不是一件容易的事。因此，要转变这种就业观，树立“我能干什么，就干什么”的就业观念。要转换思路，摒弃不顾自身实际而盲从的就业观念，找准适合自己的就业定位。这一点上，可以“先就业，

再择业”，积累一定的工作经验之后，再选择符合自己职业发展方向的职业。

3. 职业能力。职业能力是人们从事某种职业的多种能力的综合。可以分为一般职业能力、专业能力和职业综合能力。

一般职业能力主要是指一般的学习能力、文字和语言运用能力、数学运用能力、空间判断能力、形体知觉能力、颜色分辨能力、手眼协调能力等。此外，任何职业岗位的工作都需要与人打交道，因此人际交往能力、团队协作能力、对环境的适应能力等都是在职业活动中不可缺少的能力。

专业能力主要是指从事某一职业的具体能力。例如，教师的专业能力是教书育人，裁缝的专业能力是量体裁衣，等等。在职业能力结构中，专业能力处于核心地位。

职业综合能力包括：运用数学和测量方法的能力，计算机应用能力，运用外语解决技术问题和进行交流的能力，信息搜集和筛选的能力，制订工作计划、独立决策和实施的能力，准确的自我评价能力和接受他人评价的承受力，团队协作能力，人际交往和善于沟通的能力，等等。

每一个人受天赋、家庭背景、教育程度、社会环境等方面影响，在职业能力方面既有其优势，也有其不足，十全十美、神通广大的“全能职业人”是不存在的。因此，要对罪犯的职业能力进行客观评估，进行有针对性的教育，使之取长补短，发挥优势。

案例：

冯某曾是一名公务员。1991 年，冯某调入某药厂当厂长。1993 年，这家药厂改成股份制企业，冯某担任董事长。2002 年，公司在香港创业板上市，冯某成为一名上市公司的董事长。2005 年 6 月，他因虚假财务报表罪被判处有期徒刑 3 年。

冯某在监狱服刑期间是内部报纸的编辑，在这段时间，他读了很多书，学到了很多知识，对他出狱以后的就业起到了很大的作用。

2007年年底，冯某减刑出狱。经朋友介绍，他来到了一家汽修养护有限公司。刚来到公司时，公司领导看中了他的经验，让他担任公司的顾问。由于他表现越来越好，2011年，当上了公司的副总经理。

2011年5月，冯某参与创建了一家职业培训学校，目前学校已招收学员14人，其中4人已经走上了就业岗位。

点评：

冯某入监之前曾经担任过企业高级管理人员，显然具备出色的职业能力。进监狱之后，他一没有因入狱服刑而消沉颓废，二没有因自己的能力而高傲自满，相反，他以虚心的态度，继续读书、学习，从而使自己的职业能力不仅没有削弱，还得到了进一步的增强。在回归社会重入职场后，通过努力工作，充分展现自己的职业能力，获得了成功。

（二）创业能力培训

我国实行的是“以创业带动就业，实现更多人就业”的政策。刑释人员除了通过多种渠道、多种形式求职就业之外，还可以充分发挥主观能动性和创造性，积极开展自主创业，从而实现更好的职业发展。职业技能培训也要为此发挥作用。

1. 了解行业情况。对创业者而言，最重要的莫过于选择行业。当今社会，随着市场经济的高速发展，催生了很多新的行业，带来了许多新的机遇，给自主创业提供了广阔的天地。但如果行业选择不当，自主创业就可能面临很多挫折、困难甚至失败。刑释人员在做这个选择时，市场早已经不是当年入狱前的市场了，监狱有责任和义务在罪犯服刑期间给他们补上这一课。

2. 风险评估能力。做任何事情，风险防范都是第一位的，创业也不例外。作为创业者，首要的任务是具有规避风险的能力。这样才有助于站稳脚跟，确保生存。只有解决了生存问题，才能谈得上后续发展。因此，对于创业者来讲，需要对未来每一经营环节进行风险评估、风险分析。首先，要具备对创业项目的风险进行分析

的能力。未来的创业者要会进行市场调研和项目论证，这样才能够确定正确的投资方向，成功的概率就会提升。其次，要具有对创业资金风险的分析能力。在创业初期，资金风险会常伴左右。是否有足够的资金创业是其遇到的第一个问题。项目创办起来后，就必须考虑是否有足够的资金支持其日常运作。尤其在当前市场竞争日益激烈的环境下，已经有相当多的企业因资金链断裂而破产的例子。如果连续数月入不敷出，或者因为其他原因导致资金链断裂，都会给项目带来极大的威胁。最后，要具备应对市场竞争风险的能力。市场经济的法则就是“优胜劣汰、适者生存”，如何面对竞争是每个创业者时刻都要考虑的问题。要创业就要具备应变能力和应对来自同行的残酷竞争能力，要能够随外部环境的变化及时作出调整，同时又要能够积极创新，通过独特的产品、经营理念、经营方式等去战胜竞争对手。

3. 成本收益分析能力。在工作中做任何一件事情，都是要花费成本的。因此，要具有衡量所付出的代价的能力，分析做事的方法是不是最经济节省的。只有如此，才能不断降低创业成本，提高收益，在激烈的市场竞争中立于不败之地。

（三）激发就业和创业动机的教育

就业和创业动机是引起罪犯新生后就业或创业渴望的一种内在动力，有了强烈的就业或创业动机，就会表现出强烈的就业创业愿望，才能产生积极行动，职业技能的培训才会产生高质量的效果。培训的主要内容如下：

1. 就业和创业目的和意义的教育。无论是就业还是创业，都是罪犯刑满释放后的基本目标，是解决生存问题的基本要求。监狱必须通过教育使罪犯明确就业的个人意义和社会意义。对罪犯个体来讲，刑满释放后顺利就业或创业才能摆脱生存的压力，避免再次犯罪；同时还能找到重新做人的自尊心和人格尊严，获得社会成员的尊重认可，得到社会的肯定，最终实现积极的人生价值。从整个社会来看，刑释人员的顺利就业或创业，有利于实现社会秩序的稳定，对建设和谐社会起到积极作用。在教育培训中，应引导罪犯把就业与人生价值的实现与整个社会的就业形势、国家的就业政策以及国家人民利益结合起来，以形成正确的就业观或创业观，避免产生好高骛远、眼高手低的倾向。

2. 自强不息、坚韧不拔的个性意志教育。对于重新就业或创业的刑释人员来说，从监狱到社会，从服刑到工作，需要一个适应过程，他们能否应对这一转变过程中可能出现的各种问题，充分发挥主观能动性，个性意志起着关键作用。因此，在教育中首先让罪犯了解在未来工作中可能会遇到的不如意和困难，然后着手教育罪犯在遇到困难时，如何做到不逃避、不放弃，正视挫折、坚忍面对，通过不懈的努力克服困难，战胜挫折。

（四）就业和创业技术教育

加强罪犯的职业技能教育，使他们在改造中掌握一至两门实用技能，刑释后依靠劳动，自食其力。

1. 进行教育培训。充分利用社会丰富的教育资源，与社会技术教育院校尤其是职业教育院校开展联合办学，采用“请进来、走出去”的方法，敞开监狱与社会信息交流和知识沟通的渠道，对罪犯进行正规的、多层次的、多门类的职业技术培训，提高罪犯的就业能力、动手能力和职业转换能力，使罪犯的思想观念、理念层次和技能水平能够与社会同步。

对罪犯实施职业技术教育，不仅要在理论教学上下功夫，更要注重理论和实践相结合，突出实际操作技能的培养。注意加强与职业院校、各级技工学校和就业训练中心之间的联系，整合各类培训资源，有条件的可建设实训基地，不断更新实训手段，及时配置技术前沿的实训设施，拓展实训领域，切实提高职业实训水准。在技能培训过程中，聘请经验丰富的实习指导教师，一方面通过演示来指导罪犯进行模拟演练，在操作过程中传授技术实践经验，用具体实例说明行业规范；另一方面将一些具有较强概括性、综合性和实用性的技术经验，以通俗易懂、便于理解的形式传授给学员，也可

直接到车间结合实际生产提高实践操作水平。

2. 技能鉴定。职业资格证书，既是劳动者技能水平的证明，更是就业的通行证。我国《劳动法》、《职业教育法》等法律规定，对从事技术复杂，通用性广，涉及国家财产、人民生命安全和消费者利益的职业实行就业准入，从事这些职业（工种）的劳动者必须经过培训，并取得相应的职业资格证书后，方可就业上岗。因此，在罪犯中开展技能鉴定工作，积极推行社会所认可的职业资格证书制度，既是社会形势发展的需要，也是罪犯刑释就业的需要。

在普及初级技工职业资格考证培训的基础上，针对部分罪犯文化基础较好，学习能力较强的特点，扩大中、高级技工培训规模，变无差别培训为针对性培训；对部分表现较好、学有余力的罪犯，鼓励他们在获得一门职业资格证书后，报名参加第二门技术工种培训，变单一培训为复合培训，拓展就业渠道，增加就业机会。

3. 就业和创业指导教育。就业指导就是要帮助罪犯克服多种不正确的择业观念，以平常心态进行择业和求职。通过帮助罪犯分析他们可能就业地的经济结构和发展状况，以及个人兴趣及技术条件，家庭经济状况与支持态度，初步确定刑释就业的择业方向。对想去城镇打工的，着重介绍劳务市场情况，教他们如何办理待业证件，怎样求助职业介绍机构；对打算从事农业劳动的，介绍国家的土地政策，了解现代农业科技，学会科技兴农；对打算从事个体工商业活动或创业的，介绍如何办理营业执照，怎样申请资金，应该怎样接受工商管理，诚实经营，依法纳税等。

4. 职业道德教育。职业道德教育应以正确的人生价值教育为主线，围绕爱岗敬业、诚实守信、办事公道、服务群众、奉献社会的职业道德教育和意志品质、适应能力、合作精神、心理承受力等关键能力与素养的培养，进行职业选择、职业理想、职业精神、职业道德原则与规范的教育，使其树立正确的思想观念，确立主人翁意识和敬业、乐业、创业的精神，明确职业道德的一般原则与规范。为此需要开展丰富的职业道德教育活动，以形成职业道德修养。

案例：

陆某是号称“羊毛衫之乡”的浙江省桐乡市人，曾在浙江省某监狱服刑。入监后他始终把刑期当学期，因他对羊毛衫行业有一定的了解，所在监区充分发挥其特长，先后指定他担任了羊毛衫生产劳动组组长、负责传授技术的新犯组组长。几年下来，他已对羊毛衫生产流程和操作技能了如指掌。过硬的技术和踏实的改造表现使他获得了减刑、假释奖励。

陆某回归社会后，有很多羊毛衫生产厂家都要高薪聘请他，但都被他谢绝了，他执意要实施他的创业计划。生产羊毛衫就是他的特长，出去后就要发挥这方面的特长，往这方面发展，自己创业。

陆某在亲朋好友的大力资助和社区领导的支持下，和他人合伙创办了一家羊毛衫加工厂，工厂的日常管理和技术指导都由他全权负责。随着羊毛衫行业从全球经济萧条中复苏，加上陆某对创业的热情，走向事业成功已经成为指日可待之事。

近日，陆某带5万多件的订单来与监狱洽谈合作事宜。

点评：

陆某之所以能在刑释后短短几个月就成功实现创业，原因很多，如亲朋好友的大力资助，社区领导的支持，等等。但最关键的还是他做了正确的创业选择：一是根据所处的客观环境选准了行业，二是根据自身的主观条件选对了创业项目，从而既可以充分利用“羊毛衫之乡”的规模效应，又可以充分发挥自己在监内所学的技能特长。

第四节　职业技术教育的组织

罪犯职业技术教育是一项系统工程，是由诸多部门为实现共同的教育目标而相互协作，将诸多要素按照教育培训的一般规律相互联系起来才能完成的复杂工作。为保证罪犯职业技术教育的顺利进

行，需要组织好各个环节的工作。

一、构建职业技术教育的管理机制

加强对罪犯职业技术教育工作的组织领导，在监狱各级领导的带领下，组织广大监狱警察参与罪犯职业技术教育和培训工作，将罪犯职业技术教育工作落到实处。

（一）构建统筹发展机制

职业技术教育的科学、规范发展，首要问题在于制度的保障。在构建罪犯职业技术教育体系过程中，应积极争取地方政府的支持，将罪犯职业技术教育纳入地方教育、人力资源和社会保障部门的总体规划，力争与社会发展同步，可能的还可争取列入所在地年度职业教育培训计划；在教育内容上，迅速适应新技术、新职业的发展变化，根据劳动力市场需求，面向社会，面向市场，及时调整培训内容，增强职业技术教育的针对性，逐步建立以成功就业为导向的罪犯职业技术教育统筹发展机制，使罪犯职业技能培训教育工作逐步走向科学化、社会化和制度化。

（二）构建组织保障机制

为保障罪犯职业技术教育的有力开展，要健全组织保障机制，监狱应成立以分管监狱长为领导的罪犯职业技术教育中心，负责对罪犯职业技术教育进行制度设计与规划制订，教育改造部门成立罪犯职业技术教育办公室，并指定专人负责与地方政府和社会机构、职业技术教育相关部门的联络，具体负责教育培训、职业技能鉴定与就业指导等的组织实施、指导协调和检查考核。监区成立罪犯职业技术教育培训站，直接负责组织罪犯参加理论学习、技能训练、见习场所、时间保证等工作，最终形成上下联动、点线面结合的组织保障体系。

（三）构建完善的责任考核机制

为落实工作职责，调动监区组织罪犯参加职业技术教育的积极性，促进罪犯职业技术教育有效开展，监狱要将职业技术教育列入基层单位月度、年度考核，签订相应责任状，明确工作任务，定期进行考核，并根据考核结果评选出优秀单位给予表彰奖励。同时，监狱定期邀请地方政府职业技术指导部门一同组织罪犯进行理论考试和实际操作考核，地方政府职业技术指导部门承认其考核结果，监狱应将考核结果与罪犯的计分考核、行政、刑事奖励直接挂钩，参考这些计分考核情况，对罪犯进行分级处遇和奖惩，调动罪犯学习和掌握职业技术的积极性。

（四）构建后勤保障机制

后勤保障工作是培训工作的重要组成部分。认真做好后勤保障工作，不仅能营造良好的育人环境，而且能提高教师工作的积极性，有效地提高教学质量。因此后勤保障工作必须要坚持“以人为本，管理育人，服务育人”的原则，在日常工作中始终把为教学服务，为监管改造服务作为一切工作的出发点，自觉地把后勤保障工作纳入到培训工作中，做好教学用品采购工作，配齐教学所需设备。在教育培训过程中，理论教室可不必安装监控设施，但有条件的单位可在操作实训车间安装监控设施，这有利于督促学员互相学习，确保顺利操作实训，并做到定期检查，及时维修与经常保养，确保各类教学设备及监控设施的正常使用。在教材保障上，要坚持国家统一认证教材和监狱自编特色教材相结合，确保所需教材和教辅资料按时到位。①

二、师资保障到位，确保职业技术教育的实施

师资质量是职业技术教育的直接动力，高效的培训来源于高质量的师资。监狱应根据职业技术教育的实际情况与需要，以监狱民警教师队伍与社会力量相结合的方式，以“开放式办学”理念为依托，做好与社会联合办学，整合社会教育资源，引进社会师资与

---

① 陈美涛、李学才：《推进罪犯职业技术教育符合科学发展观思想的战略思路》，载《现代企业教育》2010年第7期。

教学力量，建立一支内外结合，以理论为基础、技能指导为重点的培训师资队伍，切实提高教学水平和技术指导能力。

（一）监狱民警教师

监狱民警教师要能胜任教学工作，热爱教育事业，工作负责，事业心强；能系统掌握某一学科的知识体系，或具有某一专业特长，或某一工种实践经验；具有大专学历以上的文化程度；具有一定的语言表达和写作能力。

（二）外聘教师

外聘教师是监狱职业技术教育的重要技术力量，可以通过与社会职业教育学校、工厂、生产基地等机构联合办学的形式外聘教师。外聘教师在专业技术方面必须达到一定的造诣。

（三）职工技能指导员

职工技能指导员由监狱向社会招聘，必须有过硬的职业技能基础和较强的思想素质，在技术教育实验基地对罪犯进行实践操作和技能培训辅导。

三、引进社会力量，确保职业技术教育效果的社会适应性

限于高墙内的办学模式是不适应现代职业技术教育要求的，所以实行开放办学，借助社会力量办学是监狱技术教育的发展方向。

（一）技能资格认定的社会化

职业技能证书是劳动者就业的资格凭证，是通行的一种对技能型人才的资格认证制度。目前，我国已建立了从初级、中级、高级，到技师、高级技师的职业技能证书制度。应该说监狱职业技术教育的资格认证已经有了相当基础，但提高社会化程度，特别是提高社会认可度仍任重道远。要加快推进职业技能鉴定社会化管理的进程，大力提升职业技能证书的社会认可程度。

（二）构建半开放式实习模式

监狱与社会大型企业签订劳务输出合同，组织具备一定劳动技能的罪犯免费到企业进行实习，企业则提供实践岗位，从而解决罪

犯职业技术教育与实践操作脱节的难题。既有利于罪犯回归社会，又为企业创造了效益。能够参与半开放式实习罪犯的选择，可根据罪犯不同的危险等级、分级处遇和现实改造表现，按照逐步开放的方式，逐步实现与社会接轨。还可考虑通过组织行将释放的罪犯到企业实习，由企业根据罪犯的实际劳动表现与技能状况择优录用。打造“教育—实习—推荐—就业”的“绿色通道”。

四、系统组织和开展罪犯职业技术教育

罪犯职业技术教育是一个系统的过程，既包括技能培训，也包括职业咨询、就业指导、职业介绍等活动。

（一）建立罪犯职业技术教育基地

监狱要加强罪犯职业技术教育基地建设，购置必要的教学与实践设备，改善培训条件，提升培训能力。建设教育基地时，要充分考虑罪犯的受教面，基地的规模要与监狱的押犯规模相适应，尽可能保证有需要的罪犯都能享受基地的教育资源。

（二）成立罪犯就业指导中心

监狱在承担对罪犯进行职业技术教育的基础上，还应建立罪犯就业指导中心，主要承担就业咨询与就业推荐的职能：一是了解市场信息，为罪犯职业技术教育提供信息参考。二是履行职业中介作用，组织企业到监狱举办就业洽谈会、招聘会等活动并使之常规化、定期化，积极帮助刑释人员联系就业单位。三是为罪犯个人提供就业咨询服务。对刑释人员开展就业形势、职业道德教育，进行就业指导、政策咨询。

（三）建立刑释人员就业安置跟踪机构

虽然国务院七部委联合印发了《刑释解教人员安置政策》，但各地落实政策情况差距较大，所以监狱要成立刑释人员就业安置跟踪机构，对罪犯刑满释放后的安置情况进行跟进。加强与罪犯安置地政府部门安置机构的联系沟通，落实信息采集，确保罪犯出狱后能够得到妥善安置，增加社会稳定因素，减少重新犯罪。

五、组织开展多种形式的活动，调动罪犯参加职业技术教育主动性

从罪犯的长远需求出发，把学以致用与社会接轨作为教育的中心，对少数不求上进的罪犯可以实施强制教育，但主要还是实施有效激励原则，多结合生产开展职业技能技术比武和劳动竞赛活动，让罪犯在比、学、赶、帮、超的过程中，为刑释后就业谋生积累理论知识和操作技能的客观资本。定期或不定期举办刑满释放人员就业推荐招聘会，使刑满释放罪犯一脚走出监门，另一脚就跨进了厂门，让罪犯看到职业技术教育带来的实效。让罪犯有资格进行技术职务评聘，为获得职业资格证书的在岗罪犯拥有评定初、中级技术职务的资格，并给予对应的分级处遇，发放相应的技术补贴，不具备发放条件的要适时给予政策解释，让罪犯获得参加职业技术教育的实效。充分发挥刑释人员就业效果对促进在押罪犯学习主动性的引导作用，通过宣传刑释人员成功就业的典型案例和请刑释人员再就业典型作报告等方式，让罪犯感受到职业教育未来的实效。通过这些活动，调动罪犯参加职业教育的积极性、主动性，提升教育的效果。

第六章　中期教育内容
——思想教育

所谓罪犯思想教育是指为了解决罪犯的思想问题，提高罪犯的思想认识水平，消除罪犯错误的犯罪思想和不良的世界观、人生观、价值观而开展的系统影响活动。

思想教育是矫正机构对罪犯开展教育改造的最重要内容，是揭示罪犯犯罪根源及其本质，转化其犯罪思想，使罪犯坚信和确立科学正确的核心价值观，顺利度过刑期，走好人生之路的重要内容和根本法宝。

本章重点围绕以下几个问题进行阐述：

1. 当前思想教育的现状怎样？
2. 思想教育的作用是什么？
3. 思想教育如何进行分层设计？
4. 思想教育如何进行内容选择？
5. 思想教育如何进行科学组织？

第一节　思想教育的现状与作用

一、思想教育的现状

（一）思想教育随着社会转型发展而不断呈现创新格局

我国当代社会正处于社会大发展、大变革时期，整个国家进入社会转型、体制转轨、重心转移的新时期，呈现出经济快速增长、社会阶层复杂，社会矛盾凸显、刑事犯罪高发等新的社会现象。在这种极具复杂多样的新的社会形势下，监狱作为各种社会矛盾收容和集聚的场所，作为惩罚改造罪犯的刑事执法机关，首当其冲地面临着来自多方面的冲击和挑战，一方面，监狱要履行维护国家大局稳定，促进社会全面发展，为社会提供和谐稳定秩序的政治重任；另一方面，监狱又承担着惩罚改造罪犯，最大限度提高罪犯改造质量的刑事执法任务。无论从哪一个方面来看，新的历史条件下，都要求监狱必须把罪犯改造工作，尤其是罪犯思想教育改造工作放到十分重要的地位，并切实抓紧抓好，抓出成效。正是在这样一种大背景下，我国各矫正机构积极探索罪犯思想教育的新内容、新方法、新路径，并在实践中创造出很多成功的经验和做法。

例一：河南省焦作监狱成立罪犯思想教育女警讲师团

焦作监狱于 2012 年 3 月 6 日正式组建成立了由 11 名监狱女警组成的思想教育女警讲师团。监狱女警讲师团的成立，为监狱教育改造工作注入了新的活力，增添了新的生机，标志着焦作监狱教育改造工作翻开了历史新的一页。

监狱党委为全面加强罪犯教育改造师资队伍建设，整合监狱教育人才资源，进一步提高罪犯教育的针对性和实效性，提升教育改造质量，本着“思想是行为的先导，思想上的毒瘤不铲除，隐患源就永远存在”的指导思想以及“攻心为上”的原则，创新举措，拓展女警施才空间、营造女警成才环境、充分发挥女警在改造罪犯工作中的优势和作用，使女警们为监狱事业担当重任，成为与男警优势互补、并肩作战的生力军，最大限度地发挥女警在男犯监狱的半边天作用，选派口才好、普通话标准、责任心强的女警成立了“罪犯思想教育女警讲师团”。

监狱思想教育女警讲师团成员经监狱考核认定合格后，监狱以发聘书的形式确认。在颁发聘书仪式会上，监狱领导对女警讲师团的成立背景、运行现状、科学合理、规范有序及延伸发展等情况给予了充分肯定和高度评价，要求大家在探索教育改造新途径、建构心理矫治新品牌等方面进行不断创新，力争使监狱的教育改造工作再上新台阶。监狱领导亲自带头参与讲课，讲师团成员利用业余时间根据监狱教育科罪犯教育教学计划和课程安排，分专题进行备课，结合监狱实际认真编写教案，与教育科专业人员共同确认商讨修改教案，一遍又一遍地试讲直到达到满意的效果，再由监狱统一制作成光盘，实施电化教学。女警讲师团成员用女性特有的爱心和耐心，以通俗易懂的语言、生动形象的图文、发人深省的小故事和贴近实际的案例，传播中华民族优秀传统文化，帮助罪犯塑造阳光心态，唤醒沉睡的灵魂，引导罪犯积极乐观改造。3 月 8 日下午，在监狱组织开展“三八”节活动的基础上，监狱教育科又组织女警讲师团成员进行了一次教学交流会，相互交流经验，探索新形势下罪犯教育的教法、特点和规律。监狱女警们通过“女警讲师团”这一载体发挥着教育改造罪犯的间接作用。

监狱女警讲师团成员纷纷表示，女警讲师团寄托着监狱党委殷切的期望，承载着监狱教育改造工作创新发展的希望。在今后的工作中，她们决心在监狱党委的坚强领导下，在职能科室和全狱警察的大力支持指导下，牢固树立教育改造“中心任务”的理念，坚持在工作中学习，在学习中提升素质，积极探索提高罪犯思想教育的方式方法，用她们的爱心、细心、耐心和责任心让在押罪犯的心灵充满阳光，使他们以健康、自信和热情的姿态积极改造，重塑自我，进一步开创焦作监狱教育改造工作的新天地！①

例二：浙江省第一监狱发挥启迪电视台教育功能，努力推进罪犯思想教育的创新与发展

为了实现教育载体创新与罪犯心理接受程度有机统一的新要求，2005 年浙江省第一监狱成立了全省监狱系统首家内部电视台——启迪电视台，实现了罪犯思想政治教育由课堂向课外延伸，

① http://law.dahe.cn/2012/0308/43741.html

由平面向立体延伸，由静态向动态延伸，有效地提高了罪犯思想政治教育的科学性和实效性。

启迪电视台运作情况

启迪电视台成立于2005年10月，有主播、采编、兼职通讯员26人，全部由民警担任。电视台坚持“以真感人、以善育人、以情动人”的办台方针，信号网络覆盖全监所有监区（分监区），周累计播出时间42小时，主要栏目有《监内新闻》、《讲述》、《专题报道》、《监内读报》、《监内聚焦》、《心理健康教育》、《普法教育》、《影视赏析》等。通过近3年的运行，启迪电视台凭借丰富的形式、平实的风格、较高的节目质量，成为罪犯思想教育的又一主阵地，得到了绝大多数罪犯的关注和认同，被罪犯称为“自己身边的电视台”。

启迪电视台的现实教育成效

1. 教育形式多元化。将电视媒体引入罪犯思想教育，将思想教育内容以电视艺术的形式加以体现，推动了思想教育的多元化发展，丰富了教育形式。例如，2006年是罪犯心理健康教育年，作为全年思想教育任务，监狱没有组织大课堂化教育，而是邀请监狱民警心理咨询师，以电视讲座和电视论坛的形式开展电化教学，收到了非常好的效果。许多罪犯反映，以前大课堂化教育，是以知识灌输为主，很难激发学习兴趣，而电化教育将教育内容以声、画、景等多元化形式表现出来，非常生动，视觉冲击力强，很容易坐得下、听得进、记得牢。

2. 教育手段多样化。将电视媒体引入罪犯教育实践，为“三课”教育、个别教育、集体教育等传统教育手段注入了时代内涵，进一步丰富了传统教育手段，激发了传统教育手段新的活力，得到了教育对象的普遍认可。2007年，监狱开展了集体教育电视“大比武”活动，评出了监狱“十佳集体教育能手”，在此基础上，设立民警“集体教育电视大讲堂”，定期邀请“十佳集体教育能手”就罪犯关心的切身利益问题开展专题讲座，收到了良好的教育效果。2006 年，为加强罪犯自我教育，树立改造典型，监狱设立了“成功改造论坛”，邀请三年来省改积极分子讲述自身的改造历程，畅谈成功改造体验，引起了罪犯的广泛反响，特别是新入监罪犯收看论坛之后，表示论坛为自己树立了改造坐标，对自身的改造帮助很大。这种“电视大讲堂”形式的教育手段，引起了罪犯的广泛关注，他们认为，将身边的人和事搬上电视，感到非常新鲜，更重要的是，“电视大讲堂”与课堂化教育相比，表现手段更容易被接受，质量上有了很大的提高。

3. 教育客体主体化。参与性教育是实现教育效果最大化的重要保证，实施电化教育，创新教育平台，让罪犯通过座谈、自我展示等形式，主动参与到教育内容中来，实现教育客体主体化，对提高罪犯思想教育质量起到了重要的推动作用。2006~2007 年，监狱先后开展了“诚信标兵”和“文明改造标兵”评比活动，在这两项评比活动中，监狱鼓励候选人通过电视演讲的形式，推荐自己，然后由全体罪犯投票，完全按照得票数确定最后人选。2007 年，监狱开展了电视“吉尼斯”大赛，在“挑战自我，勇做第一”的精神鼓励下，许多罪犯主动参与，纷纷拿出了自己的绝活，登上了“吉尼斯”榜。同时，监狱还定期举办由罪犯自行参与的电视辩论赛、改造技能 PK 赛等。这些活动，一个明显的特点是罪犯在教育活动中由“配角”变成“主角”，改变了以往“我说你听”、“我教你记”的教育模式，罪犯在参与的过程中领略到了成功的喜悦，感受到了学习的真谛。许多罪犯称这种学习方式具有“身临其境”的感觉，还有的罪犯将这种学习方式概括为“我的舞台我做主”，充分表达了对参与式教育的肯定和认可。

4. 教育主题艺术化。推进主题教育与专题教育相结合、以主题教育为主的教育模式，是新时期罪犯思想教育的重要特征之一，是被实践证明的行之有效的思想教育方法。从 2005 年开始，监狱连续四年开展了主题教育活动。在主题教育活动中，监狱充分依靠启迪电视台，将主题教育与电视艺术有机结合，使教育主题更具艺术化。在2005年“诚信、和谐、理智”主题教育活动中，监狱制作了电视文艺宣传片，将主题教育的主要精神以电视艺术的形式加以表达，立刻引起了罪犯的广泛关注。在2007年“亲情感人，自律做人，正气塑人”主题教育活动中，为培育罪犯的亲情意识，监狱开展了大型亲情帮教活动，电视台为这次帮教活动拍摄了专题片，再现了亲情的珍贵，表达了人性的真、善、美，打动了绝大多数罪犯的心灵。在2008年“文明立德、劳动铸魂、奥运励志”主题教育活动中，监狱制作了“四个珍惜”电视专题片，以发生在罪犯身边的人和事为题材，引导罪犯在改造中要学会珍惜亲情、珍惜生命、珍惜成绩、珍惜自由，从而树立文明改造的理念。主题教育的艺术化，有效强化了罪犯对教育主题的理解，提升了主题教育在罪犯思想教育中的影响力，为新时期罪犯思想教育的发展提供了广阔的舞台。

5. 教育资源集合化。新时期罪犯思想教育，要坚持从课堂向课外延伸，从监狱向社会延伸，重点是要用好监内和监外两种教育资源，确保思想教育始终贴近罪犯思想实际，贴近当代经济社会发展实际。因此，监狱在罪犯思想教育工作中，充分发挥电视台在信息整合方面的优势，一方面，全面集中监内优势教育资源，以“民警论坛”、“电视大讲堂”、“成功改造论坛”等形式，对罪犯开展形势、政策、法制、心理等方面教育；另一方面，积极引进社会教育资源，对罪犯开展中国传统文化、文明礼仪、经济社会发展及劳动就业等教育，据统计，近两年来，监狱开展了《论语心得》、《庄子心得》、《中国传统礼仪规范》、《劳动就业政策讲座》等专题教育，累计课时200余个。①

例三：豫章监狱发掘红色文化资源，创新罪犯教育改造模式

豫章监狱以“红色文化进监所”主题教育活动为抓手，积极对接红色资源，用红色主旋律占领教育改造阵地，以红色思想洗涤

① http://www.zjsft.gov.cn/ant/2008/7/14/art_45_8890.html.

罪犯头脑，将红色精神内化为罪犯改造动力，营造了红色文化促改造的浓郁氛围。

开展“六项活动”，营造红色文化教育氛围

注重创新载体，积极开展以“读、唱、看、写、讲”为形式的一系列喜闻乐见、丰富多彩的红色文化教育活动，使罪犯在潜移默化中受到熏陶。一是展播红色影视作品。收集《八一起义》、《井冈丰碑》、《讲长征》、《大决战》、《史诗延安》、《建国大业》等红色连续剧、电影、纪录片等百余部，建立了一套红色教育影视多媒体资料库，定期在罪犯中展播。二是全员学唱红色经典歌曲。以中宣部百首爱国歌曲为基础，紧贴罪犯改造生活，遴选了50首有针对性的红色经典歌曲，刻录成音碟，要求罪犯学唱，既愉悦了身心，又陶冶了罪犯情操。三是红色典范教育。通过宣传雷锋、王进喜、钱学森等“红色”模范和新时期“感动中国”人物的先进事迹，邀请井冈山革命精神宣讲团进监作报告，让罪犯从中受到鼓舞、汲取力量。通过举办“红色典范教育之‘我身边的改造典型’”报告会，由改造积极分子代表作典型发言，实现“要我改造”向“我要改造”的转变。四是人人读红书。要求罪犯利用工课余时间，每月读一本红色经典书籍，领悟红色文化内涵，树立红色文化信仰。五是写红色励志格言。开展“写红色格言，走红色改造之路”活动，由罪犯根据自身犯罪经历、犯罪类型，撰写有警醒作用的红色改造励志格言。同时在学习、劳动、生活“三大现场”醒目处张贴红色励志标语牌，使罪犯在红色格言中感悟人生真谛，树立正确的改造观。六是红色主题演讲。每年开展一次红色主题演讲比赛，使罪犯主动参与到红色文化的传播和宣讲中来，增强“真诚忏悔真心感恩图改造、改恶从善弃旧图新奔新生”的信心。

搭建“五大平台”，构筑红色文化教育阵地

利用现有条件，加大投入，整合资源，积极搭建红色文化教育改造新平台。一是开设红色讲坛。利用每周电化教育开设红色讲坛频道，定期播放《军旅作家王树增讲长征》、《井冈精神》、《回首开国大典》、《一个你不知道的雷锋》、《焦裕禄》等红色专题讲座，使罪犯在思想上受到启迪，在精神上受到激励，在行为上受到鞭策。二是编写红色读本。精心组织编印了汇集红色精神、红色故事、红色文萃、红色格言、红色歌曲等为主要内容的《“红色航标导引新生”——江西省豫章监狱服刑人员红色主题教育学习读本》一书，使之成为罪犯思想改造的良师益友。三是建立红色文化站。选购《共和国精神读本》、《民族的脊梁祖国的骄傲》、《精神的升华——共产党的精气神》、《感动中国——100 位感动中国人物》、《钢铁是怎样炼成的》等近千册红色经典书籍配发给各监区文化站，每周定期开放，为罪犯提供丰富的红色文化大餐。四是开辟红色文化长廊。在罪犯生活区主干道两侧、劳动车间门口搭建了红色文化长廊。长廊图文并茂，承载了红色文化精髓，成为狱内一道亮丽的红色风景线。五是设立红色文化墙。将监舍区、习艺间墙壁“装饰”为红色文化墙，刊载红色故事、红色箴言、红色改造先进事迹、红色教育心得体会，每月更新一次，建造罪犯学习交流的红色文化家园。

强化“四个手段”，发挥红色文化育人功能

为使红色文化入脑入心，发挥红色文化育人功能，增强教育实效，强化了“四个手段”。一是撰写心得体会。建立罪犯思想教育学习笔记本，要求罪犯每周写一篇红色教育心得体会。民警对罪犯学习体会及时批阅和评分，针对存在的问题进行点拨、提醒，确保罪犯每次学习后在认识上有新提高、改造上有新进步。加大考核奖罚力度，将心得体会评分情况与其当月计分考核及年终改造积极分子评选挂钩，防止流于形式。二是开展红色主题周讨论。利用周评时间，结合教育内容和进度，以“深挖犯罪思想根源，树立红色改造观”、“扬红色精神，树改造新风”、“学传统、爱学习、勤劳动、守纪律”等为主题，每周组织罪犯开展大讨论，用红色文化指导罪犯改造实践。三是组织红色教育月评审。月底由罪犯对照

“红色”改造标准，提交思想汇报，明确下一步改造目标。监区根据罪犯接受教育情况及改造表现进行综合评定，帮助罪犯调整、完善改造规划。四是进行重点帮扶教育。对“问题”犯，特别是顽危犯，对准主要症结，由攻坚民警选择有针对性红色文化内容对其实施强化教育，促其思想转化，悔过自新。[①]

由以上选取的河南省焦作监狱、浙江省第一监狱、江西省豫章监狱在罪犯思想教育中的创新举措可以看出，尽管当前对罪犯的思想教育面临很多难题和挑战，但我国各矫正机构勇于改革，敢于创新，与时俱进，成功探索出了很多罪犯思想教育的新内容、新方法、新举措，使罪犯思想教育在新的历史条件下依然焕发出强大的生命力，也使罪犯思想教育随着社会转型发展而不断呈现出创新发展的基本格局。

（二）思想教育在矫正机构教育中的核心主导地位受到冲击与挑战

进入21世纪以来，尽管司法部一直倡导监狱工作应转变到以教育改造为核心的轨道上来，但是由于原有监狱管理体制形成的重生产轻改造、弱教育的惯性影响，以及监狱生产本位的利益倾向难以在短时期内完全消除，因而导致在监狱工作中，监狱生产一直占有举足轻重的地位，尽管这是改造罪犯所不可缺少的手段，但不少省份把劳动改造的地位扩大化，甚至认为监狱生产就是劳动改造，因而罪犯大量的黄金改造时间被监狱生产所占用，教育改造被迫成为弹性很大的改造手段，即监狱有时间就在教育改造上多搞一些，没有时间就少搞或干脆不搞，结果导致监狱民警教育改造罪犯的能力也随之弱化和降低。教育改造工作在监狱整体工作中的弱化直接导致罪犯思想教育的退化，不仅对罪犯进行思想教育的形式越来越单一，内容越来越简单化，而且让罪犯看新闻联播，给罪犯读报

① http://www.jxzfw.gov.cn/html/cxzyzl/2011/07/2659220110726180600.html.

纸，照本宣科学习一些励志文章成为罪犯思想教育的主要形式。不仅如此，民警对思想教育的畏难情绪日益加深，甚至有的民警认为在价值取向多元化的当代社会对罪犯开展思想教育是多余的，开展了也难以对罪犯产生真正实效。

近年来，随着国家政治、经济、文化、社会等各项事业的发展，人民群众对监狱公正执法和文明管理关注度越来越高，媒体和公众对监狱重大突发事件的舆论监督也越来越迅速和高涨，监狱处在整个社会强大的舆论监督氛围之中。对此，中央对监狱工作的要求越来越高，甚至加以绝对化，主要表现在罪犯脱逃等方面的“零指标”。“零指标”又是以责任追究为最终归宿，这种现象必然导致监狱把监管安全作为最高目标追求，不跑、不死、不发生重大安全和生产事故成为监狱领导任职期间的“高压线”和工作底线。这一方面虽然使我国监狱监管安全事故大大降低，诸如脱逃等重大监狱事故逐年下降，但另一方面这种监管方面的高压态势也带来诸多负面效应，其中最大的危害就是直接导致监狱倡导“安全本位”模式，即只要监狱不出事故，就万事大吉，就可免受责任追究。出于趋利避害的人类本能，监狱自然会把主要精力、资源和警力放到监管安全上，从而导致防范功能增强，教育矫正功能弱化。有的民警本来有对罪犯进行个别教育的能力和热情，但在“安全本位”模式下，监狱民警宁可把主要精力放在监管和控制罪犯上，至于主动教育改造，尤其是对罪犯的思想教育也不得不退居其次。更为不利的是，在“安全本位”模式下形成了一种防范文化氛围，有的监狱领导甚至不让民警更多接触罪犯，特别是“零距离”的谈心活动，怕在谈话时出现袭警等影响监管安全的事件发生。同时，监管安全上的高压态势是以牺牲民警的身心健康为代价的。广大基层民警在工作中整日提心吊胆、顾虑重重，总有如履薄冰、如临深渊的感觉，正可谓“天不怕，地不怕，就怕晚上来电话”。一有事故发生，民警轻则受处分，重则判刑入狱，承担刑事责任。这种现状直接导致民警身心疲惫，心力交瘁，工作不安心，稍有机会就想赶快调离监狱工作岗位，还有个别民警由于长期精神紧张，压力大，出现严重心理障碍和精神疾病。监狱“安全本位”模式导致了教育改造功能的弱化，民警的教育改造热情和教育改造精力被掏空，也使罪犯思想教育质量和水平大大降低。

（三）思想教育的攻心治本功能尚未得以充分发挥

首先，思想教育的功能发挥不够理想。如前所述，由于当前监狱工作受“安全本位”的根本导向及监狱民警“重生产、轻改造”意识的严重影响，尽管罪犯思想教育在理论上讲起来一直处于十分重要的地位，并且监狱机关始终强调思想教育只能加强，不能削弱。但从目前全国监狱机关罪犯思想教育的实际状况和效果来讲，情况并不尽如人意，不少监狱只把罪犯思想教育挂在口头上，虽然也对民警进行了罪犯思想教育工作任务布置，但多数民警并未对罪犯做深入细致的思想教育工作，而是立足于应付差事，完成任务，有的民警甚至编造思想教育工作记录和档案；还有的民警宁愿待在办公室里，也不愿主动出击对罪犯进行个别教育，导致罪犯与一线民警的距离有所疏远。这无疑非常不利于罪犯思想教育成效的产生和深化。

其次，罪犯思想教育的针对性不强。罪犯思想教育的生命力在于针对性和有效性，而当前不少监狱民警不善于对罪犯开展深入细致的个别教育工作，不善于进行个案矫治，不愿在罪犯个别教育方法与艺术上进行钻研和学习，监狱也对民警思想教育方法和艺术的培养培训不够重视，致使一些民警，特别是年轻民警教育改造水平欠缺，不会开展罪犯思想教育，不会讲道理，不能做到以理服人、以情感人，只能充当“警戒看守员”和“生产管理者”的角色，当然也就难以收到罪犯思想教育的良好效果。

再次，教育改造对象的复杂性使罪犯思想教育的难度增大。当代罪犯类型复杂，结构多样，重大刑事犯、暴力犯、判刑两次以上罪犯、涉黑涉恶犯、危安犯、精神病犯等呈继续增多趋势，暴力犯占在押犯比例逐渐攀升，改造与反改造斗争十分尖锐，狱内犯罪活动的预谋性、团伙性和暴力性的特点更加突出，罪犯暴力袭警、行凶、强行冲监脱逃等重大恶性案件发生的风险逐渐增大。当代罪犯在改造上呈现出一系列新特点：一是“三观”（人生观、道德观、法律观）颠倒，反社会意识增强，价值观念扭曲；二是“三欲”（利欲、性欲、情欲）膨胀，心理需求畸形，狱内消费趋向超前；三是“三感”（罪恶感、罪责感、赎罪感）意识淡薄，改造动机趋向功利，服刑意识、义务观念淡化；四是“三性”（冲突性、反复性、纠合性）突出，交往关系趋于庸俗，改造过程趋向曲折。当代罪犯所表现出的这些新情况、新特点无疑给罪犯思想教育带来巨大挑战，也使罪犯思想教育工作难度大大增加。

最后，当代社会文化的多元性和价值取向的多样性给罪犯思想教育带来难度。当代社会是文化大繁荣、大发展的时代，也是各种文化相互融合、相互交荡、相互冲突的特殊时期，这既对罪犯思想教育的深化发展带来了重要机遇，也使罪犯思想教育工作难度大大增加。一方面，从罪犯来说，其价值取向呈现出多元化状态，如资本主义价值取向主要表现为拜金主义、享乐主义、极端个人主义、实用主义、唯意志主义等；封建主义价值取向主要表现为封建行帮思想、封建小农思想、封建迷信思想、封建黑恶思想等。另一方面，从基层民警来讲，其价值取向也很活跃与多元，从总体上来讲积极主流文化占主导地位，但头脑中也不乏消极落后思想，尤其受到社会不良文化和监狱亚文化的影响，理想信念不够坚定，对监狱工作的理性认识和热爱程度不高，加之监狱工作单调、枯燥、社会交往少等不利因素，民警若不能正确对待，就会成为工作的阻碍因素和消极影响，也必然会直接影响对罪犯的思想教育工作。可以想见，面对当前如此复杂和多元的罪犯，民警自身如果理想信念不坚定，道理不能自圆其说，给罪犯开展思想教育就理不直、气不壮，就不能让罪犯信服和心悦诚服，也就不能收到理想的思想教育效果。

（四）思想教育的体制机制和组织保障难以适应现代矫正机构的教育矫治要求

当前，我国绝大多数省份监狱系统尚未真正建立起适应罪犯思想教育的体制机制，监狱的体制机制更多侧重于安全防范，初步建立起了一整套监狱安全防范的体制机制，而在如何构建现代罪犯教育改造，尤其是罪犯思想教育改造的体制机制方面仍显十分薄弱。

罪犯思想教育改造工作的全面实施，必须有完善的体制机制作为保障。根据当前罪犯思想教育的现实状况和目标要求，亟须在以下体制机制方面加以构建：

一是罪犯思想教育工作各级领导落实责任监督机制。贯彻落实罪犯思想教育工作是一项严肃的政治任务和执法工作，各级领导必须无条件加以全面执行，决不允许加以妥协和敷衍塞责，要克服各种困难，凝聚全体民警的智慧和热情全力以赴完成好这项强基固本工程。要像抓监狱安全管理一样抓罪犯思想教育工作，切实把主要工作精力和各类资源向罪犯思想教育工作方面转移。

司法部领导 2010 年 10 月在安徽合肥召开的全国监狱教育改造工作会议上指出，要进一步建立健全教育改造工作体系和工作机制。建立健全教育改造工作领导责任体系，明确领导责任和直接责任人，把教育改造工作的各项任务分解落实到具体部门和具体责任民警。要树立正确的政绩观，摆正教育改造在监狱工作中的位置，把提高教育改造质量作为衡量各级领导班子政绩和广大民警业绩的重要内容，引导广大民警扎扎实实做好教育改造工作。因此，司法部监狱局、省（市、区）监狱管理局以及各个监狱都要实行领导责任体系工作机制，监狱各级领导班子成员都要实行教育改造联系点制度，监狱要成立由党委书记、监狱长任组长的罪犯教育改造工作领导小组，监狱长要主抓教育改造，尤其是思想教育工作，监狱要有一批专职从事教育改造工作人员。要以权责划分为重点，以层级管理为轴线，建立分片包干、挂钩联系、承包督导制度。从上至下建立这样一套结构合理、分工明确、权责对应、层级清晰的领导责任体系，一级抓一级，一级对一级负责，形成齐抓共管的教育改造格局。①

同时，还应建立对监狱各级领导班子的激励和约束机制。对罪犯思想教育改造成绩突出的要进行奖励；而对罪犯思想教育改造工作不力的领导要按制度进行处罚，对造成工作失误和产生严重改造问题的直接责任领导要追究相应行政责任。

二是实施罪犯思想教育工作持续良性推进的协调配合机制。要想使罪犯思想教育工作得以健康和可持续推进，必须建立一套行之有效的监狱协调配合机制。（1）实施监狱长（或主管改造副监狱长）主持的每周一次的各职能部门和监区共同参加的协调会议制度。针对罪犯思想教育在运作中存在的矛盾和问题、困难与挑战进行全面协调，形成全面立体的既分工负责，又以罪犯思想教育为服务目标的良性格局。（2）有条件的单位可适当考虑把教育改造科提升为教育改造处（副处级），并成立监狱教育改造工作委员会，从机构规格和层级上凸显教育改造工作，尤其是罪犯思想教育工作的重要性。（3）制订大教育改造计划，构建大教育改造格局，统筹安排各项工作任务，明确将管理教育、劳动教育、文化改造、环境改造等内容纳入教育改造工作范畴，统一组织实施，并安排具体的评比验收活动，提升教育改造部门的统领性。要明确罪犯思想教育的中心地位，确定各相关部门的服务和配合义务，确保罪犯思想教育工作始终处于各项工作的中心地位。

三是实施促进罪犯思想教育稳步发展的约束和激励机制。罪犯思想教育作为监狱长期稳定和持续良性发展的重要举措，作为监狱大力提升罪犯改造质量的治本之策，必须有一套能够促进其稳步发展的约束和激励机制。一方面，要建立促进罪犯思想教育有效开展的约束机制。要明确规定对罪犯的课堂化教育、分类教育、个别教

① 罗冈：《关于“5+1+1”教育改造模式保障问题的思考》，载《中国监狱》2011年第3期。

育等任务是每一位民警的特定职责，把思想教育改造职责与民警的年度公务员考核、奖优评先、晋级晋升、奖金发放等活动紧密结合，并实行严格的约束和退出机制。对不重视思想教育改造工作，公开或消极抵触思想教育改造工作，不会开展系统性思想教育改造工作或在工作中造成罪犯违纪率升高、警囚关系矛盾激化的民警要进行诫勉谈话，情节严重的要调离现职岗位进行培训、学习，对经过培训依然成效不明显的，要调离管教民警岗位，并规定不能晋升晋级。另一方面，要建立罪犯思想教育深化发展的激励机制。监狱应每年评选优秀民警教师、教育改造标兵、个别教育能手，并把民警的思想教育改造成效与民警的提拔晋升、立功创模、外出培训考察等各种优待政策挂钩，在精神奖励和物质奖励上优先考虑。对民警在思想教育改造方面所付出的辛勤劳动进行肯定和激励，探索实施教育改造津贴制度，鼓励民警积极参与罪犯思想教育改造工作，尤其是课堂化教育工作，激发民警在罪犯思想教育方面的智慧和潜能，形成人人关心罪犯思想教育、每位民警均会做深入细致的罪犯思想教育的良好氛围。

四是实施促进罪犯思想教育有效开展和运行的财政保障机制。罪犯思想教育的有效开展和运行，必须建立在充足的财政保障基础之上。罪犯思想教育所需财政经费可从以下渠道解决：第一，加大国家及省级财政保障力度，并把教育改造经费作为专项经费进行列支，并实施逐年动态增长机制。第二，保障教育改造经费专款专用，并优先用于教育场所、教育设施设备、教学器材、教育活动、师资费用、奖励评估等重点方面。第三，规范教育改造经费开支主体和权限，明确开支范围和项目，确保分管领导、职能科室对经费有权使用、有权支配。第四，健全完善教育改造经费管理制度，加强内部审计和纪检监察，加强业务经费和专项资金使用情况检查，做到专款专用，堵塞漏洞，确保资金规范、安全、高效运行。

二、思想教育的作用

（一）思想教育是矫正机构实现惩罚与改造罪犯，预防和减少犯罪行刑目的的重要法宝

作为我国矫正机构重要组成部分的监狱机关是国家的刑罚执行机关，其基本性质和目标价值是由我国监狱的行刑目的决定的。我国监狱的行刑目的表现为“惩罚与改造罪犯，预防和减少犯罪”，因此监狱的一切工作都必须以科学和顺利实现行刑目的为指针。作为监狱工作目标实现须臾不可缺少的罪犯思想教育工作，当然也必须自觉以实现监狱行刑目的为根本归宿。罪犯思想教育通过自身有效功能及其运作，不仅可以促进“惩罚与改造罪犯”行刑目的的实现，而且可以促进“预防和减少犯罪”行刑目的的实现。具体来说，第一，罪犯思想教育可以促进监狱惩罚功能的实现。罪犯思想教育通过对罪犯开展深入细致的思想工作，能够使罪犯明确监狱的性质、功能；犯罪后的危害及刑罚惩罚的必然结果；服刑与惩罚的关系；惩罚与改造的关系；惩罚与个人前途的关系等一系列现实问题，从而能够使罪犯正确对待惩罚，正确对待服刑，正确处理监管、教育、劳动、生活卫生等各种行刑关系，顺利度过服刑生涯。第二，罪犯思想教育可以促进监狱改造功能的实现。通过罪犯思想教育可以消除和转化罪犯的犯罪思想，摧毁导致罪犯走上犯罪道路的“司令部”，使罪犯树立正确的世界观、人生观、价值观，这就从本源上为监狱改造罪犯目标的实现奠定了基础。第三，罪犯思想教育可以促进“预防和减少犯罪”行刑目的的实现。由于罪犯思想教育重在对罪犯的“心防”，重在消除或减少导致罪犯重新犯罪的思想根源，从犯罪心理、犯罪人格、犯罪思想等多维度进行教育矫治，这就从最大限度上找准了导致罪犯刑释后重新犯罪的本质性要素，从而也为最大限度地实现“预防和减少犯罪”这一行刑目的提供了根本保障。

（二）思想教育是罪犯教育的实质和核心，是做好矫正机构其他工作的前提和基础

1. 思想教育是罪犯教育的实质和核心。罪犯教育作为监狱工作的基本手段，其自身是一个庞大的工作体系，包括思想教育、文化教育、技术教育、社会教育、感化教育、心理矫治、文化改造等诸多内容，但在罪犯教育的庞大体系中，思想教育起着不可替代的作用，是罪犯教育的实质和核心。这是因为，罪犯思想教育担当着改造罪犯犯罪思想和灵魂的重任，而这正是导致罪犯走上犯罪道路的根本原因。

罪犯犯罪思想不仅是导致罪犯走上犯罪道路的根本原因，而且也是关系到罪犯能否改恶从善、重做新人的关键因素和主要矛盾。因此，改造罪犯犯罪思想应该成为改造罪犯的实质内容。在罪犯改造工作中，只有把主要精力投入到改造和转化罪犯犯罪思想上，才能抓住罪犯改造工作的主要矛盾，才算是抓到了点子上。只有这样，才能彻底改造和转化罪犯，提高罪犯改造质量，降低重新犯罪率才会有根本保证。

2. 思想教育是做好矫正机构其他工作的前提和基础。提高罪犯改造质量，应该采用多种改造手段和措施，如监管手段、教育手段、劳动手段、感化手段、行为养成手段、心理矫治手段、监区文化建设手段，等等。然而，在这些手段的运用过程中必须以罪犯的思想改造为导向，自觉地把改造罪犯的犯罪思想渗透进去，或者作为中心的服务目标。这是因为，一方面，这些手段功能的充分发挥离不开思想改造对罪犯的改造动机、改造态度和改造方向的阐发和启迪；另一方面，也只有罪犯的思想得到改造，罪犯才能主动配合各种改造手段的实施，从而才能使各种手段和措施真正收到实效。

总之，在监狱工作中，改造罪犯的犯罪思想是改造罪犯的实质和核心，是彻底转变罪犯的政治立场、改造态度，从而实现由反社会到亲社会、由反改造到积极改造、由消极抵触到主动自觉的关键环节。这一工作如果抓实抓好，抓出成效，其他改造活动就会顺利

得多，甚至可以迎刃而解。这一工作如果被忽视、被淡化，在罪犯改造中即使手段再新、方法再多，也难以摆脱只能治标而不能治本的窘迫状态，甚至可能使对罪犯的某些改造措施流于形式，收不到应有的效果。

（三）思想教育是改造罪犯成为新人的治本因素

要想使罪犯达到彻底改造，真正从一个犯罪人转化成为守法公民，离开思想教育是难以达到的。这是因为思想教育或思想改造是罪犯全部改造的实质和核心。改造罪犯到底要改造什么呢？一句话，就是要改造导致罪犯走上犯罪道路的总根源——犯罪思想。只有把罪犯的犯罪思想进行矫正，使之瓦解和消除，并代之以正确的与社会主流价值相统一的新观念，罪犯才能真正转变犯罪立场，消除犯罪思想，成为一个与旧我彻底决裂的社会新人。监狱只有始终对罪犯加强思想教育，并加以深化和与时俱进，赋予时代内涵，汲取时代精华，才能真正实现对罪犯的有效改造和本质改造。对罪犯进行改造到底怎样才算彻底改造好了呢？检验改造质量的最主要标准同样是罪犯的思想，即导致罪犯犯罪的错误的世界观、人生观和价值观到底转化了没有，新的适应社会要求的世界观、人生观和价值观是否真正树立了起来。只有思想的转变才是根本的转变，只有认识的更新和正确观念的确立才是成为新人的标志。只消除了罪犯的犯罪行为、犯罪恶习，不能算是真正改造好；只矫治了罪犯的不良心理障碍和歪曲的人格结构，也不能算是真正改造好；只对罪犯进行了文化教育和技术教育，提高了罪犯的认知和技能水平，也不能算是真正改造好；民警与罪犯在有效的服刑期限内保持一种所谓的“和平共处”、“和谐共存”的矫正态势，尽管罪犯在服刑期内没有发生严重违反监规纪律的行为，同样也不能叫做真正已经把罪犯改造好了，这顶多是一种稀释矛盾、回避矛盾的妥协执法。一句话，改造罪犯，就是要进行思想教育或思想改造。只有真正转化了导致罪犯犯罪的犯罪思想意识，才能真正算是改造好了罪犯。

第二节　思想教育的分层设计

无论罪犯个体还是群体都存在诸如文化程度、接受能力、个性特征、犯罪原因、犯罪手段、犯罪危害、改造表现、自身素质等多方面的差距，因此在此基础上的思想教育也必须因地制宜，并进行因人施教、分层设计、分类矫治。

一、思想教育对象分层设计

（一）人文素养较低罪犯的思想教育

所谓人文素养较低的罪犯是指文化程度一般在初中以下或文化程度虽然在初中以上，但文化修养和文明素养较低的罪犯。这些罪犯的主要特点是文化水平低，认知能力差，道德水准低下，受污染程度高。近些年来，虽然我国在押犯的整体文化程度有所提高，初中以上文化程度罪犯已占近50%的比例，但不少罪犯尽管文化程度有所提高，其实际文化水平却远远达不到初中水平。另外，在这些罪犯中，社会认知能力和道德水准低下、价值观念扭曲、心理畸形、心态失衡、极端自私自利、反社会思想严重，是社会秩序的破坏者和社会的不和谐力量。无论对这些罪犯开展个别教育还是分类教育，都必须研究和认识到这些罪犯的特征，并对他们开展有针对性的思想教育。我们认为，对这类罪犯应侧重进行具体形象化思想教育。具体来说，第一，针对该类罪犯文化水平低，知识掌握程度欠缺，接受能力差，宜对他们进行文化启蒙教育，激发他们对知识重要性的认识和学习知识的兴趣；对他们开展感性教育，从最基本的做人做事道理入手，由浅入深，深入浅出，掰开揉碎，把大道理变成若干个小道理，把大理论解析成人人听得懂的浅显常理，这样罪犯就容易接受。第二，针对罪犯辨别是非、善恶、美丑的能力差，价值观念扭曲，道德水准低下，心态失衡等特点，适宜开展感性教育和启发性教育。可采取典型案例教育、电影电视剧教育、美

育、“读书月”教育等方法，并注重罪犯自学、互学、讨论、写观（读）后感、编排文艺节目演出等多种形式的综合运用，在教育中明确对错、是非、美丑、善恶，进行导向和引领，使罪犯对以前所犯罪恶进行反思和痛斥，从而达到改造的目的。

（二）人文素养较高的罪犯的思想教育

所谓人文素养较高的罪犯是指文化程度一般在初中以上或文化修养较好，犯罪手段智能性因素突出的罪犯。这类罪犯表现为高学历、高智商以及犯罪手段的隐蔽性和智能化。近年来，随着我国社会的不断发展，犯罪手段也呈现出智能化现象，犯罪人中高学历者逐年增加，职务犯罪、诈骗犯罪、信息犯罪、科技犯罪不断涌现，且花样翻新，日渐复杂。这类罪犯的主要特点为：知识型、智能型、官员型、科技型、隐蔽型、狡辩型等，不少罪犯见多识广、知识渊博、能言善辩、思维发达，给传统思想教育和改造带来巨大挑战和困难。我们认为，对这类罪犯应侧重进行理性抽象化思想教育。具体来说，第一，由于该类罪犯文化程度高，智商较高，形象化感性教育往往对他们效果很差，他们会认为这是在进行儿戏，往往会表现出反感的心理状态。而对他们进行系统的理论化教育，发挥他们理性思维发达的优势，在理论教育中激发他们找寻自己背弃理论的东西，并让其自觉地按照真正的理论去做人做事，从而达到改过自新的目的。第二，适应该类罪犯见多识广、知识渊博、能言善辩、思维发达的特点，宜对罪犯开展诸如讨论辩论、写自传、现身说法等思想教育方法。民警根据不同阶段教育内容，确定思想教育主题，对罪犯广泛开展讨论、辩论活动，让罪犯充分发表自己的观点，民警则主动驾驭舆论导向，适时进行方向性引导，确保讨论、辩论收到预期效果。让罪犯围绕成长经历写自传也是对罪犯进行自我教育的一种好形式，可按照童年—少年—成年—犯罪经历—监狱改造的历史脉络来写，找到导致违法犯罪的主客观原因，真实揭露犯罪前、犯罪中和犯罪后的心路历程，找准需吸取的教训和努力改造的方向。引导罪犯现身说法，鼓励文化程度较高罪犯围绕专项思想教育课程，如法制教育、前途教育、人生观教育、道德教育、做人教育、传统文化教育、美育、劳动教育等内容进行备课，并对罪犯进行讲授和现身说法，也是一种罪犯之间互相教育和自我教育的好形式、好方法，运用得当会产生意想不到的独特效果。

二、思想教育内容分层设计

（一）遵循由简单到复杂、由低到高的知识逻辑体系规则进行教育

对罪犯开展思想教育，应遵循由简单到复杂、由低到高的知识逻辑体系对罪犯开展有序教育。任何知识都有其内部固有的逻辑体系，即任何知识都有其自身知识架构和知识排列的规律或规则，有其自身形成、发展、成熟的逻辑脉络和逻辑关系，贯穿着知识层次由低到高、由浅入深、由简到繁、由具体到抽象、由实践到理论的发展规则。罪犯思想教育的内容和知识与一般教育知识一样，也有其固有的逻辑体系和知识架构层次体系。作为教育者的民警应认真分析和把握对罪犯思想教育的内容和知识，提炼和概括出教育内容的逻辑关系，并严格按照教育内容自身的逻辑脉络关系准备教案或提纲，对罪犯开展系统性的思想教育。例如，对罪犯进行法制教育就应该遵循“监规纪律教育→认罪服法教育→法律知识教育→法律意识教育”的逻辑脉络；对罪犯进行道德教育应遵循“文明礼貌教育→社会公德教育→社会核心价值观教育→社会主义核心价值体系教育”的逻辑脉络；对罪犯进行劳动教育应遵循“劳动态度、劳动纪律教育→劳动改造作用教育→马克思主义劳动观教育”的逻辑脉络。

在罪犯思想教育活动中，民警如果不遵循教育内容的逻辑体系进行教育，一方面，会导致作为教育者的民警讲授内容凌乱、不系统，内容重复性大，知识不连贯，从而使自身感到教授的知识杂乱无章、逻辑混乱、空洞乏味；另一方面，也会使作为受教育者的罪犯感到逻辑不清、层次混乱、内容庞杂、云里雾里，难以把握教育

内容的精髓和知识内部发展的规律，从而难以受到真正的教育，也达不到理想的教育效果。

（二）遵循由浅入深、由感性到理性的人的认识活动规则进行教育

对罪犯进行思想教育，还应遵循由浅入深、由感性到理性的人的认识活动规则进行教育。无数社会实践反复证明，人类对世界的认识活动总是遵循由低到高、由浅入深、由具体到抽象、由感性到理性这一渐进式发展规律而实现的。罪犯和一般人一样，在认识发展规律上同样表现为由浅入深、由易到难、由简到繁、由形象到抽象、由实践到理论、由感性到理性的认识发展逻辑关系。对思想教育内容的接受上呈现为“模糊→怀疑→清晰”、“排斥→怀疑→求知欲→自觉追求”、“抵制→消极→不自觉→自觉”等表现形式，作为教育者的民警应积极遵循罪犯的这一认识发展规律，主动适应罪犯在思想教育内容接受上的表现样态，架构和组织教育内容，再根据罪犯的接受能力、知识程度、文化层次、认识水平、思维能力等开展不同的针对性的教育。

三、思想教育实施分层设计

（一）根据罪犯的文化程度、刑期、改造需求、改造目标等情况分别设定不同的必修、选修课程

随着罪犯教育工作的正规化、科学化和现代化建设的深入和发展，特别是“5+1+1”教育改造制度的全面实施和推广，罪犯思想教育也必须走向系统化教学模式，即在“5+1+1”教育改造制度的大框架下，充分安排罪犯的思想教育必修和选修课程，决不允许忽视和漠视思想教育系列课程，并使之在教学计划或全部课程体系中占有首要和突出地位。监狱教育科牵头还应成立罪犯教育改造评估评定委员会，主要负责对每名罪犯制订个案矫治方案，在思想教育方面则是要求明确每名罪犯思想教育的学分以及所应学习的必修和选修课程目录，罪犯所在监区或分监区则负责具体实施或落实。

我们认为，监狱应根据罪犯的文化程度、刑期、改造需求、改造目标等情况分别设定不同的必修、选修课程。一般来讲，文化程度低、刑期短的罪犯必修、选修课程可适当减少，以达到教育改造需求为度；文化程度高、刑期长、改造难度较大的罪犯，所需学习的必修、选修课程应有所增加，主要目的也是为了达到对他们的有效改造和矫治。

罪犯教育改造评估评定委员会还应根据罪犯不同情况为罪犯设定不同教育改造目标，如可将目标分为最高目标、中级目标和最低目标。所谓最高目标是指将罪犯改造成为回报、奉献社会的守法公民和建设人才，使罪犯由社会的破坏力量转变为社会的贡献力量，罪犯刑满后成为国家和社会的有用之材；所谓中级目标是指将罪犯改造成为融入、服务社会的守法公民和建设者，罪犯刑满后重新成为一名合格的社会成员，使罪犯由社会建设的消极力量转变成为社会的建设力量；所谓最低目标是指将罪犯改造成为适应、融入社会的守法公民和自食其力的劳动者，其底线是不再重新犯罪，道德品质和道德境界处于社会公众可以接受的范畴。在此基础上，实施因人制宜的改造测评标准，应借鉴医院做法，即对病人治疗根据病情确定治疗目标，如有的目标为彻底治愈；有的目标为消除症状；有的目标为缓解病情，部分治愈；有的只能靠长期服药维持治疗等。罪犯的改造标准也应参照医院做法，依据每个罪犯的实际情况制订恰如其分的矫正方案和矫正目标。例如，对主观恶性不太深，认罪态度较好，刑期又较长（10 年以上）的罪犯可将改造目标定位于最高目标；对主观恶性较深，认罪态度较差，中等刑期（5 ~ 10 年）的罪犯可将改造目标定位于中级目标；而对主观恶性很深，认罪态度很差，甚至有抗改行为，刑期又较短（5 年以下）的罪犯可将改造目标定位于最低目标等。监狱则根据罪犯不同的目标要求确定相应的必修、选修课程。

（二）综合考虑不同类型罪犯的特殊情况科学设置不同的学分

如前所述，在对每名罪犯进行认真研究和科学评估的基础上，确定罪犯改造目标，根据罪犯所处的最高目标、中级目标、最低目标要求确定应学的必修、选修课程体系，然后根据所选的必修、选修课程计算出每名罪犯应修满的学分。由于罪犯在文化程度、刑期、改造需求、改造目标等方面情况的复杂性，每名罪犯可能需要修满的基本学分有一定差距和不同，这是由对不同罪犯的教育矫治要求决定的。罪犯基本学分是罪犯参加思想教育的基本考核依据，对未能修满基本学分的罪犯不能毕业，待其修满相应学分后方能颁发思想教育合格证书。

第三节　思想教育的内容选择

对罪犯开展有效的思想教育，必须首先确定与改造要求相适应的内容体系，内容是对罪犯进行思想教育的基础和前提，是解决“教育什么”的大问题，也是决定思想教育效果的重要因素。尽管我国各监狱对罪犯进行思想教育的内容不尽相同，司法部监狱局亦没有统一的硬性规定，我们根据当代罪犯思想改造的需要，结合一些监狱在思想教育方面的经验做法，初步概括出了十一项罪犯思想教育的内容，现分述如下。

一、认罪悔罪教育

所谓认罪悔罪教育是指通过思想教育使罪犯达到承认犯罪事实、认可刑罚判决、服从惩罚改造、悔恨犯罪行为、立志弃旧图新的教育矫正活动。认罪悔罪教育既是思想教育的第一课，也是罪犯全面改造的前提和基础。试想如果罪犯连基本的犯罪事实（冤假错案除外）都不承认，其他改造活动也就无从谈起。相反，罪犯认罪悔罪后，就会轻装上阵，变改造压力为动力，用自己的改造行动向国家、社会和受害人赎罪，就会感到服刑是罪有应得，受到惩罚是咎由自取，是体现了社会的公平正义。认罪悔罪教育应科学、全面、系统地开展，主要环节可包括承认犯罪事实教育、正确分析犯罪原因教育、正确认识犯罪危害教育、破除不认罪思想观点教育、坦白交代余罪、检举揭发监内外犯罪活动教育等内容。监狱机关只有把认罪悔罪教育活动搞深、搞透，并形成强大的认罪悔罪舆论效应，才能使罪犯的思想教育健康和可持续地进行下去。

二、法律常识教育

所谓法律常识教育是指监狱机关及其民警通过各种行之有效的形式开展，以促使罪犯掌握系统法律知识，树立法治意识为目标的系统影响活动。法律常识教育是罪犯思想教育的基础性内容，是罪犯走上改造之路的基础性条件。绝大多数罪犯之所以走上犯罪道路，其最重要原因就是因为不知法、不懂法、不守法造成的，改造罪犯必须从首先让罪犯知法、懂法，增强法治观念和法律意识入手，这是改造罪犯的基本条件和必要因素。监狱应对罪犯系统开设法律常识教育课程，主要应包括宪法、刑法、刑诉法、民法、经济法、婚姻法、继承法、监狱法及监管法规制度等内容。法律常识教育的方法和形式多种多样，包括课堂教育、法律咨询、法律案例剖析、法制宣传展览、法律援助、法律文艺晚会、观看法制宣传的电影、电视剧等。

三、时事政治教育

所谓时事政治教育是指监狱机关及其民警按照社会政治、经济、文化等发展形势的变化适时向罪犯进行教育，以使罪犯对当前形势有一定了解或熟知的系统影响活动。时事政治教育是罪犯思想教育活动的常态形式，是对罪犯开展日常思想教育的基本内容之一，也是罪犯随时了解和关注社会形势，随着社会变化不断调整和更新自身知识结构和改造方向的重要途径。时事政治教育包括的内容很多，可涵盖政治、经济、文化、社会、法律、道德、环境保护、体育、军事、外交等方面，既包括国内时事政治，也包括国外时事政治，大到国家的大政方针、政策的出台和制定，小到监狱的

形势发展和变化都可作为对罪犯进行时事教育的良好素材。时事政治教育的形式多样，方法灵活，主要有专家讲授法、课堂教育法、电化教育法、讨论法、撰写心得法、文艺演出法等。

四、修养与做人教育

所谓修养与做人教育是指监狱机关及其民警围绕如何使罪犯正确做人而广泛开展的以传统文化教育为核心，以现代礼节礼仪教育为标准的系统影响活动。修养与做人教育在罪犯思想教育活动中占有极其重要的地位和作用，这是因为，不懂得如何正确做人是罪犯走上违法犯罪道路的重要原因，改造罪犯也必须首先从罪犯学会正确做人入手。因此，修养与做人教育是罪犯思想教育的基础性内容，是对罪犯进行其他思想教育活动的前提和保障。修养与做人教育应以中华民族的优秀传统文化为基础，在广泛吸取其精华的基础上编纂成书，作为对罪犯进行该项教育的专门教材，在教育中还应把现代社会对公众的礼节礼仪和修养做人标准加以有机渗透，并紧密联系罪犯的改造实际而加以全面运用，只有这样，才能收到良好的教育效果。基于此，在当前，对罪犯开展修养与做人教育的主要内容可以包括：（1）劳动做人；（2）诚信做人；（3）智慧做人；（4）守法做人；（5）友善做人；（6）平和做人；（7）自律做人。修养与做人教育的方式方法很多，主要可以包括课堂教育法、传统文化书籍阅读法、典型故事教育法、讨论法、撰写感受心得法等。

五、美学常识教育

所谓美学常识教育是指监狱机关及其民警通过对罪犯开展自然美、社会美、艺术美等形式，激发罪犯的审美情感，培养罪犯审美感受力，陶冶罪犯审美情趣，铸造罪犯正确审美观念，创造罪犯审美文化，最终达到塑造罪犯美的人格的系统影响活动。美学常识教育是罪犯思想教育不可缺少的重要内容，真善美是一个统一体，要让罪犯求真、求善，则必须对罪犯进行美育，让罪犯懂得真正的美。由于绝大多数罪犯文化水平较低，理性和抽象思维能力较差，而对罪犯开展以美育为基础的感性教育，更容易使罪犯接受，更能取得最佳效果。对罪犯开展美育的内容和方法很多，主要包括课堂美育、自然美育、社会美育、文化技术美育、劳动美育、艺术美育、生活美育等。

六、心理健康教育

所谓心理健康教育是指监狱机关及其民警为了解决罪犯的心理问题，调整罪犯的不良心态，促进罪犯的心理健康而开展的系统的教育矫治活动。心理健康教育是罪犯思想教育的重要组成部分，是消除罪犯不良心理，改变罪犯不良情绪，增强罪犯心理健康知识，促进罪犯心理健康的良性发展的重要途径。心理健康教育不同于心理咨询与矫治，但又有着密切联系。心理健康教育对有效和顺利开展心理咨询与矫治工作，促其达到预期效果有重大促进作用。心理健康教育的方法和形式很多，如课堂教育法、辅助教育法、专题教育法、罪犯典型示范法等。

七、劳动观念教育

所谓劳动观念教育是指监狱机关及其民警为了矫正罪犯错误的劳动观和不良的劳动态度，使其树立正确劳动观和劳动改造态度而开展的系统教育矫治活动。劳动观念教育是罪犯思想教育的必要内容，通过劳动观念的教育，不仅可以促进罪犯错误世界观、人生观、价值观的彻底转变，而且可以端正罪犯劳动改造行为，维护正常的劳动改造秩序，促进罪犯劳动改造效益的正确发挥。劳动观念教育主要包括：劳动态度教育、劳动改造作用教育、不良劳动观点的危害、正确劳动观教育等。劳动观念教育的形式和方法主要有：课堂讲授法、电化教育法、讨论辩论法、错误观点批判法、罪犯撰写心得教育法、榜样示范法等。

八、人际关系与调处教育

所谓人际关系与调处教育是指监狱机关及其民警为了营造适宜罪犯改造的良好人际关系，消除产生不良人际关系的要素和隐患，教导罪犯学习正确处理人际关系的方法和艺术而广泛开展的系统教育和引导活动。人际关系与调处教育是罪犯思想教育活动的日常性活动，表面看起来人际关系与调处教育似乎不属于思想教育范畴，但实则不同，人际关系与调处状况直接反映每个罪犯不同的交往观、价值观和人生态度，是检验罪犯是否真正树立起科学正确价值观和交往观的准绳，因此对罪犯开展人际关系与调处教育不仅十分必要，而且非常重要。人际关系与调处教育的主要内容有：人际关系与调处的概念、人际关系与调处的种类、人际关系与调处的方法与艺术、摒弃错误的交往方式，树立正确价值观和交往观。人际关系与调处教育的方法和形式主要有：课堂讲授法、模拟训练法、民警示范法、典型引路法等。

九、传统文化教育

所谓传统文化教育是指监狱机关及其民警为了使罪犯掌握和吸收中华民族优秀传统文化的精华，接受中华传统文化精华的浇灌和滋润，并自觉调整和改变自身与传统文化不相适应的内容及精神的系统教育影响活动。传统文化教育是罪犯思想教育的固有内容，是对罪犯进行思想教育和思想改造不可或缺的基本内容。罪犯思想教育的内容是马克思主义的科学思想与中国传统优秀文化、现代优秀文化相互交融的产物，中国传统优秀文化是罪犯思想教育的深厚根基和精神宝库，是改造罪犯、培养罪犯、造就罪犯博大精深的文化底蕴和力量源泉。对罪犯开展传统文化教育主要包括传统文化教育的内涵、历史渊源和发展、主要精华、对现代文化的启示和价值等。传统文化教育的方法主要有：课堂学习法、专家讲授法、电化教育法、阅读背诵法、先进模范示范法，等等。

十、职业生涯规划教育

职业生涯规划是指监狱机关及其民警为了使罪犯更好地明确和树立正确的职业理想和工作方向，通过对罪犯个人情况的综合分析，在充分尊重其职业选择的基础上而确立的职业人生计划和职业奋斗目标。所谓职业生涯规划教育是指监狱民警围绕如何让罪犯确立正确的职业人生计划和职业奋斗目标而开展的各种教育、培养、培训活动的总称。职业生涯规划教育是罪犯思想教育活动的应有内容。这是因为，职业生涯规划教育不仅涉及罪犯的职业理想、职业态度、职业选择正确与否问题，而且还涉及罪犯的服刑期间劳动工种定位、劳动技能培训选择及出狱后职业方向和安身立命问题，并且还直接影响着罪犯刑释后能否最大限度降低重新犯罪率的大问题。因此，职业生涯规划教育目标与罪犯思想教育目标一脉相承，完全吻合。罪犯如果职业生涯规划不明确，出狱后不知道该怎样进行职业选择，找不准自己在社会中的定位，没有安身立命之所，即使罪犯不想再重新犯罪，在市场经济高度发展的今天也难以幸免，这已经被很多活生生的个案所证明。职业生涯规划教育的内容主要有：职业生涯规划的内涵、职业态度、职业选择、职业理想、职业生涯规划科学设计、职业生涯规范的实现等。职业生涯规划教育的方法有课堂讲授法、专家讲座法、模拟训练法、民警指导法、自我设计法等。

十一、人生与改造教育

所谓人生与改造教育是指监狱机关及其民警围绕让罪犯树立科学正确的人生观、改造观及妥善处理人生与改造的辩证关系而开展的系统影响活动。人生与改造教育是罪犯思想教育的实质内容，是罪犯能否实现真正改造的核心因素和检验标准。因此，人生与改造教育必须贯穿罪犯改造的始终，必须抓紧抓好，常抓不懈。通过开展人生与改造教育，可以使罪犯明确什么是正确的人生观和改造观，怎样科学处理人生与改造的辩证关系；错误人生观和改造观不仅使罪犯走上犯罪道路，受到刑罚惩罚，而且使罪犯在服刑生涯中屡受挫折，导致更大的惩罚，这些教训必须吸取，而导致这些问题的根源就在于是否树立了正确的人生观和改造观以及能否正确处理人生与改造的辩证关系。人生与改造教育的内容主要有：人生观与改造观的概念、怎样树立正确的人生观与改造观、自觉批判和抵制错误的人生观与改造观、科学处理人生与改造的辩证关系等。人生与改造教育的方法和途径主要有：课堂教育法、专家讲座法、讨论辩论法、电化教育法、榜样示范法、回头浪子现身说法等。

第四节　思想教育的组织

如何将罪犯思想教育的内容落到实处，如何探索出一条使思想教育得以科学实施的方法与路径，并使之系统化、规范化，是摆在当前监狱机关各级领导和广大民警面前的一项十分重要的任务。

一、思想教育的实施途径

（一）开展规范的课堂化教学

所谓课堂化教学是以教学计划为导向，以明确的课程和稳定的师资为基础，以规范的场所和良好的教学设施设备为前提，以科学的质量监控体系为保障，以对受教育者系统传授理论、知识、技能，并对受教育者思想产生影响，从而实现预期教育目标的系统影响活动。实践证明，课堂化教学是教育的基本形式和重要载体。

罪犯思想教育要做到科学实施，并产生强大的教育矫治效果，开展规范化的课堂化教学也是必不可少的。罪犯思想教育是一项系统工程，其包含的内容广泛，要素众多，制约性强，且思想教育是一项触及灵魂和大脑的意识形态领域的工作，其效果不仅体现在教育、传授、宣传等方面，更注重接受、入脑入心和行动落实。对罪犯来讲，不仅要学习和掌握思想教育理论和知识，更要落实和体现在服刑改造和人生之路上。从这一点来说，罪犯首先要掌握和接受较为系统的理论知识，然后才谈得上外化为行动和实践。而要使罪犯真正掌握这些理论知识，单靠民警的日常教育、点拨诱导、零打碎敲以及罪犯的自学是远远不够的，必须通过有组织、有计划、有目标的系统教育活动——课堂化教学才能实现，因此课堂化教学是罪犯思想教育的基本途径。

我国监狱机关正在深入推进的“5+1+1”教育改造制度为罪犯思想教育的科学化、系统化、规范化奠定了一定的时间基础，它使教学组织，教学场所，教学设施、设备，教学时间，师资保障，资金保障等制约课堂化教学的一系列因素得到一定程度的解决，也为有效开展系统而科学的罪犯思想教育课程提供了可能。

（二）制订切实可行的教育教学方案

教育教学方案（教育教学计划）是为完成教育教学任务和目标服务的，它是教育教学任务和目标的具体化，是对教育教学全过程的具体部署和安排，是开展和组织教育教学活动的主要依据。

罪犯思想教育必须制订切实可行的教育教学方案。具体来说，在“5+1+1”教育改造制度的大框架下，罪犯思想教育教学应采取特殊学校办学模式，每年可设置两个大学期，每个学期 23 周，以每周 16 学时（1 天课堂学习 6 学时、周一至周五每晚 18:30～20:30各 2 学时共 10 学时）计算，每个学期共计 368 学时，全年合计 736 学时。具体课程可作如下安排：1 天课堂学习的 6 学时中，上午 4 学时为思想教育课程；下午 2 学时为技术教育课程；周一、二、四晚为文化教育课程；周三晚为思想教育专题片和教育讲座播放时间；周五晚为队务活动或主题文化教育时间。1 天课堂学习可根据监狱实际情况确定，但我们认为，最好不要放在周六开展，因为周六是法定休息日，不利于监狱集中全部警力开展教育活动，最适宜放在周一至周五的任何一天进行，周六可组织劳动改造活动。

开展罪犯思想教育还应根据监狱实际情况，探索科学的教学组织形式。教学组织形式适宜以监狱为单元在特殊学校，按照统一教

学计划有序开展；分散型监狱则适宜以监区为单元统一组织。罪犯教育应以班级为基本教学单位，文化技术教育的班级应以罪犯文化程度和技能水平高低进行编班；思想教育的编班适宜以分监区组班，且一个教学班级不宜超过60人。罪犯在学习期间，分监区主管民警为教学班主任，在现场进行监督管理。

制订罪犯思想教育教学方案还要求建立科学的课程体系。罪犯思想教育的内容庞大，种类多样，要对内容进行科学的分类和调理，遵循知识的系统性、层次性、逻辑性要求，确定开设顺序和有序衔接机制，确保思想教育内容的连贯性和系统性。每门课程的教学进度计划是罪犯思想教育教学方案的基础，必须抓紧抓好。其主要内容包括：教育对象情况简要分析、课程目标、课程性质、教学章节、教学时数、课时分配、教学要求及教学方法、手段等。课程的教学进度计划既应有质和量的规定性，也应有评估完成课程计划效果的规定性。

（三）根据罪犯的不同类型确定必须获得的思想教育学分

为了使罪犯思想教育的课堂化教学成果得以巩固并真正收到改造实效，监狱还应实施罪犯思想教育学分制。学分制既能够使罪犯思想教育实现规范化、制度化，也对罪犯参加思想教育产生重大约束，使之成为罪犯必须达到或完成的硬指标、硬任务，从而可以防止思想教育的形式化。罪犯参加思想教育的学分可分为必修学分和选修学分两种；必修学分是每个罪犯都必须达到或完成的基本学分，选修学分是在综合考虑每类罪犯实际情况的基础上适当确定。必修学分主要是指监狱明确规定的每个罪犯都必须完成的思想教育课程的学分，如前所列举的罪犯思想教育的11项内容或课程，若每项内容为3个学分（注：16学时为1个学分），则罪犯必须获得33个学分方能达标。罪犯的选修学分是根据罪犯的不同类型确定的，如短刑期罪犯（5年以下）、中刑期罪犯（5~10年）、长刑期罪犯（10年以上）所要求的选修学分不同；改造表现好、改造表现一般、改造表现差三种类型的罪犯选修学分不同；文化程度高、文化程度一般、文化程度较低三类罪犯的选修学分不同，等等。其基本规则是：刑期越长所要求的选修学分越高、改造表现越差所要求的选修学分越高、文化程度越低所要求的选修学分越高，反之也是一样。不同类型罪犯的思想教育选修学分由监狱教育改造科商罪犯所在监区（分监区）领导或民警共同确定。罪犯完成监狱规定的必修学分和选修学分，颁发罪犯思想教育合格证书；对没有按期完成规定学分的罪犯，令其补修，直到罪犯达到要求学分为止，并视情况对罪犯进行帮助指导或批评教育。

（四）组建一支高素质的思想教育专业化民警队伍

实施罪犯思想教育必须组建一支高素质的专业化民警队伍。根据当前我国监狱的实际情况，监狱可组建专职民警教师、狱内兼职教师、社会兼职教师和社会志愿者教师四支教师队伍。第一，监狱应组建一支专职思想教育的民警教师队伍，负责对罪犯思想教育课程组织开展教学，组建渠道可通过狱内公开竞聘或教学大赛进行遴选。还可通过社会招考公务员选拔一批师范院校毕业、学历层次较高、热爱监狱教育事业的优秀公务员作为新鲜力量。对专职思想教育教师民警可实行课时工作量考核约束制度，如规定民警教师每周课时量为 10~12 学时，鼓励民警教师多承担教学任务，并实行超课时奖励制度。第二，监狱应建立一支狱内兼职民警思想教育教师队伍，对于那些教育改造能力较强、教学水平较高、教学效果良好的在职民警，可通过自愿报名、试讲考核、综合评定等渠道进行选拔，对考核合格的民警颁发聘书，作为狱内兼职民警教师，并规定每周承担不超过 4 学时的教学任务，对这些民警的教学劳动应发放一定的课时补助津贴。第三，监狱应组建一支社会兼职思想教育教师队伍。通过公开招聘、到有关院校聘请或通过监狱与院校共建等途径组建一支善于做思想教育工作、教学能力强的师资团队，并组建社会兼职教师队伍人才库，所需费用可列入罪犯教育改造财政经费预算。第四，监狱还可招募和组建一支社会志愿者教师队伍。到大墙内帮教罪犯，参与罪犯教育改造工作，是监狱法明确规定的每位公民的基本义务和职责。不少大学师生、社会有志人士、社会名流都非常愿意到监狱进行帮教，监狱应为他们创造必要的教学和生活条件，并对他们发放荣誉证书，高度肯定他们的参与热情。监狱可象征性地对每位志愿者教师发放每年1元钱的志愿者工资，以弘扬他们的高尚义举，并把他们作为罪犯思想教育的一支不可缺少的力量来看待。

二、思想教育的实施方法与手段

现代罪犯思想教育单靠某一种方法和举措是难以产生良好改造效果的，必须使多种改造方法、改造措施有机结合起来，形成强大的改造合力，才有可能使罪犯达到理想的改造效果。

（一）课堂集中教育、分类矫治教育和个别化矫正相结合的方法

课堂集中教育是指采用正规办学或特殊学校的教育改造模式，有组织、有计划、有目的地对罪犯开展系统的专门化思想教育的活动形式。实践证明，课堂集中教育是罪犯思想教育的基本形式和有效载体，缺少这一形式，难以使罪犯掌握和吸收思想教育的系统理论，也就难以使罪犯产生正确的人生指南和改造方向。

分类矫治教育是指根据罪犯的不同情况进行多种类别划分，然后再针对某类罪犯的特殊情况进行针对性教育矫治的活动形式。分类矫治教育是罪犯思想教育类型化和细化的根本要求，对罪犯思想教育的深化和发展有重大促进作用。分类矫治教育是罪犯集体教育的深化和发展，由于其能够根据不同类型罪犯的特点开展针对性教育，因而它比集体教育或课堂教育有更大的优越性。分类矫治教育既可以针对罪犯的不同犯罪性质、刑期长短、改造表现进行类型划分，也可以根据罪犯的改造阶段、地域来源、气质类型、捕前职业、回归职业选择等多方面进行不同层次分类，更重要的是根据罪犯的犯因性缺陷类型来进行分类教育的划分，其主要目的是使罪犯思想教育的针对性更强，教育效果更好。

个别化矫正是指针对每一单个罪犯的不同情况进行综合性研究，然后制订个案矫治方案，并严格按矫治方案进行教育矫治的活动形式。个别化矫正与课堂集中教育、分类矫治教育相比有更大的优越性，因其教育矫治对象定位于单个罪犯，因而教育目标最明确，教育针对性最强，监狱若投入足够力量，往往教育矫治效果也最好。但个别化矫正对警力要求较高，不仅要求有足够的警力支持，而且教育者要有较高的教育矫治水平，否则将难以达到个别化矫正目标。

从以上三种不同教育矫治方法来看，它们各有自己的目标定位，各有自己的功能和价值，也各有自己的制约性因素，只有将三种方法有机结合起来，在充分发挥三种不同方法功能的基础上，再使之形成一种合力效应，才能产生最佳的教育矫治效果。

（二）理论教育、服刑现实教育与社会回归教育相结合的方法

理论教育是指对罪犯开展的以传授系统知识为主的教育矫治活动。服刑现实教育是指对罪犯开展的以如何正确认识服刑及如何正确处理服刑中各种矛盾关系为主要内容的教育矫治活动。社会回归教育是指以社会心理教育、社会适应教育、回归前途政策教育等为主要内容的教育矫治活动。理论教育解决的是罪犯知识贫乏、理性不足、方向不明的问题；服刑现实教育解决的是服刑身份、服刑态度、服刑意识的问题；社会回归教育解决的是顺利回归、平稳过渡和减少重新犯罪的问题。三者各有自己的教育指向和服务目标，集解决罪犯的知识理性、服刑意识、顺利回归于一身，三者互相促进，互相推动，共同构成了罪犯思想教育的有机联系链条，也是罪犯思想教育应始终关注和把握的重要内容。

（三）课堂化教育、网络视音频教育与电化远程教育相结合的方法

课堂化教育是指以传授系统专门理论知识和技能为主要目标的教育形式；网络视音频教育是指以现代信息平台或网络学院为主要载体，以学习或观摩、收听、收看为主要途径的教育形式。电化远

程教育是指以电台、电视台、互联网为主要平台，以收听、收看直播或安排节目或课件为主要内容的现代化教育形式。课堂化教育是罪犯思想教育的常态形式，由于其自身所具有的系统性、便利性、亲和性、自然性而在教育改造中具有不可替代性；网络视音频教育与电化远程教育是随着信息化和网络化的发展而不断出现的新形式、新方法，是课堂化教育的有益补充和完善，如本章第一节提到的河南省焦作监狱成立的罪犯思想教育女警讲师团，主要就是运用监狱电视台向罪犯播放女警录制的讲座课件。这既是对课堂化思想教育的进一步完善，也是当前充分利用现代传媒手段对罪犯进行思想教育的新形式。

（四）民警针对性教育、罪犯自我改造与狱内外良性环境支持相结合的方法

民警针对性教育是指基层民警根据单个罪犯或某一类罪犯的特殊情况而开展的特定性教育改造活动。罪犯自我改造是指在监狱民警指导下，罪犯按照改造要求而进行的自我教育和自我矫治活动。狱内外良性环境支持是指促进罪犯思想教育活动实现正向矫治效应的舆论氛围和导向因素。民警针对性教育是实现罪犯思想改造的积极促动因素和主要力量，是罪犯改造不可缺少的外因。罪犯自我改造是在各种外部改造力量的促动下罪犯调动自身主观能动性而开展的自我教育矫治活动，是罪犯改造起决定性作用的内因；狱内外良性环境支持是促使民警针对性教育和罪犯自我改造作用良性发挥以及巩固教育矫治效果的内外条件，是巩固罪犯改造效果的重要条件和土壤。三者从不同角度指明了促进罪犯真正改造的方法与路径，三者的有机结合是罪犯改造的基本规律和策略体系。

（五）狱内专门教育、狱外社会帮教和社会无缝对接相结合的方法

狱内专门教育是指监狱对罪犯所进行的专门性思想教育活动的总称，包括正规教育、专项教育、主题教育、特色教育、日常教育等。狱外社会帮教是指监狱广泛运用或动员各种社会力量参与罪犯

教育矫治活动的基本方式和途径。社会无缝对接是指监狱为了使罪犯刑满释放后得到妥善安置和接茬帮教，主动与刑释人员所在地司法所、派出所等部门进行交接和落实的教育矫治活动。狱内专门教育主要强化的是罪犯在服刑期间的思想教育成效。狱外社会帮教主要强化的是社会力量与监狱专门力量的整合效应。社会无缝对接强化的是监狱改造效果的巩固和社会继续帮教的责任效应。三者的有机结合使得罪犯改造质量的主要制约因素得以明确，并要求发挥各自优势，履行职责，只有这样，才能共同打好提高罪犯改造质量，降低刑释人员重新犯罪率这一攻坚战。

第七章　中期教育内容
——体育和美育

体育和美育是矫正机构中期教育的基本内容，是增强罪犯体质，保障身心健康，提高罪犯审美能力，树立正确审美观的重要教育矫治活动。体育和美育在当今监狱中期教育改造中有着不可忽视的地位和作用，平安监狱的创建，高戒备度监狱的建立，限制减刑罪犯的逐渐增多都对科学开展体育和美育提出迫切要求和挑战。本章内容作为一个较新的研究课题，也是本书的创新点之一。

本章不仅要系统阐明开展体育与美育的必要性和重要意义，还要对目前我国矫正机构已经开展的体育与美育作简单介绍，并在此基础上进行创新思考，提出新时期、新阶段科学开展罪犯体育和美育的方法与路径，并把我国矫正机构已开展的体育、美育的成功经验与创新思考有机衔接起来，以便于我国矫正机构工作人员全面理解与掌握，并及时运用和推广到罪犯教育矫正的伟大实践中去。

本章重点研究和阐述以下主要内容：

1. 体育和美育的概念与内涵是什么？
2. 体育和美育的影响作用怎样？
3. 体育和美育的主要做法与创新思考有哪些？
4. 体育和美育如何进行项目选择？
5. 体育和美育如何进行科学组织？

第一节　体育和美育的内涵及影响作用

体育和美育是人的基本需求，是满足人的生理、心理、行为和精神追求的社会性活动，对于罪犯来讲，尤其必要和重要。在现代监狱的大背景下，罪犯的活动范围相对狭小，罪犯从事体育锻炼和室外健身的时间和机会都比以前有所降低；罪犯中“80后”、“90后”逐渐增多，从身体状况来看，总体体质既比以往罪犯有所下降，也远不及社会正常同龄人的身体健康水平。当代罪犯，尤其是年轻罪犯，由于从小生长于改革开放和现代网络时代，他们智商较高，对文化娱乐媒介接触较多，但由于价值观错误，往往是非不分，美丑不分，善恶颠倒。入监后，由于接触文化娱乐媒介受到诸多限制，迫使他们对美的需求越来越高，审美能力也有所增强，他们需要宣泄和缓解服刑压力和郁闷情绪，需要展示自我才华，渴求自我显示和价值肯定。这些都使罪犯更期盼文化娱乐活动的开展，更渴求实现身心健康和心灵愉悦，更愿意把自己的业余时间投入到体育和美育这一有意义的活动之中。值得指出的是，随着《刑法修正案（八）》的颁布实施，限制减刑罪犯和长刑期罪犯将越来越多，在监狱的服刑时间也越来越长，最长的甚至可达27年以上。在这样一种服刑境遇中，罪犯更迫切需要及时而又大量的体育和美育活动，这不仅是他们心灵陶冶和思想转化的需要，更是罪犯加强自身调适和缓解服刑压力的现实要求。

一、体育和美育的概念与内涵

（一）体育的概念与内涵

这里的体育实则是指罪犯体育。所谓罪犯体育是指监狱及其民警根据监狱法的基本要求，围绕挽救人、改造人、造就人的培养目标，挖掘和利用监狱现有的体育场所和体育设施，组织罪犯开展有益而又适当的体育项目，以达到使罪犯体力、体能和身心健康协调

发展目的的教育矫治和素质培养活动。

从以上对罪犯体育所下的概念中可以看到，首先，罪犯体育的法律依据是《监狱法》和司法部《罪犯教育改造工作规定》的有关要求和基本精神，对罪犯组织体育活动不仅因为其是一种积极而又十分有意义的活动，而且也是一种严格执行监狱法的严肃执法活动，对罪犯开展体育活动的行为是一项执法行为。其次，罪犯体育是为了实现挽救人、改造人、造就人的罪犯教育目标的需要。我国监狱不同于历史上阶级社会的其他类型监狱，它始终坚持改造人、解放人、塑造人、培养人的博大胸怀，坚持用一切切实可行的办法把罪犯这些“被异化的人”拯救出来，使他们早日回归社会和人民的怀抱，成为社会和谐的促进者和社会的建设者。为了实现这一目标，必须采取包括罪犯体育在内的一切积极有效措施运用到罪犯教育和改造中去。再次，罪犯体育是最大限度保障罪犯人权的必然要求。通过监狱的惩罚与改造，是要把罪犯改造成为一个身心健康、技能增强、素质全面、适应当代社会发展要求的社会新人或守法公民。而这种社会新人或守法公民是以身心健康为前提的，试想，如果罪犯出狱回归社会后变得体力不支、体弱多病、身心憔悴，就不仅达不到科学改造罪犯的真正目的，也没有完成党和国家赋予监狱惩罚改造罪犯的历史使命。最后，罪犯体育应充分挖掘和利用监狱现有的体育场所和体育设施。组织体育活动不能没有一定的体育场所和体育设施，必要的体育场所和设施是有效开展体育活动的物质基础和保障。各监狱除了积极争取国家经费建造和修整一些必要的体育场馆，购置一些必要的体育设施、设备外，还应想办法从其他渠道筹措一些经费充实和拓展一些体育项目，以弥补体育经费之不足。另外，还可发动罪犯自己动手，勤俭节约，制作一些简单的体育运动设施和器材，开展一些花费不多的体育运动项目，同样可以达到罪犯体育教育的目的。

我国《监狱法》第 67 条规定：“监狱应当组织罪犯开展适当的体育活动和文化娱乐活动”。司法部《监狱教育改造工作规定》

第 32 条规定："监狱应当组织罪犯开展丰富多彩的文化、体育等活动，加强监区文化建设，创造有益于罪犯身心健康和发展的改造环境。"第 34 条又规定："监狱应当根据自身情况，成立多种形式的文艺表演队、体育运动队等，组织罪犯开展文艺、体育活动。"由此可见，罪犯体育是我国监狱法律法规明确规定的一项对罪犯必须开展的重要教育矫治活动，也是一项严肃的执法行为。

（二）美育的概念与内涵

谈到美育，首先要弄清美的含义。我们知道，不论是在社会生活中，或是大自然中，还是艺术宝藏中，美的现象都是普遍存在的，而且呈现出千姿百态、五彩缤纷的状态。那什么是美呢？马克思主义唯物史观认为，美是人们创造生活、改造世界的能动活动及其在现实中的实现或对象化，是包含或体现社会生活的本质规律，能够引起人们特定情感反映的具体形象。可见，美是包含社会发展的本质、规律和理想而又有着具体可感形态的现实生活现象，是以真善为基础的真理形象。从形态来看，美通常可分为社会美、自然美和艺术美。

根据美的本质和特性，基于马克思主义对美的解释和论断，我们认为所谓美是指审美主体对审美客体进行审美感受，并使其产生审美愉悦的现实活动。

有了美，才谈得上美育和罪犯美育。所谓罪犯美育是指在罪犯教育活动中，监狱及其民警通过自然美、社会美、艺术美等形式，激发罪犯的审美情感，培养罪犯审美感受力，陶冶罪犯的审美情趣，铸造罪犯正确的审美观念，创造罪犯审美文化，最终达到塑造罪犯美的人格的系统影响活动。

对罪犯进行美育，首先必须消除罪犯美育中的种种误区，祛除对罪犯群体不能进行美育的观点。我国罪犯教育工作，特别是改革开放以来的罪犯教育工作实践证明，对罪犯进行美育不仅可行，而且具有非常明显的效果，取得了令人意想不到的独特作用。因此，那种怀疑罪犯美育的教育作用，或者认为美育与罪犯毫不相干，或

者认为罪犯是丑恶的化身，是十恶不赦之徒，对他们根本不配谈美，开展美育也不可能取得好的效果的观点和做法都是非常错误的，应当加以摒弃。对罪犯群体进行美育之所以效果非常明显，笔者认为，原因之一是由于罪犯群体多年来没有受到或很少受到美的熏陶和滋养，以致产生美丑不分、美丑颠倒、以丑为美、以美为丑的不良现实，而对罪犯进行美育，能够使罪犯懂得什么是真正的美，什么是真正的丑，从而树立起科学正确的美丑观，最终使罪犯自己能够去鉴别美、欣赏美、追求美、获取美、创造美。原因之二是罪犯群体对美的追求和渴求比之社会一般人更加强烈和迫切。罪犯正是由于建立在错误的世界观（包括审美观）基础上才使之走上犯罪道路，落得身陷囹圄的可悲下场。入狱后，罪犯逐渐开始醒悟，也认识到以前错误世界观（包括审美观）的极端危害性，他们迫切想树立一种新的价值取向和人生追求，而在这之中美育由于其自身的形象性、直观性、趣味性和乐于接受性等特点，使罪犯首先对美育产生浓厚兴趣和渴求欲望，迫切想用美育对枯燥服刑生活进行代偿，并逐渐对消极审美情趣进行改变，进而建立一种高雅、纯洁、适宜新人成长和重生的新的生活方式。

自 20 世纪 80 年代我国监狱对罪犯广泛开展美育活动以来，罪犯美育以其特有的教育力、感染力和渗透力赢得了监狱理论和实践部门的一致好评，其地位和价值也越来越被人们加以肯定和提升，不少同志建议罪犯美育应成为罪犯教育的“第四课”，即应把罪犯美育作为罪犯思想、文化、技术教育之后的最重要一课，并应在有关法律法规中加以体现和规范。

二、体育和美育的影响作用

（一）体育的影响作用

开展罪犯体育活动，其作用和功能是多方面的。主要表现在几个方面。

1. 身心锻炼作用。通过开展适宜的体育活动，可以使罪犯达到全面锻炼身心的作用。具体来说，体育可以促进罪犯身体强健，生理机能和心理素质得以健康发展，提高身体机能和人体基本活动能力，提高罪犯对自然环境和监禁环境的适应能力。体育活动可以使罪犯全面掌握体育的基本知识、技术和技能，学会在服刑中科学锻炼身体的方法，养成经常锻炼身体的习惯，提高自我锻炼的能力，使之能够保障以健康的身体状况回归社会。体育还具有锻炼和塑造罪犯良好心理品质的作用，体育活动的开展，需要罪犯克服各种困难，具有坚忍不拔的顽强意志品质和胜不骄、败不馁的心理素质，紧张而又激烈的体育竞赛对罪犯的心理品质既是严峻的考验和磨砺，也是修炼和培养罪犯良好的心理素质的时机和平台。因此，科学而又适宜的体育活动，对罪犯具有强烈的身心锻炼作用。

2. 教育矫治作用。罪犯体育活动对罪犯的教育作用和矫治作用都十分明显。首先，体育对罪犯具有强烈的思想教育作用。在监狱中通过让罪犯欣赏大型体育赛事活动，观看我国运动员为国拼搏、为国争光，在赛场上升国旗、奏国歌的动人场面，讲述优秀运动员刻苦训练、顽强拼搏的感人事迹，能够激发罪犯的爱国热情，增强其民族自尊心、自信心和自豪感，是对罪犯进行爱国主义教育的良好素材。其次，体育对罪犯具有强烈的教育矫治作用。在体育活动中，罪犯是以踏踏实实的比赛成绩赢得佳绩，还是以投机取巧、弄虚作假骗取荣誉？罪犯在集体比赛中是团结合作、齐心协力、协同作战，还是各自为战，甚至互相拆台？在比赛失利时，团队成员是互相鼓励、相互包容、默默支持，还是互相抱怨、互相指责？在比赛中对裁判员的误判是大方宽容、大局为重，还是“斤斤计较”、不依不饶？比赛胜利时，罪犯是狂妄自大、目中无人，还是认真总结经验、戒骄戒躁、为人低调？这些都能反映出罪犯是追求集体主义精神，还是固守极端个人主义思想，在体育活动中，通过民警的教育和引导对罪犯无疑具有强烈的教育矫治作用。可见，罪犯体育对培养罪犯集体主义精神和大局意识，正确科学处理和调适人际关系作用十分明显。

3. 欢乐气氛作用。罪犯体育活动是一项罪犯全员参加的普及性的娱乐活动，很多项目都是以团队形式开展的，如篮球、排球、拔河、跳绳、保健操等，其参与人数众多，具有很强的参与性、协作性和娱乐性，体现出寓教于乐、寓理于乐、场面宏大、气氛活跃的特点。这样一项活动不仅特别乐于被罪犯接受，而且体育所形成的强大活跃氛围，可以使每一名罪犯得到身心放松和情感宣泄，强烈的集体宽松氛围成为罪犯紧张而又压抑改造生活的调节剂。同时，体育活动所昭示的德育教育因素和集体主义精神教育震撼着每名罪犯，使罪犯在体育活动中不知不觉地受到感染和教育。

（二）美育的影响作用

对罪犯开展美育活动，其影响作用与体育一样也是多方面的。

1. 性情陶冶作用。由于美是以真善为基础的，因而美的教育也必然包括真和善的教育。罪犯在性情方面存在很多缺陷，如粗野、暴戾、蛮横、放荡、冲动等，这与他们的个性心理特征、学习修养不够和不良交往密切相关。改变罪犯的不良性情，除了进行心理矫治和行为训练之外，开展丰富多彩的美育活动也是改变和矫治罪犯不良性情的重要渠道。通过美育可以使罪犯身处美的环境和氛围之中，美的因素和美的信息会不断传递和感染罪犯，使其在不知不觉中受到熏陶和教育。通过美育可以把罪犯由侧重感性的人塑造成理性的人，消除罪犯情感中粗糙、低级的成分，使之闪烁理性的光辉。通过美育可以把罪犯由侧重于单向度的、机械枯燥的人塑造成完整的和充满生活情趣的人，让罪犯享受人之为人的乐趣和快意。

2. 智力开启作用。由于美育具有丰富的内涵，其领域可以涵盖自然美、社会美、艺术美等诸多方面，而无论是欣赏美，还是创造美都需要具备较高的自身修养和艺术水准。通过对罪犯开展美育活动，可以激发罪犯学习的热情，获取知识的愿望和创造美的动力，而这些都对罪犯智力开启起到重要促进作用。罪犯由于各种条件限制，总体来看，他们的思想文化水平和智力开启程度都较常人偏低，不少人愚昧无知、头脑简单、思维褊狭、视野封闭、智力迟钝，这也是导致他们走上违法犯罪道路的原因之一。而通过美育活动的开展，可以大力培养罪犯的审美感受力、想象力和理解力，引导罪犯向着对审美对象的形式及其内涵的整体把握和彻底领悟方面发展。通过美育还可以培养罪犯在纷纭复杂的社会现象中，如何把握和领悟隐藏在其中的内在规律性及对人生哲理的深入思考。美育还有助于培养罪犯丰富的想象力和创造力，并使其对美的追求和创造产生浓厚兴趣。罪犯美育中所蕴含的审美情感的非功利性特征，还能使罪犯中的一部分人达到为追求真理而舍小我、存大我的高尚境界。通过罪犯美育最终可以为当代社会和新时代培养、造就符合社会准则和审美要求的合格社会公民。

3. 以美化人作用。罪犯教育的一切活动都是以挽救人、改造人、造就人、培养人而展开的。罪犯美育也不例外。通过美育可以让罪犯懂得什么是美，什么是丑；什么是高雅，什么是低俗；什么是艺术，什么是糟粕；什么东西可以激人向上，什么东西可以使人堕落；作为服刑人员哪些东西应该强化吸收，哪些东西应该极力贬斥，这是美育对每名罪犯提出的严肃课题，也是每名罪犯必须认真回答的现实问题。而通过大量的、长时间的美育活动，恰恰可以使罪犯在潜移默化中良知得到积累和增储，并进而凝聚、积淀为一种自由的道德心理结构和模式，让人变得更加纯真和善良，内心变得更加宁静和纯洁，灵魂和境界得到不断升华。

第二节　体育和美育的主要做法与创新思考

一、明确目标，确定主题，组织有力，合理开展

明确目标是指监狱组织罪犯体育和美育活动，必须始终围绕服务于改造、服务于安全稳定、服务于罪犯顺利回归社会这一根本目标，将罪犯的体育和美育活动纳入罪犯教育的日常教育改造大系统

工程之中，并使之制度化、规范化、常态化。

确定主题是指罪犯体育和美育活动的开展要不断与时俱进和创新发展，要与每年度、每时期监狱的工作重点和活动主题相适应、相衔接，并自觉融入到监狱大的活动主题之中，围绕其根本要求广泛和全面开展。确定主题也包含监狱的体育和美育活动每年应确定一个鲜明的主题，并以此为目标开展系列活动。

组织有力是指罪犯体育和美育活动开展不是自发的，而是由监狱教育改造部门和监区有组织、有计划地开展。活动的开展应有明确的组织机构和专门人员，有明确的活动方案、工作步骤、经费预算、评价标准、奖惩措施等，是监狱和监区年度教育改造计划的重要组成部分和重点工作内容之一。

合理开展是指罪犯体育和美育活动的开展要服从和服务于监狱工作的主要任务和工作大局，要自觉以监狱的改造、生产和安全稳定为基础，活动组织以业余时间为主，且活动的密度不宜过于频繁。活动中既要体现出欢乐气氛，但又应做到活而有度、活而不乱，不能本末倒置，影响监狱的严肃性、威严性。

实践工作经验之一：

深化个性化教育　积极开展罪犯兴趣小组活动

为扎实推进“教育改造质量年”活动，发挥教育改造攻心作用，广东省河源监狱坚持“以人为本、个性教育”的教育理念，立足自身特色，建立罪犯兴趣小组活动模式，形成个性化和有文化特色的监区教育工作模式。

规范运作机制。一是根据罪犯的兴趣爱好和文艺特长设置兴趣小组项目，设置了体育、文艺、看书读报、手工制作四大类项目，成立了书画、刺绣、剪纸、棋类、球类等罪犯参与度高的特色兴趣小组，引导罪犯积极参与。二是规范活动时间。规定兴趣小组活动时间为晚上休息时间，每晚两课时，按管区轮流的固定模式开展，确保每月有 24 个课时的活动时间。三是合理规划场地。在图书室、多功能厅、小院设置读书读报区、品牌排练区、文化活动区、体育活动区四个区域，合理安排警力和岗位，确保活动安全、有序开展。

以专长成就特色。一是落实专人管理。每个兴趣小组由有特长的罪犯担任组长，专门指定一名警察对兴趣小组给予指导，注重培养兴趣小组的骨干力量，以点带面，带动整个兴趣小组的普及、深化、提高。二是强化专业指导。依托监狱各类协会的丰厚资源，适时邀请协会会员对同类别的兴趣小组进行专业指导，高质量、专业化地开展兴趣小组活动，打造精品项目。

搭建展示平台。搭建“送戏下监区”、“节日主题晚会”等平台，展示兴趣小组活动成果，使罪犯在成果展示中体验成功的喜悦，真正做到寓教于乐。同时，通过建设楼层宣传栏，展示罪犯的文艺、手工作品，将兴趣小组活动成果服务于监区文化建设，惠及罪犯改造生活。（广东省河源监狱办公室供稿）

实践工作经验之二：

广西黎塘监狱六监区从四方面深入开展监区文化建设

2013 年以来，黎塘监狱六监区把监区文化建设放在教育改造工作的重要位置，充分发挥“以文化人”特殊导向功能，不断丰富活动载体，采取有力措施，深入开展监区文化建设。

一是抓好监区环境绿化美化工作。在监舍走廊、图书阅览室、娱乐室、生产车间、厕所、楼梯等监管场所悬挂、张贴名言警句、改造箴言等改造宣传标牌和内容积极健康的书画作品，营造浓厚的教育改造氛围。深入开展“让美走进监狱”活动，加强监舍环境美化、绿化，在每个监舍种有 3 盆绿化盆景，监舍走廊种有 15 盆绿化盆景、监舍操场种有 253 盆绿化盆景。

二是积极开展床头励志文化建设。监区根据监狱统一规格设计制作的“床头文化励志牌”，将服刑人员自己书写的励志之言或其亲友提供的激励语、励志图片、名言警句，张贴、悬挂于服刑人员的床头，用床头文化激励、丰富了服刑人员的内心世界和服刑生活，表达了服刑人员忏悔心情和改造愿景，进一步树立他们改造的信心，充分调动改造积极性。

三是举办服刑人员书画展。监区在推进文化建设过程中，坚持突出服刑人员的主体性和参与面，鼓励他们积极参与监区文化建设，举办每月一次的服刑人员书画比赛和开设学习园地，宣传法律法规，形势政策，狱内改造动态及典型先进人物、事件，弘扬狱内正气，鞭挞歪风邪气，使服刑人员在潜移默化中受到教育。目前，监区个人书画天地栏内，展示了由服刑人员个人原创的改造心得体会及书法、国画、油画等共计50多幅作品。

四是开设“爱国励志”为主题的文化宣传栏。监区开设长6米、宽2米的文化宣传栏，强化服刑人员人生观、价值观、世界观教育，选取了“珍惜生命”、“常怀感恩的心”、“热爱生活”、“热爱祖国”、“人生信念”、“希望”、“信仰”、“谈精忠魂、振改造斗志”共8篇主题鲜明、内涵丰富、意蕴深厚的宣传文稿，弘扬改造正气，用浓厚的文化氛围启发、引导服刑人员积极改造，重塑新生。(陆露　韦治平)①

二、从监狱自身出发打造特色文化，孕育独特文化育人环境

我国每一所监狱受其地域影响，都有其不同于其他监狱的独特的政治、经济、社会、人文环境及历史文化传统，监狱教育改造部门若对此进行认真研究，就能够打造出监狱独有的特色文化，构建和孕育出一种带有浓郁地方色彩的、乐于被民警和罪犯接受的监狱地域文化和特色文化，而这种文化由于有其深厚的文化渊源和地域传统，就会具有长久的生命力和活力，也会成为监狱对罪犯进行体育和美育活动的重要载体和文化土壤。

---

① http://www.gxjy.gov.cn/news_show.asp?id=7434.

实践工作经验之一：

广西宜州监狱打造“改造山歌”文化品牌

“犯罪因为走错路，矫治恶习在监狱，知错知罪就悔改，接受法制来教育”，“唱山歌咧，这边唱来那边和，那边和……”一进监狱大门，地地道道的山歌歌声飘摇而来。这些美妙动听的山歌歌声不是出自社会名家，而是出自高墙的“阿牛哥”囚子之口，这是宜州监狱服刑人员传唱的改造山歌。

近年来，宜州监狱紧紧围绕自治区监狱管理局党委关于全力推进平安监狱、法治监狱、文化监狱的战略部署，坚持以“文化改造人，环境塑造人”为理念，按照“抓根本、抓基础、抓载体、抓阵地、抓品牌、抓特色”的总体思路，以全区监狱系统开展“监区文化建设活动年”为契机，积极探索和实践“先进文化育人”的教育改造方法，创新教育改造手段，充分挖掘“歌仙”刘三姐故乡的地域资源优势，着力打造监狱“唱山歌特色文化”品牌，将刘三姐山歌文化引入监内，把服刑人员改造行为规范的内容编成山歌在服刑人员中传唱，深受广大服刑人员欢迎。

2012 年以来，宜州监狱非常重视监狱文化品牌建设活动，监狱长办公会对此项活动作了专题研究，形成了以特色文化“软实力”教育矫正服刑人员树立先进文化价值观的共识，极力把服刑人员“唱山歌、促改造”作为监狱特色文化品牌来抓紧抓好。年内，监狱拨出了专项资金用于特色文化品牌建设，购买了一批电贝司、电吉他、架子鼓等文艺乐器，邀请宜州山歌王根据《服刑人员改造行为规范》、《改造行为日准则》等内容为主体，编写成 44 首改造山歌，举办了一期服刑人员唱山歌师资骨干培训班，还先后邀请宜州市文化馆音乐老师、自治区监狱管理局有关处室的领导前来辅导，提高服刑人员的歌唱技能和艺术表演能力。并成功举办了以“唱山歌、颂党恩、促改造”为主题的监狱第二届服刑人员文艺汇演。另外，为有效发挥优秀山歌文化教育的直观作用和特色文化的导向矫正作用，监狱把各监区“隔离栏”作为展示和传播特色文化的平台和载体，共制作了68块配有改造山歌和宜州风光山水画的宣传牌，监舍走廊、餐厅墙上张贴改造山歌标语画200余幅，使服刑人员将概念中的山歌文化转化为现实中看得见、摸得着的“特色实物”，更具直观观赏性。这种集视觉与美观相结合的表现形式，使服刑人员到处都能强烈感受到“改造山歌文化”的浓厚氛围和视觉上的冲击，激发了他们主动学唱改造山歌的愿望，监内歌声不断，真正形成了“天天有活动，夜夜有歌声”的良好局面，更加促使服刑人员在健康向上的改造氛围中自觉规范改造。

监区特色文化建设活动的实践表明，将改造山歌这一新生事物引入监内，是弘扬优秀传统文化、荟萃大墙文艺精华、提升监狱文化兴教的有效途径和舞台，对促进服刑人员的改造必将起到积极的推动作用。(作者：蒙初成)①

实践工作经验之二：

新疆：特色文化铸就监狱文化建设品牌　助力服刑人员教育改造

（法制日报记者：潘从武）“昨天所有的荣誉，已变成遥远的回忆，心若在梦就在，天地之间还有真爱，看成败人生豪迈，只不过是从头再来……”近日，法制日报记者到新疆第三监狱采访，在监狱艺术团排练室里，艺术团的成员们正在认真地排练。监狱政治处董主任介绍说：“我们监狱艺术团的演职人员清一色由服刑人员组成，他们表演的节目来源于对改造生活的感悟，贴近实际，很受大家欢迎。”

艺术团成员服刑人员小陈告诉记者：“艺术团改变了我，让我重拾生活的信心。丰富多彩的监狱文化艺术，激发了我对艺术、对生活的热爱，培养了我感觉美、发现美、欣赏美、创造美的能力，

① http://www.gxjy.gov.cn/news_show.asp?id=4654.

通过编排舞蹈，我的思想有了寄托，积极向上、充满活力的舞蹈纠正了我原来扭曲的价值取向。”

新疆第三监狱先后组建了剪纸、绘画、手工艺制作等培训班，各监区之间也“比、学、赶、帮、超”，分别成立了舞龙舞狮队、心理健身体操队、民族广播体操队、麦西来甫演出队等各具特色的文化队伍。

记者从新疆维吾尔自治区监狱管理局获悉，近年来，新疆监狱坚持以文化为引领，推行以广场文化、假日文化、美育文化、益智文化、情感文化、社会文化和健康文化为内容的七大特色文化建设，在文化建设中提升服刑人员教育改造质量，铸就新疆监狱文化建设品牌。

新疆维吾尔自治区司法厅领导告诉法制日报记者，长期以来，新疆全区各监狱都加强了监区文化建设，把监狱文化建设与教育改造相结合，切实提高服刑人员教育改造质量，助力服刑人员早日新生。

2013 年新年前夕，新疆第四监狱几个民警正带领服刑人员忙着制作第九届冰雪节的冰雕作品。这期间，一封刑满释放人员的来信，让大家欢欣鼓舞。

信是 2008 年 5 月刑满释放的张子欣（化名）寄来的。他在信中写道：“今年，我的雕刻工程队在新疆各地的滑雪场拿到了 20 多万的工程，有的是搞冰雕、雪雕，有的是花灯设计与制作。能有今天的成就，我非常感谢监狱民警让我参加狱内职业技能培训，让我在监狱每年组织举办的冰雪节中得到学习、锻炼和成长。”

张子欣只有初中文化，没有技术特长，1998 年犯罪被判入狱。刚到新疆第四监狱改造时，他心灰意冷，思想上一直比较消极。监区民警多次找他谈心，鼓励帮助张子欣树立改造信心。之后他报名参加了监狱举办的泥塑、石刻、绘画培训班。课堂上，他把握每一次实际雕刻操作的机会，课后认真阅读相关书籍，积累、掌握了雕塑材料选择、方案设计、色彩搭配、工具配置、施工制作、作品摆放的全套本领。经过刻苦努力，张子欣最终拿到了雕刻培训结业等级证书。

刑释两年后的他凭借在狱内学习和掌握的冰雕技能，在新疆福海县举办的西北五省冰雪雕大赛中，以《冬韵——冰山雪莲》冰雕作品获得了第三名的好成绩。获奖后，张子欣更有信心了，他对新疆滑雪场逐个进行了考察，组建了自己的专业冰雪雕制作工程队。一年来，他一边搜集世界各地冰雪雕和滑雪场的资料加强学习，一边向各个单位推销自己。他和 3 家滑雪场签订了合作意向书，不仅承揽到了各种冰雪雕项目，还从事雕塑、石刻、花灯制作。

冰雪节墙内开花墙外结果。张子欣新生后的成功创业使服刑人员们更加坚定了学习掌握一技之长的信念，激发了他们积极改造的信心。

在冰雪雕花灯制作中，该监狱 32 名民警和 426 名服刑人员，用木板、砖块和塑料薄膜制作模型，冻制了 7000 多米白色、米红、粉红等颜色的彩冰，所有冰雪雕作品都亲自完成。

据记者了解，近年来，新疆监狱大力推进“一个监所一个品牌、一个监区一个特色”文化品牌活动，用文化教育改造人、用文化熏陶感化人、用先进的思想激励挽救人，推出一系列文化视觉大餐，广场文艺演出、假日亲情帮教、服刑人员音乐室、医疗远程会诊、太极拳表演、根雕艺术展示、笑脸墙、唱红歌、读经典、看红片、法律知识进课堂等监区品牌文化引导，激励服刑人员改过自新。

此外，新疆监狱各监所还深化教育改造模式，提炼服刑人员改造核心价值理念，规划监区文化建设远景，凝练品牌内涵和标志，举办各类丰富多彩的文体活动，陶冶情操、净化心灵、塑造健康心理，构建起监管安全稳定的思想基础。乌鲁木齐市各监所与新疆文化厅、图书馆联合举办大型名著欣赏、名著导读、名家讲座、征文比赛和“中华魂书籍进监区”系列活动，17 名服刑人员赢得读书征文比赛一、二、三等奖和优秀奖。乌苏监狱等地率先实施监区文化“三个一”工程，建立监区文化广场、监区文化长廊、监区文化墙，提升了监区文化建设档次和品味，成为高墙内一道亮丽的风景线。①

实践工作经验之三：

太原第一监狱用“优秀传统文化”教育改造服刑人员

文心雕“魂”向新生

“这里，与其说是一所监狱，不如说是一所学校，一所充满传统优秀文化精神氛围的养成所、教育所。”这是2010年9月，央视“百家讲坛”著名主讲人钱文忠教授，在对太原一监进行现场考察后留下的一段精彩论述。

近年来，太原一监顺应形势，提出“传承三晋历史文明，建设特色文化监狱”的全新构想，创造性地推出了法德文化、安全文化和快乐文化。特别是将优秀传统文化和三晋历史文明作为丰厚教育资源，对服刑人员成功实施“法德并举、文明改造”的做法，在全省乃至全国监狱系统成功趟出了一条教育人、改造人、挽救人的新路子。

2010年11月20日，中央领导在太原一监视察时，称赞这一做法“文化品位很高，非常突出、非常优秀”。为了探寻究竟，记者在万物复苏的阳春三月走进了这座监狱。

革故鼎新——拾遗补缺巧开先河

长期以来，人们将服刑人员犯罪的主要原因归结为文化水平低下、法律意识淡薄。据此，各地监管部门往往会“对症下药”，给服刑人员补文化课和法律课，目的是尽快促其弃恶从善、重新做人。但遗憾的是此举收效平平，一些服刑人员非但不思悔改，反而

① http://www.mzyfz.com/cms/jianyulaojiao/xinwenbaodao/zhuantibaodao/html/1087/2013-04-26/content-732973.html.

在出监后又重新走上犯罪道路，甚至有人不惜以身试法。

翻开服刑人员的犯罪档案，近年来高学历犯罪和知法犯法者有增无减。这究竟是为什么呢？

太原一监党委认为，我们过去对服刑人员犯罪根源的认识不仅片面、肤浅，而且存在误区，因而导致教育改造方法没有切中要害，直接影响了改造效果。

为了探寻“新时期服刑人员犯罪根源”，太原一监党委按照降低重新违法犯罪率的监管工作要求，在省监狱管理局党委的高度重视和直接领导下，围绕这一重大课题展开了深入调研。

大量事实证明：一个充满仁爱、重德重义的人，哪怕文化程度不高、法律知识欠缺，也很少作出损人利己的事，更不容易走上犯罪道路；相反，如果没有仁爱、不讲道义之人，即使才高八斗身为大学教授，或者著作等身成为法律专家，也同样会走上犯罪道路。服刑人员之所以走入歧途，固然有不学法、不懂法、缺文化等因素，但根本原因还是道德缺失。具体讲，就是缺孝道、缺仁爱、缺诚信、缺礼仪。因此，要想让服刑人员脱胎换骨、重新做人，最重要的就是拾遗补缺，设法在他们心灵深处点燃道德之火，帮助他们趋善避恶进而实现从“要我改造”到“我要改造”的自觉转变。

弥补服刑人员的道德缺失该从何入手？太原一监认为，中华民族五千年优秀传统文化和三晋历史文明中蕴含着诸多亘古已久、传承不辍、内涵丰富的人生哲理、道德准则，加上文化特有的亲和力、渗透力和持久力，对于那些灵魂干涸、道德沉沦的服刑人员不失为滋养精神的一剂治本良药。据此，太原一监提出“传承三晋历史文明，建设特色文化监狱”的构想，坚定不移地走上了一条法德并举、以文养德的科学改造新路径，为全国监狱系统巧开拾遗补缺之先河。

清风扑面——大墙之内春光无限

走进太原一监，仿佛走进了春意盎然的校园。每一栋建筑、每一面墙壁、每一条走廊，都被赋予丰富的文化内涵；每一块草坪、每一盏路灯、每一块石头，都在弥漫着浓郁的文化气息。

穿过戒备森严的大门，高墙内是一个清洁、静雅且颇具匠心的文化院落。广场上，虹桥托起火苗的巨型雕塑震撼人心，寓意着心灵的复苏；草坪内，一部部新颖别致的《弟子规》铁艺简书点缀其间，一块块镌刻着励志词句的文化石赫然醒目。“以责人之心责己，以恕己之心恕人”“不妄求，则心安；不妄做，则身安”……随处可见的名言警句，恰似“随风潜入夜”的春雨，无声地浸润着失足浪子的心灵。

再进，文化元素依次递增。无论是勉励人们好学上进的巨幅木雕《劝学》、凸显山西历史文明的大型浮雕“三晋文化墙”，还是倡导孝悌仁爱的二十四孝砖雕、催人奋进的三晋历史名人画屏，都能给人一种无尽的遐想。就连服刑人员床头上贴着的心灵寄语和亲情寄语，也都给人一种奋进和启发：“再长的路，一步步也能走完；再短的路，不迈开双脚也无法到达”“只有一条路不能选择，那就是放弃的路；只有一条路不能拒绝，那就是成长的路”……

不仅如此，太原一监还针对性地开展了以“善”为原点、以“孝”为切入点的国学教育，把国学经典《弟子规》确定为教育改造服刑人员的“第一规”，采取“讲、读、背、写、演”等形式多样的学习方法，引导服刑人员树立“仁、义、礼、智、信”等价值理念。

据了解，自2006年以来，这所监狱先后建成历史展览室、教育矫正楼、监舍文化走廊等特色文化阵地数十处，并通过楹联、宫灯、砖雕、石刻、铁艺等多种文化元素，将三晋名人、三晋历史、晋商精神、国学语录、二十四孝故事等优秀传统文化内容，精心绘制成图文并茂的艺术作品，装点于监区各个角落。到目前，监狱邀请各类名家累计创作激励服刑人员改造的书画作品360余件。服刑人员自己创作书画、手工艺品近2000件，90%以上服刑人员可熟背《弟子规》，250余名国学兴趣小组成员撰写心得500余篇，结集出版了《国学教育读本》、《感悟〈弟子规〉》等书籍。寓教于趣、寓教于乐、寓教于理、寓教于德，真正成了改造服刑人员的主要方法。

桃李不言——特色文化香飘全国

通过“传承三晋历史文明，建设特色文化监狱”活动的开展，太原一监越来越多的服刑人员找到了自己的“心灵鸡汤”。很多人以前总是向家人要吃要喝要钱，可如今却向家里提出希望买些国学书，一名家属送来的《于丹〈论语〉心得》光碟在服刑人员中成了宝贝。不经意间，中华传统美德的种子在服刑人员内心生根、发芽，优秀传统文化“内化于心、外化于行”的教化力量和感化作用逐渐显现出来。

“今天是母亲去世13周年纪念日，作为儿子不能去坟上祭拜，真是不孝。希望通过认真改造尽早出狱，尽全力照顾父亲，以弥补自己以往的过失。”“我要向被自己伤害过的人郑重地说声对不起，不敢奢求他的原谅，唯求自己心安。”……记者与服刑人员面谈，从他们说话的字里行间，可以真切地感受到他们真诚的忏悔。

服刑人员刘某曾经对周围的一切充满仇恨，经常和狱友吵嘴打架。当他学习《弟子规》，真正理解了“父母呼，应勿缓；父母命，行勿懒。父母教，须敬听；父母责，须顺承”。的含义后，蓦然想起年过八旬的老父亲，心里积压的悔意奔涌而出。此后，大伙惊奇地发现：刘某不仅主动承担起打扫活动室的任务，而且还联合狱友成立了国学兴趣小组，与狱友间的摩擦也明显减少。刑满释放后，刘某怀着一颗感恩的心给监区捐赠了一套音响设备。服刑人员杨某过去总是想方设法逃避劳动改造，在学习《弟子规》后，他主动向民警检讨错误，积极投身到劳动改造中。2010年4月，从电视上获悉西南五省市发生大旱后，服刑人员李某将自己半年劳动改造的报酬悉数捐献。三监区九分监区王指导员欣慰地告诉记者，2010年，分监区110名服刑人员中仅一人被关禁闭，创了历史最好水平。

科学的改造手段不仅帮助服刑人员重新扬起生活风帆，也给太原一监赢得了荣誉。继2010年被司法部授予先进集体后，2011年3月又创下连续13年无押犯脱逃的骄人纪录。同时，还得到了兄弟单位的推崇，仅2010年一年，全国各地来这里参观学习的团队就达到26批次。2010年10月，出席全国监狱文化建设与监管安全工作学术研讨会的数十位专家学者在太原一监考察后认为，他们的做法“符合道、体现法、形成势、充满美，是走在全国前列的先进典型，值得其他监狱学习借鉴”。（记者：薛锁明、范非 通讯员：李晓雅）①

三、在文化积淀的基础上创建监狱独有的体育美育文化品牌

改革开放以来，我国监狱系统大力开展以罪犯体育和美育为基础的监区文化建设，不少监狱几十年来常抓不懈，方兴未艾，不仅越来越有文化气息和文化氛围，而且在不断总结经验的基础上使这种文化得以开花结果，并长盛不衰，逐渐形成监狱特有的节日文化，也使之成为监狱对外宣传的一张名片和监狱建设特色文化品牌的精品工程。

通过多年孕育和积淀形成的体育美育文化品牌，其影响作用、带动功能和辐射效应十分巨大，它可以将身与心、力与美、形与体、个人与集体、部分与整体、外在表现与内在品质等因素完美结合；可以将自然美、劳动美、智慧美、艺术美、教育美融为一体。体育美育文化品牌建设还可以促进思想教育、劳动教育、技术教育、养成教育、爱心教育、感恩教育、自我教育等监狱教育因素的融会贯通，带动和盘活监狱艺术团、宣传队、广播台、电视台、书法协会等监区文化组织的迅猛发展，从而使监狱整体文化建设水平步入一个新的层次。

① http://www.sx.xinhuanet.com/jryw/2011/04/17/content=22541126.html.

实践工作经验之一：

浙江省第一监狱举办第五届动漫文化艺术节

目前，动漫文化艺术节已经成为服刑人员自我改造、超越梦想的崭新平台，成为深受服刑人员期盼和喜爱的重要节日，并逐渐成长为省一监的文化品牌和文化名片。

2012年11月19日，浙江省第一监狱第五届动漫文化艺术节开幕。省监狱管理局领导出席开幕仪式并启动开幕按钮。

本届动漫文化艺术节以“动漫启迪心灵，文化引领成长”为主题，分为开、闭幕式表演，教育改造成果展，监区文化周，大型亲情帮教，心理情景剧表演五大板块，充分展现了监狱人性化管理和教育改造丰硕成果。

实践工作经验之二：

浙江省第六监狱努力将菊文化艺术节打造成监狱教育改造的精品工程

1990年秋，浙江省第六监狱举办第一届菊展，后正式更名为菊文化艺术节。十九年来，省第六监狱坚持不懈、精心打造菊文化艺术节，并在传承中创新，在创新中发展。菊文化艺术节已经从最初的文化蓓蕾，成长为今天汇种菊、养菊、展菊、赏菊、论菊为一体，融美育、德育、体育、智育为一炉，集社会帮教、法律援助、人文讲座等系列活动为一身的完整的监狱文化体系。从最初的文娱活动，发展为今天自成系统、自具特色、自主创新的教育平台，成为监狱教育改造形式和内容的一大丰富和创新，形成了“以菊品喻人品，以菊性塑人性”的独特教育机制，对服刑人员的改造产生了潜移默化的良好效果，并成为全省监狱系统的一个特色监狱文化品牌。

菊文化艺术节为服刑人员改造提供了一个良好的文化环境

省第六监狱秉承“菊花搭台，文化唱戏”的理念，坚持在展区设计和布置中不断深挖菊文化的内涵。特别是第十九届菊文化艺术节，以“发展、和谐、感恩、奋进”为主题，时代主题更鲜明，文化气息更浓郁，形式内容更丰富。

监狱民警引导服刑人员在布展过程中发现美、创造美，进一步帮助他们养成劳动的习惯，充分体验劳动的价值，更能珍惜别人的劳动成果。通过此类“有意思”的劳动，民警能更容易地让服刑人员加深对犯罪危害（破坏或窃取别人的劳动成果）的认识，更能做到以理服人。同时，各个分监区还能深入挖掘菊花“不畏艰难、傲雪凌霜”、“品格高尚、自强不息”等文化内涵，在引导服刑人员种菊、赏菊的基础上，突显菊品与人品的交流、菊性与人性的互动。这次艺术节的景点造型紧紧把握时代发展的主旋律，创作了“辉煌卷轴”（反映我国改革开放30年来取得的巨大成就）、“百年梦圆”（反映2008年北京奥运会给中国人民带来的欢欣鼓舞以及“更快、更高、更强”的奥运精神）、“众志成城”（反映了全国人民在地震灾难面前表现出来的众志成城的团结精神和灾区人民的感恩之情）等一批具有浓郁时代气息的经典展区，培养了全体服刑人员的爱国热情和集体主义精神，提高了服刑人员的文化修养，提升了整个艺术节的文化内涵，使整个菊文化艺术节上升到一个新的高度。菊文化艺术节成为服刑人员不断汲取营养、施展才艺、练就才能、提高素养的改造平台。

菊文化艺术节为服刑人员与社会之间架起了一道桥梁

监狱教育改造的方向就是要将服刑人员改造成为守法公民。为达到这个目标，省第六监狱敢于创新、勇于实践，努力将菊文化艺术节打造成为一座连通服刑人员和社会之间沟通、交流、互动的桥梁，积极借助社会力量开展工作。在第十九届菊文化艺术节期间，监狱精心组织“社会企业进监招聘会”活动，邀请来自杭州、温州、台州、海宁等地的10家社会知名企业走进大墙与250多名即将刑满释放的服刑人员在自愿平等的基础上，进行了“双向选择”。经过面对面的交流，共有58名服刑人员与这些公司签订了

“用工意向书”，拥有中高级技术等级证书的服刑人员更是成了“香饽饽”，极大地触发了服刑人员“学技用技”的积极性。同时，监狱联合浙江新湖律师所开展了“法律援助进大墙”活动。共组织了7名知名律师进监为服刑人员无偿提供面对面的法律咨询、答疑解惑，帮助服刑人员走出法律困境。另外，监狱还开设了“启明大讲堂”，借助浙江图书馆的社会资源，邀请了著名的心理学专家到监免费为服刑人员上了一堂题为“服刑人员心理压力处理”的心理保健讲座，帮助服刑人员进行心理调适疏导，使服刑人员受益匪浅。继2008年邀请杭州工商大学的大学生志愿者进监对服刑人员进行帮教以来，2009年监狱又联合温州平阳县司法局对平阳籍服刑人员进行了社会帮教，让他们了解家乡近几年来发生的巨大变化，感受家乡政府和人民的亲切关怀。此外，监狱配合绍兴市纪委，对绍兴市（区）70多名党政“一把手”开展了警示教育，起到了良好的社会效果。通过服刑人员的现身说法，对各级领导起到了警示作用，同时也让地方领导通过参观菊艺节展区看到了服刑人员的各种才能，增强了地方政府对监狱的了解以及对服刑人员回归社会就业的信心。菊文化艺术节成为服刑人员面向社会发展，共享社会进步资源，积极走向新生的文化平台。菊文化艺术节的开放，不仅为社会对监狱工作的深入了解提供了新颖视角，也为社会力量更大程度地介入监狱工作起到良好的铺垫作用。许多服刑人员表示，菊艺节不仅是服刑人员通向社会的一座宽阔的桥梁，更是服刑人员心中的一道彩虹。因为菊艺节让服刑人员看到了自己存在的价值，看到了民警的关爱，看到了社会的包容，同时也看到了生活的希望。

菊文化艺术节为培养服刑人员的真善美提供了一片沃土

文化对于陶冶情操、塑造心灵、凝聚力量具有巨大的推动作用。经过十九年的精心培育，菊文化艺术节的人文关怀和文明教化的机制已经趋于成熟。各级领导、来宾以及服刑人员家属，对六监服刑人员在菊文化艺术节中表现出来的聪明才智、知识技能、文艺修养和良好的改造面貌赞扬不已，对菊文化艺术节带给服刑人员情感、心理、行为的良好影响和积极作用予以充分的肯定。菊文化艺术节，把科学的“真”、道德的“善”和艺术的“美”有机地结合起来，成为服刑人员美好向往和积极追求的一个崭新平台，让服刑人员在参与制作、欣赏品味、理性思考的过程中，远离假恶丑，走向真善美。①

实践工作经验之三：

南京女子监狱举办第五届服刑人员运动会开幕式暨心理健康操比赛

2012年11月1日下午，南京女子监狱以“盛世感恩飞翔梦想”为主题的第五届服刑人员运动会开幕式在监狱大操场隆重举行。监狱领导以及相关职能科室负责人、各监区监区长出席开幕式。南京中医药大学心理学院沈副院长、南京市特级音乐教师詹老师、南京工程学院章教授、资深心理专家顾老师、南京监狱十三监区杨教导员应邀出席并担任心理健康操比赛评委。教育改造科柏科长主持开幕式。

监狱长宣布：“南京女子监狱第五届服刑人员运动会开幕！”副监狱长在开幕词中简要回顾了2012年以来监狱教育改造所取得的丰硕成果，对服刑人员认真学习、努力劳动的改造行动以及在各项教改活动中的良好表现给予了充分的肯定。她要求服刑人员，以迎接党的十八大胜利召开为重要契机，将爱国热情转化为踏实改造、提升素质、励志新生的实际行动。最后，副监狱长希望广大服刑人员积极参与运动会的各项赛事，在运动场上飞翔梦想的同时，也为自己新的人生书写光荣与梦想的新坐标。

全体服刑人员代表组成的运动员方队精神抖擞、步伐整齐地走过主席台，接受监狱领导和来宾的检阅，充分展示了全体服刑人员

① http://www.zjsft.gov.cn/art/2008/12/10/art_45_8898.html.

热爱生命、蓬勃向上的精神风貌。隆重庄严的升国旗仪式之后，运动员、裁判员代表分别进行表态发言。

开幕式后紧接着举行了心理健康操比赛。由于赛前各监区都做了精心的构思和充分的准备，在队形、服装、道具等方面更是创意新颖，因此整个比赛现场绚丽缤纷，精彩不断。各参赛队以多变的艺术形式，伴随着或悠扬或激昂，或沉稳或奋进的乐曲，用饱满的热情、生动的手语，抒发了自己对国家、对社会、对警官、对亲人的感恩之心，表达着自己热爱生命、拥抱和谐的健康心声。最终结果，五监区代表队一曲《红旗飘飘》以新、奇、彩、炫的独特文化艺术感染力，摘取了本次大赛的桂冠，其他监区分别获得“魅力光芒”、“心灵舞者”等奖项。

本届运动会为期一个月，期间还将陆续开展羽毛球、拔河、趣味竞技等比赛项目。①

第三节　体育和美育的项目选择

一、体育的项目选择

（一）田径运动

田径运动包括跑、跳跃、投掷等运动项目，是罪犯体育运动的重要内容。长期参加田径运动，能促进罪犯的新陈代谢，改善和提高罪犯内脏器官的机能，并发展速度、灵敏、力量和耐力。因此，它是促进罪犯身体全面发展的基础性运动项目，也是各项体育活动的基础。通过田径运动还可以培养罪犯吃苦耐劳、勇敢顽强、不怕困难的意志和集体主义精神。但是，在监狱中由于罪犯的特殊身份和改造需要，在对罪犯实施田径运动中的铅球、标枪等具有一定危险性和杀伤力的项目时，要注意采取有效的防范措施。一是要对参

---

① http://www.jsjy.gov.cn/www/njnzjy/20121106/n807695.html.

加的人员进行精选；二是要做好严密防范和安全保卫工作；三是对人身危险性还未消除的罪犯一律禁止参加。

（二）体操运动

体操运动是罪犯体育活动的重要项目之一。它的动作有简有繁，适合不同年龄、不同健康状况的各种罪犯。体操运动的内容丰富，范围很广，比较适合在罪犯中开展和推广的体操项目有：早操、工间操、广播操、医疗保健操、团体表演操、心理保健操等。由监狱特点和罪犯身份所决定，竞技体操和器械操、攀爬等体操项目不宜提倡。经常从事体操运动，能增强肩臂、腰腹肌肉力量，使身体灵敏、柔韧，训练平衡器官，提高身体的控制能力。还能培养罪犯机智、灵活、稳健的品质以及遵守纪律、听从指挥、团结友爱、互助合作、关心他人的集体主义精神。

（三）球类运动

球类运动是大众体育的主体，也是罪犯群体普遍喜爱的体育运动项目。它是一种综合运用各项基本技能的体育运动形式。球类运动包括乒乓球、羽毛球、篮球、排球、足球等，这些都是对罪犯进行普及和推广的重要运动。监狱可以利用空余场地，因陋就简地开展这些活动，有条件的监狱也可以建造规范化、现代化的运动场馆，为开展这些球类运动提供良好的物质基础。经常开展球类运动，对于促进罪犯身体的协调发展，提高各项身体素质和基本活动能力都有良好效果。并为罪犯从事劳动改造和教育矫治活动提供充沛的精力和旺盛的干劲。球类运动对于培养罪犯顽强的意志、克服困难的勇气、面对失败和挫折的心理调适能力都有重要作用，同时对于培养罪犯团结奋斗、不畏艰险、敢于吃苦、超越极限、求实竞先的优秀品质有非常突出的积极意义。

（四）游戏活动

游戏活动既是一项罪犯喜闻乐见的体育运动形式，也是一项非常适合罪犯群体开展的大型体育活动项目。游戏活动包括拔河、踢毽、跳绳、扑克、舞龙等项目，这些项目对于活跃罪犯业余文化生活，增强罪犯服刑的生气和活力，避免一味威严肃杀的局面具有重要调节意义，同时活动的开展也能增强罪犯的集体主义精神和“团结就是力量”观念的养成。但是，游戏活动中要注意避免让罪犯参加拳击、摔跤、柔道、麻将等项目，因为这些项目从总体上来讲不利于罪犯改造和监狱良好监管秩序的持续和发展。

（五）棋类活动

棋类活动包括军棋、象棋、围棋等，都是比较适合在罪犯中广泛开展的智力型体育运动形式。体育运动项目既有动的项目，也有静的项目。静的体育运动项目比较适合在老弱病残罪犯中推广和运用。军棋和象棋在我国都有很好的群众基础，且历史悠久，具有浓郁的传统文化气息，在罪犯中大力推广，对于开发罪犯智力，活跃罪犯文化生活，提升监狱文化品位，促进罪犯形成融洽和谐的人际关系都有十分重要的作用。围棋也是一项意义十分重大的活动项目，我国早在战国时期就有关于围棋的文字记载，隋唐时期传入日本，19 世纪传入欧洲。围棋是古老的智能竞技项目，它能够锻炼人们的身心，使人更仁慈、更智慧、更勇敢、更沉稳。围棋主张以人道、非战的精神来进行最高形式的比赛。这种精神无疑对罪犯形成更快、更高、更强的意志品质具有积极的作用。

（六）网络信息技术应用活动

随着现代网络信息技术的发展，监狱信息化已在监狱广泛运用和推广。作为当代罪犯，一方面他们在入狱前已有一定的现代网络技术基础；另一方面罪犯中也有一定的人员在捕前就是从事网络技术工作。因此，现代网络信息技术的应用、推广以及竞赛活动在当代罪犯，尤其是年轻罪犯中有广泛的基础，也较受欢迎。罪犯网络信息技术应用竞赛活动可开展诸如课件及多媒体制作比赛、网页设计与网站建设比赛、动画制作技术比赛等内容，其目的是弘扬和推广现代网络信息技术，鼓励罪犯在信息技术方面学有所长，为出狱后从事该项工作奠定良好基础。

二、美育的项目选择

（一）自然美育

大自然中存在无穷无尽的美，通过对罪犯组织和进行自然美育，可以培养罪犯对大自然的正确审美观，培养罪犯寻找美和发掘美的能力，提升罪犯的审美情趣，自觉用自然美净化心灵，从而追求和创造自然美。

自然美育包括组织罪犯参观和欣赏狱内的自然景观和狱外的自然风光。狱内的自然景观，如蓝天白云，皓月繁星，翠林秀木，奇花异卉，亭台水榭，小桥流水，雕塑，梅、兰、竹、菊等花卉艺术展或艺术节等；狱外的自然风光包括监狱所在地或较近地区的自然景观或山水园林等。对罪犯进行自然美育，可以消除罪犯因长期监禁所带来的郁闷和与世隔绝心理，同时也可使罪犯融入到大自然中去，热爱自然、珍惜自然、拥抱自然，进而产生和激发热爱生命、热爱人生、积极改造、早日新生的真情实感。

对罪犯进行自然美育重在把自然美的欣赏和恰当的美育有机结合起来，切忌只为了欣赏而欣赏。民警要把自然美育作为一种重要的教育矫治形式来认识，因为通过自然美育确实能够起到教育、启迪、培养、抑制、净化和塑造的功用，只要监狱组织得法，并及时把教育矫治工作加以跟进，自然美育就会成为一项对罪犯进行融入自然、保护自然、热爱自然的重要教育途径和方式。

（二）社会美育

社会美是美的重要形式之一，社会美育是美育的重要内容。运用社会生活的美好事物、美好人物、美好现象等要素对罪犯开展社会美育，对他们形成正确的审美观，激发他们追求和创造社会美的热情，促进他们早日新生都有极其重要的意义。

社会美育的领域和触角极其广泛，古往今来、古今中外的各种社会美人美事、美丽佳话和美好现象都可以成为罪犯美育的内容和因素。我国古代的一些美丽传说和美好典故，如大禹治水、后羿射日、精卫填海、孔融让梨等都可以成为罪犯社会美育的内容。我国现代的美人美事，如黄继光、邱少云、董存瑞、雷锋、徐洪刚、孔繁森等英雄模范人物；广大仁人志士和革命先烈为建立新中国抛头颅、洒热血的牺牲精神和惊天地、泣鬼神的英雄气概；人民群众建设社会主义美好明天的冲天干劲和热情；改革开放后人民群众立志改革、勇于创新、脚踏实地、奋力拼搏、锐意进取建设中国特色社会主义的豪迈精神和博大胸怀；遍布在各行各业、繁华都市、现代农村、各种层次人群中的美好人物、美好心灵、美好人格、美好现象、美好群体，无一不是罪犯社会美育可以汲取的鲜活素材和载体。

罪犯社会美育除了在广阔社会领域中汲取营养外，监狱本身作为一种特殊社会形态也具备了社会的基本功能和特征。因此，挖掘和提炼监狱特殊社会中的美好人物，如优秀的监狱人民警察及其群体形象；积极改造、谱写改造新篇章的罪犯个体及其改造群体等；立志弃恶扬善的坚定追求、舍己救人的献身精神、扶危济困的传统美德、孜孜不倦的学习热情、勤奋聪慧的劳动表现、严守监规的规范举止、勇于与反改造罪犯斗争的正义行为都可以作为监狱社会美育的良好素材，且这种素材由于与罪犯联系紧密，被罪犯所了解和熟知，更容易打动罪犯的心灵，更容易使罪犯的心灵变得崇高和美好。

（三）劳动美育

劳动是美的源泉，是最直接最伟大的美。罪犯劳动虽然是一种刑罚执行活动，但罪犯劳动也具有一般劳动的共性，因而罪犯劳动无疑也应该能够产生美。罪犯劳动改造的过程就是美源源不断产生的过程，同时也是对罪犯进行美育的过程。罪犯劳动中美育的内容极为丰富，可分为劳动过程的美育、劳动环境的美育、劳动产品的美育等。

1. 有效地组织生产劳动，使罪犯获得深刻的美的体验。生产劳动是通过劳动过程实现的，因而美必然存在于劳动过程之中，罪犯劳动改造的过程就是美孕育产生的过程。这是因为，劳动改造过程是罪犯创造劳动产品的手脑并用过程，罪犯要付出体力、智力、脑力，要克服各种各样的困难，才能完成生产任务，生产出高质量的劳动成果。在这个过程中，罪犯可以充分体会到创造的艰辛，感受到成功的喜悦，从而培养出热爱劳动、尊重劳动成果的基本美德。罪犯经过自己艰苦的努力，生产出满意的劳动成果，特别是当这种劳动成果得到监狱机关的肯定和社会的好评，罪犯就可以从劳动中获得巨大的美的享受和劳动的乐趣，感受到创造的崇高、美好、幸福，同时也感到自身价值的存在，这样就可以使罪犯的心灵从污浊、肮脏中得到升华，天长日久，就会变得高尚、纯洁。因此，劳动过程是罪犯产生美、感受美、体验美的丰富源泉。

要有效地组织生产劳动过程，使罪犯获得深刻的美的体验，需做好以下几个方面的工作。第一，通过美学教育，使罪犯懂得“美的规律”，并使他们能够按照“美的规律”去进行生产。第二，培养和提高罪犯的审美能力、审美情趣，以保证他们能够在生产劳动过程中正确地接受和吸收美的因素。第三，民警必须为罪犯按照“美的规律”去劳动和创造提供必要的条件。例如，改进劳动工具，改良产品工艺，不断改善劳动组织形式，把生产劳动变成一个有条不紊、和谐有序的过程；实行合理的奖惩制度、竞赛制度；正确处理民警与罪犯、罪犯与罪犯之间的矛盾；搞好文明生产、安全生产等。

2. 努力创造良好的劳动环境，使罪犯受到潜移默化的熏陶。良好的劳动环境，对于发挥罪犯劳动改造的美育功能具有重要的作用，它能消除罪犯过度的紧张，减轻疲劳，防止工伤事故，能够使罪犯在潜移默化中丰富自己的审美情感，发展审美能力和审美创造力。

劳动环境的优劣取决于多方面的因素，以工业监狱单位的车间作业为例，车间的采光照明，空气流通，噪声污染，墙壁涂料色彩，工具和产品的放置，车间卫生，车间与车间工序的衔接，厂区的交通、绿化和清洁卫生等，都是决定劳动环境优劣的重要因素。除此之外，还要在车间和厂区周围广植花草树木，净化污水，治理污染，消烟除尘，采取隔音、消音、防震、防潮等措施，有条件的地方还可以在车间里播放一些轻松愉快的古典音乐或轻音乐。改善劳动环境的美学意义在于使罪犯身心和劳动环境和谐地交融在一起，使罪犯置身于美丽轻松的氛围之中，不仅能使罪犯消愁解忧，还能使其受到激励和感染，从而更好地发挥劳动改造的潜能。

3. 精心组织美的创造和教育活动，激发罪犯强烈的审美感受和创造美的热情。第一，积极鼓励罪犯在劳动过程中努力钻研劳动技术，开发新产品和新品种。通过钻研新技术，开发新产品、新品种，不仅能使罪犯在钻研中获得巨大的创造乐趣和积极进取精神，而且能够使罪犯的审美情趣和审美感受进一步得到升华，并最终促使罪犯思想改造的进一步实现。第二，把产品的质量、功能和产品的新型外观、包装有机结合起来，同步发展。监狱要使自己的产品真正打开市场，在竞争如林的厂家中站稳脚跟，立于不败之地，不仅要生产出质优价廉的产品来，还要进一步改进产品的外观设计和外观装潢，这同样是非常重要的。同时，新颖优美的产品外形和精美的包装，也是产品美的重要体现，对罪犯无疑是一种巨大的美的教育。它不仅可以使罪犯懂得产品应该达到内容和形式的统一，而且可以使罪犯思想上受到震动，懂得做人更应该表里如一、言行一致。第三，运用罪犯的劳动成果，激发罪犯的审美感受，使思想改造得以升华。优美的产品不仅具有功利作用，而且能给罪犯以美的享受。作为罪犯亲手生产出来的优美产品，是他们积极劳动、努力钻研、开拓进取的结果，它不仅能使罪犯产生审美愉悦、增强审美情趣，而且能够激发罪犯创造美的热情和力量，特别是能够从这种审美感受里体味到劳动的伟大、劳动的价值、劳动的艰辛、劳动的愉快，能够看到自身的价值和自身力量的存在，从而消除自私、悲观的消极情调，增强改造的信心和力量，达到抑恶扬善，提高思想素质和道德情操的根本目的。

（四）艺术美育

艺术美是美最重要的形式，也是罪犯美育的重点。艺术是一种特殊的社会意识形态，它通过艺术家们的精心雕琢和塑造，运用生动直观而又富于感染力的艺术形象再现和反映社会生活，从而达到表达一种思想情感和寓教于乐的目的。艺术的形式很多，有诗歌、散文、小说、戏剧文学、相声小品、魔术杂技、音乐、绘画、书法、雕塑、舞蹈、戏剧、电影、电视、网络音频视频等。艺术一般是综合运用色彩、韵律、节奏、线条、画面、音响、特殊动作、动画、艺术语言等形式的美来打动人心，使人们在对艺术的欣赏陶醉、互动和共鸣中受到感染和教育，达到增长知识和寓教于乐的根本目的。优秀的艺术作品所反映的艺术形象不是现实生活的简单加工和再现，而是大量地浸染和倾注着艺术家们的思想情怀，饱含着艺术家丰富的感情色彩和鲜明的价值取向，是在高度艺术加工的基础上对事物本质、发展方向和善良愿望的揭示和升华，是高度思想性和艺术性的完美结合。因此，监狱机关对罪犯进行美育，自然不能缺少艺术美育。通过对罪犯开展艺术美育，不仅可以提高罪犯的艺术欣赏力，增长罪犯的知识素养，开拓罪犯的艺术眼光，更重要的是通过艺术美育可以矫正罪犯错误的审美观念，荡涤罪犯庸俗的审美需求和审美趣味，使罪犯的灵魂由污浊变得清透，由低下肮脏变得高尚纯洁。

艺术往往都具有高雅和粗俗之别，因此在对罪犯进行艺术美育过程中，一定要认真甄别和精心选择，要把那些符合当代社会主流价值取向的、激人上进的文学作品、音乐、绘画、电影电视等精品让罪犯欣赏和学习。精心选取这些思想性和艺术性相得益彰的艺术精品对罪犯开展美育活动，必将产生良好的美育效果。但也应指出的是，社会生活中也还存在很多良莠不齐、格调低下，甚至充斥着色情、暴力、凶杀、盗窃、吸毒、封建迷信、民族歧视等不良思想的文化作品，这些作品一定要从罪犯的视野中加以摒弃。不少罪犯之所以走上犯罪道路，不同程度地受到了这些粗俗、腐朽、不良文化作品的诱惑和毒害。在罪犯艺术美育中，民警还应组织罪犯在学习、欣赏优秀艺术作品的过程中，让罪犯畅谈庸俗、落后艺术作品给人带来的毒害，并教育罪犯永远远离这些艺术作品，自觉追求高雅、健康、进步、文明的艺术精品。

对罪犯开展艺术美育的主要方式有：可以监区为单位，每个月组织罪犯学习和欣赏不同的艺术作品，并广泛利用监狱各种媒体对活动进行报道和宣传，罪犯学习或欣赏每一种艺术作品后都应及时撰写心得感受，并适时组织罪犯召开座谈会或讨论会，从而巩固罪犯艺术美育成果，把艺术美育活动逐渐向更高、更深层次加以推进。

（五）日常生活美育

罪犯的日常改造生活中存在大量美的因素，诸如生活环境美、生活习惯美、衣着打扮美、言谈举止美，这些都是对罪犯进行日常生活美育的重要因素。

罪犯生活环境中有很多美的因素，特别是进入新的历史时期以来，随着我国现代化文明监狱的创建，更使罪犯日常改造生活的环境发生了巨大变化，目前我国不少监狱都呈现出建筑现代化、环境园林化、生活规范化的格局，整个监区基本达到了绿化、美化、亮化、硬化的“四化”标准，体现了一种朝气蓬勃、文明进步、环境优美的改造环境氛围。广大民警应把监狱这种改造环境中的喜人变化及时捕捉并加以提炼、升华，然后对罪犯进行生活环境美育。另外，民警还可利用监狱现有的优美环境因素，如假山、喷泉、花卉、绿地、楼阁以及监狱举办的菊花展，兰花展，月季展，牡丹展，雕刻艺术展，印染、蜡染艺术展，盆景艺术展，根雕艺术展等活动适时对罪犯进行美育，这些都可成为罪犯生活环境美育的重要内容。

民警运用罪犯良好的生活习惯美对罪犯进行美育也是罪犯生活美育的重要内容。结合罪犯在监狱改造中对原来不良生活习惯的戒除和矫正后所呈现出来的监所什物摆放有序，监舍空气新鲜、窗明几净、一尘不染的卫生状况，罪犯个人卫生状况良好，严格遵守作息时间等现象和做法，都是对罪犯进行生活习惯美育的良好素材。民警在对罪犯进行生活习惯美育时，还应结合罪犯以前或改造中所表现出来的一些不良生活习惯以及它们对罪犯身心的危害来进行教育和讲解，这样就会收到更好的效果。

运用罪犯的衣着打扮美对罪犯进行美育是罪犯生活美育的又一重要内容。尽管罪犯在监狱里统一穿着囚服，但对罪犯进行衣着打扮美育依然有现实意义，且罪犯将来毕竟都要回归社会，对他们进行这一教育意义重大。不少罪犯在社会上盲目推崇各种名牌服装和奇装异服，认为非名牌服装不穿，非名牌服装不美。有的罪犯穿戴豪华、奢侈，远远超过了自身经济承受能力，还有的罪犯追求轻浮、放荡的生活方式和衣着打扮，甚至有的热衷于文身等不雅的装扮，这些都多少对他们的犯罪起到了推波助澜的作用。在监狱中民警对罪犯开展衣着打扮美育，既要教育罪犯树立良好的衣着打扮生活方式，又要对他们原来不良的生活方式进行批判和矫正。民警要教育罪犯懂得穿衣打扮是有学问的，也是有美的规律可循的。罪犯的衣着打扮要适合年龄特征和身份，要体现出活泼、美观、大方；要有利于身体发育，合体、舒适、方便，切忌只追求名牌服饰；要适合自己的体型、性别、性格及个性特征，在造型、线条、色彩搭配和线条组合上都要讲究，应当朴实、协调。

言谈举止美也是罪犯生活美育不可缺少的重要内容之一。一个人的言谈举止看起来是个人生活的小事，实则不然，它代表着一个人的思想境界、道德水准、学识水平、修养程度和文明状态，透过一个人的言谈举止，可以洞察和检验一个人的道德状况和文化素质，是做人须臾不可离开的重要内涵和外在表现。因此，对罪犯开展生活美育活动，提升罪犯的道德修养水平，促进罪犯早日成为一个有修养、有文化、有礼貌、有理想的守法公民不仅意义重大，而且非常必要。罪犯在犯罪前，在言谈举止方面多表现为满口脏话、出言不逊、恶语伤人、举止野蛮、放荡不羁，动不动就打人骂人，

表现为毫无控制力，情绪暴躁，涵养极差，这种状况不仅对他们的犯罪起到推动作用，而且极不利于他们在监狱的改造和来日回归社会后的正常生活。对罪犯在监狱中进行生活美育，就是要矫正罪犯长期以来所形成的这种恶劣习惯和不良道德行为，使罪犯逐渐变成一个文明、有修养和涵养的人。罪犯生活美育的具体做法有：民警应深入给罪犯讲解言谈举止美育的重要意义，使罪犯懂得言谈举止与犯罪的关系，与监狱改造和重新做人的关系，与未来美好生活和幸福的关系；组织罪犯进行语言美的训练，让罪犯反复讲“您好、对不起、没关系、谢谢、不客气、很抱歉、请、请原谅”20个字，并逐渐使罪犯把这些词作为与人交往的常用语言，从而克服和矫正以往满口脏话的不文明状态。在举止方面，民警首先要给罪犯讲解做人为什么要讲礼仪礼貌，为什么要行为举止文雅得体，如何才能使自己变得举止文明和有修养、有气质，从而堂堂正正做人。要对罪犯进行文明礼仪礼貌方面的强化训练，使罪犯逐渐变得行走坐卧端庄大方，待人接物文雅得体，行为举止合理适度，礼节礼貌运用自如，气质修养大大提升。

第四节　体育和美育的科学组织

一、体育的组织

（一）开设罪犯体育课程

体育课是监狱特殊学校对罪犯开展日常性体育活动的规范做法，尤其是未成年犯管教所，由于未成年罪犯仍处于义务教育的适龄期，对他们的教育采取半天劳动，半天正规学习的行刑模式，因此特殊学校应该给罪犯，尤其是未成年罪犯开设体育课。体育课应按照国家教育部颁布的中小学体育教学大纲的要求授课。通过体育课教学，应该使罪犯系统地掌握体育运动知识和技能，使罪犯的身体得到全面锻炼，同时在体育课中民警教师要结合体育课的内容贯穿思想教育内容，把体育教育与思想教育紧密结合起来，通过体育教学既培养罪犯的体育知识和技能，又培养罪犯良好的体育道德和优秀品质。

（二）实施罪犯早操和早锻炼制度

早晨空气新鲜非常适合罪犯锻炼身体，通过早操和早锻炼既能使罪犯从早晨的睡眠状态转入兴奋和工作状态，又能锻炼罪犯的意志，养成罪犯良好的生活习惯，还能使罪犯锻炼体魄，强身健体。清晨的体育锻炼除可以开展广播操和保健操外，还可进行跑步、太极拳、球类和其他专项活动。锻炼时间以半小时至一小时为宜。

（三）开展罪犯课间操或工间操活动

不论罪犯参加“三课”学习还是参加劳动改造，课间和工间都应该留出一定时间进行体育锻炼，让罪犯做课间操或工间操。这样做的好处是能够使罪犯在一定时间的学习或劳动之后得到积极的休息，使紧张的大脑皮层得到放松或一定调整，从而积蓄力量，养精蓄锐，为下一步的学习与劳动奠定良好的生理基础。

每天上午第二节课后的课间操和劳动中间停歇的工间操非常必要和重要。如果每天都能坚持规范的课间操或工间操，并且每天的课间操或工间操都能认真准确地做好广播操或保健操，不仅有利于罪犯的新陈代谢、增强体质、促进身体健康发育和发展，而且可以减少罪犯劳动中工伤事故的发生，提高罪犯劳动安全的水平和层次。

（四）组织开展罪犯业余体育活动

监狱应每周抽调 1～2 个下午（15～18 点为宜）为罪犯业余体育活动时间，并长期固定下来，使之制度化。开展罪犯业余体育活动既能巩固和扩大体育课的效果，也能占领罪犯业余文化生活空间，充实罪犯的精神生活，活跃罪犯行刑改造气氛，培养罪犯良好的生活方式。罪犯业余体育活动既可统一组织，也可自由活动，可广泛开展跑步、散步、球类、游戏、娱乐等体育项目。

(五) 组建罪犯各种运动队

在广泛开展各种业余体育活动的过程中，注意选拔在某种体育活动方面有一定特长的罪犯组成监狱各种体育运动队，如乒乓球队、羽毛球队、篮球队、排球队、足球队、团体操表演队等专业团队，并组织他们进行一定时间的专门训练，既能为监狱各监区组织体育赛事充当专业队参赛，还能在节假日组织文化体育活动中充当罪犯体育活动的主力和教练，在活跃监区文化体育活动中起到模范带头作用。罪犯各种体育运动队可每周有2~4小时的训练时间，训练期间与正常劳动时间同等对待，并把罪犯训练期间的表现与罪犯奖惩考核挂钩，对于认真对待、刻苦训练、集体意识强、乐于助人的罪犯要进行表扬并加分，而对通过体育训练逃避劳动、挑拨离间、制造是非、打架斗殴、不遵守体育道德的罪犯可实施严厉批评、扣分惩罚措施，情节严重的取消其参加专业运动队的资格。监狱对罪犯各种专业体育运动队要加强管理，严格要求，严格训练，并防止其产生非正式群体，危害监狱监管改造秩序。

(六) 举办罪犯体育运动会

监狱经常性地举办各种体育运动竞赛，如乒乓球赛、羽毛球赛、篮球赛、排球赛、足球赛、团体操赛等既能活跃监狱文化体育活动生活，又能推动整个监狱群众性体育活动的广泛普及和发展，同时也是对各监区罪犯专业运动队训练水平的检阅和提高。监狱除举行各种专业比赛外，还应每年举行一次全监狱的罪犯体育运动会，在运动会上设置若干种适合罪犯不同年龄、不同类型、不同改造特点的比赛项目，不仅要对获得比赛良好成绩的罪犯颁奖，还要评选精神文明标兵运动员，并颁发体育道德风尚奖，以此促进罪犯体育技能和体育道德的双丰收。每个省（市、自治区）监狱管理局根据条件还可每两年左右举办一次全省（市、自治区）性的体育运动会，这样做可以促进全监狱系统的文化体育活动的普及和深化。

二、美育的组织

（一）开设罪犯美育课程

监狱应利用特殊学校、教育矫治中心和监狱电视台等一系列教学资源给罪犯开设系列美学课程，使罪犯对美学的基础理论、基础知识有较全面的掌握和了解，为罪犯认识美、欣赏美、创造美奠定基础和保障。

监狱可开设“美学概论”或“美学基础理论”课程，课时设置为60~70学时，理论和实践学时比例可为：理论45~50学时，实践15~20学时。主要内容可讲授美学基本知识、美学基本理论和美学鉴赏方法等。

（二）实施罪犯个人美育达标制度

监狱可将美育指标进一步细化，并规定每名罪犯在美育方面的具体指标和达标要求，美育达标指标重点考核罪犯的自然美（如尊重大自然、爱护环境、爱护花草树木等）、社会美（有无好人好事、美人美事行为；有无破坏改造秩序、影响和谐改造关系的人和事等）、劳动美（有无革新挖潜、发明创造、节能降耗等行为；有无破坏劳动生产秩序，故意损坏劳动工具，故意制造产品质量问题等行为）、艺术美（有无积极参加文化艺术活动，在活动中成绩显著，获得好评的行为；有无故意诋毁健康艺术作品，嘲讽积极参加人员，并追求低级趣味的行为发生）、日常生活美（有无自觉维护优良环境、生活习惯规范、衣着穿戴整洁、言谈举止得体等良好行为，有无影响环境秩序、不良生活习惯、衣衫不整、无礼貌礼节、言语粗鲁等行为）。当然，罪犯在美育方面的个人指标往往融合在服刑人员行为规范的考核中。同时监狱还可借鉴当代社会中评选“最美人物”，如最美妈妈、最美司机、最美警察、最美教师、最美医生、最美大学生等做法，在罪犯中评选“最美服刑人员”，并以此为榜样和标杆，带动和影响其他服刑人员早日进入最美行列。

（三）举办不同类型罪犯美育培训班

为了使罪犯美育活动能够持续顺畅地开展起来，监狱利用现有条件，在让罪犯自愿报名的前提下，可以举办各种不同类型的美育培训班，如书法班、绘画班、雕刻班、舞蹈班、文学创作培训班、影视欣赏培训班、动漫艺术培训班等。各种类型培训班还可根据罪犯需要开设初级班、中级班和高级班。通过开展各种类型美育培训班，一方面可以活跃监区文化生活，促进监狱文化的健康发展和深化，另一方面也可使罪犯学到各种各样实用美学技术和方法，从而提升罪犯自身的美学修养，并为走好今后的人生之路奠定良好的基础。

（四）组织开展各种类型的罪犯美育活动

各监狱在全面认识和提炼监狱所在地文化基础、文化渊源、文化传统的前提下，在充分利用和深入挖掘自身条件和优势的基础上，可以组织开展各种类型的罪犯美育活动。美育活动既可以选取带有全局性和渗透性的节日文化活动，如浙江省第六监狱连续举办多年的“菊花艺术节”；浙江省金华监狱连续开展多年的“文化艺术节”等，也可举办带有艺术宣传和教育性质的短期艺术性活动，如监区人文环境美育、摄影艺术展、书法绘画周、读书月、中秋艺苑征文比赛、最美服刑人员评选月等形式各异的美育活动。

监狱文化艺术节是罪犯美育的最高形式，是多年来监狱文化的积累和结晶，是监狱的文化象征和对外宣传的“名片”，是展示监狱文化风采和提升监狱文化软实力的重要标准。监狱文化艺术节已经成为一种综合性的文化活动，是集美育、文化教育、思想教育、技术教育、感性教育、自我教育、回归教育等多种教育功能于一身的监狱文化活动，其举办的影响力和渗透力之强，其辐射和带动功能之大，都是专门性美育活动不可比拟的，如浙江省第六监狱连续举办 20 多年的“菊花艺术节”，已成为汇种菊、养菊、展菊、赏菊、论菊为一体，融美育、德育、体育、智育为一炉，集社会帮教、法律援助、人文讲座等系列活动为一身的完整的监狱文化体系；浙江省第一监狱连续开展多年的“动漫艺术节”，也以其场面浩大、参与面广、科技水准高、综合影响大而成为监狱的文化精品和文化名片。

（五）创建监狱艺术室和陈列室

开展罪犯美育活动需要一定的物质条件和实施载体，同时罪犯美育活动的优秀成果需要永久保存和展示，这既是罪犯美育活动自身的需要，也是监狱教育矫治成果积累和监狱文化积淀的根本要求，而创建监狱艺术室和陈列室就显得尤为必要。通过对监狱艺术室和陈列室的装修、装饰，并精心设计，可按艺术种类或按年代分别划分和展示艺术成果，并加以说明和阐释，还可利用现代科技手段，如多媒体、音频视频、声光电等多种形式加以展示和宣传，既能使各种艺术成果妥善保存，又能为罪犯，特别是新入监罪犯提供美育方面的教育矫治。

（六）铸造监狱文化氛围和文化场域

罪犯美育是形成监狱积极文化氛围和文化场域的基础。开展罪犯美育活动能够为监狱文化增添耀眼的光环和文化亮点，而罪犯美育的最终目的就是铸造积极向上的监狱文化氛围和文化场域。当然，一个监狱的整体文化氛围和文化场域绝不是仅仅依靠罪犯美育形成的，而是涉及监狱的物理环境和人文环境、硬环境和软环境、外在环境和内在环境的综合文化环境场域；是集物质文化、制度文化、法律文化、节日文化和精神文化于一体的多种文化形态和文化能量。健康向上的监狱文化氛围和文化场域的构建需要多年的积累和积淀，需要几代监狱人民警察无私奉献地耕耘、浇灌，需要不断在总结经验的基础上进行创新发展，需要形成一种以惩教、公正、仁爱、智慧、立范为基本规范的共同的监狱人民警察核心价值观，需要呈现一种和谐团结、凝神聚力、同心同德、不辱使命、无私奉献的监狱人民警察精神。我们相信，只要监狱构建起来这样一种文化，积极、健康、向上的监狱文化氛围和文化场域也就会蔚然成风，发扬光大。

第八章　中期教育方法——个别化矫正方案设计

罪犯个案矫正是提高矫正机构工作人员矫正能力和矫正机构工作效率的最主要途径，是当前我国开展循证矫正工作的一个具体的实践操作模式。个案矫正的重点是个别化矫正方案的设计，犹如医生给患者的处方，在这个处方中不仅要准确地把握“症状”、要“对症下药”，还要有严格的“疗程”，最终达到“药到病除”的目的。个别化矫正方案设计是目前国内矫正机构工作的一个短板，但它无疑是我国矫正机构的发展方向之一。本章要探讨的问题是：

1. 矫正需要与个别化矫正方案是什么？
2. 如何进行个别化矫正方案设计？
3. 矫正项目如何设计？

第一节　矫正需要与个别化矫正方案

个别化矫正方案是罪犯矫正计划的主体，是个案矫正的重要步骤和核心内容。任何一个罪犯欲在监狱中得以有效地矫正，必须辅以针对个体特征的矫正计划，并且应该让罪犯积极参与其中，唯如此才能促进矫正计划发挥最大的作用。因而，“在囚犯入狱并对刑期长短相当的每一囚犯的人格进行研究后，应尽快参照有关他个人需要、能力、性情的资料，为他拟定一个矫正计划”。[①] 矫正计划是一个始自囚犯入狱之日的持续的过程，也是了解一个个囚犯的过程。

个别化矫正方案应当与罪犯个体的具体情况相适应，特别是与罪犯个体的犯因性问题相对应。犯因性问题可以结合系统的人身危险性评估来确定，也可以单独进行评估。犯因性问题是首要的矫正目标，它异常重要。由于罪犯的犯因性问题不一，其矫正需求也是不一样的，因此需要对罪犯进行矫正需要的评估以及进行矫正前的分类。目前，国外矫正机构通行的罪犯分类，一般是基于罪犯人身危险性的分类。这个值得借鉴。对罪犯的关押要基于对其人身危险性的分类，而要做好对罪犯的矫正工作，则需要开展对罪犯犯因性问题的评估与分类。这就是矫正需要的评估。

矫正需要评估应当考虑以下诸背景：罪犯的社会背景（包括个人家庭史、生活史、成长史等）、犯罪经过（犯罪史）、身心能力（身心状况）、习性、个人脾气、刑期长短、出狱后前景等，最终形成统一的罪犯个体犯罪心理报告。矫正需要的评估方法一般有社会调查法、个体访谈法、档案查询法、心理测试法等。囚犯的需求是随着时间不断变化的，更新矫正计划时需了解对囚犯个人发展情况的定期反馈。

不同的个体有着相异的矫正需求，故宜把不同类型的罪犯分配至适于该类型矫正的关押单位。在灵活分类的基础上对罪犯实施个性化的处遇（包括矫正措施），包含为不同类别的罪犯提供不同的矫正计划。以下我们将分别对有不同矫正需求的罪犯类型进行简要的需求分析，以阐明相异的矫正需要须有不一样的个别化矫正方案设计。

---

① 国际刑罚改革协会编著：《让标准发挥作用——监狱实务国际手册》，法律出版社 2009 年版，第 119 页。

一、不同程度心理问题罪犯矫正需要分析

监禁机构的在囚者中一般情绪障碍或者心理问题的数量居多，许多属于情境性问题，表现为焦虑、轻度抑郁等。但也有数量不可小觑的一般精神障碍者和严重精神疾病患者。表现出幻觉、妄想和奇怪行为的严重精神疾病患者，一般应安置到能够提供相应治疗的机构中进行治疗，由专业医生或精神病学家对其进行药物治疗和支持性治疗。监狱中也有少部分的精神发育迟滞者，表现为适应困难、被认为易受伤害，这类人需要在别人的帮助下生活，需要支持性咨询。

严重的精神障碍可能导致自杀行为的发生，因此自杀预防便成为这类罪犯个体的矫正重点。这类罪犯的矫正需要即为能够提供适当的个别化治疗计划，包括急迫危险的控制和消除、严重失眠的治疗、食欲恢复治疗、良好的环境创造、个别心理健康辅导等。

二、化学依赖问题罪犯矫正需要分析

在很多国家，药物滥用问题突出，如毒品（包括烟草和酒精）依赖导致的行为和健康问题不但在社会上很普遍，在监狱中更是如此。罪犯的毒品依赖问题在目前的我国监狱中之情势也日益凸显。监狱除采取安全措施减少非法毒品流入以外，还面临治疗罪犯毒品依赖的重大任务。这类罪犯有其特殊的矫正需求，不仅需要常规教育，更需要专家和经过特殊培训的监狱工作人员为其提供符合其心理行为特征的心理帮助以及戒毒治疗，必要时还需强制性治疗。化学依赖问题罪犯的矫正基本目标是通过转变他们对酒精与毒品的态度，帮助罪犯克服嗜酒成瘾和吸毒，最终解除酒精依赖和毒瘾。

必须结合医学治疗和心理社会治疗为罪犯提供人道的戒毒计划和长期的损害降低计划。应该根据罪犯的性别、年龄和文化背景，把健康教育和风险预防融入这类罪犯的处遇计划之中。

三、行为问题类型罪犯矫正需要分析

治疗性计划所针对的是罪犯的行为问题，如制怒和学习如何拒绝。治疗性计划可以帮助罪犯理解并改正自己的行为，有利于罪犯重返社会。对于性犯罪（监内性暴力）、严重的暴力攻击倾向和行为、偷窃癖等十分严重的问题，需要采取特殊的处遇即治疗计划。惯窃罪犯需要改变他们对传统职业的态度；性犯罪者可能需要改变他们对妇女的态度；暴力犯罪者还需要改变他们对权威人物的态度以及对犯罪同伴的态度。消除这些犯因性问题，可能就会有更大的矫正成功之机会。借鉴不同学科的技术制订综合的处遇方法非常重要。治疗性计划能否发挥成效在很大程度上取决于宣传和鼓励；经验表明，罪犯的主动积极参与是此类计划发挥作用的必要前提。

第二节　个别化矫正方案设计

鉴于个别化矫正方案具有方案系统性、对象特定性、目标明确性、个体自愿性、方法科学性和可操作性等基本特点，因此在设计个别化矫正方案时应当充分考虑其可行性和实效性。由于矫正对象是一个能动的人，他处于不断地变化之中，因而也必须随时调整方案以适应这种即时的变化，使方案更具人性化与针对性。同时，由于罪犯个体的文化程度可能有限，因而语言文字的表达应清晰明白，浅显易懂。

一、个别化矫正方案构成要素分析

一个完整的个别化矫正方案一般应当由如下部分构成。

（一）矫正需要评估与结论

个别化矫正方案的设计以犯因性问题的准确评估为前提，以罪犯的矫正需求评估为依据。个别化矫正方案之中的第一个构成要素就是矫正需求评估。清晰的矫正需求评估结论，为矫正总体目标和

具体任务的确定提供了简明扼要的说明和立论根据，同时为个案矫正小组的选定与个案矫正项目的选择，提供较为科学的“病理”支撑。矫正需求评估结论由四部分组成：

1. 罪犯个体背景信息简介：罪犯的社会背景（包括个人家庭史、生活史、成长史等）、犯罪经过（犯罪史，尤其是初次犯罪和逮捕时的年龄）、身心能力（身心状况）、习性、个人脾气、刑期长短、目前的行为和态度、出狱后前景等。

2. 罪犯个体犯罪心理报告：通过各种心理、行为的量表测试（目前国内通行的有 COPA-PI 个性分测试、HTP 心理测试、人身危险性评估量表 HCR-20 等）以及辅助以社会背景调查、个人访谈、资料搜索等途经获得的信息分析汇合，形成统一的罪犯个体犯罪心理报告。

3. 个体矫正需求评估结论：依据罪犯个体犯罪心理报告以及罪犯个体的特别需求，得出个体矫正的需求评估结论。个体矫正需求的确定虽然由矫正机构负责，但仍需征求罪犯个体的意见，以避免矫正机构一方的片面性和武断性。

4. 个体矫正目标设定：包括终极目标（总目标或根本目标、长期目标）和阶段性目标（包括短期目标、中期目标或分项目标、具体目标等），一般应有数量指标，可供测量，如受教育的时间量、完成文化教育的程度（小学、初中或高中）、取得何种技术等级证书、劳动习艺的时间量、量表测试某项指标的下降程度等。个体矫正目标设定需要矫正机构与罪犯个体的共同参与，因为矫正计划强调自愿性。“犯人自愿参加矫正计划之后，他们才有从中获得进步的欲望和动机，才能尽自己的努力实现矫正计划提出的要求和目标。”[①] 矫正机构尤其要将罪犯个体自身的合理目标诉求予以吸收，唯这样的目标确定才能让罪犯个体在目标追求的过程之中积极主动并自愿参与。通过让罪犯参与有计划、有组织的矫正活动，缓

① 吴宗宪著：《当代西方监狱学》，法律出版社 2005 年版，第 641 页。

解和消除罪犯的消极情绪，促使罪犯改正或戒除不良嗜好或习惯，增加有益的知识，增进基本的社会生活技能和实用技能，从而达到让罪犯产生积极转变，最终成为持久的守法公民之终极目标。

（二）个案矫正小组

为使个别化矫正方案得以有效施行，矫正机构应当成立个案矫正小组，这是个别化矫正方案中必不可少的部分。个案矫正小组由行动总负责人或协调人、矫正项目负责人、矫正项目实施人、个案管理员等个案工作者组成。其中，各负责人由矫正机构工作人员担任，矫正项目实施人除矫正机构专业人员外还可邀请或聘请矫正机构之外的专业人士（院校教师、研究机构专家等）与社会人士（罪犯原单位和社区人员、罪犯所在地政府官员、社会志愿者、罪犯亲属、自愿的被害人等）参与。个案管理员负责资料记录与整理、档案留存与保管以及个案小结与总结。

（三）个案矫正项目

个案矫正项目包括矫正项目的确定、矫正目标（总目标和分目标）、实施计划（含步骤、方法、措施等）等组成部分。个案矫正项目是个别化矫正方案的核心组成部分，它直接关系到方案是否具有可操作性，关系到方案的实施是否会达到预期的矫正效果。个案矫正项目一般因人而异，不强求面面俱到，但仍须有基本的整合，如认知矫正项目、行为矫正项目、技能训练项目、心理辅导项目、再犯预防项目等。一个个别化矫正方案的设计过程，不可能对各矫正项目进行详尽地叙述，但需根据罪犯个体犯因性问题评估的最重要方面确定的重点矫正项目进行较为详尽地叙述。一个攻击性强的罪犯个体，其矫正项目的重点应在行为矫正项目上，就应该详尽列出采取的项目种类、具体治疗方法、原理和手段。一个有自杀危险的罪犯个体，其重点应在心理危机干预这一矫正项目上，就应该详尽列出采取的紧急预防措施、24 小时控制方法、具体介入和治疗方法以及原理与手段等。

（四）矫正效果评估

矫正效果评估属于结果评价程序部分。矫正效果评估包括评价标准、评价维度和评价时间。评价标准以个别化矫正方案中的个体矫正目标设定为依据。评价维度包括矫正工作者评定、罪犯个体自我评价以及罪犯周边人评价（同犯、共同矫治的民警以及罪犯亲属）。评价时间一般在一个矫正项目完成后即可进行，数个项目完成后也需及时评价，时机的选择需恰如其分、灵活机动。[①] 矫正效果评估目前以矫正机构自我评估为主，发展方向应交由相对中立的专业评估机构负责，以确保评估结论的客观、公正与信度。

（五）方案调整更新

方案调整更新不是个别化矫正方案的必要组成部分。只是表明任何既定的方案，皆应随着罪犯个体情况发生的变化而进行调整与更新，可能是微调，也可能是全方位的调整。

二、个别化矫正方案的编制程序

个别化矫正方案一般包括总体矫正方案和单元矫正方案两个部分。我们试图将两个部分整合进一个方案，目的在于更加有利于矫正个案的管理。一个完整的个别化矫正方案的编制需要个案管理者付出艰辛的努力，它通常需要花费大量的时间和精力，经过酝酿、起草、修改和最终定型几个阶段。

（一）方案酝酿阶段

方案酝酿阶段是个别化矫正方案编制过程中的一个前期工作准备阶段，这些工作完成的质量如何将直接影响到整个方案是否科学、准确、可行以及能否达致预期效果。方案酝酿阶段其实也是与方案编制相关的各种有用资料与信息的收集、整理和筛选的过程。这些资料与信息包括：

---

① 邵晓顺主编：《服刑人员心理矫治：理论与实务》，群众出版社 2012 年版，第 267 页。

1. 罪犯个体背景资料：包括姓名、性别、年龄、刑期、职业、文化程度、居住地、爱好、特长、健康状况、习性、脾气等在内的个体基本信息；包括个人家庭史、生活史、成长史在内的罪犯的社会背景资料；违法犯罪史、羁押监禁史等与个体犯罪有关的资料；出狱后前景等。这些信息需要通过档案查询、个人访谈、资料搜索等不同途径获得。

2. 各类测试与评估资料：包括罪犯情绪、个性等方面的心理测试、人身危险性评估等测试与评估资料、统一的罪犯个体犯罪心理报告、个体矫正需求评估报告等。

3. 目前的行为和态度信息：通过直接观察、周边人反馈、个体自陈报告（包括日记、书信、笔记、学习体会、学习感想、个人总结、申诉材料等）和面谈等途径获得。

方案酝酿阶段应当确定好矫正小组的组成人员并明确职责与分工，还包括根据各类评估报告对犯因性问题的准确把握、对个体矫正需求的准确定位、确定矫正项目和论证项目的可行性、征求矫正对象意见等具体而繁杂的工作。

（二）方案起草阶段

个案管理员根据前期个案矫正小组充分酝酿、讨论的内容和结论，包括矫正对象的犯因性问题的评估结论、矫正需求评估结论、初定的矫正项目及初步的实施意见（矫正方法、手段、步骤及注意事项）、方案的修正程序、矫正效果评估机构与方法等，形成个别化矫正方案的初稿（草案）。

（三）方案修改阶段

草案新鲜出炉后尚需提交个案矫正小组再次进行讨论。个案矫正小组的每一成员都应仔细研读草案，提出建设性的修正意见并在个案矫正小组专题会上充分发表见解。个案管理员应认真记录在场的所有发言和意见一致的修改结论。最后，个案管理员依据专题会的讨论内容和修改结论进行草案的修正完善并提交个案矫正小组的所有成员签字确认。

（四）方案定型阶段

在完成前期的各项工作的基础上，由个案管理员负责在电子模版上填入方案模块上的各项内容，编制定型的《个别化矫正方案》，并对方案进行编号、逐级审批和专档存储。

个别化矫正方案编制完成后，应在协商的基础上及时与矫正对象签订《个别化矫正协议》一式二份，甲乙双方各执一份。协议的订立应明确矫正机构（甲方）与矫正对象（乙方）之间的权利与义务、矫正项目、矫正目标、矫正时间、矫正效果评估机构等诸内容。①

三、不同刑期罪犯个别化矫正方案设计要求

个别化矫正方案的设计应当具有阶段性，原则上与罪犯的刑期长度相当。个别化矫正方案的设计以及有效运行需要足够的时间支撑与保证，因而它一般不适用于刑期较短的罪犯，如只有几天、几星期或仅几个月。当然，如果短刑期的罪犯有这样的矫正需求，监狱方仍然有义务为其制订适合个人需求的矫正计划与矫正的具体方案。

即使被判无期徒刑以上的罪犯也应让他们看到获释的希望，为被判无期徒刑以上的罪犯制订长期的矫正计划，对于帮助他们最终重返社会是非常必要的。

四、不同矫正需要罪犯个别化矫正方案实例分析

以下是针对不同矫正需要罪犯而设计的两个个别化矫正方案之实例。在实例的选择上相对具有典型性，一个是具有严重自杀倾向

① 关于《个别化矫正协议》的签订模式及注意事项，可参见邵晓顺主编：《服刑人员心理矫治：理论与实务》，群众出版社 2012 年版，第 269～270 页；以及宋行主编：《服刑人员个案矫正技术》，法律出版社 2006 年版，第 122～123 页。

的个体，一个是具有严重暴力倾向的个体。限于篇幅，对第一个个案详述，对第二个个案择其要简述。

（一）服刑人员刘×个别化矫正方案

服刑人员刘×个别化矫正方案

单位：浙江省第×监狱一监区　　　　方案编号：2002 个矫字第 001 号

Ⅰ矫正对象基本信息							
姓名	刘×	别名	赵老三	性别	男	出生日期	×年×月×日
民族	汉族	籍贯	安徽省××县	捕前职业	个体裁缝	原政治面貌	群众
文化程度	初中毕业	经济状况	一般	婚姻状况	已婚（丧偶）	爱好特长	服装制作
居民身份证号				家庭住址	安徽省×县×镇×村		
犯罪地	浙江省杭州市		常住地		浙江省杭州市×区		
身体健康状况	从小体弱多病，目前健康状况一般，无严重疾病史。						
身高	150CM	体重	51KG	语言表达	安徽口音，会普通话，表达能力一般		
本人简历	1982 年 9 月至 1990 年 7 月安徽省×县读书至初中毕业； 1990 年 7 月至 2002 年 4 月在杭州市打工、当学徒、开个体裁缝店。						
家庭成员及主要社会关系	父母、妻子（已丧）、女儿、姐姐、舅舅、伯父（其他住址、政治面貌、电话等信息略）						
罪名	故意杀人	刑种刑期	无期徒刑	刑期起止		附加刑	剥夺政治权利终身
违法犯罪既往史	无违法犯罪记录						
同案犯情况	无同案犯						
主要犯罪事实	2001 年 5 月至 2002 年 4 月，被告人刘×与妻王×多次因感情问题争吵。2002 年 4 月 13 日晚刘×再一次规劝妻子不要出轨，在妻子绝情并两人扭打在一起的过程中，刘×用手将王×掐死。案发后，刘×随即向公安机关投案自首。						

<table>
<tr><td>刑期变动情况</td><td colspan="5">2004 年 9 月无期徒刑减刑为有期徒刑 19 年 6 个月；2006 年 12 月减刑 1 年 3 个月；</td></tr>
<tr><td>刑拘日期</td><td>2002-04-14</td><td>逮捕日期</td><td>2002-04-14</td><td>侦查机关</td><td>杭州市公安局</td></tr>
<tr><td>判决日期</td><td>2002-08-15</td><td>判决机关</td><td>杭州市中院</td><td>判决书号</td><td>（2002）杭中刑初字第×××号</td></tr>
<tr><td>入监日期</td><td>2002-09-10</td><td>分流日期</td><td>2002-11-10</td><td>犯罪类型</td><td>暴力犯罪</td></tr>
<tr><td>其他重要的个体信息</td><td colspan="5">1. 犯罪时有过少量的饮酒，但无严重的酗酒史；
2. 右手臂有其妻子“王×”和“爱”字样的蓝色文身，左手腕处有一“忍”字样的蓝色文身；
3. 从小由奶奶带大，奶奶已去世，与父母的关系一般；
4. 对舅舅过于崇拜，但舅舅在其 15 岁时意外身亡；
5. 无吸毒史和赌博史、同性恋史，无吸烟史；
6. 无不良朋友交往史。</td></tr>
<tr><td colspan="6">Ⅱ个体矫正需求评估</td></tr>
<tr><td>罪犯个体犯罪心理等报告</td><td colspan="5">个体犯罪心理：属激情犯罪，无明显与稳固的犯罪心理，对罪行有强烈的悔恨意识，对法律与道德的界限不清。
各类心理测试结果表明：该犯家庭意识较强，对外界有较高的警戒性，多疑。自我保护意识较强。但对家庭成员缺乏情感交流，情感较为冷漠。对生活较为悲观，有自卑、抑郁心理。沉迷于空想，社会适应性较差，易发生冲动行为。综合该犯目前情况，该犯主要对家中父母和女儿放心不下，同他犯接触较少，生理上因个子矮小较为自卑，对社会不适应，容易冲动，对行事的后果无法把握。
同时结合 MMPI、EPQ、RW、COPR 等量表测试，综合该犯的主要心理特征为：性格内向、孤僻，内心封闭，喜独处；自卑心理畸强，曾经历严重的心理创伤，对外界高度防备，警戒心强，高度的自我保护；抑郁情结明显，消极、悲观，对生活失去信心；行事冲动，但又易于悔恨，无法控制激情，极具矛盾情结；总体呈现社会适应不良倾向，具有明显的人格缺陷，有自杀倾向。</td></tr>
<tr><td>矫正需求评估结论</td><td colspan="5">1. 认知能力弱，特别是对爱的认知固执于自己的极端见解而不能自拔，需要提升认知能力；对杀妻行为的强烈自责形成心理阴霾，无法走出心理阴影，需要回归理性的思维；人生观尤其是生死观有偏差，需要树立正确的生死观；成长过程中长久形成的自卑、抑郁和戒备情结已经造成其严重的心理创伤，需要舒缓，正确的人际关系认识和常态的人际环境需要确立。法律意识淡薄，对法律的认知缺乏，需要接受法制教育。
2. 自我控制能力极弱，需要加强行为控制与矫正，提高自我控制水平。
3. 人身危险性（RW）评估属于急迫性的自杀倾向，需要回复理性并消除了结生命的冲动，解除自杀情结，彻底摆脱自杀的人生迷误。需要心理健康辅导。</td></tr>
</table>

<table>
<tr><td>矫正
总目标</td><td colspan="2">确立正确的人生观，尤其是生死观；心理创伤的抚慰与修复；良好的人际关系处理能力；家庭责任的回归；彻底走出自杀的困扰；逐步建立其良好的认知能力和积极乐观的服刑心态，早日回归社会。</td></tr>
<tr><td>个别化
矫正小组</td><td colspan="2">负责人：周××
成员：周××　吴××　郑××　王××　冯××　陈××　褚××
个案管理员：褚××
个别化矫正小组全体成员签名：周××　吴××　郑××　王××　冯××　陈××　褚××</td></tr>
<tr><td colspan="3">Ⅲ个体矫正项目</td></tr>
<tr><td>项目</td><td>项目名称</td><td>个体矫正项目实施计划</td></tr>
<tr><td>项目一</td><td>认知矫正</td><td>一、项目矫正目标：提升认知能力，恢复正常思维。
二、项目具体实施计划（含时间、步骤、方法、措施等）
1. 2002 年 9 月至 10 月，除常规的入监教育以外，重点加强法律与道德界限教育，促其认识得以提高，明白道德谴责的范畴与违法犯罪处置越轨行为的不当等基本问题，提升法律意识。
2. 一对一的深度谈话，建立起个体与矫正工作小组之间的信任机制。充分的信任可以促其拉近与矫正官员的心理距离，并认真思考矫正官员提出的启发性话题和引导性问题。
3. 正确的赎罪方式教育。死并不能得到彻底的良心解脱，唯有积极面对、敢于直面人生，真心忏悔加上积极的行动，才是最好的灵魂自我拯救和赎罪的方式。
4. 适时进行理想与前途教育，正确的人生观教育和树立。罪犯刘×是一个完美主义者，自己亲手制造的惨剧，把自己送入万劫不复的罪恶深渊，心爱的妻子含冤饮恨离世，对其打击是无比沉重的，因而其深感理想的破灭及自己无颜再苟延残喘于世。为其重塑人生理想是关键之举。
5. 在必要时可根据个体实际教育矫正效果临时调整认知项目，以适应个体的实际状况、满足个体的现实需求。</td></tr>
</table>

项目二	行为矫正	一、项目矫正目标：平抑自杀冲动，控制自杀行为。 二、项目具体实施计划（含时间、步骤、方法、措施等） 1. 24小时全方位的言行控制，保证无脱管、无管理盲区、无失控。特别关注有无一个人在角落里的暗自流泪情况，关注其书信、遗言、遗书等，注意其睡眠状况尤其是失眠，随时掌握其自杀新动向。 2. 自杀工具的控制。彻底清理绳索、刀具、玻璃等尖锐物；药品等可被利用于自杀的一切工具，最大限度避免因工具管理不善造成的自我伤害。 3. 心理健康辅导，解决其强烈的自责、内疚与悔恨心理，指出被害的过错和责任，促其心理得以暂时的平衡。 4. 心理和行为宣泄。制造倾诉的空间，认真倾听其委屈，允许其哭诉，倾泻心中的积郁；必要时可以安排其至“心理和行为宣泄室”发泄消极情绪，促其消极心态逐步清空。 5. 尽量将时间用文体娱乐、劳动、学习等活动来填满，减少空闲时间。鼓励其参加成人中专自学考试。目的是转移其过分集中的对妻子、对案情、对失败人生的强烈念想，逐步实现兴趣转移。 6. 建立服刑人员互帮机制，可成立针对个体刘×的互帮小组，让其真切感受到人际的温暖，逐步懂得助人助己的道理，逐步明白人是社会动物，不能永远禁锢于个体狭窄的自我空间之中，“人间自有真情在”的感觉能够促其发生行为的转变。 7. 个体若出现完全不能控制自己的自杀欲念并有实际的行为时，应即时采取隔离手段，使其在独处环境里冷静思考、度过难关。但在隔离阶段仍需不断主动介入，帮助其克服心理问题和达到有效的行为控制。
项目三	技能训练	一、项目矫正目标：良好人际关系处理技巧的掌握，劳动技能训练为回归打下坚实的生存手段和能力。 二、项目具体实施计划（含时间、步骤、方法、措施等） 1. 2002年10月分流开始对其进行劳动训练，目的在于强化劳动观念、学习劳动技能、习得劳动手艺，提升生存能力，回归不至于为工作发愁。这项工作应是贯穿于服刑的全过程。 2. 劳动项目的选择应符合刘×的缝纫特长，使其兴趣持续并在劳动过程中不断提升技术，使其在劳动中有成就感，缩减对情感问题的过于纠结和苦恼的时间。 3. 多鼓励个体参与集体活动，感受到集体的温暖，在集体生活中习得人际相处的基本技巧。这是个体的软肋所在，矫正小组可在这方面多动脑子，良好的人际关系处理技巧的习得必将改变个体的生存态度。温暖感的增强，可以促进个体重新思考活着的意义，进而重新定位人生、规划人生。 4. 鉴于个体文化程度处于中等水平，有一定的理解能力和文化基础，可以鼓励其参加电脑班、厨艺班、写作班等学习，在学习过程中不仅发生兴趣的转移，也能够习得今后走上社会后可用的实用技能。

项目四	心理危机干预	一、项目矫正目标：心理医生的直接介入，彻底摆脱自杀情结的困扰。 二、项目具体实施计划（含时间、步骤、方法、措施等） 1. 鉴于个体较强的自杀取向，心理危机的度过是十分重要的。需要心理医生的积极介入。 2. 心理医生的介入除心理健康教育、心理咨询之外，尚应制订针对刘×的特别干预计划。计划的制订应递交矫正工作小组集体商议通过并严格执行。矫正小组其他成员应积极配合专业心理医生的工作，为其创造有利的条件、提供良好的环境、争取人财物的支持。（具体干预计划略） 3. 心理危机干预的目的：控制自杀机会、帮助其克服自杀冲动、防止自杀行为的实施、最终消除自杀念头。 4. 采取药物辅助治疗时应谨慎行事，防止产生药物依赖。这只是手段，不是目的。 5. 心理危机干预可能是阶段性的，应视个体的严重程度而定，以个体实际需要而定。
其他辅助项目	略	一、项目矫正目标 二、项目具体实施计划（略）

Ⅳ个体矫正效果评估

	项目	分阶段	评估方法及评估结论	评估机构及评估人
阶段性评估	项目一	第一阶段	通过量表测试、观察、面谈、周边人访问以及对矫正工作小组原始资料的阅读与矫正官员的反映，本阶段基本达到预期的矫正目标，虽然个体未完全消除自杀倾向，但个体有明显的心理触动，有转变自己偏执想法和改变自己行为的趋向，总体矫正效果尚可。	（监狱及社会专家组成的评估机构）
		第二阶段	（以下省略，可根据矫正项目进展情况及时填写）	……
		……	……	……
	……	……	……	……
总体评估	通过量表测试、观察、面谈、周边人访问以及对矫正工作小组原始资料的阅读与矫正官员的反映，达到预期的各阶段分目标和总体矫正目标，个体目前已经完全消除自杀倾向，心态平和，改造成绩显著，回归社会后若能得到社会的进一步关心和帮扶，加上个体自身的努力进取，相信其能融入正常的社会生活，妥善处理困难与挫折，走好人生的每一步。总体矫正效果明显。			（监狱及社会专家组成的评估机构）

V个案管理总结（成功与失败的经验与教训）

罪犯要自杀，如同罪犯想脱逃一样，是客观存在的，是监狱改造罪犯工作中无法回避也是不可回避的事实。既然无法回避，那只有用我们的智慧之钥去开启这扇凝重的“自杀之门”，关上那扇误引罪犯走上不归路的“地狱之门”。民警唯一要倾心做的工作，就是不让有自杀念头的罪犯付诸行动和成功实施。有自杀之念的罪犯绝不是个别的，在我们现有的对自杀倾向罪犯经验性判断的基础上，必须学会自杀危险性评估等科学辨别的方法，提高专业化甄别手段。然后，控制得法使其自杀不成。最后，用春风化雨的神奇之手，将罪犯从自杀的阴影里拉出来，从不断陷入的自杀泥坑里拔出来。

行之有效的方法源于我们对自杀问题的客观认识，以及对预防自杀工作的规律性的把握。这种规律性可能是：自杀可能性人员的筛选—自杀倾向者的现实危险性评估—对自杀倾向者无法成功实施的现实控制—找准自杀“源问题”—寻找转化工作的有效切入口并层层展开攻心与交心措施—消除其自杀情结防止反复—引导其步入改造正轨—彻底摆脱自杀纠缠最终树立正确的生死观。

自杀问题是一个复杂的社会问题，不同的个体有着不同的社会生存背景，自杀的原因与自杀的防范并没有我们想象的那么简单，唯有充分发挥我们的“社会学的想象力”。“社会学的想象力在相当程度上体现为从一个视角转换到另一个视角的能力”，“通过对另一极的思考，即思考你所关心的事物的反面，你往往能获得最好的洞察”。而所有这一切都需要大量的常规训练和研究工作。“如果没有大量的常规研究，则这种情况一定很少发生。”要发现罪犯自杀的一般规律及有效的控制方法，尚需要大量的个案研究。

总之，罪犯自杀问题是客观存在的，只要基层民警能够及时发现自杀苗头、找准自杀症结、对症“下药”，并辅之以科学的工作方法和严谨的工作态度，是完全可以最大限度地扼杀自杀苗头、杜绝自杀事故的发生的。

本个案研究的主要方法小结：1. 选择一例比较成功的监狱内民警防范与矫正罪犯自杀的典型案例作为研究的蓝本。2. 根据监狱防范罪犯自杀的一般性工作原则和工作规律，对个案进行剖析，发掘其之所以成功的深层次缘由。3. 依据当下防范自杀的最新研究成果，对个案管理进行简要的点评并提出改进建议。4. 归纳法与实证法研究相结合兼有探索性研究；描述性案例研究与解释性案例研究相结合。

本个案管理研究的目的：为监狱防范罪犯自杀提供具有普适性价值的案例，并为监狱防范罪犯自杀能够更加具有科学性和成功率，提供建设性的意见。同时，为监狱教育矫正罪犯过程中的个案管理，提供一个基本的模板或范式，最终为监狱自杀个案矫正工作服务。

一、成功的经验

（一）个体矫正需求评估精准，个体症结把脉准确，矫正目标定位合理

“从杀妻的阴影中走出”是矫正对象最大的矫正需求。这一矫正需求的满足和问题的解决，为彻底走出自杀困扰奠定了坚实的基础。矫正工作小组找准了工作的难点也恰恰是工作的契机。

1. 严重的心理创伤问题如何修复的问题。刘×出生在安徽的一个小山寨，祖祖辈辈“面朝黄土背朝天”，朴实憨厚、恪守本分。他从小体弱多病，加上个子矮小时常受到同龄人欺侮，幼小的心灵便有忍辱负重而又极具反抗性的双重意识。不能正确

地认识自我，看不见自身的优点，觉得处处不如别人，严重的自卑，对生活丧失信心。无法恰如其分地评价自己，不能进行心态的自我调节和人格的自我完善，并极度厌倦自我的存在。

2. 个体极强的内向性如何改变的问题。内心封闭在自我的想象空间，不愿与人交流，不愿倾诉内心的苦闷，喜欢独自承受，但又无法自我平抑。管教人员不易获取其内心真实想法。

3. 个体无法从“杀妻阴影”中走出的问题。恶魔每个晚上都会缠绕着这个性格极其内向的小个子罪犯。杀妻的阴影总是无法挥去，更谈不上彻底地忘记。

4. 个体无法面对骨肉亲情的问题。一个刚刚断奶的女儿，是作为亲生父亲的自己残忍地剥夺了这个可怜小孩的母爱，女儿长大后如何向她交代？父母年事已高，自己能否活着出去尽孝，也是遥远的未知数。

矫正工作小组对目标的基本定位是：重拾生命的意义和价值，逐步树立生活的勇气与信心；通过科学方法引导其积极面对挫折，正确评价自己的行为，对人生进行正确定位；在平稳服刑的基础上，努力完善自我，逐步走向踏实进取之路。同时确立了3个分目标，即第一阶段：消除自杀心理，保全个体生命。时间为1~2年。该阶段主要以防范其成功自杀为矫正至要。第二阶段：避免心理反复，巩固已有成绩。时间为2~3年。该阶段主要以促其平稳服刑、防止其不断反复为矫正重点。第三阶段：促其积极改造，力争早日回归社会。时间为5~8年。该阶段主要以促其积极进取、早日回归社会为矫正归宿。这个总分目标的确立为以后的矫正项目开展指明工作方向。

（二）对个体的行为矫正方法得当，效果明显

1. 对个体自杀行为的防控方法有力。

24小时的全方位控制无漏洞，特别是独处的时间几乎为零，即使有自杀的动念和强烈意愿也无机可乘。

控制就是不让想自杀者成功实施自杀行为，起到阻止和延缓作用。常用的控制方法有互监制度（包夹控制法）；护监巡查法；工具控制法，清理一切可能用于自杀的工具物品；电子监控法等。除这些方法外，如下方法尤为重要：

（1）信息全天候控制法。从笔记、抄本、汇报、档案等材料的蛛丝马迹中寻找自杀者发出的“自杀讯号”。同时，从这些材料里可以发现和确定教育转化的有效“切入口”和“突破口”，为教育转化打下基石。

（2）环境积极控制法。创造一个良好和谐的人际环境；创造和布置一个平和心态的监舍居住生活环境。有时，集体的温暖感，将有助于自杀危险犯心灵的震动和心态的变迁。

本案民警对个体的管控，符合监狱内防控具有自杀倾向罪犯之一般方法兼具针对个体特点的特别方法措施。

2. 兴趣转移法促其日常行为趋于理性。

具有自杀倾向的刘×对周边的事物不再感兴趣。矫正工作小组充分捕获个体在改造中的优势，如自身有特长，曾经从事服装加工，有较好的服装缝纫技术；有一定文化：初中毕业，具有一定的理解能力，这些都为个体兴趣转移提供了有用信息。矫正工作小组设法让其接受音乐、书法、书籍、棋类活动等美的熏陶，慢慢培养各种兴趣爱好，以逐渐转移其过分集中关注的自杀问题引导到认真学技术，干好每一天活，使其感受到成功的喜悦和生活的乐趣以及活着的意义。从而使之从难解的“自杀情结”

中一步步挣脱出来。

3. 责任强化法起到行为矫正的辅助功能。

一般自杀者之所以自杀的一个重要原因，就是缺乏责任心、无法承受责任重担。利用其长处安排适当岗位，必要时可让其负责小范围的监督岗位，慢慢培养其责任心，重塑责任意识。对取得的成绩适时鼓励，强化刺激这种每一个人所应具有的责任感，有利于重新审视自己人生的责任所在，包括对社会、家庭、朋友、民警、同犯和所有关心其命运的人的诸多责任，从而树立“人不仅仅为自己而活，更多的时候是为别人而活着”的信念。

（三）对个体的认知矫正达至关键性矫正效果

“自己怎么会亲手把心爱的人送上黄泉路”是个体认知障碍的中心表征，也是个体创伤体验的焦点，深刻的创伤无以抚平，个体自身无法破解这个具有悖论的“爱的方式——疯狂之爱”。个案矫正小组通过“责任归结”，顺利破解了这一悖论，使其认知恢复到正常水平，极度矛盾的心理得以平复，心理得到平衡。

1. 通过法律政策、道德感召法，使其树立正确的生死关。在常规的法制与道德教育的基础上着重进行人生观教育，用正确的生死荣辱观替代其错误的生死观仍然十分重要。刘×认为自己的人生理想彻底破灭，人生前途一片渺茫甚而绝望，通过理想和前途的反复教育，促其逐步在这一认知上发生转变。

2. 自杀专题教育法使其认知发生改变。以“自杀危害论”为主题，轰轰烈烈开展“反自杀”专题教育，在全体服刑人员牢固树立“坚强活着为荣，懦弱自杀为耻”思想的同时，个体也受到震动和教育。主流文化的倡导和繁荣，使个体消极亚文化无立足空间。形式丰富多样，黑板报、墙报、报纸、横幅标语、保证书、宣誓、座谈会、帮教会的立体式运用，对个体产生无形压力，从而怀疑自己的所作所为，思想得以逐步改变，行为得以逐步收敛而与集体行为融为一体。

3. 通过真情感化法，唤醒绝望之心。刘×想当然认为人间真情荡然无存，所以还得用真情唤醒其绝望之心。其实刘×对家庭是有牵挂的，对日益年老的父母尚存记挂，对女儿尤其无法舍弃而常常放心不下。亲情感化（如团聚饭）、民警交心感化、社区帮教感化、同犯“一帮一、多帮一”的帮教感化等都是很好的方法。“春城无处不飞花，人间处处真情在”，真情可以唤醒泯灭的良知，同样可以唤醒绝望人生之囚子。

（四）对个体的心理危机干预项目实施顺利，成效显著

心理危机干预及时有效，心理医生介入法运用自如，计划周密。自杀危险犯，除突发性外，一般都具有严重的心理问题。心理医生的介入，将有利于民警掌握其心理特点。尤其是各阶段的心理测试、心理健康教育、心理咨询与危机干预同步实施，取得预期效果。药物控制使用得法、谨慎，作为辅助性治疗措施，起到镇静作用。

总之，本案民警对个体的管控和矫正教育的开展，符合监狱内防控和教育转化具有自杀倾向罪犯之一般方法。民警发现罪犯刘×具有自杀倾向后，采取了如下方法：严密监控、查找阴影之源、亲情感化、发挥特长、转移兴趣等一系列真诚挽救和矫正的方法，最终取得自杀倾向罪犯的信任与尊重，并为民警所努力的一切所感动，终弃去自杀之念。正因为民警采取了监狱防范和矫治的一般性方法，诸如“心理医生介入法”、“道德感召法”、“真情感化法”、“个体兴趣转移法”、“个体责任强化法”等，所以才能达到预期的效果。

二、失败的教训

1. 劳动项目的选择略显多余，个体自始至终都能参加劳动、完成任务、遵守规定，无起伏。但客观而言，劳动仍然发挥了稳定其情绪、增加其技能的功效。

2. 鼓励其参加成人中专自学考试的努力未获得成功，原因在于个体始终没有兴趣，认为这对于自己真的毫无意义。但矫正小组还是基于尊重个体的自由选择为原则而放弃。

三、改进意见

鉴于本案发生的时间已久，我们不能强求当时的民警能够做得尽善尽美。但是，在如今监狱的防罪犯自杀的专项工作中，经验是不可缺少的，而更重要的是科学防范、有效率地防范，应遵循联合国教科文组织对于自杀防范的一般手册。鉴于此，仍希望今后在防范罪犯自杀问题上，能够更加科学、规范、严谨、慎重，也更加有成效，故提出如下建议：

1. 不回避矛盾和实质性问题。每一个人都有过自杀的念头，人的一生总会碰到各种各样的艰难困苦和坑坑洼洼，总会有灰心丧气倒霉落魄的时候，也会有绝望的想法，这都是现实的、正常的。民警理解自杀、直面自杀问题，也许是一块民警成功教育转化自杀危险罪犯的“敲门砖”。在传统的教育中我们忌讳谈自杀，其实也就回避了矛盾的实质性内容，并不利于自杀危险犯的转化。

2. 找准自杀者之所以自杀的真正原因。罪犯自杀的原因很复杂，有显现的因素，也有潜在的因素；有长期的因素，也有突发的因素；有个体的因素，也有环境的因素。原因剖析得越准、越清晰，教育转化的方式方法和手段就会更多，效果也更明显、更奏效。常言说：只有“对症”才能“下药”。

3. 从自杀者自以为绝望的对象中，寻找并非绝望的事实，从而破解罪犯“自杀情结”。以事实说话胜过口干舌燥的空洞说教百倍。生命并未到“尽头”，人生还有许多美好的东西值得留恋，如明天太阳依然从东方升起照亮每一个人的心灵；寒冬过后依然是百花盛开的春天；年迈的父母依然在抗拒痛苦、忍受白眼而默默地祈祷、期盼儿子早日平安归来，并为你邮钱寄物、千里探望；子女灿烂无邪的笑容足可以淹没你人生所有的烦恼和忧愁；妻子“至死不改嫁”的决心又如何不能唤起你生的勇气？朋友依然伸出友爱之手帮助你并时刻在祝福着你能顺顺利利服完刑期；社会并未抛弃浪子，依然在给予方方面面的关爱；民警依然在关注你点点滴滴的进步；同犯也在深情地帮助你希望你早日走出生活的阴影和人生的误区。

4. 跳出传统的对自杀者“意志薄弱说”的束缚。传统认为，自杀者是意志薄弱者，这种理论和观点其实有模糊和不准确之处。自杀者的意志其实十分坚强，活的意志异常薄弱，而对死的意志却十分坚强，甚至到了极限。无数成功实施自杀者，往往视死如归，“面不改色，心不跳”，对死亡已达到无所畏惧的地步。监狱工作中防不胜防的自杀案例，无不表明这些自杀罪犯对死的坚定意志。

5. 对个案必须进行跟踪访问与跟踪调查。本案个体在浙江第S监狱虽然取得了初步的矫正效果，但出于有利于其改造的目的而将罪犯遣送原籍改造，因此对个体的跟踪访问与跟踪调查断裂，这是本案的一个重大遗憾。在条件允许的情形之下，对个体的跟踪是必须的。对业已具有明显成效的个案仍需进行跟踪，因为个体处于不同的情境，可能会有反复，甚至会将原有的业已取得的教育矫正效果付之东流。这正是个体的复杂性使然，同时也是教育矫正罪犯工作的艰巨性、长期性使然。

尤其如下具体工作仍需加强：

1. 计算机数据化处理技术尚需提高；
2. 个体社会背景调查途径尚需进一步拓宽；
3. 个别化矫正小组的分工有待细化；
4. 矫正项目的选择余地不大，尤其是可供选择的较为成熟的矫正项目数量明显不足；
5. 效果不明显的个别化矫正项目的调整及时性不够；
6. 矫正项目实施后的阶段性评估和总体评估的科学性尚需提升。

四、是否具有推广价值

对具有急性自杀危险的罪犯的个别化矫正具有较强的借鉴意义。

个案管理员：褚××

2013 年×月×日

（二）服刑人员胡××个别化矫正方案

服刑人员胡××个别化矫正方案

单位：浙江省第×监狱二监区　　　　方案编号：2013 个矫字第 001 号

<table>
<tr><th colspan="8">Ⅰ矫正对象基本信息</th></tr>
<tr><td>姓名</td><td>胡××</td><td>别名</td><td>胡公</td><td>性别</td><td>男</td><td>出生日期</td><td>×年×月×日</td></tr>
<tr><td>民族</td><td>汉族</td><td>籍贯</td><td>浙江省温州市</td><td>捕前职业</td><td>无业</td><td>原政治面貌</td><td>群众</td></tr>
<tr><td>文化程度</td><td>初中肄业</td><td>经济状况</td><td>无固定收入</td><td>婚姻状况</td><td>未婚</td><td>爱好特长</td><td>画画</td></tr>
<tr><td>居民身份证号</td><td colspan="3"></td><td>家庭住址</td><td colspan="3">浙江省温州市某区某街道</td></tr>
<tr><td>犯罪地</td><td colspan="2">浙江省义乌市</td><td colspan="2">常住地</td><td colspan="3">浙江省义乌市</td></tr>
<tr><td>身体健康状况</td><td colspan="7">目前健康状况一般，无严重疾病史。</td></tr>
<tr><td>身高</td><td>174CM</td><td>体重</td><td>73KG</td><td>语言表达</td><td colspan="3">温州口音，会普通话、闽南话，表达能力强</td></tr>
</table>

本人简历	1983 年 9 月至 1988 年 1 月浙江省温州市某小学读书至小学毕业； 1988 年 2 月至 1991 年 1 月浙江省温州市某少年体校读书，初中肄业； 1991 年 1 月至 1998 年 5 月在自己家族企业做工 5 年，后在家休息； 1998 年 6 月至 2002 年 5 月在北京做生意，期间因故意伤害罪被判刑两年，在北京市某监狱服刑； 2002 年 6 月至 2012 年 5 月在义乌市零星打工、无业。						
家庭成员及主要社会关系	父母、姐姐、叔叔、外婆（其他住址、政治面貌、电话等信息略）						
罪名	故意伤害	刑种刑期	有期徒刑15 年	刑期起止	2012. 5. 26~2027. 5. 25	附加刑	剥夺政治权利 5 年
违法犯罪既往史	1993 年 7 月因打架被温州市公安局治安拘留 15 天；1995 年 5 月因寻衅滋事被温州市公安局治安拘留 7 天；1997 年 10 月因聚众赌博被温州市公安局治安拘留 15 天；2000 年 1 月因故意伤害罪判处有期徒刑两年，本次系累犯。						
同案犯情况	无同案犯						
主要犯罪事实	2012 年 5 月 26 日晚 7 时，被告人胡××与朋友一起在义乌市某大酒店大厅喝酒时，与相邻酒桌的郁×因琐事发生口角，继而扭打在一起。在扭打过程中，刘×拿出随身携带的水果刀在郁×手臂、大腿、腹部连捅 13 刀，致郁×重伤。						
刑期变动情况	无						
刑拘日期	2012-05-26	逮捕日期	2012-05-26	侦查机关	义乌市公安局		
判决日期	2012-09-12	判决机关	义乌市人民法院	判决书号	（2012）义刑初字第×××号		
入监日期	2012-09-27	分流日期	2012-12-28	犯罪类型	暴力犯罪		
其他重要的个体信息	1. 犯罪时有过大量的饮酒，有多年的严重酗酒史； 2. 有过 5 年的吸毒史，案发时已戒除；有 21 年的吸烟史； 3. 有赌博史；经常出入娱乐场所； 4. 左右手臂均有龙、鹰图案的黑色文身，右手腕处有一“忠义”字样的黑色文身； 5. 从小由外婆带大，与父母的关系紧张； 6. 对叔叔十分崇拜，叔叔曾因流氓罪判刑 3 年； 7. 无同性恋史； 8. 有与数十名不良朋友的交往史，朋友中有 3 人曾服过刑。						

Ⅱ个体矫正需求评估	
罪犯个体犯罪心理等报告	个体犯罪心理：暴力倾向明显，具有明显与稳固的犯罪心理，对罪行无悔恨意识，对法律漠视。 各类心理测试结果表明：以自我为中心；性格外向、合群，喜热闹；仇视社会，崇尚暴力美学。总体呈现社会适应不良，具明显的人格缺陷，有显著的暴力倾向性。
矫正需求评估结论	1. 认知能力差，法律意识淡薄，江湖义气畸重。特别是对罪行的认知抱无所谓态度，需要提升对罪恶的认知能力；对社会的丑恶现象持认同态度，对社会的不公持强烈的愤慨情绪，需要理性的思维锻炼，客观评价社会；人生观和价值观有明显偏差，与主流社会价值观相背离，充满非主流文化意识，需要树立正确的人生观和价值观。法律意识淡薄，对法律的认知缺乏，需要接受法制教育。 2. 行为的自我控制能力极弱，需要加强行为控制与矫正，提高自我行为控制水平。 3. 人身危险性（RW）评估具暴力倾向，需要消除。
矫正总目标	确立正确的人生观和价值观，摒弃江湖义气，建立正确理性的交友观；确立美与丑、善与恶的基本社会评价标准，摆脱对暴力的极度崇尚；改变遇事不冷静、容易冲动的毛病，能够良好地处理人际关系；家庭责任的回归，尤其是为人子的孝道观之确立；彻底消除暴力倾向，逐步建立其良好的认知能力和积极乐观的服刑心态，并掌握一定的符合市场需求的劳动技能，早日回归社会。
个别化矫正小组	负责人：朱×× 成员：吴××　郑××　王××　冯××　陈×× 个案管理员：周×× 个别化矫正小组全体成员签名：朱××　周××　吴××　郑××　王××　冯××　陈××

Ⅲ个体矫正项目		
项目	项目名称	个体矫正项目实施计划
项目一	认知矫正	一、项目矫正目标：提升认知能力，恢复理性思维。 二、项目具体实施计划（含时间、步骤、方法、措施等）（择其要点） 1. 法律意识培养，提升遵纪守法的自觉性。 2. 传统美德教育，扭转其对罪恶的认识欠缺问题以及暴力崇尚倾向。 3. 人生观和价值观教育，扭转其错误的人生价值观。 4. 清算犯罪成本账，总结其失败的人生，提升对自己无知行为的反思意识。 5. 家庭责任教育，培植起其对父母养育之恩的负疚意识，从而认罪悔罪赎罪。 6. 一对一的深度谈话，建立起个体与矫正工作小组之间的信任机制。 7. 适时的理想与前途教育，防止其自暴自弃，以积极的心态投入教育矫正之中。 8. 在必要时可根据个体实际教育矫正效果临时调整认知项目，以适应个体的实际状况、满足个体的现实需求。
项目二	行为矫正	一、项目矫正目标：平抑自杀冲动，控制自杀行为。 二、项目具体实施计划（含时间、步骤、方法、措施等）（择其要点） 1. 布置适合于暴力罪犯的生活空间，用环境塑造法平息其躁动之心。 2. 可以有意识布置其干一些需要细心、耐心、恒心并要动脑子才能完成的具体矫正活动，改变其不计后果的行事习惯，做事三思而后行。 3. 心理健康辅导，解决其容易冲动的心理，切实防止其冲动行为的发生。 4. 行为宣泄。制造宣泄的空间，倾泻其心中的积郁，可以安排其至“行为宣泄室”发泄消极情绪，促其消极心态逐步清空。 5. 尽量将时间用文体娱乐、劳动、学习等活动来填满，减少无所事事的空闲时间，减少是非。 6. 建立服刑人员互帮机制，可成立针对个体的互帮小组。 7. 针对愤怒的特别控制训练。 8. 个体若出现完全不能控制自己的暴力倾向并有实际的行为时，应即时采取隔离和惩戒手段，使其在独处环境里冷静反思。

<table>
<tr><td>项目三</td><td colspan="2">技能训练</td><td colspan="2">一、项目矫正目标：良好人际关系处理技巧的掌握，劳动技能训练为回归打下坚实的生存手段和能力。
二、项目具体实施计划（含时间、步骤、方法、措施等）（择其要点）
1. 分流开始对其进行劳动训练，目的在于强化劳动观念、学习劳动技能、习得劳动手艺，提升生存能力，回归不至于为工作发愁。这项工作应是贯穿于服刑的全过程。
2. 劳动项目的选择应符合个体的特长，使其兴趣持续并在劳动过程中不断提升技术，使其在劳动中有成就感。
3. 多鼓励个体参与集体活动，感受到集体的温暖，在集体生活中习得人际相处的基本技巧。良好的人际关系处理技巧的习得必将改变个体的生存态度。
4. 鉴于个体文化程度偏低，但有一定的理解能力，可以鼓励其参加电脑班、厨艺班、书法班、国画班等学习。在学习过程中不仅发生兴趣的转移，也能够习得今后走上社会可用的实用技能。</td></tr>
<tr><td>项目四</td><td colspan="2">再犯预防教育</td><td colspan="2">一、项目矫正目标
二、项目具体实施计划（含时间、步骤、方法、措施等）（择其要点）
1. 重新犯罪的危害性教育。
2. 如何预防重新犯罪知识教育。
3. 常态的生存教育。
4. 稳固的工作、职业和收入是预防再犯的稳定剂。
5. 牢固的家庭纽带是预防再犯的永久避难所。
6. 责任感的树立是预防再犯的强心剂。
7. 良好的朋友圈是预防再犯的避风港。</td></tr>
<tr><td>其他辅助项目</td><td colspan="2">略</td><td colspan="2">一、项目矫正目标
二、项目具体实施计划（略）</td></tr>
<tr><td colspan="5">Ⅳ个体矫正效果评估</td></tr>
<tr><td rowspan="4">阶段性评估</td><td>项目</td><td>分阶段</td><td>评估方法及评估结论</td><td>评估机构及评估人</td></tr>
<tr><td rowspan="2">项目一</td><td>第一阶段</td><td>（略）</td><td>（略）</td></tr>
<tr><td>……</td><td>……</td><td>……</td></tr>
<tr><td>……</td><td>……</td><td>……</td><td>……</td></tr>
<tr><td>总体评估</td><td colspan="3">（具体内容略）</td><td>（略）</td></tr>
</table>

Ⅴ个案管理总结（成功与失败的经验与教训）
（具体内容略） 个案管理员：周×× 2013 年×月×日

五、个别化矫正方案与传统的个别教育经验之对照

这是一个供参考的传统个别教育经验推广材料。

对罪犯刘×的个别教育经验材料

2002 年 9 月，杭城轰动一时的“武大郎杀妻案”的当事人刘×被押送到浙江省第×监狱服刑改造。

刚入分监区时，刘×精神面貌很差，似一只沉默的羔羊，对监狱的规章制度却是十分遵守。但是，谁又知道这个表面上对警官言听计从的、内心孤僻的小个子心里在想什么呢？经过慢慢地接近与交流，民警发现，这是一个心理受到极度打击，精神濒临崩溃边缘，极具自杀危险的罪犯。他对生活失去了信心，恶魔每个晚上都会缠绕着这个性格极其内向的小个子罪犯。杀妻的阴影总是无法挥去，更谈不上彻底地忘记；再想想那个刚刚断奶的女儿，是他的亲生父亲残忍地剥夺了这个可怜小孩的母爱。再这样下去，刘×真的承受不了了，既然没路可走了，不如……

就在刘×处于生死路抉择的十字路口时，分监区的民警经过努力，一次又一次的把刘×从十字路口拉了回来。两年里，刘×拿到了表扬，记功。无期减为 19 年 6 个月。慢慢地、慢慢地，刘×走出了阴影，彻底摆脱了长时间纠缠他、妄图撕裂他的恶魔。

为了挽救罪犯刘×，心理医生不断介入，危机干预不断深入，民警谈话随时跟进，病情会诊不间断施行，各种数据和指标的对比研究实时进行。除此，民警还绞尽脑汁频频出新招。

（一）严密监控，重防自杀

对于这样一个对人生自以为毫无牵挂、无所留恋的罪犯来说，短时间要消除其自杀心理根本就是徒劳的，唯一的办法只有首先将其严格控制起来，不让他有外部的可乘之机。为此监区和分监区领导几经酝酿，挑选富有个别教育经验的民警包教，筛选出责任心强、做事扎实细心的包夹罪犯对其进行 24 小时的不间断的严格控制，并且要求包夹罪犯及时汇报罪犯刘×的反常行为，及时了解该犯的真实情况，特别是其思想状况。这样刘×一天的言行举止都牢牢掌握在民警手中，从而为做好思想转变工作打下坚实的基础。

（二）查找阴影，正本清源

经过一段时间的观察和包夹罪犯的汇报，民警了解到，刘×晚上老是睡不着，有时会偷偷地躲在被子里哭泣，而且几乎每天晚上都是如此。有时半夜三更会被噩梦惊醒。开始民警与其个别交谈时，该犯总是说没有事情，随之便是长时间的沉默。看来正面的询问刘×是不太愿意说实话的，与其碰壁不如换种方法。于是民警一改过去严肃的面孔，尽可能创造一种轻松的谈话氛围，海阔天空和他“侃大山”，侃他老家的山山水水、侃他老家的经济发展、侃他的人生经历，有意识地不侃他的婚姻和家庭。时间一长刘×与民警的距离慢慢拉近了，感到民警真的是在关心自己，封闭的心理防线也开始慢慢解除，对民警的询问也不再像过去那样缄默不语了，有时还会主动跟民警说一些自己闯荡社会的经历。细心的民警发现刘×从来都不谈自己的妻子和女儿的事情。看来刘×做噩梦肯定与此有关，只不过他无法面对而已。民警到了考虑如何找个时机切入主题的时候了。一天，民警和他聊着聊着，突然问了一句：“听说你妻子长得蛮漂亮的?”刘×一颤，沉默些许点了点头。在民警精心设计的“圈套”里，刘×终于说出了那一段使他刻骨铭心的爱和痛。

刘×出生在安徽的一个小山寨，祖祖辈辈“面朝黄土背朝天”，朴实憨厚、恪守本分。他从小体弱多病，加上个子矮小便时常受到同龄人欺侮，幼小的心灵就遗有忍辱负重而又极具反抗的双重意识。

为改变命运，他16岁初中毕业后就来到广东、浙江等地打工谋生，后拜师学艺做了适合自己体型特点的个体裁缝，日子平凡无奇却也充实有加。自从王×这个与金庸先生《射雕英雄传》笔下的那个“黄蓉”名字谐音的女人闯进了他的生活后，刘×的人生才发生了颇具戏剧色彩的根本性变化。刘×本人身材矮小，一副弱不禁风的骨架，加上裁缝师傅特有的轻声细语，让人一看就是那种憨厚老实型的一类；而其妻却年轻貌美，一米六五的高挑个子，在外形上与刘×形成了鲜明的对比，真是应验了那句古话：“一朵鲜花插在牛粪上！”

有了这样一个妻子，刘×心满意足，认为这是老天赐予自己的福分，因而十分珍惜这份来之不易的感情，对妻子也总是百般依顺，悉心呵护，小日子过得有滋有味。不久，宝贝女儿的诞生更是增添了家庭的快乐。可是这样的美满日子过得并不长，“西门公子”的闯入，使现代版的“武大郎与潘金莲”的悲剧果真在他们身上上演了。

刘×的妻子在杭州城某大酒店当服务员，特殊的行业，不但接触的面广，而且交往的人也多，那女人的心理便开始有了些许的不平衡。虽说他们夫妻俩是自由恋爱，感情也颇为不错，但随着时间的推移，王×时常有某种失落感，看看自己长相不俗，却嫁给了一个现实版的“武大郎”，要才没才，要财又没财，慢慢地便与丈夫在心理上拉开了距离，最后居然瞧不起了这个个头矮小的“刘大郎”。

慢慢地，王×开始打扮起自己来，一个身材苗条又颇具几分姿色的女人，自然引起了周边不少男人的垂涎。果然，一个男人便闯入了她的生活，最终勾搭成奸。很快，两人的婚外情便发展到了公开和无所顾忌的地步。

在处理妻子的外遇问题上，刘×还是颇有男子汉气度的，他总想竭力挽回这来之不易的婚姻。他没有太多责怪妻子，而是采取宽容、忍受的态度，婉言相劝妻子，希望妻子珍惜难得的感情，更要为女儿考虑。因为他需要一个完整的家，女儿也一样需要。可已经红杏出墙的妻子，根本听不进丈夫的规劝了。悲剧终于不可避免地发生了。

2002 年 4 月 13 日凌晨，刘×与往常一样如期去接下班的妻子回家，恰遇那“西门公子”也在等待其妻，走火入魔的妻子死活不肯回家，定要跟那男的走，揪心的刘×花费了好大的口舌总算把妻子劝回了家。可刚到家，那男的就已经尾随而至，在出租房楼下大喊他妻子的名字，一副刘×妻子不跟他走誓不罢休的样子。也许这个时候，刘×的妻子能够稍许收敛一些，悲剧就不会发生。但刘×的妻子最终还是抵挡不住激情的诱惑，居然非要跟那男人走。长久的争吵不可避免地发生了，一直延续到深夜。

斗不过妻子的刘×如丧家之犬，跟着妻子出了门，到附近草地上，三人开始了“感情谈判”。王×表示从来都没有喜欢过刘×，真正喜欢的是第三者叶×。叶×也表示喜欢王×。三人争吵不休直至次日凌晨，疲惫不堪的刘×夫妇回房准备休息，叶×却仍在屋外徘徊。王×更是步步进逼坚决要与刘×离婚，要和叶×一起生活，丝毫也听不进刘×的好言相劝和苦苦哀求。由于第三者明目张胆的挑衅、妻子的冷面绝情、身心的极度疲惫、精神的极度刺激，此时的刘×，在人性与兽性的角斗中，终于失去了理智，绝望中将自己心爱的女人活活掐死，自己也走上了不归路……刘×没有出逃，他冷静地安顿好女儿之后，一个人走进了派出所投案自首。

一段不堪回首的往事。倾吐之后的刘×对民警说：“我是真的爱她的，到现在我也不恨她。”说得最多的就是“我对不起我老婆”。毕竟是他自己亲手剥夺了妻子鲜活的生命。他晚上一睡着就会做噩梦，梦见妻子找他报仇。原来在没认识妻子之前，刘×处处都遭到世人的歧视，认为自己个头小，有人甚至叫他“刘大郎”。结识了妻子后，认为妻子这么年轻漂亮，看得起自己，一直都认为妻子是真正对他好的人。所以，可以这样说，刘×是为了妻子而存在的。

（三）亲情感化，春风化雨

希望是生命的源泉。刘×心里的恶魔，不是什么，是他对生活没有了寄托。在刘×的眼里，妻子是他的全部，是他的唯一。没有了妻子，活着也就失去了意义。但是想要消除妻子在刘×心里的地位，并非易事啊。也许通过家人的亲情感化是一个不错的选择。

民警了解到一个细节，1998 年年底，刘×与妻子生下了小孩。但是，断奶后，刘×和妻子就将女儿交给了其父抚养。显然，在刘×的眼里，女儿的问题还没被考虑过。为了帮助刘×走出其妻子所笼罩的阴影，民警们希望通过其女儿来感化他，从而起到“移情”的效果。于是，民警亲自动笔，写信到刘×的老家，请求其父最好能够把刘×的女儿抱过来，让他们父女见上一面。还要求刘父最好能够教会小孩说几句诸如“爸爸”、“听话”之类的简单话语。

2003 年 4 月 21 日，刘×的父亲和他的一个姐姐带着一个小女孩前来接见。隔着铁窗，刘×见到了他那并不十分挂念的女儿。见着自己那并不“熟悉”的女儿，刘×呆住了，真的是自己和妻子共同的结晶么？长得真像妻子啊……随着女儿“爸…爸…”咿呀学语，刘×再也无法控制自己压抑已久的情感，隔着铁窗，抓住女儿的小手，不停地摇，眼泪再也控制不住了，哗哗地往下流。小女孩看着久违的爸爸，小眼睛睁得老大，“爸爸怎么了”小手穿过铁栏栅朝着爸爸的眼睛抹去，擦了擦爸爸的眼睛，仿佛在说，爸爸，不要哭。刘×抓住女儿的小手，放在自己的脸上，泪如泉涌。此时此刻，在刘×的脑海里，亲情，还有女儿，这所有的一切又重新归来。女儿成了他的全部，移情初步奏效。

在回监房的路上，刘×低着头走完了全程。他在想什么，下一步又会干什么？当天民警并没有急于找他，欲来一个“欲擒故纵”。晚上又是一夜的未眠……第二天晚上，他主动来找警官谈心了，出乎意料的是，他听说大西北减刑政策好，请求民警能不能调大西北的时候让他去。他情绪很低落，不管警官如何地教育都听不进去。此时，我们的工作又陷入了僵局。

（四）发挥特长，真诚挽救

“调大西北”？为什么会是在见到家人、见到他女儿后提出来呢？其实他还是有“药”可救的。他还会想到减刑，想到出去。这不是一个人生命的动力所在，一个罪犯的改造动力所在么？

为了进一步走近刘犯，特意将几个平时和他比较合得来的罪犯安排在他的周围，民警也多方面给予关心。因为，抛开一个执法者的角色，无不为他的经历所怜惜。通过一段时间的情况反映，妻子的名字，慢慢地说得少了，平时的信件里和父亲谈得更多的是女儿的事情。虽说，自杀情结有了明显的改善，但是改造上不去，压力还是很大。谁又会知道，他会干出什么事情来呢？

这时，民警得到一个走出工作困境的良机。2003 年 8 月，刘×所在的分监区并入了箱包车间。考虑到刘×以前从事过服装加工，民警马上将其作为箱包缝纫机的技术骨干，他还成了分监区的 QC 小组成员。在 2003 年度“双评”中，刘×获得监狱记功奖励。2004 年 9 月，刘×获得了减刑的奖励，无期减为 19 年 6 个月。拿到裁定书的那一天，这个性格内向的小个子哭了。原来，见到了宝贝女儿后，刘×认识到抚养好女儿，这才是对心爱妻子的最好安慰，也是自己赎罪的最好回答。但是，漫漫的刑期，他到什么时候才可以承担起抚养女儿的责任呢。改造分数这么低，这刑怎么减，所以他产生了去新疆改造的念头。但是从事箱包生产后，发挥了刘犯的特长，考核分名列前茅，加上民警的关心，同犯们的热情帮助，使其树立了改造信心。刘×告诉警官：“等我回去，女儿应该刚刚上初中，我要挣钱供她读书。”

（五）平稳过渡，积极改造

通过各种心理测试，结果表明罪犯刘×的焦虑情绪显著降低、厌世情结基本消除，其正确的世界观、人生观和价值观正在逐步重塑。当初民警为其设计的改造规划也逐步实现，一是自杀倾向已经基本消除；二是平稳服刑的二级目标已经实现；三是积极改造的势头初露端倪。

现在的刘×，虽然晚上有时候还会想起死去的妻子，也会轻声叹息，但是他再也不会整天沉溺于自责和连绵的噩梦之中了。一个既是害人者又是被害者，一个曾经经历不平和无数忧伤的社会底层者，一个曾经背负沉重包袱的改造低迷者，在民警的感召、亲人的关怀、社会的帮教以及自身的不断调节下，终于走出改造的“沼泽地”。2004 年度、2005 年度他连续获得监狱记功奖励。2006 年年初，考虑到其家庭有特殊困难，也考虑到为刘×创造一个更为便利的改造环境，分监区决定将其调回原籍改造。临行前，刘×最后一次找民警谈心，此时的刘×已经完全没有了起初的胆怯、懦弱和羞涩，他说：“警官，假如没有你们的关心和帮助，我可能早已不能活在人世。到老家后，我一定好好改造，争取早日与家人团聚，好好把女儿抚养成人，谢谢你们!”民警赶快扶起要下跪的刘×：“上跪天下跪地，还有只可以跪父母的。到了那边继续努力!”看到刘×脸上露出欣喜的微笑，民警们坚信刘×的创伤已经抚平，其改造之路将越走越宽、越走越顺。

通过以上传统个别教育经验材料的学习，再对我们正在实践的个别化矫正方案的进一步理解，不难发现两种模式还是有明显的区别的：传统的个别教育更注重民警的人格魅力影响、反复谈话、社会帮教、亲情感化等经验型的、极其真诚的情感挽救方法；个别化矫正措施更强调个体的矫正需求与矫正技术的选择与应用，讲究矫正方法的科学性和实效性，同时注重计算机技术的应用和矫正效果的评估。在一定的程度上而言，两种模式各具优势，也具有共通点，目的是一致的，可以说，个案矫正模式是个别教育模式的技术深化。

第三节 矫正项目设计

本文所指的矫正项目仅指监狱等矫正机构专门用来实现罪犯某一个或某方面具体矫正目标的系统化、程序化、规范化并具可操作性的干预措施或课程。矫正项目一般具有科学性、专业性、系统性和规范性等特点，加上矫正项目在矫正罪犯的实践中不断得以拓展，同时需要各种学科的知识融合，因而又具有整合性、开放性、学科综合性和灵活性、多样性的特点。矫正项目是个别化矫正方案中的基本模块。矫正机构正是依赖于一个个的矫正项目来开展对罪犯的教育矫正工作的。欲对罪犯个体进行行之有效的个别化矫正，首先得编制个别化矫正方案，而个案矫正项目的选择和编制等一系列完整的设计，正是其中的重点。

一、矫正项目设计要素、原则和基本要求

一个完整的矫正项目的设计通常包括以下九个组成要素：项目名称；项目目标；适用对象；工作原理；干预方式；进度安排；关键要点；考核评估；备注说明。矫正项目的选择、编制等系列设计应当遵循教育矫正罪犯的基本规律，其设计有其基本原则和要求。

（一）确保监狱安全的原则

监狱是社会的“控制阀”和“稳定器”，是满足公众安全需要的纯公共物品之一。边沁曾言：“在法律力图达致的目标中，安全是主要的和基本的目标。”前南非总统曼德拉更是断言：“安全的监狱是使我们的司法系统成为对付犯罪的有效武器的重要因素。”不言而喻的是，唯有监狱的安全保证才能使预先设计和采取的矫正项目得以成功实施。“以高质量的工作人员和犯人之间的关系为基础的互动安全（inter-active security）或者动态安全（dynamic security），才是创造一种安全环境（secure and safe environment）的最

好方式。”[①] 监狱安全有赖于监狱内部良好的关系以及对罪犯的积极矫正，这是一个互动的过程。罪犯与监狱管理人员之间建立良好的关系最能确保监狱的外部和内部安全。因而，矫正项目的选择以及设计，理应充分考虑是否能确保监狱的安全，这是一个首要的也是不可逾越的基本原则。

（二）矫正官员责任的原则

如果矫正官员能够以一种责任感帮助罪犯成为更加成熟的人，那么罪犯以后重新犯罪的风险就会大大降低。这需要矫正官员在工作中体面地对待罪犯，尊重罪犯的基本人权，让罪犯清楚自己的选择及其后果，帮助罪犯自我矫正、自我发展和自我完善。矫正官员在矫正项目的实施过程中具有引领性的方向指引作用，不但需要矫正工作人员的高超技术，更需要一种良好的职业道德观和宽广若谷的胸怀、高度的责任意识，只有这样为罪犯矫正服务的义不容辞之责，矫正官员才能与罪犯形成良好的互动，才能不断总结经验教训，不断修正矫正方案和调整适合的矫正项目。因而，在矫正项目设计过程中应当明确矫正官员的责任和义务，矫正官员也应时时谨记与对照，克服急于求成、急功近利、敷衍草率的心态。此外，根据非歧视原则，对于监狱中处于弱势地位的罪犯需要特别的矫正计划以获取平等，矫正官员需平等待之。

矫正官员的责任还体现于其专业化水平之中。没有专业化知识的支撑以及深厚的专业理论背景和职业素养，矫正官员无法深谙其中蕴含的理念，无法准确把握其工作原理与工作机制，也根本无法胜任矫正项目的管理与实施。而且，矫正项目的设计要求矫正官员不仅是一个个案管理的“专才”，更是一个通晓多学科的“通才”。

（三）罪犯积极配合的原则

在罪犯的配合下，监狱不但可以更加安全地运行，而且可以让矫正工作发挥更加积极的作用。也只有在罪犯对矫正项目感兴趣并

---

① 吴宗宪著：《当代西方监狱学》，法律出版社 2005 年版，第 17 页。

予以积极主动的合作下，罪犯才会去努力端正行为、不断提升责任感。事实表明，罪犯的矫正并不是一种监狱管理部门单方面的行为，如果没有当事罪犯的积极配合，矫正计划不可能如愿以偿得以实施，最终的矫正目标是不可能成功实现的。因而，罪犯的协同以及积极参与矫正计划与方案之中，显得异乎寻常之重要，这是一个矫正项目设计时应当充分考虑的基本原则与信念。当然，欲使罪犯能够自愿和愉悦地配合监狱方的努力，还需要为罪犯创造一个适合矫正的监狱良性环境，而其中监狱一方如何确保罪犯的监禁痛苦之最小化、如何确保罪犯的监狱生活正常化以及如何为罪犯逐步回归社会生活提供便利条件等，是其重要的努力方向。

（四）罪犯个人需求的原则

对罪犯的个人需求提供帮助，是罪犯矫正工作“以人而非监狱为导向”的一个指导性原则，这既是以罪犯教育矫正为中心的原则，也是以罪犯回归为指导的一个原则。矫正方案的设计以及针对性矫正项目之选择，皆不能脱离罪犯矫正的个体需求。监狱应当利用可用的改造、教育、道德、精神和其他方面的力量及各种协助，并设法按照罪犯所需的个别待遇来运用这些力量和协助。罪犯真正的改变和自我矫正、自我发展取决于他们自己的选择，而这种选择往往根据个体自身的需求。否则，任何不考虑罪犯自身的矫正需求的所谓改造，都将有强制改造之嫌而不能取得如期效果。

（五）社会各界参与的原则

教育矫正罪犯非监狱一家可以独立完成，需要社会各界的关心与支持，乃至直接参与其中，何况罪犯本身具有获得社会帮助的权利。罪犯与外界的联系是监狱生活的重要组成部分，也是帮助罪犯重返社会的矫正计划的基础，因而在入监之初就应考虑这种联系。在矫正项目的设计中同样不可或缺对罪犯与社会的关系问题的考虑，诸如与家属、与社区、与政府部门关系的处理。社会各界的参与不仅指罪犯在狱中得到帮助，还指罪犯服刑期满回归社会后的持续帮助，不但要为罪犯重返社会提供实质性的帮助（如提供住所和工作等)，还要帮助刑释罪犯克服公众的负面态度。只有这样，矫正项目的实施效果才能得以延续和持久。

(六) 矫正目标激励的原则

矫正项目的设计应当遵循过程管理与目标管理相结合的管理理念，尤其应凸显其基本的矫正目标。在矫正方案的设计过程中，矫正目标的设置十分关键，唯有目标定位准确、符合罪犯改造实际，才能使矫正方案不形同虚设、矫正项目不流于形式。个别化矫正方案的设计应当包含对罪犯良好行为表现的激励因素，罪犯个体从中得到好处就会更加约束自己的行为。通过设置现实的分阶段分区块的矫正目标并努力实现之，可以不断激励罪犯的积极行为、鼓励其合作和不断增强其责任感，重塑其灵魂，重拾其信心，最终为重返社会打下坚实基础。罪犯在狱中选择矫正项目的机会是非常有限的，尤其是规模大的监狱，罪犯的选择余地更显狭窄，所以在有限的矫正资源中求得适合于己的项目对罪犯而言异常难得与珍贵，作为矫正方案的设计者有义务、有责任去为罪犯争取适宜的矫正项目，为其订立实际的矫正目标，并为罪犯矫正目标的实现而竭尽所能。当然，矫正目标激励的原则（正刺激、正强化）不排除对行为表现差的罪犯相应的惩戒措施（负刺激、负强化)，体现监禁的惩罚性和刑罚的公平原则。

最后，运行资金支撑的原则固然不可或缺。矫正计划对罪犯而言具有根本性的意义，资金问题不能作为监狱不为罪犯设计矫正计划、实施矫正项目的理由。然而，各种预先设计和选择的不同类型的矫正项目都需要一定的资金支撑，否则将成为束之高阁的空言。个别化矫正方案设计时还应充分考虑成本与效益、投入与产出的问题以及充分考虑国情、社情、狱情和民众的情绪，严格防止出台昙花一现的“作秀式方案”和一切脱离现实环境的项目设计。

二、常见矫正项目分类

监狱按每一罪犯的个人需要，使用一切恰当的方法，包括选择

适宜的矫正项目。在国际上，矫正项目的选择一般围绕宗教照顾教育、职业指导和培训、社会个案调查、就业辅导、体能训练、道德性格的加强等方面进行。大多数的矫正项目皆是针对大多数罪犯面临的四个主要问题组织的：不适当的文化教育；欠缺的职业培训；不完全的工作就业；有缺陷的社会和心理学治疗。[①]

常见的矫正项目可以对其进行如下的归类：

（一）认知矫正项目

认知矫正针对的是个体不良的思想意识问题、认知能力低下或缺失、认知片面等问题，其中心目标是改变罪犯个体冲动性的、自我中心的、不合逻辑的、僵硬的思维方式和推理模式，建立起良好的认知模式，即认知重建或认知技能塑造。罪犯的认知缺乏往往来自于受教育的缺失。认知矫正的一个基本目标就是使罪犯能够会读、会写、会拼字、会计算，懂得做人的底线，懂得法律的意义、懂得道德的制约。目前的认知矫正一般由教育（如传统的政治文化教育，但这里的教育更宽泛）来完成，包括世界观、人生观、价值观教育；常识教育；文化知识教育（扫盲教育、基础教育、中等教育为主）；传统文化教育；法制教育（如常见的认罪服法教育）；道德教育；科普教育；美学教育；信息技术教育；形势政策教育；理想前途教育等。由于个体的犯因性不一，在集体教育的同时应根据特定个体的认知水平状况开展针对性的个别化认知教育，如一对一的文化补习解决知识匮乏问题；一对一的认罪服法教育解决法律意识缺失问题；一对一的良好人际关系处理教育解决江湖哥们义气问题等。

（二）行为矫正项目

行为矫正针对的是个体不良的行为与习惯。个体行为不良的原因是潜在的情绪问题，尤其是极端的行为往往与愤怒等情绪相关联，故行为矫正理应包括不良情绪的自我控制，帮助罪犯个体学习

---

① 吴宗宪著：《当代西方监狱学》，法律出版社 2005 年版，第 640 页。

和使用愤怒情绪控制技能，其核心是帮助罪犯个体“掌握减轻和控制愤怒情绪的技能，减少与攻击行为发生有关的情绪唤醒的频率，减弱这种情绪唤醒的强度。同时，要让犯罪人学会使用解决冲突的亲社会技能”。①

治疗性计划所针对的是包括犯罪在内的罪犯的行为问题，如制怒和学习如何拒绝。治疗性计划可以帮助罪犯理解并改正自己的行为，有利于罪犯重返社会。监狱中转变罪犯的态度至关重要，通过行为控制与矫正，个体行为发生转变，从而影响个体态度和价值观的改变，罪犯个体最终明白自己应当用负责任的方式满足其需要、应当进行更加有责任心的行为。

懒惰是制造邪恶的工厂，懒惰是许多罪犯个体之所以走上犯罪之路的一个重要行为取向。而在监狱中的无所事事、懒惰、厌倦的状态，将增加罪犯由于“消磨时间”而产生的监禁压力，也将极易“无事生非”，增加狱内的各种消极行为、敌意乃至暴力行为的发生率。因此，行为矫正应当严格关注监禁者的懒惰问题。解决懒惰问题最优的选择就是让罪犯参加劳动以及填满罪犯无所事事的那些空闲时间，让罪犯时时参与到矫正计划之中，让有益的、建设性的活动（劳动、教育、治疗、娱乐活动等）和矫正活动占据罪犯个体的大部分时间，同时也可以增强监狱秩序和稳定性。因此，个别化矫正方案的设计与项目实施，应围绕行为矫正而充分运用时间管理法。

（三）技能训练项目

技能训练项目包括社会技能训练、服刑职业生涯规划和职业技能培训等诸内容。社会技能训练主要是基本的社会生活技能训练，生活技能教育侧重于让罪犯学习在社会生活中必须具备的基本技能的教育，如基本生存技巧（独立生活技能、生存技能和生活适应技能）、公民技能、健康与安全技能、压力缓解技能、子女养育与

---

① 吴宗宪著：《当代西方监狱学》，法律出版社 2005 年版，第 665 页。

家庭技能、良好的人际沟通处理技巧、自信与决策能力、财产管理和消费技能、社区资源使用技能、闲暇时间管理技能等。罪犯个体的职业技能培训应当与监狱劳动密切联系，以提高其学习和培训的直观性、兴趣与积极性。职业技能培训应当是罪犯在重返社会后可以在市场上使用的职业技能方面的培训，即应考虑促进个体的发展以及社会劳动力市场的趋势。罪犯个体的职业技能培训还须穿插寻找工作技能、就业选择能力的训练。

（四）心理危机干预项目

个别化矫正方案除常规性的要解决个体监禁烦恼、紧张、焦虑、孤独、郁闷等一般心理问题之外，很重要的一个设计即是对个体出现严重心理问题甚至出现心理危机时的干预和介入。

（五）再犯预防教育项目

再犯预防教育项目应当贯穿于罪犯个体矫正方案实施过程的始终。更为重要的设计在于罪犯重返社会前的强化教育。该项设计当与再犯预测相衔接。

第九章　中期教育方法
——分类教育设计

分类是保障监狱教育有序进行的前提条件，分类的科学与否直接关系着监狱教育的质量。在现实监狱实践中，按传统分类、分押、分管的原则进行的分类教育存在简单粗放的弊端，已经不符合今天行刑个别化的刑罚价值取向。那么怎样的分类是符合科学精神，有利于矫正罪犯的呢？分类完成后什么是可以施行的有效矫正手段呢？本章探讨的主要问题有：

1. 分类教育的历史沿革与现状。
2. 多元维度下的分类依据。
3. 多元维度下的分类教育。

第一节　分类教育的历史沿革与现状

所谓罪犯“分类”，就是决定如何关押和矫正罪犯的过程。应该说，罪犯分类并不是一个陌生的概念，一直是监狱学理论研究中的一项重要内容。不同历史时期的罪犯分类反映了当时监狱工作的发展水平。随着监狱学的发展，对罪犯分类的认识也在不断深化，这种过程也是一个“由现象到本质”的过程。自从有了监狱史，每个时代都有其代表性的罪犯分类模式。我们不能割断历史谈罪犯分类。回顾历史，能启迪我们对罪犯分类的思考，发展和创造更加科学的罪犯分类体系。

一、国外罪犯分类制度的历史沿革

国外罪犯分类制度产生于16世纪末。它首先被应用于对罪犯的分类监禁。一般认为是1595年、1597年荷兰建立的男犯监狱和女犯监狱。这种模式对世界各国影响很大。此外，英国16世纪中期，也建立了矫正院、感化院。这可以认为是罪犯分类制度的萌芽，从罪犯分类制度的分期上看，这是初创阶段。这一阶段一直持续到18世纪末。最典型的分类制度是美国。1773年，美国建成沃尔特街监狱，监狱根据囚犯的性质分别关押。经过近3个世纪的发展，特别是伴随资产阶级革命的成功，先进的刑罚思想空前活跃，进而影响到了监狱制度，影响了罪犯的分类监禁，国外罪犯分类制度进入形成时期。尤其是19世纪诞生于美国的“独居制”和“沉默制”被公认为世界监狱制度改革的里程碑。“独居制”因最早实行于美国宾夕法尼亚州的费城监狱，所以又称“宾夕法尼亚制”或“宾州制”。“独居制”的理论认为：罪犯的改恶从善，必须在严格独居下才能成功。当时的“独居制”分为严格独居制和缓和独居制两种类型。严格的独居制要求罪犯不许出监房，罪犯之间不许随意互进监房，也不许参加劳动。缓和独居制则要求罪犯在日间劳动时仍独居，但在运动、娱乐、教诲时可与其他罪犯在一起。西方监狱学理论认为，独居制的优点在于：使罪犯在独居的环境中，认识到刑罚的严厉；促其悔过改正，同时可避免相互犯罪感染。而“沉默制”由于首先实行于美国纽约州的奥本监狱，所以又称“奥本制”。“沉默制”要求罪犯夜间分房监禁，白天杂居劳动作业，但要保持绝对沉默，严禁罪犯之间交谈，避免发生相互争斗、预谋犯罪等。西方监狱学理论认为，沉默制的优点在于：禁止罪犯任意交谈，可避免罪犯相互之间犯罪感染。罪犯共同劳动作业可使罪犯社会适应能力增强。这两种理论和实践对世界罪犯分类产生了广泛影响。此间，英国、德国、日本等国家也都大力推进包括罪犯分类制度为主要内容的监狱制度改良。尤其应当注意的是，自1846年起，国际监狱会议在罪犯分类制度的发展中起了积极推动作用。罪犯分类制度的创新从20世纪初开始，大约持续了50年。罪犯分类工作创造了诸如矫正、康复的多种模式。第二次世界大战后，罪犯分类制度同其他社会政治制度一样得到较快发展，是罪犯分类制度的发展时期。这一时期，罪犯分类制度具有广泛性、规范性、科学性、组织性的特点。罪犯分类方法、体系、理论得到全面创新。

二、我国现行的罪犯分类制度

1949年10月1日，伴随着新中国的成立，中国监狱制度逐步走上文明的轨道。历经60多年的风雨历程，对罪犯的分押、分管模式也在不断地变化、更新。从1954年开始，在政务院公布并实施的《中华人民共和国劳动改造条例》第3条第1款中就规定："犯人的劳动改造对已判决的犯人应当按照犯罪性质的罪刑轻重，分设监狱，劳动改造管教队给以不同的监管。"1956年12月，公安部十一局在《关于对犯人实行分关分押制度中几个问题的通知》中也明确提出："对犯人实行从严、一般、从宽三种不同管理制度。"1962年，在公安部制定的《劳动管教工作细则（试行）》中又进一步规定："监狱、劳改队应当对各类罪犯分别编队、分别关押、区别对待，并对不同性质的罪犯分别地、有步骤地进行政治、文化和技术教育。"据此，我国监狱逐步分为了监狱、劳改队、少管所、拘役所和看守所，并对罪犯分不同类型进行了关押。但受"文化大革命"的干扰，全国监狱系统的罪犯分类工作一度被迫中断。直至20世纪80年代，上海的部分监狱才重新开始罪犯分押、分管、分教的试点。此后，不少监狱也相继尝试罪犯分类工作。1991年，司法部在总结部分监狱罪犯分类工作的基础上，制定出台《对罪犯实施分押、分管、分教的试行意见（修改稿）》，对罪犯实行分押、分管、分教，并将"横向分类、纵向分级，分级处遇、分类施教"确定为罪犯分类原则。在实际操作中，按照罪犯的刑期长短、罪行、年龄、性别等特点，将监狱分为监狱、劳改队、少年犯管教所、看守所和拘役所。自此，全国大部分监狱按“暴力型”、“财产型”、“淫欲型”和“其他”四大类型对罪犯实行分别编队。直至1994年12月29日，全国人大常委会颁布的《中华人民共和国监狱法》第39条规定：“监狱对成年男犯、女犯和未成年犯实行分开关押和管理，对未成年犯和女犯的改造，应当照顾其生理、心理特点。监狱根据罪犯的犯罪类型、刑罚种类、刑期、改造表现等情况，对罪犯实行分别关押，采取不同方式管理。”因此，从名称上只存在监狱和未成年管教所，监狱又分为男犯监狱和女犯监狱，或者个别监狱专门设有女犯监区。男犯监狱又大致分为重刑犯监狱和普通刑事犯监狱。事实上，这样的分类制度与当前我国监狱工作科学化、专业化、个别化的要求是不相符合的，与发达国家基于罪犯评估结果的分类矫正制度尚有很大的差距。

进入21世纪，我国不少监狱又进一步详细划分了罪犯分押的级别。例如，北京市监狱管理局目前实行的《罪犯分级管理规定（试行）》，就是根据罪犯的犯罪史、犯罪性质、原判刑期、服刑时间和现实改造表现等综合情况，将罪犯划分为“一级严管”、“二级严管”、“普管”和“一级宽管”、“二级宽管”五个等级，并在拨打亲情电话、离监探视、与亲属团聚、减刑幅度等方面给予不同等级罪犯不同的处遇。同时，根据罪犯入监、中期、出监教育三阶段的不同特点，在天河监狱建立集中入监教育基地，在未成年犯管教所和清河分局清园监狱建立集中出监教育基地，为以满足改造需求为核心对罪犯进行科学分类奠定了坚实基础。

三、我国现行罪犯分类模式的主要弊端

目前，我国监狱现行的罪犯分类模式，是以司法部1991年推行的《对罪犯实施分押、分管、分教的试行意见（修改稿）》为基础，逐步完善、发展到今天的结果。从单纯的狱政管理学来说，具有一定的科学性和合理性。但是，需要指出的是，我国现行的罪

犯分类体系，在设计上缺乏逻辑性，存在分类单元概念模糊，系统混乱等一系列不利于对罪犯实施矫治、教育和改造的地方，需要进一步完善。其中，比较突出的问题有：

（一）没有对罪犯形成有效的奖惩激励

现行的罪犯分类制度是以犯罪性质（犯罪类型）为主要标准实行的分别关押，是一种按照已然情况进行的一次性静态分类。对于一名罪犯而言，无论分到哪个监狱或监区，只要服刑时间达到要求，没有重大违纪、能完成劳动任务，就可以提升处遇级别，完全不考虑罪犯改造情况的差异，很难使罪犯从心理上形成一种改造的压力和动力，不能充分调动罪犯改造积极性。

（二）没有对罪犯形成明确的警戒分类

现行的罪犯分类制度因为过于简单，不能体现罪犯现实的改造情况和危险性，导致各监狱和监区之间在警戒设施、警力配备以及管理方式上没有明显的差别。由此造成在对一些过失犯、悔改犯等不具备危险倾向罪犯的管理中，浪费了许多不必要的人力、物力资源。以致对于各种危险倾向较高的罪犯，难以实现过硬的防范，使他们常常在监管和控制力量不足的情况下，突发一些监管安全事故。分押的主要问题之一，是没有相应的监狱分类相匹配；应当根据罪犯的人身危险性将其分押于不同警戒度的监狱。

（三）罪犯分类没有体现出教育的特征

分押的目的主要解决了“交叉感染”的问题，但不能解决“深度感染”。分押是为了接下来的分管与分教。分管工作在现实监狱工作中得到了一定的体现，但分教工作没有深化，罪犯分类后如何分教，我国监狱在此方面探索不足，没有深入下去，主要原因之一可能是已有的分押工作依据了罪犯的外在特征（如年龄、性别及案由等），而没有根据罪犯的犯因性缺陷来分类，从而导致分教工作难以深化。

第二节 多元维度下的分类依据

一、基于团体辅导理念的分类

分类教育是根据不同类型罪犯的特点，分门别类地实施有针对性的教育。分类教育是个别教育的抽象化和集体教育的具体化。相同的性别、年龄、犯罪性质、刑期、人生经历、心理特征和思想行为特点的罪犯一般都有大致相同的需要，针对每类罪犯的特点和需要实施有针对性的分类教育，既可以缓解施教警力紧张的问题，又可以实现教育的针对性。同时，分类教育能够与分类管理有机结合起来，促进每类罪犯的行为养成，有利于促进监狱的安全稳定。传统的“三分”只是从性别、年龄、刑期长短等做一简单的分押、分管和分教。从上海的实践经验看，按犯罪类型的分类教育亦没有成功。大刀阔斧的改革在行刑领域应慎之又慎，我们试图构想不改变分押现状的分类教育，按服刑人出现问题的情境临时建立类群，施以科学的、规范的教育手段，达到解决问题的目标，我们认为这是目前最为可行的分类教育。基于团体辅导理念的服刑人分类教育符合我们的分类构想。

（一）团体辅导的概念

团体辅导是在团体情境下进行的一种心理辅导形式，它是以团体为对象，运用适当的辅导策略与方法，通过团体成员间的互动，促使个体在交往中通过观察、学习、体验，认识自我、探讨自我、接纳自我，调整和改善与他人的关系，学习新的态度与行为方式，激发个体潜能，增强适应能力的助人过程。

从定义上看，我们可以从两个方面加以理解：第一，团体辅导是心理辅导的一种形式。心理辅导的形式有两种，一种是个体咨询，另一种就是团体辅导。第二，它是通过“团体”的方式去辅导他人。个体咨询与团体辅导是相辅相成的两种辅导形式，根本目标是一致的，都是为了帮助个体成长、发展与适应。但是，个体咨询与团体辅导是有区别的，两者各有其特征及有效范围。团体辅导的部分效能是个体咨询无法达到的。团体辅导与个体咨询相比，有其独特的优势。

（二）团体辅导的功能

团体辅导具有教育、发展、预防与治疗四大功能。这四大功能相互联系、相互渗透，在团体辅导过程中共同起作用。对人格健全的人来说，团体辅导有助于他们深化对自己的认识，改善人际关系，增强自信，提高适应能力，使自己的潜能得到最大程度的发挥，预防心理问题的产生；对人格欠缺的学生而言，团体辅导可以帮助他们认识自己的问题，通过与团体成员的互动，减轻症状，培养适应能力，增进心理健康。

1. 教育功能。团体辅导的过程是一个借助成员之间的互动而获得自我发展的学习过程。团体辅导非常重视成员的主动学习、自我评估、自我改善，有利于成员的自我教育。团体辅导的过程还有利于培养成员的社会性、学习社会规范以及适应社会生活的态度与习惯。成员在团体中可以进行信息交流，相互模仿，尝试与创造，学习人际关系技巧等，这些都具有教育的意义。

2. 发展功能。团体辅导的积极目的在于发展的功能。通过辅导给予成员启发与引导，满足成员自我发展的需要，促进其对自我的了解与接纳，学习建立充满信任的人际关系所必备的技巧与方法，养成积极应对问题的态度，树立信心，培植希望，充分挖掘个体内在的潜能，促进心理良好发展，培养健全的人格。

3. 预防功能。团体辅导是预防心理问题发生的有效途径。团体辅导可以使成员加深对自己的了解与认识，懂得什么是适应行为，什么是不适应行为。团体辅导可以为成员之间交换彼此意见提供更多的机会，可以互诉心声，讨论日后可能遇到的困难及应对策略，增强其独立处理问题的能力，预防其心理问题的发生或减少心理问题发生的概率。在团体辅导中，辅导者不仅能够发现那些需要个别咨询的人，及时给予帮助，同时也能使成员对心理辅导有正确的认识和积极的态度，在心理上做好准备，一旦需要帮助，就会主动求助。

4. 治疗功能。许多心理学治疗专家强调人类行为的相互作用。团体活动的情境比较接近日常生活与现实状况，以此处理情绪困扰与心理偏差行为容易收到效果。在团体中个人有勇气面对问题或困扰，在辅导者与成员的帮助下，获得反馈，使问题得到澄清与解决。

二、基于矫正项目理念的分类

（一）矫正项目的概念

所谓矫正项目，广义而言，任何旨在实现矫正目标的做法、措施和处遇，都可称之为矫正项目。狭义的矫正项目是指监狱系统专门用来实现罪犯某一个或某方面具体矫正目标的系统化、程序化、规范化、可操作性的干预措施或课程。

在矫正项目中，矫正目标是一个重要的概念，是指罪犯经教育改造后要达到的目标要求。一般来说，总的矫正目标是“守法公民”，但因为总目标的抽象性、模糊性和笼统性，很难具体把握和考核，不知道从何做起。因此，在总目标下面，总有一些具体的、详细的、具有可操作性的二级目标的提出，然后围绕这些二级目标展开相应的具体矫正课程或措施。

（二）矫正项目的特点

1. 科学性：矫正项目的每一项内容、每一个环节、每一种方式方法和措施都不是凭空臆想的，需根据一定的理论和作用原理认真研究制定。因此，任何一个合格的矫正项目都是严格依据相关的客观规律精心编制出来的，并经过数论严密的临床实验和修订完善，使其有充分的实证依据，具有较高的科学性。

2. 专业性：矫正项目的专业性体现在开发研制人员的专业化水平和组织项目实施的专门人员。矫正项目的工作原理、干预方式与进度安排都是由具有相关领域知识背景、技术和经验的专业人员精心编制；实施者也必须具有相应专业背景才能准确深入地理解和把握。

3. 多学科性：矫正项目的制定、实施和矫正目标的实现往往需要融合教育学、心理学、生物学、遗传学、社会学、法学、统计学、医学、行为学、伦理学等多门学科的知识，利用多学科的原理、规律矫正罪犯。

4. 规范性：为了最大限度减少实施过程的随意性、经验性，矫正项目注重规范化建设，不仅在适用对象、内容设置、时间安排、干预方式、考核评估等大的方面作出严格统一的规定，而且对每一次干预课程或措施，每一个重要环节的细节都制订详细而明确操作规程。这样也使矫正项目的推广具有可重复性。

5. 整合性：矫正项目实际上是一个将罪犯教育改造理念、内容、方法技术等方面有机整合在一起的矫正综合体。作为一个集成体，它浓缩了罪犯教育的全貌，可以被视为整个罪犯教育改造的缩影，反映了教育改造工作水平。

6. 开放性：矫正项目在发展上不保守自封，不墨守成规，只要有利于矫正目标的实现，有利于矫正成效，都可以被纳入到矫正项目中来。可见矫正项目本身是开放、先进、兼容并包和富有生命力的。

（三）矫正项目的构成要素

一个完整的矫正项目通常包括以下几个组成要素：

1. 项目名称。

2. 项目目标：这是矫正项目中尤为重要的要素，既是矫正技术选择的依据，也是矫正成效的检验标准。

3. 适用对象：项目适合哪些罪犯参加。

4. 工作原理：矫正项目设计的理论基础或运用的工作机制。

5. 干预方式：指项目中具体安排的课程或活动方式。

6. 进度安排：时间和内容安排。

7. 关键要点：拟解决的关键性问题。

8. 考核评估：考核项目的有效性。

9. 备注说明：交代补充事宜。

我国的监狱行刑应顺应世界行刑的历史潮流，采用新的行刑理念和教育矫正措施，继续推进监狱管理的现代化，积极推动行刑社会化的工作。这样，既能提高对罪犯的教育矫正效果，又能有效降低刑罚执行的资源消耗，从而能够更好地实现刑罚执行管理改革的目标，为我国现代化建设提供坚强有力的司法保障。

三、基于犯因性问题的分类

（一）犯因性的概念与分类

所谓“犯因性”是指“犯罪原因的”、“具有犯罪原因性质的”、“起犯罪原因作用的”意思。犯因性通常分为犯因性环境因素、犯因性生理因素、犯因性心理因素和犯因性行为因素。

1. 犯因性环境因素。犯因性环境因素是指在个人成长和发展过程中影响和促使个人形成犯因性个人特征的环境，从与犯罪行为发生的关系角度来讲，它是一类较为久远的环境，对犯罪人的作用是在长时间内逐渐发生的。包括：（1）不良家庭环境：是指在家庭气氛、家庭道德状况、家庭结构、家庭经济状况等方面存在缺陷的家庭。父母教养方式不当，亲子关系恶劣；家庭成员的不道德行为，往往成为其他成员效仿甚至被教唆的对象；死亡或离异等破裂家庭结构；贫困家庭；这些因素都对犯罪行为的发生有重要的影响。（2）不利的学校环境：学校风气不良是重要的犯因性因素，对儿童的影响来说，甚至超过家庭影响。不喜欢学校是少年犯罪动机的一种重要来源，少年犯罪是缓解不愉快的学校经历所引起的挫折感的一种手段。（3）不良交往与犯罪亚文化：不良交往是指与道德品质差甚至进行违法犯罪行为的人进行的交往，在交往过程中因受不良影响而产生和对方类似的不良观念、嗜好和行为。深入的、经常性的交往可能会形成相对固定的人群，这些人群有自己的价值观和行为模式，这就是我们通常说的群体“亚文化”。犯罪亚文化是指与犯罪活动密切相关的一套价值观念和行为模式。与犯罪帮伙的交往不仅学会了犯罪技术，更有犯罪动机、内驱力、合理化和态度的影响。（4）不良的工作环境：工作环境中的人际关系、社会心理气氛、领导的风格和管理方式、同事的道德观念、业务活动中的守法状况等都会对个人产生显著的影响。如果这些方面的因素都具有犯因性作用，那么在群体压力和组织迫使下，成员很容易进行违法犯罪活动。（5）不良的大众传媒报道：大众传媒中的渲染暴力、色情和犯罪的报道，具有很强的犯因性作用，它教给人们攻击行为的方式；改变对攻击行为的内在遏制；使人们对暴力失去敏感性而变得习以为常；向人们提供了一种充满暴力的现实生活形象。（6）不良的社会风气：社会风气是社会经济、政治、文化和道德等状况的综合反映，对人的价值观、世界观、人生观的形成有直接影响。不良的社会风气具有显著的犯因性作用，导致犯罪行为产生。

2. 犯因性生理因素。自19世纪意大利犯罪学家龙勃罗梭提出“天生犯罪人”的思想以来，人们在探索犯罪人和守法者在生理因素上的差异方面做了大量的研究，主要的研究成果有：（1）生理结构的差异：英国犯罪学家Charles Buckman Goring等人对监狱中3000名男性累犯进行了犯罪人类学调查，发现除诈骗犯外，罪犯的身高比同职业群体的普通人低2英寸，体重轻3~7磅；美国犯罪学家Earnest Albert Hooton对3203名普通人和13874名罪犯进行了33个项目的人体测量，发现几乎在所有的测量项目上，犯罪人都比普通人低劣。（2）身体类型的差异：美国心理学家谢尔顿将人分为三种形态：中胚叶体型（斗士型）、内胚叶体型（矮胖型）、外胚叶体型（瘦长型）。中胚叶体型的人肌肉发达、好斗、有时狂暴，容易犯罪。而德国精神病学家克雷奇默尔也有类似结论的研究。（3）神经生理因素的差异：很多研究发现个体中枢神经系统的缺陷，譬如额叶和颞叶功能失调对攻击行为具有抑制作用，可能是反社会行为和犯罪行为的普遍特征；英国心理学家艾森克认为外倾性格的人自主神经系统有较高水平的抑制和较低水平的兴奋特征，总想寻求外界刺激，容易犯罪。再者，因为自主神经系统反应缓慢，在犯罪行为发生之际不易体验到恐惧，因此是一种可能的犯因性生理因素。（4）内分泌系统紊乱：研究发现一些神经递质的分泌情况与犯罪有关。譬如在暴力犯罪者中，有显著的5-羟色胺分泌减少的现象；有持续型犯罪生涯的男性在青少年时期都具有低的肾上腺分泌模式；男性暴力型犯罪、累犯中存在睾酮分泌过多的现象。这种现象在女性犯罪者中也有发现，女犯血液中睾酮分泌多与其攻击型行为有关；此外，妇女在经前和月经期间犯罪行为会增多。（5）脑损伤：意大利犯罪学家潘德在第二届国际犯罪学代表大会上报告了76名成年罪犯和30名少年罪犯的大脑X光检查，其中45%的成年犯和30%的少年犯有间脑损伤迹象的骨伤。

3. 犯因性心理因素。与犯罪行为发生的相关心理现象有：（1）动力因素：犯罪人的需要和兴趣往往低级、泛滥、粗俗、非正当性，且获取需要和兴趣的手段亦不道德。行为的动机往往也具有低级、复杂、贪利、任性、自私、反社会性等特点。（2）人格因素：犯罪人常见的人格特征有：反社会型人格障碍、冲动型人格障碍、偏执型人格障碍、变态人格等。具体表现为：过度发展或发展不足的超我；一种稳定的攻击特质；比一般人更加敌视和愤怒的倾向；冲动，它是很多犯罪人和守法者之间重要的差异，是预测犯罪活动的最关键的人格维度；不能延迟满足，犯罪人更多关注现在而不是关注未来，追求“此时此地”的满足。追求刺激，研究表明，犯罪人有一种更强烈的追求刺激倾向和追求轰动效应倾向。缺乏焦虑、缺乏是非标准，不会预见行为可能受到的惩罚，难于体验罪恶感和紧张不安的情绪。此外，研究还发现，在男性罪犯中比较突出的人格特征表现为自我确认、人际适应、社会价值内化、成就潜能、心理感受性均较差，对变化和复杂的情境无所适从，容易受生活打击。而女性罪犯则表现为喜怒无常、急剧变化的情绪特征，存在被动退缩、焦虑紧张、矛盾纠结、缺乏自我认知等特点。(3)思维特点：犯罪合理化是犯罪人常用的思维模式，以此来减轻或消除罪恶感、紧张感，使之心安理得地实施犯罪行为，坦然面对犯罪结果。(4)智力特点：美国著名实验心理学家赫恩斯坦和当代著名犯罪学家威尔逊认为犯罪与智力之间的联系是强有力和显著的。智力落后者更有可能成为犯罪人。如果说低智力与街头犯罪有关联的话，那么高智力则对有组织犯罪、法人犯罪有重要影响。另外，研究发现，犯罪人的言语智力普遍低下，导致他们难以用语言沟通人际冲突时往往采取武力解决的方式。(5)情感特点：如果我们把人类的情感具体化为道德感、理智感、责任感、美感、爱恨情仇等，那么犯罪人表现出的情感特点往往是：道德发展水平普遍低下，是非好坏不分，缺乏道德判断能力，道德理想低俗，道德信念自私极端，未形成道德约束机制；理智感不健全；缺乏责任感；美感异常；仇恨多于感恩。(6)情绪特点：犯罪人往往更经常性地体验到愤怒、嫉妒、失望、抑郁、冲动等消极情绪，这种消极情绪往往导致了危害行为的发生。(7)能力因素：犯罪人所缺乏的能力主要有：自我调节能力、思考能力（意味着犯罪人缺乏理性思考，难以预见行为后果）、反省能力、反应能力（意味着刑罚的一般威慑作用对其不起作用）、社会适应能力。(8)技能因素：与犯因性有关的技能因素有：职业技能（缺乏职业技能导致的家庭经济贫困是重要的犯因性因素）、社会技能（包括社交技能、抵御诱惑技能、社会观察技能、自我认知技能和感情表达与控制技能，这些技能的缺乏都会直接或间接影响犯罪行为的发生）。

4. 犯因性行为因素。个体不良的行为模式对犯罪行为的产生有重要影响。人的行为是先天素质和后天环境共同作用的产物。先天素质绝大部分来自于遗传，但生命早期尤其是孕期、产程中的那些获得性的不良影响，对个体不良行为的产生起着相关作用，如难产导致孩子的多动行为，则和产程中的获得性损伤有关。后天不良环境的影响，如暴力、凶杀的电影、电视、网游的污染等也会导致不良行为习惯的形成。人的行为大部分是后天习得的。所谓行为养成就是通过后天长期重复做而养成的不易改变的不自觉的行为生活方式，即习惯的形成。与犯罪行为相关的不良行为有污言秽语、举止粗鲁、散漫马虎、好吃懒做、好逸恶劳、不思进取、争强好斗、偷盗说谎、酗酒赌博吸毒等。

（二）犯因性需要在罪犯矫正中的作用

与“犯因性”相关的另一个概念是“犯因性需要”。通过对罪犯个体测量、观察、访谈、调查等多种方法对每一个罪犯个体的犯因性问题分析、剥离出罪犯个体的犯因性需要，对罪犯矫正起着指导作用。“犯因性需要”是指引起罪犯重新犯罪行为的危险因素。再犯危险因素通常分为静态和动态因子。静态因子包括年龄、犯罪史、家庭因素等。动态因子包括：反社会人格、同情心、人际关系、社会成就、滥用毒品等。静态因子在预测和评估再犯危险性方面是有意义的，但是静态因子在罪犯矫正中所起的作用是不大的，譬如罪犯的年龄、犯罪史、他的家庭成长环境是既成事实，难以逆转，无法通过矫正来改变事实。因此，对于罪犯矫正而言，研究罪犯个体的动态危险因子具有极其重要的意义。因此，换一种说法，所谓“犯因性需要”是指通过干预可以改变罪犯的动态性危险因素，或者更简单地说，与罪犯重新犯罪相关的需要，可以改变的因素。常见的犯因性需要有：出狱后的住宿；教育、培训与就业；理财能力；人际关系；生活方式与社会联系；物质滥用情况；精神健康状况；思考与行为方式等。对罪犯的矫正恰恰要充分考虑罪犯的“犯因性需要”，并且以犯因性需要为根据安排相应的矫正项目，因此解构罪犯犯因性需要对罪犯矫正的意义在于：（1）提供恰当理解犯罪人的原因。犯因性理论事实上是一种犯罪学理论，它详尽地剖析罪犯犯罪行为发生的因素，为我们理解犯罪人的行为提供了可靠的依据。（2）指明罪犯矫正的方向。犯因性理论对罪犯犯因性需要的剖析，为我们矫正罪犯提供了方向并给出了包括教育在内的一系列矫正措施，无论从科学性、目的性、高效性而言都是以往的罪犯改造手段所不能达到的。(3)顺应当代监狱行刑个别化思想的选择。所谓行刑个别化，是指在行刑过程中，行刑机关以罪犯所负刑事责任为基准，根据罪犯人身危险性的大小和再社会化的需要而采取不同的矫正方法和处遇措施，期望罪犯刑释后尽快回归社会的行刑思想。

(三) 犯因性理论指导下的罪犯矫正路径

1. 罪犯评估：主要的目的是评估罪犯的矫正需要。本书第二章有详尽的叙述。

2. 罪犯分类：根据评估的结果对罪犯实行两方面的分类。(1) 监管的分类，根据罪犯危险性的高低、性别、年龄等因素分别关押。(2) 矫正分类：根据罪犯的犯因性需要，对有同一矫正需要的罪犯进行集中教育矫正，有利于充分利用群体效应，分享经验、交流感受、相互监督、促进共同进步；也有利于解决监狱教育矫正资源不足的问题。

3. 罪犯矫正：以罪犯评估为依据，以犯因性需要为分类标准，制订相应的矫正计划，并实施矫正活动。

四、基于犯罪类型的分类

所谓犯罪类型是指按照一定原则或标准，对犯罪现象的某些共同性质、特点所作出的不同分类。犯罪是由犯罪人所实施的犯罪行为，因此犯罪类型应包括犯罪人类型和犯罪行为类型。在监狱工作实践中，根据犯罪人类型分为未成年犯、女犯、男犯、老病残犯、外籍犯等；根据犯罪行为类型分为物欲型罪犯、性欲型罪犯、暴力型罪犯、信仰型罪犯等。

(一) 未成年犯的心理与行为特征

1. 行为养成差，自我控制差。大多数未成年犯没有接受良好的家庭教育和学校教育，社会化过程不是缺失就是接受了错误的社会化，因此表现在行为上不愿受约束，没有良好的行为习惯。缺乏自我控制能力，遇事容易冲动，做事不计后果，头脑简单，行为盲从。

2. 自尊意识强，逆反心理强。未成年犯独立意识和自我意识日益增强，在服刑中表现出极强的自尊意识和逆反心理，很难接受教育者说教式的管教方法，一旦认可教育者的人格魅力，则较成年犯更容易接受改造。

3. 身份意识差，好逸恶劳。对自己的罪犯身份无羞耻感、愧疚感和罪责感。在改造中厌恶学习、厌恶劳动、怕苦怕累怕改造。

4. 渴望亲情关爱，改造反复性大。渴望亲情关爱，向往自由生活，但情感易变，往往在民警推心置腹的谈话教育后，悔恨感激不已，表示要痛改前非，然而改造表现时好时坏，反复性大。

（二）成年男犯的心理和行为特征

1. 情绪稳定，意志坚定。成年男犯情绪相对较为稳定，有较强的克制力，较少出现冲动行为。在服刑中表现出较强的意志力，能经受挫折和磨炼。但是因为个体差异的存在，一旦有较强烈的刺激因素，男犯暴怒性激情发作会导致极为残忍的暴力行为。

2. 错误观念牢固，知行不一。成年男犯往往具有成熟的与社会传统、习俗、规则相违背的价值观、世界观和人生观，这种错误的观念并非是其不自知的，而是在畸形需要和外界诱惑面前难以抵抗、难以扭转。

3 理解力强，能力强。成年男犯虽然大多文化水平不高，但认知范围广泛，上至国家大事，下至民情风俗都有一定程度的了解，积累了一定的知识、经验和解决问题的策略。且大多具有一技之长或兼有多种技能。

（三）女犯的心理与行为特征

1. 情感细腻，渴望亲情关爱。女犯大多情感十分丰富，遇事容易动感情，在监狱的特殊环境下，情感往往更加脆弱，经不起事。对家庭寄予很高的期望，将家庭看作希望的象征和未来的归宿，因此接见或收到家庭的包裹、信件对女犯意义重大，有时接见延时 10 分钟对其消极情绪的舒缓效果胜过民警一个小时的谈话教育。

2. 嫉妒猜疑，攀比心理强。女犯大多文化水平低、素质差，遇事缺乏理性，无端猜疑报复。爱斤斤计较，有时还借题发挥，故意激惹、挑逗怀疑对象；有的特别注意观察周围人的言行，无端地认为她们在议论、讽刺自己，严重的会产生被害妄想，精神萎靡消沉，消极心态占主导地位，缺乏改造动力。有的往往过分在意他人评价，表现得爱慕虚荣、好面子，在有限的条件下，想尽办法梳妆打扮，讲究穿用。

3. 生理特点明显，情绪波动大。女犯大多感性多于理性，情绪波动大，尤其是处于生理期时，会出现生物钟紊乱，内分泌失调，心烦易怒，情绪失控等现象。

（四）老病残犯的心理与行为特征

1. 敏感脆弱，缺乏安全感。老病残犯因为年龄和身体的问题害怕被同犯瞧不起，害怕受欺负，心理非常敏感脆弱。又因触犯刑律给家人带来耻辱，而自己生活自理方面较差，治病又会给家人增加更多的经济负担，所以总是担心家人会遗弃自己，缺乏安全感。

2. 思想守旧，行为固执。老年犯因为社会阅历深，世界观、人生观已经形成，有自己一套成熟的处世和做事原则，很难改变观念。病残犯因为身体的原因，接受新鲜事物的能力也很弱，原来的经历对他们的思想观念及个性心理特征所产生的影响，已深深植根于他们的头脑，难以动摇，因此他们在思想和行为上都表现得较为偏执。

3. 行为谨慎，精神孤独。老病残犯内心通常有较强的孤独感，他们因身体状况和自身的衰老不善于主动融于周围的环境，在人际交往方面也显得比较谨慎，很少公开对抗管教。但是内心有较强的孤独感，渴望与人交流，得到别人的关心和尊重，害怕被人忽视，但是又有很多顾忌，语言和行为之间存在较大的反差。

（五）物欲型罪犯的心理和行为特征

1. 享乐虚荣，好逸恶劳。此类罪犯拜金思想、贪财图利、不

劳而获的思想严重，服刑中怕苦怕累，厌恶、畏惧劳动，在强制性劳动中，他们能滑就滑、能躲就躲，无病呻吟，出工不出力，劳动效率低，或者小病大养。

2. 利己主义，推卸责任。这类罪犯大多人性自私，把自己的利益看得高于一切，对他人利益或公共利益漠不关心。想尽办法钻监规监纪的空子，不择手段为自己捞取实惠，一旦有不利于自己的事情则往往作外归因，推卸自己的责任。

3. 意志薄弱，行为习惯差。相当一部分物欲型罪犯缺乏吃苦耐劳的意志，自控能力和自我约束能力差。经受不了严格的监规纪律的约束，常常表现出改造行为的盲目性和改造过程的反复性。多次作案成功的体验使他们长期以来形成了不劳而获的生活习惯，犯罪心理已成定型。他们见钱眼开，见物手痒，千方百计地把别人的东西弄到手，劣根性很难在短时间内根除。

（六）性欲型罪犯的心理和行为特征

1. 性心理扭曲，道德情趣低下。性欲型罪犯对性行为的是非、善恶、美丑缺乏正确的认识，过分夸大性的意义，无视性爱的社会意义和美学价值，追求性自由、性暴力。道德、法律意识缺乏，无视女性人格尊严。精神空虚，缺乏高尚的精神追求和事业心、进取心，过度追求感官刺激。

2. 性格自卑，抑郁等不良心理突出。性欲型罪犯往往是所有犯罪类型中最被人瞧不起的一类人，因此在群体中往往有很强的自卑心理，对自己的罪恶有不同程度的羞耻感。在群体生活中往往抬不起头，也没有话语权。在这种环境中，性罪犯认为自己处在罪犯的最底层，常常愁眉苦脸、心事重重、性格抑郁。

3. 推卸或缩小罪责，悔罪意识差。推卸和缩小罪责是性欲型罪犯在服刑期间明显而又牢固的心理特征，他们有意识将罪责推向外部环境，或推向受害异性。把犯罪行为说成是自愿的或受诱惑引起的。其目的是在服刑中减轻自我羞耻感，减轻自我罪恶感。

（七）暴力型罪犯的心理和行为特征

1. 认识偏激，情感冷酷。在服刑中形成较强的否定心理，习惯从对立的角度看待人和事，认识偏激不理性。对表现好的犯人常讽刺打击，而和表现差的犯人倒是主动走近、互相欣赏。情感上仇视社会，不容易被感动，排斥教育改造，对同犯或民警都有较强的防备心理。

2. 行为野蛮，突发性强。暴力犯行为粗俗野蛮，在服刑中经常与他人发生争斗，制造事端，作风霸道。由于性格粗暴易怒，当他们的不良需要得不到满足时容易即时爆发，而亲人病故、配偶离婚或失恋，与同监罪犯或民警冲突时，容易凭激情行事，一触即跳、一捅就响，往往因小事而大动干戈。容易反抗，甚至铤而走险采取暴力行为，具有突发性。

3. 自控力差，冲动盲目。许多暴力犯往往是在激情状态下犯罪，行为具有极大的冲动和盲目性，自控力差是另一显著特征，在服刑中往往也体现出自我调控能力低，心情暴躁，易生烦恼；面对困难和挫折欠沉着、冷静；容易受环境支配，心神摇摆不定，喜悲情绪骤变明显，不容易恢复平静，焦虑情绪较严重。

（八）信仰型罪犯的心理和行为特征

1. 认识片面反动，以自我为中心。反社会意识强烈，过分夸大社会弊病，固执己见，自我意识十分强烈，狂妄地美化自我价值，错误地认为自己是救世主，坐牢是为了信仰牺牲，是一种奉献精神。自以为是，常炫耀自己“真、善、忍”，是无私和无我的人；甚至以“世人皆浊我独清，世人皆醉我独醒”自居；表现出一种令常人无法理解的邪劲。

2. 情感狂热虔诚，意志坚定。情绪情感方面具有虔诚、畏惧、狂热的特征。意志坚定，服刑中常以绝食等恶劣手段抗拒改造，顽固坚持邪教的歪理邪说，顶撞民警，不认罪、不服判、不服管教，视自己已经“上层次”，而其他人均为“常人”，表现出“死猪不怕开水烫”的赖皮相，抱着“不转化也要出监，将对抗进行到底”

的顽固思想。他们对民警、亲人苦口婆心的教育规劝置若罔闻，教育转化的难度很大。

3. 行为怪异狡猾，具有隐蔽性。信仰型罪犯的犯罪心理非常复杂。行为明明是在实施犯罪，但却执拗地认为是拯救他人和自己。有因为祛病强身、锻炼身体而痴迷邪教的；有精神空虚，想得道成仙、祈求神灵保佑、上层次、求圆满而修炼法的；更有借机敛财，从中渔利，搞非法经营的；还有的则是仇视社会，以邪教为幌子宣传、煽动不明真相者攻击政府，企图颠覆国家政权的。

第三节　多元维度下的分类教育

针对每类罪犯的特点施以什么内容的教育和如何实施教育，是分类教育的核心内容。要编好选好分类教育教材，突出分类教育的针对性。

一、按阶段性心理问题分类的团体心理辅导

（一）罪犯生命教育心理辅导

1. 定义：罪犯生命教育心理辅导主要是指辅导服刑人员体验与构建生命的意义，进而尊重生命，热爱生命。在这样的过程中，辅导服刑人员认识自我，建立自尊与自信，反省与确立人生观及价值观、提升对人的关怀、增进人际关系互动。

2. 目标：罪犯生命教育心理辅导目标体现在生理、心理、灵性三个层面，具体表现在：（1）培养服刑人员珍爱生命的意识；（2）增进服刑人员发展生涯；（3）促进服刑人员自我实现。

3. 内容：（1）指导服刑人员认识生命的意义，进而尊重生命、热爱生命；（2）增进服刑人员对人的关怀，丰富生命的内涵，提高生命价值；（3）协助服刑人员检视自己的生命历程；（4）教育服刑人员尊重自己和他人，关怀社会。

4. 活动设计（见表 9-3-1）。

表 9-3-1　活动设计

次序	活动名称	活动目标	主要活动
1	生命之光	(1) 协助成员彼此熟悉，培养人际互动的能力 (2) 让成员寻找出属于自己生命的元素 (3) 成员订立团体规范和对团体的期待	(1) 探究生命的元素 (2) 规范树
2	生命之源	(1) 协助成员感悟生命来源和母爱的无私与伟大 (2) 协作成员顿悟人的生命过程中可感恩的人	感恩的心
3	生命之旅	(1) 协助成员感悟生命经验的意义 (2) 促使成员认识生命的价值，树立正确的人生观	生命符号的旋律
4	珍爱生命	(1) 带领成员探讨生命中遇到的困惑与适当解决方式 (2) 让成员了解如何以正向积极的态度面对困惑	(1) 生命玻璃杯 (2) 小挑战、大帮手
5	生命隧道	(1) 协助团体成员检视自己的时间规划是否得当 (2) 协助团体成员认识、把握、珍惜时间	追逐生命的时光

续表

次序	活动名称	活动目标	主要活动
6	电影赏析	（1）借助影片内容引发新生思考 （2）观后共同分享感受和心得	（1）《轮椅上的奇迹》 （2）《荒岛余生》
7	学习手语歌	（1）通过学习手语歌，学会艺术的表达 （2）帮助团体成员对亲情友情感恩	（1）《感恩的心》 （2）《妈妈我想你》

（二）罪犯人际交往心理辅导

1. 定义：罪犯人际交往心理辅导是通过监狱生活中人际关系辅导等来帮助服刑人员学会建立和谐的人际关系，积极的生活态度和良好的处世方式。体现人文关怀，构建和谐监狱。

2. 目标：罪犯人际交往心理辅导目标：（1）帮助服刑人员学会新环境人际沟通方法；（2）协助服刑人员学习有效的情绪管理及沟通方式；（3）引导服刑人员养成积极的服刑态度和良好的处世方式；（4）帮助服刑人员正确处理人际冲突，增进解决人际沟通技巧及能力。

3. 内容：（1）服刑人员刚入监新环境适应心理辅导；（2）人际关系有效沟通的心理辅导；（3）人际信任与互动的心理辅导；（4）处理人际冲突的心理辅导。

4. 活动设计（见表 9-3-2）。

表 9-3-2　活动设计

次序	活动名称	活动目标	主要活动
1	知场之旅	（1）协助团体成员尽快相识 （2）促进团体成员对新环境的心理适应	（1）相识活动 （2）熟悉场地
2	信任之旅	（1）协助成员感悟生命生存的意义 （2）促使成员珍惜现在的生命和健全的感官	（1）盲行 （2）天堂的颜色
3	跨越七彩桥	（1）帮助成员学习有效的情绪管理及沟通方式 （2）增进成员解决人际沟通技巧及能力，建立良好的人际关系	（1）沟通有限 （2）收发短信 （3）沟通无限
4	同舟共济	（1）了解与体会人际沟通的形式：合作与竞争 （2）促进成员的合作与竞争意识 （3）增强团队精神	（1）搭塔 （2）组歌 （3）航行
5	人际“OK”绷	（1）帮助成员解决人际上的困扰问题 （2）帮助成员了解人际冲突类型及双赢策略 （3）促进成员了解解决问题的方法和多种途径	（1）脑力激荡 （2）打破瓶颈 （3）解开千千结
6	影片赏析	（1）借助影片内容引发成员思考 （2）观后共同分享感受和心得	（1）《暖春》 （2）分享讨论
7	学习手语歌	（1）通过学习手语歌，学会表达在团体中的感受 （2）帮助团体成员体验团体的温暖	（1）《国家》 （2）《相亲相爱一家人》

（三）罪犯人格形成心理辅导

1. 定义：罪犯人格形成心理辅导是指运用有关心理学、教育学与社会学等多种学科理论与技术，遵从心理辅导的一般原理，帮助和促进服刑人员适应社会以及人格健康成长和发展的一种教育活动。

2. 目标：促进适应，铸造人格。

3. 内容：（1）自我意识辅导；（2）情绪心理辅导；（3）挫折与压力辅导。

4. 活动设计（见表 9-3-3）。

表 9-3-3　活动设计

次序	活动名称	活动目标	主要活动
1	我是谁 1	（1）帮助成员通过自我反省、与他人交流两种方式了解自己 （2）了解自我结构的五个“我”	我是幸运园丁
2	我是谁 2	（1）认识、悦纳和肯定自我 （2）了解自己的独特性	我很独特
3	勇敢面对压力	（1）增进自我了解，学会情绪表达 （2）学会正确分析与对待正面和负面压力 （3）学会缓解压力 （4）学会能利用集体的力量，面对压力	风雨之后是彩虹
4	情绪管理	（1）协助成员认识和觉察情绪 （2）协助成员分析引发情绪的原因 （3）协助成员有效管理自己的情绪，并能用适当的方式宣泄情绪	阳光总在风雨后

续表

次序	活动名称	活动目标	主要活动
5	挫折教育	(1) 引导成员彼此面对挫折经验，进而了解挫折经验是人生必经的历程 (2) 协助成员了解遇见挫折时可寻求的管道 (3) 协助成员了解挫折时可应对的方法	命运之牌
6	影片赏析	(1) 借助影片内容引发成员思考 (2) 观后共同分享感受和心得	(1)《天狗》 (2)《阿甘正传》
7	学习手语歌	(1) 通过学习手语歌，学会表达在团体中的感受 (2) 帮助团体成员体验大家庭的温暖	(1)《阳光总在风雨后》 (2)《隐形的翅膀》

（四）罪犯学习心理辅导

1. 定义：是指帮助服刑人员了解自己，培养自己的学习潜能，并学习如何学习，对其在学习活动中发生的各种问题（包括认知、动机情绪、行为等方面）进行辅导。

2. 目标：(1) 协助成员培养浓厚的学习兴趣；(2) 协助成员建立正确的学习观念与态度； (3) 协助成员发展学习能力；(4) 协助成员养好良好的学习习惯与有效的学习方法；(5) 协助成员培养适应与改善学习环境的能力。

3. 内容：(1) 良好学习习惯和方法的培养；(2) 寻找记忆规律、掌握记忆技巧的辅导；(3) 创新能力培养辅导。

4. 活动设计（见表9-3-4）。

表 9-3-4　活动设计

次序	活动名称	活动目标	主要活动
1	多元智能	（1）认识多元智能 （2）通过活动体验多元智能	认识庐山真面目
2	统筹的智慧	（1）成员能了解学习中的困难并提出改善方法 （2）培养良好的学习习惯和方法	学习过五关
3	休闲好时光	（1）使成员对休闲活动有更进一步的了解 （2）使成员能够规划自己的休闲时间 （3）成员能选择适当的休闲活动	休闲广场
4	影片赏析	（1）借助影片内容引发成员思考 （2）观后共同分享感受和心得	《放牛班的春天》
5	学习手语歌	（1）通过学习手语歌，学会艺术的表达 （2）帮助团体成员学会坚强	（1）《和你一样》 （2）《蜗牛》

（五）罪犯生涯规划心理辅导

1. 定义：是指依据一套系统辅导计划，引导人探究、评判并整合运用有关知识、经验开展活动，这些经验包含：（1）对自我的了解；（2）对职业及其他有关的影响因素的了解；（3）价值观及休闲活动对个人生活的影响与重要性的了解；（4）对生涯规划和生涯决定中必须考虑的各种因素的了解。

2. 目标：（1）引导服刑人员树立正确的劳动观、职业观和择业观；（2）帮助服刑人员从身边职业开始，逐步深入社会，了解本地区各类单位和各类职业的情况；（3）帮助服刑人员了解自己，引导服刑人员扬长避短提高服刑人员素质，发掘服刑人员潜力；

（4）帮助服刑人员提高就业决策能力。

3. 内容：（1）了解职业辅导；（2）了解自己辅导；（3）生涯探索辅导；（4）合理选择辅导。

4. 活动设计（见表 9-3-5）。

表 9-3-5 活动设计

次序	活动名称	活动目标	主要活动
1	在狱中的收获	（1）启发成员回顾在服刑期间各方面的成长与收获 （2）及时发现存在焦虑与抑郁的人员，进行心理疏导与干预	（1）脑力激荡 （2）白云朵朵
2	在同一片蓝天下	（1）认识职业和职业特点 （2）了解职业的意义与重要性，增强职业意识	职业万花筒
3	外面的世界很精彩	（1）引导成员自我探索 （2）能认识自己的个人特质和潜在能力	欢乐岛
4	天生我才必有用	（1）帮助成员学会面对面给予他人具体的正面回馈，增加相互了解 （2）帮助自信不足的成员了解自己的长处，增强自信心	红色轰炸
5	我的未来不是梦	（1）检查、了解自己的人生阶段及不同阶段的内容 （2）预测未来的人生 （3）引导成员能发现人生发展的因果关系，并对自己人生负责	（1）人生列车 （2）视频分享：《生命列车》
6	回归社会	（1）让成员明确创新思维不是一件难事 （2）了解创新思维的方法	创建新家园

续表

次序	活动名称	活动目标	主要活动
7	从头再来，新的起点	（1）明确面试是求职的重要环节 （2）通过模拟面试，让成员掌握面试的方法和技巧	（1）人人头上都有一片蓝天 （2）视频分享：《鹰的重生》
8	影片赏析	（1）借助影片内容引发成员思考 （2）观后共同分享感受和心得	（1）《背起爸爸上学》 （2）《当幸福来敲门》
9	学习手语歌	（1）通过学习手语歌，学会艺术的表达 （2）帮助团体成员学会坚强	（1）《相信自己》 （2）《从头再来》

二、不同矫正项目的分类教育

归纳各国的监狱工作中矫正项目的开发情况，主要的种类有劳动技能培训类项目、教育类项目、重返社会帮助类项目、认知行为矫正类项目、社会交往技能类项目、情绪控制类项目、家庭矫正类项目、生活能力帮助类项目、戒毒类项目、暴力防治类项目、性犯罪控制类项目等。以下作选择性介绍：

（一）认知行为类矫正项目之道德认知矫正项目

矫正目标：促进罪犯决定行为的理性化水平。

矫正方法：通过挫折与道德推理，提高罪犯的道德推理能力并改善行为。

矫正内容：自我评估，包括信仰、态度、行为等；关系评估：包括对自己损害关系的治愈情况；强化积极的行为与习惯：提高罪犯的道德责任感；帮助罪犯给自己一个积极的定位；帮助罪犯降低追求快乐的享乐观念；强化个人角色意识；提供道德推理，培养为他人的意识与为社会的意识。

矫正步骤：共有 16 步。

1~2. 信任与诚实培养。这两步指向罪犯的不忠诚。处于“不忠诚”阶段的人认为世界没有诚实、没有真实，认为人们处于嫉妒、愤懑等消极情感中。道德的判断建立在快乐与痛苦上。

3. 接受。这一步指向罪犯与社会对立的态度。他们的想法与社会现实太远，对社会不公现象一点都不能接受，因而产生敌视社会秩序的态度。

4. 了解。行为人因为不知怎么办，又没有长远目标，所以可能实施欺骗、盗窃行为。

5. 治愈被损害的关系：这一步指向罪犯存在“受伤害”的问题，行为人可能倾向于毁灭自己和他人，通常他也认为自己是问题的原因。

6. 引导行为人帮助他人。

7. 帮助其建立短期目标，并促进行为持久性。针对其行为缺乏责任感而设计。

8. 帮助其建立长远目标与明确生活意义。针对其认为什么都没有意义的生活态度而设计。

9. 改变行动方法。针对行为人存在危险的行为倾向，建立从社会规则与法律层面去判断道德。

10. 巩固积极的转变。帮助罪犯度过“危险阶段”。

11. 保持自己的道德承诺。当罪犯确立生活目标后，为追求成功有了急迫感，且目标宽泛，需要帮助他们保持道德承诺。

12. 选择道德目标。罪犯开始关心社会和他人的利益，注意诚实待人。

13~16. 评估与他人的关系，学习自我评价。帮助罪犯走向“对社会与他人充满热情，个人价值观放在人道、正义、人的尊严与人的自由”这一终极目标上。

（二）社会交往技能类项目之社会交往训练

矫正目标：促进罪犯与他人的沟通；提高自尊，控制与消除对他人的敌意，控制焦虑；参加集体活动，对他人有包容性；提高社交技能。

矫正方法：讨论、角色互换、模仿优秀者待人接物的方式、相互评论、相互鼓励、自我评估等。

矫正时间：3~9 周，每周 1~2 次。

（三）情绪控制类项目之愤怒治疗

矫正目标：愤怒控制与愤怒管理。

矫正阶段：（1）对愤怒者的关心；（2）愤怒管理；（3）愤怒治疗。

矫正方法：心理咨询；心理动力疗法；认知与行为疗法；心理药物疗法。

矫正步骤：关于愤怒与侵犯的教育—愤怒的频率、强度、环境诱导的自我警戒—根据自我警戒建立自我愤怒刺激层次控制—通过注意转移、修正评价、使用自我指导重建认知—通过肌肉放松、呼吸放松与头脑印象指引降低对刺激的反应—通过建立模型角色互换培养处理、交往与表现自己主张的形式—通过想象、角色互换提高刺激强度，提高愤怒控制技术水平—在新环境下形成新的愤怒控制方法。

（四）家庭矫正类项目之家庭矫正公司

此公司成立于 1984 年，位于美国康涅狄格州，目的是帮助罪犯离开监狱后重建良好的家庭关系，顺利回归家庭、回归社会。它向罪犯提供的课程有：如何利用各种资源网；如何成为合格公民，包括家庭关系、子女培养、财务管理、问题解决方法、与家人恢复亲属关系、愤怒或过激行为预防、人际关系沟通；如何解决家庭暴力；如何养育子女，包括子女成长规划、培养策略、父母角色意识、子女管教技能、子女沟通技巧等。

（五）戒毒类项目之降低焦虑项目

矫正目标：降低吸毒者的焦虑情绪，提高犯罪人处理焦虑的能力和自尊。

矫正方法：（1）静坐默想：向罪犯提供发展安定、平稳的内在体验的机会，帮助其建立持久的价值观，克服焦虑、紧张，以降低重新犯罪。（2）意念控制：对人的心理内容、身体感觉、感受状态、想象等的持续注意，以提高内心控制与身体状态控制。

矫正周期：8周，每周2.5小时。

矫正内容：参加者在录音机的指导下每天心里默想45分钟，进行全身心的扫描性静心、静坐默想、意念延伸练习。

（六）暴力防治类项目之新西兰的实践

在新西兰，该项目的名称是Violence Prevention Unit Program，简称VPN。

矫正时间：330小时。

矫正形式：集体授课。

矫正内容：认识犯罪；改变对犯罪行为的支持性看法；管理自己的情绪，如生气、痛苦、沮丧；培养对被害人的同情心；开始道德推理实践；学习问题解决技术；培养交往技能等。

（七）性犯罪类控制项目之加拿大的Phoenix项目

此项目被认为可能是最有效率的矫正方法。

矫正时间：

第一阶段：强化手段阶段，需6~12个月的住宿治疗，每周32~35小时治疗时间。

第二阶段：需4~8个月时间，社区治疗，每晚4小时。

第三阶段：刑释后的继续巩固。

矫正内容：建立对被害人的同情；认知重建（罪犯由于扭曲的思维，往往将性侵害行为正当化）；愤怒控制；对性问题的认识；关于药物滥用问题；复发预防。

三、不同犯因性问题的分类教育

（一）关于犯因性环境因素的教育改造

对于因不良的家庭环境、学校环境、社会交往、社会风气影响等引发犯罪问题的罪犯，在监狱改造中通常采用如下教育改造手段来营造有利于罪犯改恶从善的环境和氛围，使其得到有益的再社会化。

1. 营造家庭般的温暖环境来感化罪犯冷漠的心灵。常用的方法有对比改造法、家庭缺陷对比法、境遇想象对比法等，目的是让罪犯在服刑中感受到与有缺陷的原生家庭或原来成长的社会环境中没有的温暖、关爱、关注，促使其产生感动、感激的情感变化，从而产生忏悔、改恶等积极心理倾向。

2. 营造积极向上的监区文化环境来熏陶罪犯的道德情操。健康文明的监区文化蕴藏着明确的改造目标、良好的道德规范和抑恶扬善的改造风尚。使罪犯置身于这种氛围，可以激发其对改造、对生活的信心，减少或消除消极情绪，从而树立正确的人生观、价值观和荣辱观。

3. 建设良好的社会心理环境来调适罪犯心理环境。良好的社会心理环境主要指和谐的民警关系：身心健康，遵纪守法，相互信任，有工作热情和激情；和谐的罪犯关系：能和平共处，有安全感，不拉帮结派，相互帮助；和谐的警囚关系：相互理解、相互尊重、无明显的对抗和不满情绪。

（二）关于犯因性生理因素的教育矫正

1. 利用精神外科手术来改变罪犯与犯罪行为相关的生理结构。国外研究发现破坏大脑的某一区域可以减少人的攻击行为，因此其有被用于治疗习惯性暴力犯罪。但是，在我国尚未看到对监狱中的罪犯进行精神外科治疗的报道。这里尚有伦理与法理的问题并未得到很好的解决。

2. 使用药物治疗来改变罪犯的神经递质和激素分泌。以往的药物治疗主要是针对犯罪人的内分泌失调进行的，主要包括神经递质分泌的治疗和对于性激素分泌的治疗。

（三）关于犯因性心理因素的教育矫正

1. 改变罪犯错误观念，纠正犯罪思维模式。常用的方法有组织学习领会材料、课堂讲解、名人报告、集体讨论、自我剖析、个别谈话、现场参观、观看视频、被害人讲述、亲身体验等方法。

2. 促进罪犯智力发展，提高罪犯文化水平。科学合理组织罪犯文化课的学习，从时间、空间、资源上保证罪犯的文化教育，以促进罪犯智力水平，尤其是言语智力的培养，这对其出狱后顺利回归社会是有现实意义的。

3. 重视罪犯积极情绪情感的发展。运用多种技术训练罪犯控制不良情绪，常用的方法有：示范、角色扮演、表现反馈、愤怒升华、情境转移、身体放松、想象后果、换位思考、默念制怒、恰当宣泄、转移话题、延迟发作、认识危害、增强修养、嫉妒升华、仇恨升华、相互隔离等。情感的改造通常采用的方法有：观摩戏剧、影视；阅读文学；名言激励；榜样示范；行为实践；生活指导；砥砺意志；环境陶冶等。

4. 运用心理治疗技术改变罪犯犯因性人格。常用心理治疗技术来矫正罪犯反社会、攻击、敌意、冲动等人格特征。譬如改变认知、行为训练，抗诱惑能力训练，自我调节、移情训练，愤怒表达训练，沟通技能训练等。

5. 通过培训提高罪犯的职业和社会生活技能和能力。缺乏职业技能是罪犯刑释后顺利回归社会的一大障碍，在矫正中应尤其重视罪犯职业技能的培训。社会生活技能亦然，社会生活技能包括起始性社会技能（聆听、谈话、提问、感谢、赞扬、自我介绍）；高级社会技能（求助、指导、服从、道歉、说服）；处理情感技能；攻击替代技能；处理应激技能；拟定计划技能。在服刑期间可以采用示范、模仿、指导、演练、反馈、角色扮演等方法训练罪犯上述技能和能力。

（四）关于犯因性行为因素的教育矫正

通常采用的行为治疗方法有：正强化技术中的代币强化法、行为合同法、塑造法；负强化技术中的厌恶疗法、消极练习法、系统脱敏法、满灌疗法；现实疗法中的评估与治疗；消退技术；反应代价技术；自我管理技术等。

四、不同犯罪类型的分类教育

（一）未成年犯的教育改造

1. 坚持文化教育，提高智力水平。未成年犯大多数是没有完成九年义务教育的，未成年犯管教所应该将文化知识学习列为日常教育改造工作的首要任务。因为文化影响人的实践活动、认识活动和思维方式，从而影响一个人健康人格的形成。同时也影响着一个人交往行为和交往方式。所以，从某种程度上说，未成年犯的文化教育是一切教育之本，必不可少。

2. 加强职业教育，提高能力水平。对已完成义务教育或年龄偏大的未成年人，免费提供劳动技能培训使其掌握生存发展的一技之长，并帮助他们与社会无缝对接——就业或创业，使其成为自食其力、遵纪守法的公民也是未成年犯教育的重要内容。没有一技之长，出狱后经常处于失业状态是未成年犯再次犯罪的重要诱因。

3. 强化亲情教育，培养美好情感。大多数未成年犯都有一部辛酸的家庭史或者成长史，家庭关爱缺失或者是不当的家庭教育是他们走上犯罪道路的重要原因。在未成年人管教所内营造积极、温暖、善良、有爱的亲情氛围对未成年犯的心灵成长、人格发展是有意义的。譬如利用未成年犯 18 岁生日的契机，组织他们过集体生日，与民警和亲人一起包饺子、分蛋糕，举行成人宣誓仪式，共同庆贺他们的成长与成熟，时刻记住“母难日”，永远不忘感恩时。积极动员亲人探视，让未成年犯感受亲情温暖，坚定改造信心。

4. 强化情绪管理，塑造健全人格。未成年犯情绪化特征比较明显，要结合改造实际，导入情绪管理的教育，引导他们认识情绪以及情绪的种类、了解情绪对人的影响，学会调控、管理情绪，做自己情绪的主人。通过在监舍设置“心理晴雨表”，定期组织有周期性情绪障碍的罪犯开展团体心理训练等形式，积极防范疏导，逐渐使未成年犯养成理智的行为习惯，塑造健全人格。

（二）女犯的教育改造

1. 加强法制教育，提高法律素养。在监狱调研中，我们发现有数量众多的女犯走上犯罪道路的原因是不知法、不懂法、不会用法。有的贩毒、容留、集资诈骗等犯罪人甚至事先不知这样的行为会受到法律的制裁；有的被同伴拉下水而不会拒绝；有的遭受家暴而不会用法律武器理性捍卫自己的权利，不得已以暴制暴，酿成苦果。因此，针对女犯法制观念薄弱的特点，重点应以刑法、监狱法、婚姻法、继承法等法律规范进行法制教育。通过讲解条文、以案说法、现身说法等方式，促使她们提高认识，加深认罪感，心悦诚服地接受改造。

2. 强化社会帮教，帮助女犯亲近社会。开展多形式的社会帮教，利用社会、家庭的力量参与教育矫正，对情感细腻、有依赖感的女性特质而言是有积极意义的。譬如邀请社会名流、英雄模范、道德模范、特级教师、女法官、女检察官、女律师、女企业家来监狱对女犯实施帮教；定期组织罪犯亲属来监参观、恳谈、联欢、共餐，进行亲情教育，促进罪犯转化；发动社会文化、文艺、医疗机构和团体送书、送艺、送医进监；利用社会的专家优势资源，在罪犯中开展法律咨询、心理辅导等活动。让罪犯感受到社会关爱与温暖，从而减少入狱的挫折感，重新萌生亲近社会的愿望，为女犯将来顺利回归社会做好心理准备。

3. 提供家庭教育辅导，改善女犯社会角色期待。社会对女性的角色是有期待的，“贤妻良母”是基本的价值标准，很多女犯犯罪的原因就是处理不好家庭矛盾，在家庭中的角色和社会期待有距离，也不知道该怎样做。因此，传授必要的家庭教育内容，如何为人女、如何为人妻、如何为人母，促进女犯恋爱、婚姻家庭生活良

性健康地发展，帮助她们营造幸福的家庭婚姻生活，是关乎千家万户、子孙后代的有意义的学习内容。

4. 运用艺术教育，矫治改造女犯。艺术矫治是一种让罪犯乐于参加、乐在其中、收效显著的思想教育和心理健康教育形式。运用美术、音乐等基本原理和方法，使女犯在参与绘画、管弦乐、唱歌、跳舞的过程中，受到潜移默化的艺术熏陶，学会欣赏、表达真善美，逐步实现自我教育、自我反思、自我提高、自我超越。

（三）*老病残犯的教育改造*

1. 给予积极关注。老病残犯的心理较脆弱，依赖性重，一般都有极强的倾诉欲，他们渴望被尊重、被重视，情感丰富且复杂，受暗示性强，对外界发生的事情容易将其影射到自己的身上并进行比较，引起情绪的波动。当他们情绪产生变化时，民警要认真观察，及时了解其内心的思想动态，给予充分关注。个别谈话教育是一种很好的教育手段，以拉家常的方式展开，在不经意的闲谈中渗透正确的价值观，既讲道理又讲情，是这类罪犯比较容易接受的方式。情理交融，引导其自我觉察和醒悟，直至触动其内心世界，达到自我教育的目的。

2. 给予生活帮助。要关心老病残犯生活，如监狱的设计、建造充分考虑老病残犯的生理特征和生活习惯，增设无障碍通道、升降电梯、防滑垫、防撞扶手、呼叫按钮等诸多人性化设施，残疾人监区修筑盲人通道，有效防止跌跤造成的损伤；监舍卫生间安装坐便器和淋浴喷头，方便老病残犯入厕、洗浴；组织护理人员为长期卧床的重病残犯擦洗身体，防止出现褥疮；对老年犯和病犯实行不同配餐制等。

3. 加强亲情感化。老病残犯有很强的自卑心理，一方面渴望亲情关爱，一方面又担心给家庭增加负担，成为家庭的拖累。因此，监狱需做好这几方面的工作：（1）和罪犯家属建立稳定有效的帮教协议。（2）敦促家属稳定、经常的探监和写信。（3）运用有效的“离监探亲”、“特殊接见”等制度。

4. 心理健康教育。老病残犯的心理健康问题已逐渐成为不可忽视的改造难题。要整合资源，构建罪犯心理健康维护平台，切实提高改造质量。在对老病残犯身体疾病进行积极治疗的同时，对他们的心理障碍进行主动干预，积极开展老病残犯心理咨询和心理治疗。要使老病残犯正确认识、理性对待自身的疾病，逐渐树立战胜疾病的信心。

（四）物欲型罪犯的教育改造

1. 加强道德教育。错误的世界观，扭曲的人生观，畸形的价值观，是罪犯走向犯罪道路的根本原因。一方面，要从批判拜金主义、享乐主义和极端利己主义入手，让罪犯真正明白人为什么活着，应该怎样活着，怎样做人以及做什么样的人，从而以正确的观点善待社会，把个人幸福与社会安宁联系起来，自觉解剖损人利己的错误思想。另一方面，进行消费观的教育与引导，指明畸形消费的危害，开展科学消费的专题讨论，揭露和批评那些在服刑中向家里大肆要钱、要物、要吃喝的不良行为，使他们懂得消费与享受必须以自己的辛勤付出为前提，而不能寄生于他人或社会，将自己的幸福建立在别人的痛苦之上。

2. 加强认罪悔罪教育。针对不少物欲型罪犯认罪浅层化、悔罪表面化的特点，要组织引导其深刻反省问题，深挖犯罪根源和危害，认罪悔罪。一是深入揭批其犯罪恶性。坚持因人制宜的原则，组织专题解剖和分析，从灵魂深处挖掘其犯罪思想，使其彻底认罪。二是要组织罪犯进行经常性的“谈犯罪危害”活动。既可以用“群体累加法”，以监区或分监区为单位，总计罪犯对社会人、财、物造成的危害，增强罪犯的罪责感；也可以用“角色转换法”，让罪犯进行“假若我是受害者”的反思，以加深罪犯的罪恶感；还可用“连锁叠加法”，用身边或其他典型案例，说明犯罪危害造成的连锁反应。让罪犯既看到自己犯罪数得清的物质性危害，又看到数不清的精神性危害。三是要结合法律知识教育，使罪犯理解法律的正义性和不可侵犯性及犯罪应受惩罚的必然性和合理性，改变他们"认关系不认法律"、"认倒霉不认罪恶"、"混改造不讲悔过"的错误心态，使罪犯正确地对待刑罚，自觉接受改造。

3. 加强劳动改造。多数罪犯都是由于懒、馋、贪才变成了阶下囚，其中"懒"是发生质变的根本。而治懒只有充分运用劳动改造这一手段才能达到目的。要依法组织实施对罪犯的劳动教育，在组织罪犯进行生产劳动过程中，有意识地对他们进行组织性、纪律性教育和创造性劳动的教育。要把"劳"与"教"紧密地结合起来，做到"劳"中有"教"，寓"教"于"劳"。要引导罪犯在体味劳动艰辛的同时亲身体验劳动创造世界的喜悦和光荣，要借助劳动中集体组织的协作配合特征，让罪犯在劳动中重新认识人与人之间的关系，获得团队精神、协作配合的新意识，在劳动实践中感受到自我价值，重塑灵魂。

4. 加强行为养成教育。物欲型罪犯大都自由放荡，贪图钱物。要从"生活规整化，言行规范化，劳动强度化，各项活动制度化"等方面进行管理教育。严厉打击狱内偷盗，打击传播犯罪手段、方法和技巧的行为，防止罪犯之间相互交叉感染。对那些恶习较深的惯窃犯，要严密防范，严格控制一些关键的工种和岗位，不轻易让他们单独占据。通过规范化管理教育，从根本上改变他们的认知结构、思想情感和行为方式。培养罪犯自律、自重、自我约束的能力，为罪犯自觉接受教育改造创造良好的条件。

第十章　中期教育方法——集体教育

中期教育矫正是初期教育的自然延伸与深化，是整个教育的重点与关键。集体教育方法最丰富、载体最多、形式最灵活，由此历来成为中期教育研究的重要课题之一，对教育改造实践工作具有现实的指导意义。本章主要阐述以下问题：

1. 集体教育的目的与作用。
2. 集体教育的内容。
3. 集体教育的方法。

第一节　集体教育目的、作用和意义

中期教育运用集体教育的方法，其实是监狱及其民警履行法律赋予的职责，采取针对性强的教育内容与方法，使罪犯刑满释放后顺利地融入社会、适应社会、建设社会，实现“再社会化”，从而成为“合格社会人”。

一、集体教育根本目的和具体目的

教育在本质上是促进人类的健康成长，实现从生命个体由自然人向社会人的高度转化。对罪犯开展集体教育就是遵循教育本质意义，根据罪犯对教育的根本需求，从而实现罪犯向“合格社会人”的转化。

（一）集体教育根本目的

集体教育根本目的是破解行刑过程形成的“监禁人格”与行刑目的“社会人格”相对立的难题。罪犯形成“监狱人格”是矫正活动遇到的现实难题之一。在长期监禁环境里罪犯产生的反社会型、冲动型、抑郁型、顺从型、依赖型以及多重型人格障碍，既是“监狱人格”的具体反映，又不可避免地影响到罪犯“社会人格”的形成和发展。监狱矫正现实表明，监狱生活会使罪犯形成一定的人格障碍，很多受到监禁的罪犯出狱后难以适应社会生活，其最重要的原因是“监狱人格”所致。

诚然，监禁刑能促使罪犯接受惩罚与改造，但由于社会化不足，最终导致罪犯难以形成“社会人格”。而集体教育所采取的方法、内容、措施以及方式方法都是围绕罪犯最大“社会化”而展开的。这是因为：第一，集体教育内容具有社会普遍性。罪犯在监禁中期，集体教育的内容，如道理伦理、法律制度、文化、职业技能技术以及社交礼仪等都来自于人文类的社科知识，具有社会普遍性的人文化意义。第二，集体教育原则遵循社会操作性。集体教育始终围绕“人”社会化的基本需求，遵循“社会人格”适应社会的“安全与秩序、稳定与发展、竞争与合作、法制与和谐”等基本准则，对罪犯开展具有现实操作性、实用性的集体教育。第三，集体教育方法以及形式具有社会对接性。罪犯处在中期矫正期间，是监禁环境最严密、时间最长的，但是为了尽量避免“监狱人格”的形成与强化，广泛地采取“请进来，走出去”的矫正方法，尽最大努力实现罪犯心理、思想、行为方式以及生活、学习、职业等与社会对接。

（二）集体教育具体目的

集体教育的根本目的是通过具体目的的实现而实现的。为此，围绕行刑过程形成的“监狱人格”与行刑目的“社会人格”根本目的前提下，集体教育的具体目的：一是重塑社会人格尊严。人格尊严关乎罪犯刑释后的生活、就业和人生前途。重塑罪犯人格尊严就是确立其刑释后适应社会环境、生活幸福、就业职业等态度。因此，中期教育重塑罪犯社会人格尊严是重要的现实命题。人格尊严是指凡是具备人的特征的生命，社会都应尊重他作为目的的个体的存在，不能对他贬低、奴役，不能纯粹地将他视为实现他人目的、社会目的的手段。人的尊严内容至少包含平等、自主两个基本要素。基于重塑罪犯尊严理念和重塑有尊严生活的现实，集体教育内容在以“人本、人性、人文”为核心条件下，对罪犯十分重视社会公德、职业道德和法律规范教育，十分重视对罪犯的曲折、困难、疑惑等矫正，确立正确的自立观，从中得到人们的尊重。

二是重塑“社会人格”心理。常言道：“你不能改变环境，就要适应环境”。这里所讲的“适应”取决于人的心理活动。对罪犯而言，中期教育就是其心理、思维、思想和行为方式再社会化，是为其适应社会，融入社会做准备。在纷繁复杂的社会环境里学会生活、学会交流、学会合作，其前提条件就是具备“社会人格”心理。中期集体教育所推出的“营造社会环境、模拟社会实训、开展社会活动”等，其实就是以社会化环境抑制反社会心理，化解仇视、敌视社会心态，调适与消除反社会行为的重要举措，是确立或重塑罪犯“社会人格”心理的具体表现。

三是重塑职业生活或生涯。职业或职业生涯是社会人最基本的生活。罪犯因违法犯罪从而导致原职业生活或生涯的终止。根据传统理念认为罪犯在惩罚与改造期间其职业生活或生涯是终止的，其实不然，罪犯职业生活或生涯是可以重塑的。因为职业生活或生涯可分为内职业生涯、外职业生涯，其终止的是外职业生涯，而内职业生涯不仅没有停止，而且是可以重塑的。中期集体教育针对罪犯开展职业道德、职业技能知识、职业技术培训等一系列内容的教育学习，其实质就是对罪犯进行内职业生涯的重塑。通过对罪犯内职业生涯的重塑，为其刑满释放后外职业生涯打下坚实的基础。

二、集体教育的作用

集体教育与个别教育相比较具有影响的广泛性、受力的群体性、作用的普遍性的特征，是中期教育矫正最常用的方法。实践表明，对罪犯开展集体教育的作用是积极有效的。

（一）有利于确立安全与秩序理念

安全与秩序不仅是每个人融入社会的需要，而且是每个人处理社会关系的基础条件。罪犯在监禁期间不仅需要安全与秩序的思想，而且在刑满释放后融入社会更需要具备这种思想。这是因为安全是一种需要，是每个人的基本需要；秩序是一种社会关系，是处理人与人之间关系的行为准则。中期教育针对罪犯群居监禁生活、劳动改造行为、教育学习行为等实际，一般实行的是社会化集体型的矫正管理模式，实施集体群居生活管理、集体规范化劳动管理、课堂化分类教学等具有社会化的管理手段与措施，使罪犯懂得安全不仅是个人生存的基本需要，又是罪犯群体生存的基本需要。在群体活动中，使罪犯懂得无论是自身安全还是群体安全，都需要秩序作保障。没有人与人之间、人与环境之间形成的良性秩序关系，安全无法得到保障和实现。在长期的中期集体教育环境中，罪犯懂得了安全的重要性，掌握了秩序这一人与人之间的基本社会关系，领会到“人人为我，我为人人”的基本社会准则，从而使罪犯在思想定型中确立安全与秩序观念与意识，为适应社会、融入社会打下坚实的基础。

（二）有利于增强协作与分工的思想

在现代化生产方式下，协作与分工是现代组织管理人员必备的一种管理方式，而事实证明一个高效的组织，是离不开科学的分工和高效的协作的。分工是组织里每个人开展工作的职责与范围，是一个组织运行的基本规则，它是基于组织目标或职能而进行的一种责任分解。协作是一种补位或基于一个共同的目标而进行的合作，它是基于一个共同的目标而进行一种活动。分工是合作的前提，合作是更高形式的分工。分工是一种管理，因为分工的过程是资源合理配置，有效使用的过程。组织要形成强有力的凝聚力和战斗力，必须培养协作文化，形成协作氛围。分工必须对所分配的资源进行科学的评价与定位，把握一个基本的规律，正所谓把合适的人放在合适的岗位上，知人善任，才能有效地利用资源，也才能真正提高组织协作的效率。组织成员不协调，工作就施展不好，只会把事情弄糟，引起痛苦烦恼。领导者的智慧所在，即妥善分配成员的工作，并协调他们之间的合作。中期教育阶段集体教育就是把现代生产方式中的协作与分工的理论，运用于“规模化生产、集约化经营、工厂化管理”的劳动与改造实践中，以影响教育矫正罪犯，通过长期的劳动与改造生活，使其刑满释放后能够融入社会。

（三）有利于营造竞争与和谐环境

中期集体教育根据依法严格与科学文明、公平正义的原则，“在竞争中改造，在希望中改造”和“在希望中改造，在温暖中改造，在自信中改造”等原则的引导下，为罪犯创造依法管理、公平正义前提下的和谐法制环境，创造一个“比认罪服法、比遵守监规、比教育改造、比劳动改造”的竞争环境，使罪犯切身感受到“法治正义下的竞争，竞争改造中的非对抗和谐”环境，使罪犯思想、心理形成了竞争与和谐的动力定型，使其深深体会到：和谐与竞争在每个社会形态中普遍存在；社会现实的要求是，社会法制的完善与发展，需要稳定团结的和谐与非对抗而又充满活力的竞争；竞争是社会发展的动力源泉，必须引入竞争；社会的发展必须在和谐的秩序范围中进行，为罪犯进入社会、融入现代竞争与和谐社会做好心理准备。

（四）有利于养成做人与处事准则

罪犯之所以违法犯罪，成为犯罪之人、戴罪之人、监禁之人，除不懂法、不守法之外，最重要的思想因素之一是不懂得做人与处事准则。中期集体教育所设置的内容、形式，其实质就是围绕“做人与处事”而展开的，如道德教育的核心是培养善与恶之价值标准，使其成为人；职业技能教育的核心是确立就业、职业之生涯，使其懂得做事；社交礼仪教育的核心是确立起人与人交往之基本规范，使其刑满释放后懂得与他人交流、沟通，如此等等。它所形成的集体教育的最终目标，使罪犯懂得：做事先做人，这是处事原则；立业先立德，这是做人原则。做事不做人，永远做不成事，做人不立德，永远做不成人。

（五）有利于培育道德与法制规范

中期集体教育的主要内容是道德与法制。对罪犯开展道德与法制的教育最有针对性，最为罪犯接受和欢迎。道德与法制贯穿于整个中期集体教育之中。实践表明：通过对罪犯开展道德与法制教育以后，绝大多数罪犯都确立起基本的道德与法律意识，增强遵循道德与法律基本规范的意识。

三、中期集体教育的意义

中期集体教育在于使集体矫正效果最大化，矫正成本最小化，矫正资源配置合理化，实现矫正目的途径最优化。其意义具体表现在：

（一）使效果最大

中期集体教育主要采用群体性、规模化、正规化等教育矫正形式和方法，把罪犯集中在课堂、广场、会场等公共场所，运用统一手段，采取统一内容和方法，使广大罪犯在规定的时间内明确教育矫正作用和目的，使罪犯心理、思想和行为得到统一规范与矫正，使罪犯在较短的时间内得到最大矫正。

（二）使行刑成本降低

集体教育相对于个别教育、分类教育来讲，矫正成本是最低最少的。这是因为集体教育是矫正者一人对多人，甚至是几十人、上百人，接受教育矫正的对象多、受教育面广，在一定程度上减少了教育矫正成本，从而减少了中期教育矫正的行刑成本。

（三）使资源优化配置

中期集体教育针对罪犯制作具有科学系统性的计划，使所有的教育矫正资源得到充分有效配置，不仅使法律、道德、文化知识、自然科学、职业技能技术等内容实行合理有效配置，还会使监狱民警、社会自愿者、社区工作者、大学教授、专家学者等诸多人员参与到矫正工作中来。监狱不足的，可以充分利用广泛的社会资源，取长补短，互通有无，有效利用，使教育矫正资源得到全方位的配置与使用。

第二节　集体教育内容

2003 年 6 月 3 日，司法部发布的《监狱教育改造工作规定》（司法部令第 79 号）规定，我国中期教育主要是“思想、文化、技术”三大内容。依据中期集体教育合法性、合理性等原则，对罪犯进行集体教育内容一般围绕“思想矫正、文化矫正、技术矫正”三大内容。

一、思想教育

思想来源于人本身对人与人之间、人与事之间、人与自然界之间的思考，从而形成了一套系统的思考结果。正由于每个人思考的结果不同，就有不同的行为表现。罪犯之所以犯罪，就是由于对自身的行为、社会关系和客观世界错误的思考结果。因此，思想内容矫正是对罪犯集体教育的最重要内容。通过对罪犯开展思想矫正，使罪犯思考的内容、方法和措施，都与整个社会思想体系相符合，实现思想社会化。所以，在现代社会条件下，罪犯思想矫正应从认罪悔罪、法律常识、公民道德、劳动常识、时事政治等内容入手。

（一）通过认罪忏悔教育，培养“社会人格良心”

对于每个罪犯来讲，要得到社会认同，前提应对自身认罪并忏悔。认罪不仅能得到被害人、当事人和社会的认同与接受，而且还会得到所有社会人的谅解与宽容、宽恕和饶恕，更重要的是能够从思想深处进行忏悔。所谓“忏”，就是忏除过去所犯的过错，悔是后悔，改过自新。忏悔是对自己所犯的错误，生起悔改心理，痛改前非，保证不再犯第二次。忏悔是人格的清洗剂，是构建“社会人格良心”的基础。

认罪忏悔教育，一般采取：

1. 从法律意义上“认罪”，向被害人、当事人“认罪”。在法律意义上，“认罪”即是指以集体教育方式，通过对罪犯什么是法律、什么是犯罪、法与非法、罪与非罪以及犯罪构成的条件等法律常识进行学习，从法律层面上懂得犯罪行为的危害性、严重性，进而产生法律上的认罪意识、悔罪行为。法律意义上的“认罪”矫正是抽象的，而要实现罪犯具体的、真实的“认罪”矫正就必须从给被害人、当事人以及社会秩序造成的现实危害性方面着手。通过“深挖根源、清算罪账、理清现实危害”等教育手段，触及思想灵魂、心灵深处，有犯罪耻辱、手段残忍、后果严重的认知，从而实现罪犯思想灵魂深处真正的“认罪”，为忏悔打下坚实的基础。

2. 从犯罪意义上“忏悔”，向被害人、当事人“忏悔”。“早知今日，何必当初”，这是绝大多数罪犯十分朴素的忏悔。一般情况下罪犯朴素的忏悔，不会形成强有力的动力定型，稳固于内心，真正忏悔。中期集体教育就是通过一系列的罪错清算、自身危害后果清算、家庭危害后果清算，特别是对被害人、当事人危害的清算，使罪犯形成罪恶感、悔恨感，从而形成强烈的忏悔感，为社会人格形成创造条件。

3. 从良心自责向社会人格良心重塑。良心自责是发自个人内心的信念，具备良心自责的人其良知不会泯灭，并且还会重塑形成社会人格良心，重新融入社会，成为社会化成员。建立在认罪忏悔基础上的罪犯，必然会产生对犯罪的良心自责。具备良心自责的罪犯，自然会产生改造，自觉向“合格社会人”转变。中期集体教育矫正，就是抓住这一契机，在罪犯认罪忏悔基础上，重塑罪犯社会人格良心的过程。向罪犯阐明犯罪行为是丧失人性道德、人格良心的行为。认罪并对自身犯罪行为的忏悔，不仅是道德人格良心自责的开始，更是社会人格良心重塑的开始。

（二）通过法律法制教育，培养“公民法治精神”

公民法治精神是指现代社会公民应具备的最基本的公平正义、秩序与正义的法律准则，从而形成依法办事、依法保障权利与义务关系的理念与意识。公民社会需要以法治精神和法律文化为基点。罪犯之所以违法犯罪，其重要原因是公民法治精神丧失或淡薄。所以，中期法律法制教育的重点是培养罪犯确立起牢固的“公民法治精神”，以适应现代法治社会的大环境。

1. 开展法制知识教育，培养具有法律素养的“社会人”。许多罪犯违法犯罪，是由于“法制观念淡薄、不懂法、不知法，无法无天、以身试法、暴力抗法”等因素造成的。这是由于其不具备社会最基本的法律素养。法律素养包括个人的法律知识、法律信仰等要素，具体包括法律知识、法律意识、法律观念和法律信仰。法律知识教育是指对罪犯开展“根本大法、刑事法律、民事法律”等法律法规的讲授、学习。法律意识、法律观念教育是指培养罪犯对法律的尊崇、敬畏、守法意识，遇事首先想到法律，能履行法律的判决。法律信仰教育是指培养罪犯在坚信法律信念的前提下把遵守法律准则、法律规范作为自己的行为准则，并在社会生活中严格依法办事。为此，中期集体法律教育仅停留在“法律常识”层面上是不够的，还应在罪犯中开展“法律知识、法律意识、法律观念和法律信仰”等教育活动。法律知识教育主要解决罪犯“懂法、知法、守法”的基本问题。法律意识、法律观念主要确立罪犯对法律的敬畏、尊重和服从。法律信仰主要培养现代社会法治至上的核心理念。中期集体法律教育只有使罪犯具备“法律知识、法律意识、法律观念和法律信仰”等素养，才能适应现代法治社会的要求，成为具备“法治精神”的社会人，融入社会、适应社会。

2. 开展法律文化建设，培养具有法律文化的“社会人”。文化是经过长期实践形成的传统、风俗、习惯。我国五千多年历史所形成的“人治”文化，严重地制约着现代社会“法治”文化的培育与形成。罪犯既是“人治”文化的主体表现，又是“法治”文化缺乏的反映。因此，中期集体法律教育要培养罪犯“法律意识、法律制度、法律实践”等法律文化品质，使罪犯从传统、风俗、习惯文化等向现代法律制度、价值层面转型，以适应现代“法治”文化社会环境。为此，一是培养罪犯融入社会的法律意识。意识与观念决定人们的行为方式及其行为目标。法律意识及其观念决定罪犯刑释后适应社会的行为方式及其行为目标。罪犯原本的犯罪意识、违法意识以及目无法纪意识，就决定其有侵害他人的人身权利、财产权利等行为，就决定其实施非法占有、破坏公共秩序、人身伤害等行为。中期集体法律教育，就是围绕罪犯缺乏的法律意识、淡薄的法律观念，开展一系列的法律意义、违法践踏法律的危害、现代社会懂法守法的重要性等内容教育，使罪犯确立起融入现代社会的法律意识与观念，以规范引导融入社会行为方式和行为目标。二是培养罪犯融入社会的法律价值观。法律的核心价值是公正与秩序，其实际价值在于调整人与人之间的权利义务关系，并且当权利与义务发生问题时，如被侵犯权利、积极不尽义务或消极不作为等发生时，罪犯服刑期间或刑满释放后，一旦有此类情况发生，应懂得运用法律规则去分析问题、思考问题、解决问题。现代法治社会就需要懂得法律价值的重要意义与作用。只有这样，才能适应现代法治社会环境，融入现代法治社会生活，成为具有法治内质的社会人。三是培养罪犯融入社会，按照法律方式生活。经过中期集体法治教育，罪犯具有法律意识与观念、懂得现代法治社会法律价值还是不够的，更为重要的是应懂得按法治社会的法律规范与准则、价值等实行自己的法治生活方式。罪犯违法犯罪根本原因是其行为与法治社会生活方式相违背，甚至故意或放任自己的行为与法治社会生活方式相冲突。中期集体法治教育，其目的是使罪犯明白我国是一个法治国家，国家与组织、组织与个人、个人与个人、人类与自然之间的权利与义务关系，都纳入了法治轨道并受到法律规范的调整与约束，按照“实体合法，程序公正”的法律进行规范调整。

3. 开展法律实训，提高用法能力。中期法制教育的重要内容之一，就是提高罪犯刑满释放后的用法能力。法制教育的落脚点和最终目的是解决罪犯刑满释放后的法律能力。用法能力主要包括用法律观察问题的能力、用法律分析问题的能力、用法律解决问题的能力等。为了检验中期法律教育效果，最好的办法就是开展法律实训。一是案例分析实训。中期法律教育通过选择大量典型案例，如刑事犯罪行为案例，针对是否违法、是否犯罪以及法与非法、罪与非罪等困惑、疑惑进行分析，提高罪犯法律辨别能力，使其融入社会后遇到困惑、疑难、疑惑的行为问题时，不至于盲目判断并实施其行动。二是法律问题解决实训。中期法律教育借助于罪犯中存在的冤、假、错案，借助于罪犯中存在的民事纠纷、劳动纠纷、经济财产纠纷等问题，在实际解决中让罪犯明确适用的法律、步骤、程序、方法，从而使罪犯掌握运用法律解决问题的能力。三是模拟情境实训。中期法律教育应采用诉讼案件的模拟法庭、刑事案件的现场模拟调解等手段，使罪犯融入法律问题解决情境，提高罪犯刑满释放后解决法律事务的能力。

（三）通过公民道德教育，培养具有道德操守的“社会人”

我国既是乡村社会，又是现代文明社会，还是传统乡村与现代城市相结合的社会。只有把这三种社会形态的优秀道德规范，融合在一起形成现代社会道德操守，才能融入现代公民社会。因此，中期道德教育应包括的内容有：

1. 传统优秀道德内容教育。现代公民道德既是传统社会道德的继承、传承，又是传统社会道德的发展、创新。现代公民道德必然会传承传统社会的道德。我国社会仍然是传统社会，虽然处在向现代社会转型时期，但是人们的道德思想、行为规范带有深厚的传统内容，其身心内质蕴含着乡村文化、风俗、习惯等传统伦理，体现出自由散漫，不受规范，不受约束的社会生活方式、习惯，不适应现代社会法治、规范要求。但是，在其身上又潜在“整体至上，克己奉公”、“仁爱兼利的人际和谐原则”、“自强不息的刚健精神与厚德载物的宽阔胸襟”、“修身自律，躬行实践的道德修养原则”等优秀传统道德。因此，中期道德教育，针对罪犯内在传统道德具有双重性这一事实，组织开展传统道德教育矫正是有其现实意义和作用的。

2. 现代社会道德内容教育。在现代化、信息化、网络化、全球化的大背景下，急需构建现代社会道德规范。否则，就会道德缺失，社会失范。罪犯既是道德缺失的主体，又是社会行为失范的制造者。中期道德教育，就是培养罪犯适应现代社会道德观和道德行为准则，围绕“爱国守法，明礼诚信，团结友爱，勤俭自强，敬业奉献”的现代社会基本道德内容，对罪犯开展教育矫正。在现代公民道德体系构建中，对于公民尤其对罪犯而言，应坚持“四个”观点：一是坚持现代社会公民道德教育实体观。坚持现代社会道德实体观，即坚持对罪犯道德矫正化“虚”为“实”的观点。坚持现代社会道德实体观对罪犯而言，可以帮助其树立起“道德良心、道德责任、道德信念”，确立起“明礼诚信”的现代道德规范，内化为融入现代公民社会行为，才不至于使罪犯产生“物质财富、金钱至上”的片面观点。二是坚持现代社会道德教育双重价值观。道德教育矫正的双重价值体现在：具有维护社会稳定、促进社会发展的价值和促进个人发展的价值。中期道德教育矫正是针对罪犯的，因此在注重道德教育矫正社会价值的同时，应更多地突出并强调对罪犯个体价值的作用。现代社会公民道德在向罪犯传递社会意识、观念、规范、准则，强调“修身、齐家、治国、平天下”的前提下，更加强调对罪犯个体思想品德的培养，罪犯个体自身的完善和发展与潜能的发挥，实现个体价值，以丰富罪犯刑满释放后的生活、精神追求，发掘潜能，实现现代社会公民道德对于罪犯“社会化”的价值意义。三是坚持现代社会公民道德教育主体观。中期道德教育矫正树立道德教育主体观，就是在教育矫正方针指导下，矫正机构根据罪犯刑满释放后的社会环境，遵循现代公民道德教育规律和罪犯思想品德形成规律，制订科学有效的道德教育实施方案，健全道德教育领导管理体制，独立自主地开展道德教育工作。在矫正机构的统一部署下，教育矫正者遵循现代公民道德教育规律和罪犯思想品德形成规律，根据罪犯群体实际，积极主动地组织和开展道德教育活动，充分发挥教育者的主导作用，确立教育者的主体地位。在教育矫正者指导下，罪犯通过自身的内、外化机制，积极主动地接受教育影响，努力形成和完善罪犯的思想品德结构，确立罪犯在接受教育影响过程中的主体地位。四是坚持全方位现代公民道德教育矫正观。道德品德内在构成的复杂性、形成机制的复合性、内外影响因素的多元化以及道德教育的几个组成部分之间的不可分割性，决定了实施现代社会公民道德教育应树立全方位的道德教育矫正观。这种全方位的道德教育矫正观要求在实施现代社会公民道德教育的过程中，必须考虑道德教育作为教育矫正组成部分之一的相对意义；考虑道德教育矫正环境下显性因素与隐性因素的统一；考虑监狱、家庭、社会各种影响因素内部和各种因素之间的力量的整合。

3. 传统优秀道德教育与现代社会公民道德教育相融合。中期道德教育内容是全方位的，方法是综合的，手段措施是有保障的。在对罪犯进行传统优秀道德与现代社会公民道德相融合教育矫正中，应处理好三个关系：一是处理好“德治”与“法治”统一性关系。我国传统道德教育思想既重视“德治”功能，以“道德自律”规范人们的行为，调节人际利益矛盾和冲突，又重视“法治”功能，即通过国家的刑法，以强制力规范人们的行为，维护社会秩序的稳定，两者相辅相成。当前，我国正处于社会转型期，要达到国家的长治久安，既要高度重视“德治”，又要高度重视“法治”。因为“道德是人们内心的法”，任何社会的法律，如果缺乏人们道德认知的支撑，不可能得以广泛实施；“法律是最低限度”的道德，任何社会的道德如果没有严明的法律作最后支持，不可能得以普遍遵守。二是处理好“德教”与“修身”统一性关系。中国传统道德教育强调“德教”的目的是启发人们的道德自觉，重视个人的“修身”，完善个人品格。不仅重视个人的“正心”、“诚意”，而且非常重视“践履”、“躬行”，通过“知、行、意、情”达到人格完善。现代社会公民道德教育，无疑应把启发人们的道德自觉、注重道德实践、提升个人品质放在首位。在我国改革开放的形势下，利益趋向多样，价值呈现多元化，错综复杂、纷繁多变的生活境况，对个人道德选择增加了困难，使提高个人道德自觉性显得更加重要。因此，在对罪犯现代社会公民道德教育中，应积极吸取我国古代道德教育的智慧，注重以道德教育促进个人道德修养，以推动促进罪犯个人道德品质的培养与升华。三是处理好“言教”与“身教”统一性关系。中国传统道德教育对教育者的一贯要求是“言教”与“身教”的一致性，强调道德的倡导者应“以身垂范，以身作则，为人师表”。道德的倡导者如果言行不一，对人是一套，对己又是一套，不仅不能使人信服，而且必然使道德虚伪之风流行，造成社会风气败坏，道德纲纪动摇，使道德教育徒有形式，走向反面。因此，中期道德教育矫正者，应高度重视自身道德示范作用，以高尚人格的魅力，作道德楷模，弘扬社会正气，倡导现代社会公民新文明、新道德，使罪犯刑满释放后以新的道德风貌融入现代社会环境。

（四）通过劳动改造教育，培养具有劳动素质的“社会人”

劳动改造教育既是我国监狱的一大特色，又是《监狱法》规定的法定手段。罪犯在改造中期进行劳动改造教育，又是重中之重，是我国运用得最普遍、最广泛的矫正手段。中期劳动改造教育旨在将罪犯培养成具有“劳动意识、劳动素养、劳动习惯”等基本内容的“社会人”。

1. 矫正培养罪犯的劳动意识。劳动意识是社会意识的组成部分，是关于劳动观点、观念及心理的总称。它包括对劳动性质、作用、意义的看法，以及对劳动法规制度和劳动纪律的态度与评价等。中期劳动教育的首要任务是培养罪犯的劳动意识。因为劳动意识决定着罪犯的劳动行为，并指导着每个人的劳动意向。我国在工业化、信息化进程中，大批青少年从农村进入城市、从农民成为职工，树立现代劳动观点，形成现代劳动观念，确立良好的劳动心理，具有十分重要的现实意义。在押罪犯中绝大多数系青少年，之所以违法犯罪主要因素就在于其没有养成正确的劳动意识，如罪犯身上表现较为突出的淡化劳动、怕劳动、好逸恶劳、不劳而获、养尊处优等问题，都是没有正确的劳动意识的反映。因此，培养罪犯牢固的劳动意识，是中期劳动教育的重要内容之一。

2. 矫正培养罪犯的劳动素养。优秀或良好的劳动素养是罪犯融入现代化社会，适应现代社会化大生产的决定性条件。劳动素养是指劳动者在劳动过程中与之相匹配的劳动心态、劳动技能的综合概括，是衡量劳动者能否完成相应工作的最根本、最直接的能力指标。现代社会化大生产，劳动者从事的劳动不再是简单、重复的机械劳动或再劳动，而是有生命、有理想的劳动者个体按劳动计划而展开的创造性工作。劳动心态包括：对待劳动的态度，对待劳动的心态，对劳动心智的解读，对劳动需求的认知等。劳动技能是在解决劳动问题及矛盾的过程中，所需的使用劳动工具并运用到劳动对象的方法，并由此而产生以达到预定劳动结果的专业技能。罪犯刑释后融入现代社会参加现代化大生产，应具备适应社会化大生产的劳动心态、劳动技能。事实表明，在押罪犯中绝大多数原来是不具备最基本的劳动素养的，他们无所事事，无事可做，从而游离于社会化大生产的劳动环境，走上了犯罪道路。为此，中期劳动教育矫正培养罪犯劳动素养，是很有现实意义的。

3. 矫正培养罪犯的劳动或职业习惯。培养罪犯的劳动习惯是中期劳动教育的重要课题之一，是把罪犯教育成为自食其力“社会人”的重要手段。劳动习惯是一种长期养成的、自动化了的行为倾向。劳动习惯完全是后天的产物，但不一定是有意识地经过反复练习所形成的。而当它一旦形成后，就难以改变，在一定情境条件下，会自然而然地表现出来。劳动习惯是一种优良的习惯，它能使人的意识得到更大的解放、对生活实践活动发生积极的作用。因此，中期劳动教育应当有意识地为罪犯劳动习惯的养成创造特定的训练环境。

（五）通过时事政治教育，培养具有融入现实社会生态的“社会人”

监狱既具有刑罚执行性质，又具有政治本质意义。因此，在对罪犯进行法律、劳动等内容教育时，还应进行时事政治教育。罪犯融入社会，成为现代社会人格，还必须了解掌握国家社会时事政治环境。时政新闻是关于国家政治生活中新近或正在发生的事实的报道，主要表现为政党、社会集团、社会势力在处理国家生活和国际关系方面的方针、政策和活动。它是由政治关系在社会生活中的重要性决定的。

1. 开展系列时事政治内容教育。时事一般是指整个国家社会发展过程中的资息，包括国家社会生活中发生的各种各样的新闻、通讯，或焦点或冷门的一些内容。政治内容包括狭义的内容和广义的内容。狭义的内容是指国家的活动、形式和关系及其发展。广义的内容是指在一定经济基础上的社会公共权力的活动、形式和关系及其发展。中期阶段时事政治内容教育，一般采取：第一，编写时事政治系列教材。根据整个国家、社会的政治、经济、文化发展的形势，确定时事政治的内容，组织人员编纂适合罪犯需要的时事政治教材，为对罪犯开展系列时事政治教育打下基础。第二，制订时事政治教育规划。确定时事政治教育时间与计划，明确实施正规化时事政治教育的指导思想、内容原则、方法措施，以保证对罪犯时事政治教育有计划、有步骤地进行。第三，实施正规的时事政治系列教育。时事政治具有很强的政治性、时效性、专业性。因此，在对罪犯进行时事政治教育时，一般由时事政治专职教师进行授课。

通过正规系统地讲授，不仅使罪犯掌握时事政治的内容，而且还要使罪犯认清整个国家社会发展的总体趋势，认清形势，把握国家社会发展方向，从而更好地融入变化发展的社会政治时事环境之中。

2. 确定时事政治主题教育。主题是指文艺作品的“中心思想”，是文艺作品内容的“主体和核心”。主题体现在对罪犯的时事政治教育活动中，同样反映出“主体和核心”的内容。为此，当国家、社会发生重大或突发性时事政治事件时，就以此确定在罪犯群体中开展“主题教育”活动。“主题教育”矫正活动，一般分为：第一，突发性时事政治“主题教育”。在国家社会生活中，往往发生一件或几件对整个国家、社会产生重大影响的时事政治事件。为了减少或消除罪犯思想认识上的片面认识或错误认识，或为了消除道听途说的“小道消息”，避免罪犯心理忧虑或恐慌，稳定罪犯的思想、情绪，保证罪犯安心改造、积极改造所采取的教育矫正活动，如1998年长江洪灾、2003年“非典”、2008年汶川大地震等影响全国人民的重大事件发生时，监狱矫正工作就应确定相应的主题，对罪犯开展系列教育矫正活动，从思想、心理上稳定罪犯改造情绪。第二，阶段性时事政治“主题教育”。在罪犯改造中期采取阶段性时事政治“主题教育”，是普遍性的做法。阶段性时事政治“主题教育”，是针对党和国家某一阶段要做的或者已经做过的重大时事政治事件，确定“主题教育”内容而开展的教育活动，如2008年8月8日北京获得第二十九届奥运会举办权，有的监狱就在2008年上半年开展了以“迎奥运”为主题的爱国主义教育活动。第三，计划性时事政治“主题教育”。计划性时事政治“主题教育”，是根据司法部或省（市、自治区）监狱管理局教育矫正工作的要求，有组织、有计划、有步骤地开展对罪犯的教育矫正工作，如2001年我国颁布了《公民道德建设实施纲要》后，2002年基层监狱就相应开展了以“爱国守法，明礼诚信，团结友善，勤俭自强，敬业奉献”等为主题内容的教育矫正活动。

3. 开展系列时事政治竞赛活动。由于受罪犯文化程度、政治

觉悟和认知、分析、判断与综合等能力水平的限制，往往对时事政治事件发生的敏感性不强、兴趣不大，从而学习动力不足，积极性不高。针对这一情况，在对罪犯进行系列正规化的时事政治教育时，可以在罪犯中开展寓教于乐的时事政治教育竞赛活动，活跃罪犯时事政治教育载体，丰富时事政治学习内容，增强罪犯对时事政治学习的主动性、积极性，提高罪犯时事政治教育矫正的质量。

二、人文教育

人文是一个内涵十分丰富的概念。人文不仅体现出文化、知识，还包含人类的品质、智慧和精神。人文的最终结果与目的是促使人们向真、向善、向美、向上与进步。从这个意义上讲，对罪犯实施人文教育矫正，对于积极引导罪犯成为遵纪守法自食其力的“合格社会人”是具有现实意义的。中期集体教育既是将罪犯培养成具有文化知识的“社会人”，更重要的是将其培养成具有人文精神、品质和智慧的“社会人”，促进罪犯确立起向真、向善、向美、向上与进步的“社会人”思想。只有这样，才能立足于社会，融入社会。

（一）人文知识教育

人文知识是人类认识、改造自然和社会以及自身思维的经验总结。人文知识是由人文和知识构成的。人文就是人类文化中的先进部分和核心部分，即先进的价值观及其规范。其集中体现在重视人、尊重人、关心人、爱护人方面。中期人文知识教育旨在使罪犯确立起“重视人、尊重人、关心人、爱护人”的认识，掌握“重视人、尊重人、关心人、爱护人”的方法，从而为其融入社会，成为“合格社会人”创造条件。

1. 学会求知，是罪犯获取人文知识的前提。“知”包括书本知识和思想“认识”，即包括对自然的、社会的、人类自身的及其主观世界的认识。求知只有起点而无终点。因此，在中期教育矫正过程中，应使罪犯确立起终身学习知识的观点。知识与认识来源于学习，所以罪犯还要学会学习，使罪犯懂得如何探求知识、获取知识，提高知识容量，获得学习的能力、方法和技巧。一是使罪犯懂得求知的目标。使罪犯树立求知的意识，要抛弃“读书无用论”、不想学习、不愿学习的思想认识，树立“学习就是对思想的改造”、“学习就是对灵魂的洗涤”的意识。要有意识、有目标地引导和教育罪犯，不断树立起学习的信心，通过拓宽学习途径、丰富学习载体，为服刑人员创造更多的学习机会和更好的学习环境。二是掌握求知的方法。“读万卷书不如行万里路，行万里路不如阅人无数，阅人无数不如高人指路，高人指路不如自我感悟。”这不仅准确地概括了“求知”的方法，而且指出了“求知”的最高境界在于“自我感悟”。通过自我感悟丰富求知的方法，找到原有知识、服刑期的知识、刑释就业知识的交融点和切合点，提高自学能力、分析能力、创新能力、应用能力。三是学会自我检测，自我更正，自我补“缺”。罪犯求知的最终目标和定位在于“反哺”，“反哺”的意义即是对以往知识结构、能力缺陷的弥补和修正，更是为今后回归社会所要面对的困难与挑战的精神储备。因此，自我更正，自我补“缺”，也是服刑人员较之于其他社会人求知的特殊性、紧迫性之所在。

2. 学会做人，是罪犯人文知识教育的根本目的。学会做人不仅是对罪犯人文知识教育的需要，而且是《监狱法》赋予监狱机关的神圣职责。一是使罪犯掌握“学会做人”的内涵。“学会做人”就是使罪犯经过教育矫正后，成为遵纪守法的家庭成员、社会成员、国家公民、生产者、发明者、创造性的梦想者等，成为具有适合个人和社会需要的情感、精神、交际、亲和、合作、审美、体能、想象、创造、独立判断、批评精神等要求的人。二是使罪犯懂得做人的目标。俗话说：没有规矩，不成方圆。服刑人员首先要做一个遵纪守法的人，为国家的安定、社会的稳定和个人的平安负起应尽的责任。做一个诚实守信的人。诚实守信是人类的高贵品质和大智慧。目前，社会上有许多不诚实、不守信的人和事，都被人深恶痛绝。教会罪犯做一个诚实守信的人，一生就有了立身之本，无论到哪里都会取得别人的信任，都会交到真朋友并得到真心帮助，都会获得更多更好的做事机会并大大增加成功的概率。所以说诚实守信的人才是世界上最聪明的人。我国春秋战国时期的名士季布，就是重信义的典范，“千金一诺”的成语正出于此人。做一个善良的人，也就是做一个爱人的人。一个善良的人不会去做恶事，不做恶事就不会招人怨、惹人恨。所谓“善有善报”，其道理正在于此。做一个负责任的人。人在一生中是要负起很多责任的。要对父母尽孝，对妻子尽贤，对子女尽慈，保证家庭生活幸福美满。罪犯刑满释放后要对单位恪尽职守，努力工作，争作贡献，对国家要认真履行一个公民应尽的各项义务。三是使罪犯懂得学会做人的意义。追求平等也参与竞争。选择责任也选择权利。“我是一个勇于担当，富有责任感的人。”责任是沉重的，也是神圣的，责任感可以激发人的智慧、信念。责任感同样可以让罪犯获得单位的信任，从而赋予其应有的权力。体验过程也享受结果。人们常说，努力不一定成功，但不努力一定不会成功。因此，无论结果如何，罪犯学习做人的意志不能消退，即使是经过努力以后暂时还没有成功，但只要善于从失败中吸取教训，失败也是一笔人生的宝贵财富。四是使罪犯懂得学会做人的作用。获得他人尊重，学会做人可以使罪犯更多地获得学会做事的机会，正确指导自己的改造、学习、生活，并处理好各种人际关系，多出成绩、少犯错误，从而得到尊重。促进自我反思，一个人经常抱怨别人，是因为自己缺少对行为负责的习惯。学习做人的过程，就是反思人生的过程，反思的背后是责任。反思是美丽的，是人格的升华，是人性最为充实、饱满的体现。达成改造目标，“遵纪守法，自食其力，对家庭负责，对社会有用”，是衡量一个合格社会人的基本标准，也是衡量改造目标是否实现的重要标准。因此，学会做人是成为合格社会人的必然要求，是促进社会和谐的客观需要。

3. 学会做事，是对罪犯进行人文知识教育的落脚点。一是要使罪犯掌握学会做事的内涵。“学会做事”将从学会掌握某种职业的实用技能，转向注重培养适应劳动环境变化的综合能力，包括劳动技能以外的创新精神、合作精神、交流能力、风险精神等。“学会做事”主要不是指获取智力技能，而是指培养社会活动技能，包括管理能力、协调能力等。学会做事与其说是掌握胜任某项具体工作的本事，毋宁说是在“求知”过程中养成的科学素质的基础上，培养适应未来职业（工作）变动的应变能力，在工作中的革新能力，以及在具体的市场环境中创造新的就业机会（自己当自己老板）的能力。二是使罪犯明确学会做事的目标。用科学的态度和方法做事，做任何事情，要了解事情的全部情况，要学习相关的知识和技术，要掌握事情的客观规律，要严格按照客观规律把事情做好。认真细致做事，细致是对认真的补充，它从本质上来讲也是认真，或者说细致是更认真。人只要细致认真，就没有做不成做不好的事。只有认真做事，才能真正做到用科学的态度和方法做事。持之以恒做事，世界上有许多事情都需要人们经过长期坚持不懈的努力，才能够做成做好。“锲而不舍，金石可镂”、“只要功夫深，铁杵磨成针”、熟能生巧、水滴石穿，这些成语和俗话，就是对这个道理高度而生动的概括，也应成为罪犯做事的目标。三是使罪犯明确学会做事的意义。中国有一句至理名言叫做“业精于勤而荒于嬉”。只有勤勤恳恳做事，才有可能把事情做好。分清轻重缓急，服刑生涯规划中要做很多事，这些事情有轻有重，有缓有急，要分清轻重缓急，重事大办，轻事小办；急事先办，缓事后办。适应做事环境，随着科学技术的迅速进步，将有越来越多的事被淘汰，而新的事将陆续产生，因此学会适应不断变化的做事环境，提高适应做事的能力尤其重要。四是使罪犯懂得学会做事的作用。罪犯学会做事对成为合格社会人的作用在于：提高刑满释放后就业的成功率，有利于降低重新犯罪率。一个事业稳定、收入有保障的刑满释放人员，自然也就会成为社会和谐的积极因素，从而自觉地维护社会的良好秩序，而不会再次成为社会的破坏因素。

4. 学会共处，是对罪犯进行人文知识教育的有效措施。全球化已经成为21世纪的重要特征，人与人之间，民族与民族之间，国家与国家之间互相依存程度越来越高，在此时代背景下，罪犯还必须学会与他人、与组织、与社会共处。一是使罪犯掌握学会共处的内涵。“学会共处”的原意是学会共同生活，学会与他人共同工作。学会在各种“磨合”之中找到新的认同，确立新的共识，并从中获得实际的体验。学会共处，就要学会关心，学会分享；学会共处，就要学会平等对话，互相交流；学会共处，就是要学会用和平的、对话的、协商的、非暴力的方法处理矛盾，解决冲突；学会共处，不只是学习一种社会关系，它也意味着人和自然的和谐相处。二是使罪犯懂得学会共处的目标。学会走向外圈的共处。在社会的范围内，从家庭到邻里到社区再到整个社会，着眼于回归社会走向外圈的需要，逐步由内圈向外圈扩散，交际范围日益扩大。学会和成功者共处，一个人的成长环境，往往决定着一个人的发展方向。一个成熟的人，一个能够把握自我的人，应该知道如何去选择自己的朋友，建立自己的朋友圈。学会与比自己年长的人结成忘年交，多与成功者共处是罪犯与人共处的一着高棋。三是使罪犯明确学会共处的意义。有利于提高生存能力，有利于提高创业、创造财富的能力。四是使罪犯懂得学会共处的作用。有利于增进互信，人需要相互取暖，相互了解，在相互理解中，不断增进与他人的互信。有利于合作共赢。掌握了共处的技巧，就可以在短时间内与交流的对象消除隔阂，从而进行有效的沟通与交流、共赢。有利于创业创新，社会的发展与进步，需要每一名成员贡献出自己的创造力。

（二）人文精神教育

人文精神的核心思想是“以人为本”，即尊重人的价值，尊重精神的价值。凡是实施违法犯罪行为的人在一定程度上都是人文精神缺失甚至是泯灭的表现。罪犯进入矫正中期对其开展人文精神教育矫正，就是唤醒或唤起罪犯泯灭的人文精神，树立起罪犯对幸福、尊严、真理和生活意义的追求与肯定。

1. 矫正罪犯人性精神。俗话说：唤醒罪犯的良知其实就是唤醒罪犯的人性。罪犯实施违法犯罪，从法律意义上讲是侵犯他人的权利与义务关系的行为。有部分在押罪犯可以说连最基本的人性精神也不具备，甚至是人性完全丧失、人性泯灭，在实施犯罪行为时根本无视人的存在意义、人的价值，为了一己之利、贪欲，表现得“手段残忍”、“灭绝人性”。例如，有的人把他人的血汗钱据为己有者，把组织的财物、金钱贪为已有者，还有的人为金钱、财物轻者造成肢体伤害，重者危及生命，都是人性精神缺失的表现。因此，在中期开展对罪犯人文精神教育矫正，其实质是人性教育矫正，通过对人存在的价值、人存在的意义教育，使罪犯重塑人性精神，明确人生存在的价值意义。

2. 培养罪犯理性精神。罪犯在对犯罪行为忏悔时，常常有“丧失理智”、“一时冲动”、“盲目行动”等言辞溢于言表，其实质就是罪犯对原来缺失理性精神的反思与反省。因此，中期人文精神教育矫正不仅要促使罪犯对理性思维缺失进行反省，更重要的是帮助罪犯培养起理性精神。理性精神其实就是真理，是实事求是、从实际出发，面对现实，直面事实。作为中期人文精神教育矫正的目的在于：一是使罪犯养成独立的思考习惯。对于任何事情、任何问题、任何情况，都应经过自己的思考与判断，形成自己的思维与方法，不可迷信和轻易相信，不轻易作出判断、不轻易地作出决定与行为。这种独立的思考与判断能力，对于犯罪集团的成员、团伙犯罪的协从犯以及那些激情型犯罪的罪犯来讲，尤其重要。二是使罪犯养成换位思考的习惯。站在别人的立场上想想，就是通常所说的换位思考。这种换位思考的方式在整个教育矫正活动中，是使用最多的，也是最常用的一种方法，在认罪服法教育中常常使用，如开展“当你是受害人”、“当你是被害人的妻子”、“当你是被害人的父母”等忏悔活动时，就是要罪犯通过换位思考，认清犯罪的危害。这与中期人文教育矫正培养罪犯的理性思考精神是一致的。

只有罪犯懂得对所发生的事情、问题、情况，在我向思考的同时也站到他人立场上作思考，才能避免单向自我思考有可能造成的自我膨胀，才能时刻保持谦卑而与人共处的理性精神。

3. 培养罪犯追求积极的生活精神。积极快乐是人生追求的本来意义。对于罪犯群体而言，中期人文教育矫正培养其追求积极的生活精神，尤其具有重要的现实意义。一是培养罪犯融入社会的生活能力。学会学习、学会做事、学会沟通、学会做人等，是罪犯融入社会生活最基本的能力，是培养罪犯追求积极的生活精神的基本条件与前提，是中期人文教育矫正的重点内容。二是培养罪犯正确地看待生活中的不如意，乐观地面对生活中的曲折的能力。罪犯在服刑期间有许多不如意、不顺心，刑满释放后融入社会还会遇到就业、生活、家庭等许许多多不如意、不顺心，还可能会遇到人们的歧视、讽刺、嘲笑、挖苦等精神上的、现实生活中的挫折，这些都需要罪犯确立起包容、宽容、乐观的心态，正确对待。三是培养罪犯树立正确的生活目标，提高生活目标意识。对于年纪尚轻的青少年罪犯来讲，成家立业，还是立业成家，是其刑满释放后考虑的最基本问题。对于有家有业的罪犯来讲，其刑满释放后如何守业守家是最基本的生活问题。中期人文教育矫正帮助罪犯树立起正确的生活目标，增强生活目标意识，是十分重要的一项内容。

（三）人文行为修养教育

现代社会人与人之间的交流、交往与沟通，离不开人的行为修养。对于一般人而言，人文行为修养表现为懂礼貌、知礼仪、守诚信。在这里把人文行为修养归结为“仁、义、礼、智、信”，即注重对罪犯最基本的行为修养教育矫正。在中期人文教育矫正中，通过对罪犯进行“仁、义、礼、智、信”等内容的教育与养成，使罪犯具备最基本的融入社会、与人交往的行为修养。

三、职业生涯和职业技术技能教育

职业生涯和职业技能教育，是解决罪犯刑满释放后融入社会的生存手段问题，是罪犯融入社会能够就业的大问题，是保证罪犯刑满释放后成为遵纪守法、自食其力的公民的重要措施。

（一）职业生涯规划教育

中期阶段对罪犯开展职业规划教育，不仅对于实现其再就业、再社会化有积极意义，而且对维护社会稳定，为社会主义现代化建设创造一个良好的社会环境都将起到积极的作用。

1. 有利于罪犯明确回归后的就业、择业的职业方向选择。对罪犯开展职业生涯规划教育，使其明确自身内在职业生涯的素质与能力，了解其从事职业生涯的条件，使罪犯能够根据内在职业生涯素养选择适合的职业生涯发展方向，实现良好就业，从而为罪犯指明了职业方向。

2. 有利于提高罪犯适应社会的能力。由于对罪犯开展职业生涯规划与管理的教育，特别是监狱机关开展对罪犯的职业生涯教育，包括思想道德、法律法规、文化知识、职业技能和知识，以及心理素质的培养，提高了罪犯的内在素养，增强了适应社会的能力。

3. 有利于国家法律法规的落实。《监狱法》第 64 条规定："监狱应当根据监狱生产和罪犯释放后就业的需要，对罪犯进行职业技术教育，经考核合格的，由劳动部门发给相应的技术等级证书。"第 66 条规定："罪犯的文化和职业技术教育，应当列入所在地区教育规划……"对服刑人员开展职业生涯规划与管理的教育，正是根据《监狱法》的精神，把法律的规定化作实际行动的一项实践活动。

4. 有利于罪犯确立起正确的人生目标。罪犯职业生涯规划教育，主要是帮助其刑满释放后根据自身条件，结合社会经济文化发展实际，确立自己的职业目标与方向。在一定程度上，也是帮助罪犯确立人生目标。因为罪犯职业生涯规划教育，是运用职业生涯规划的理论，引导罪犯在正确认识自我，客观评价周围环境的基础上，确立正确的职业发展目标，并从入监开始，围绕这一人生目标对改造生活及刑释后的生活、职业生活等进行综合管理和系统化矫治活动，帮助罪犯尽快适应社会、融入社会。

（二）职业技能教育

监狱机关对罪犯开展的职业技能教育，一般包括如下内容：

1. 职业专业技能教育。以罪犯“回归就业，需要什么就学什么”为职业专业技术教育的指导思想，积极将实用性强、社会需求量大、易于就业的项目作为重点，逐步建立起门类多样、专业性强的职业技能教育，分别开设烹调、中式面点师、电工、电焊工、汽车修理工、电脑操作员、泥工、花卉工、服装缝纫工、箱包制作工、横机铛车工、收银员等不同类型、不同层次的社会上紧缺工种的职业技能教育，采用劳动保障部门指定的教材和社会职业技术院校使用的教材，可聘请社会职业技术院校师资对罪犯开展正规的职业专业技能教育。

2. 职业专业技能培训。通过对罪犯开展技术技能、人际关系技能、解决问题技能的培训，以及对罪犯开展社会就业职业发展形势政策培训，参加 SYB 创业培训、职业道德教育等，使罪犯在态度层面，树立起正确的职业观、价值观；在知识层面，了解职业发展的阶段特点，较为清晰地认识自己的性格特点、社会环境，了解就业形势与政策法规，掌握就业创业的基本知识；在技能层面，掌握决策技能、求职技能以及各种通用技能。

3. 职业技能鉴定。实施按学期编班，课堂化、实践型教学，并积极开展职业技术考证与鉴定。把全年分为上、下两个学期，规定职业技能培训时间，保证每年职业技能培训 300 课时以上；在课堂上配备相应的教学器材，罪犯可以一边听老师讲课，一边动手实践操作；在劳动改造区域建立技术教育实训基地，以实习的方式开展职业技能适应性训练；在每个学期结束前，由社会人力资源和劳动保障部门组织罪犯根据自身学习情况分别参加初级、中级和高级职业资格考试，考试合格的，颁发相应的职业资格证书。

（三）开展就业指导

就业指导教育是中期职业技能教育的重要内容，是解决罪犯刑满后融入社会的重点与难点问题。就业问题是直接关系到罪犯刑满释放后立足于社会、融入社会成为合格社会人的大问题。

1. 帮助罪犯制订职业规划。按照社会就业、职业发展需要量身定制，社会需要什么就让罪犯学习什么，有针对性地制订职业发展规划。在中期职业技能教育中，结合罪犯回归社会后的人生道路选择与就业谋生需求，帮助罪犯修订回归社会的人生规划和职业规划，提高回归后立足社会的能力。

2. 加强就业指导。罪犯回归社会后，遇到的首要问题是就业。针对部分罪犯回归社会对就业创业的期待，开展就业指导。与地方政府的人力资源和社会保障局联合建立罪犯就业指导站，为罪犯提供相关的就业信息，组织人员进监开展就业指导，举办就业招聘会，为罪犯就业铺路搭桥。

3. 引导自主创业。与地方职业技术学院联合举办“创办你的企业（SYB）”培训讲座。SYB 创业培训项目为国际劳工组织开发，我国政府专门扶持的项目。在罪犯中开展 SYB 培训，鼓励罪犯实现自主创业。以注册个体户或小型企业的形式解决回归社会后的就业、经济来源问题，则是就业指导的有益尝试和创新实践。

四、心理教育

对于判处死刑缓期两年执行、无期徒刑和限制减刑的罪犯，随着关押期延长、减刑假释激励效应降低，其拘禁性心理增强，改造难度增大，尤其需要建立适合于其特征的心理健康教育工作机制。

1. 开展心理健康指导。在中期教育矫正中应全面普及心理健康教育，创新心理矫治工作平台，搭建“信息交流平台”，实施心理健康教育工程。编制心理咨询工作个案集，使之成为心理咨询民警信息交流的平台；以“心理之约”为载体，有针对性地对心理异常的罪犯进行排查，对排查出来的心理存在异常的罪犯，邀请社

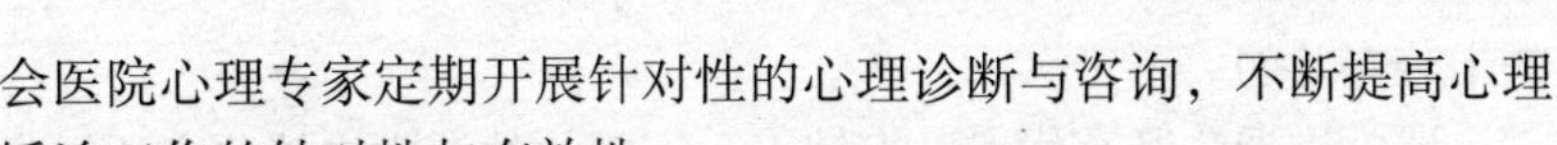

会医院心理专家定期开展针对性的心理诊断与咨询，不断提高心理矫治工作的针对性与有效性。

2. 开展心理测试与矫治。进入中期教育矫正阶段，罪犯的心理到了相对稳定的形成与发展时期，最容易形成“监禁型”心理特征的行为表现。为此，应建立相应的心理测试工作机制，通过开展个别、团体的心理咨询活动，开展心理测试工作，按需制订实施罪犯心理治疗方案。建立健全心理咨询和心理危机主动干预机制，对主动申请心理咨询的罪犯，在规定时间内落实心理咨询，并根据情况落实跟踪咨询。对具有现实危险性的罪犯实施心理危机主动干预，做到早发现、早干预。

3. 强化心理矫治工作力度。除正规化、课堂化、系统性地组织罪犯心理健康知识学习教育外，应突出重点，加强罪犯心理矫治工作力度。运用科学方法，依靠受过心理知识专业培训、有一定经验的心理咨询师、心理医生、心理专家，对罪犯开展定期与不定期的心理咨询与治疗，使罪犯的不健康情绪和心理问题得到宣泄与排泄，缓解心理压力，形成良好心理。

第三节　集体教育方法

集体教育对进入中期服刑的罪犯而言，内容最为丰富、时间最长，针对性最强，因此集体教育的方法和实现的途径是最为多样的，但概括起来主要有课堂讲授法、大会讲座法和现场行为培训法。

一、课堂讲授法

正规的课堂讲授法是最古老、最常用的教育方法，但运用于我国监狱教育矫正工作，始于 20 世纪 80 年代。监狱创办特殊学校后，针对当时押犯当中存在“文盲、流氓、法盲”，采取正规化课堂讲授的方法，对罪犯开展思想、人文、职业技能等教育矫正活动是十分有益的。

课堂讲授法既有优点又有缺点。正规化的课堂讲授法之所以在监狱矫正机构得到广泛应用，其主要优点在于：一是课堂讲授法的易操作性。只要拥有一间教室或拥有一块空地，只要有一位教育矫正工作人员并聚集一些罪犯就可进行。二是经济性。一位教育矫正工作者，运用一本教材、一个课时的重复教育矫正，可以使几十人、上百人甚至几百人，都得到同样的教育矫正，省时省力。三是高效性。许多罪犯能在同一时间、同一场所，接受同一内容的教育矫正，而这只需要一位教师即可。然而，课堂化讲授法也有缺点。它从本质上讲是一种单向的思想交流方式，缺乏教育矫正工作者与罪犯之间的相互作用和反馈。

二、大会讲座法

采用开大会的形式，对罪犯进行主题、专题的讲座，是中期教育矫正工作中常用的方法之一。它不仅是教育矫正者常用的方法，而且也是广大罪犯容易接受的方法。大会讲座法是按照召开大会会议的组织形式，对罪犯开展专题、主题教育，能够为罪犯有效地传递社会的经济、政治、文化变化发展的大量信息，是成本低廉、节省时间的一种教育矫正方法。大会讲座法的不足之处，是缺少罪犯的现场参与、反馈与互动，因参与讲座的罪犯人数众多，如果主题、专题内容或讲座者的水平等原因，有可能吸引不了罪犯的注意力，不能引起共鸣，对讲座的内容理解不深，现场效果就差。因此，利用大会对罪犯开展专题、主题讲座，应由知识丰富、理论水平高、实践经验深厚的监狱机构教育矫正工作者或社会学者、专家、知名人士等主讲，讲座内容选择罪犯感兴趣、与罪犯融入社会有关的主题、专题。

三、现场培训法

罪犯进入改造中期，一方面在监管改造、劳动改造和教育改造

等领域面临许多新问题；另一方面到了中期阶段的后期，罪犯又将面临融入社会、适应社会的许多新难题，如如何使用对现代化的交通工具系统、银行操作系统、就业招工系统、社会劳动保障系统等问题。为此，监狱教育矫正机构在罪犯刚进入中期教育阶段时，要积极对罪犯开展劳动技能培训，继续开展行为规范培训，以及文明礼貌用语培训，使罪犯尽可能快地融入监狱教育矫正环境，适应监禁生活。当罪犯进入到中期教育阶段的后期，即将面临释放回归社会，监狱教育矫正机构可以在模拟各种社会环境的情景中进行专题培训，如模拟交通导引中心，模拟派出所，模拟司法所，模拟人才市场，模拟行政服务中心，模拟银行、自助查询室等，开展适应性的专项训练，让刑释人员身历其境，亲身体验各项社会生活场景，熟悉回归社会后的各种生活情景。例如，通过模拟现场实训，了解回归社会的快捷交通路线，掌握回归社会后户口申报的基本程序，就业招聘的基本要求，自主创业的基本方法，熟悉申请低保或办理农村医疗保险的途径等。通过模拟实训，帮助刑释人员掌握实用性的社会技能，提升其适应社会、融入社会的能力。

第十一章　中期教育方法
——辅助方法

中期教育矫正方法很多，除了监狱矫正机关采取正规化、课堂化、系统化的教育矫正方法外，借助于社会力量、情感力量和环境力量对罪犯进行教育矫正，是中期教育采用最多的辅助方法。本章主要阐述以下内容：

1. 社会帮教方法的内涵、作用与种类。
2. 情商教育的内涵、作用与实现途径。
3. 环境教育的作用与实现途径。

第一节　社会帮教

随着社会文明进步，教育矫正罪犯工作越来越向社会化、大众化发展，越来越多的社会组织、志愿者、专家学者等力量参与到监狱教育矫正工作中来，形成了以监狱机关、社会组织、学校、企事业单位、罪犯家属以及专家学者、教师、志愿者等组成的社会帮教矫正工作体系。

一、社会帮教的概念、特征和作用

监狱矫正机关为了将罪犯教育矫正成为自食其力的“合格社会人”，成为遵纪守法的公民，在中期教育中不仅要依托监狱力量对罪犯开展思想、人文、技能等教育矫正活动，还要借助社会力量

对罪犯进行矫正。

（一）社会帮教的含义与特征

社会帮教就是通过对社会各种资源的整合，来实现教育矫正的个别化、社会化和科学化，是监狱机关普遍采用的一种行之有效的基本手段与方法。从社会帮教的概念来看，其基本特征表现为：第一，主体的社会性。既包括社会团体、企事业单位、政府机关等组织，又包括家庭、社会志愿者、社会知名人士、学者、专家等个体成员。第二，成员的广泛性。参与帮教成员的广泛性是由社会主体的多样性决定的，只要是监狱矫正机关以外的成员，都可以参与对罪犯的帮教矫正。第三，形式方法的多样性。社会帮教进监狱对罪犯进行教育矫正，可以采取个别谈话、团体讲座、报告讲话等形式，也可以是送温暖、困难慰问、心理矫治等形式，其内容可以是有关法制的、道德的，也可以是有关理想、前途以及就业、职业等形势的，涵盖面十分广泛。

（二）实施社会帮教的现实意义

监狱的根本职能是惩罚和改造罪犯，预防和减少犯罪。把改造人放在监狱工作的第一位，充分体现了中国特色社会主义国家刑罚执行制度的本质特性。坚持“惩罚与改造相结合，以改造人为宗旨”的监狱工作方针，以人的发展为着眼点，以人的可塑性为理论基石，以马克思主义法律观为理论依据，把服刑人员改造成为社会主义守法公民，最大限度增加和谐因素，最大限度减少不和谐因素，为全面建设小康社会创造和谐稳定的社会环境，是马克思主义法律观在监狱工作中的具体体现，是罪犯人权得以实现和保障的重要途径，是对我国社会主义建设事业的有力支持，也是监狱人民警察的首要政治任务。

惩罚和改造罪犯，预防和减少犯罪，是一个需要整合各方面力量资源才能实现的系统工程。监狱机关要以解放思想为先导，深入学习实践科学发展观，把握时代特征，突出时代特点，积极探索和逐步形成“全时空覆盖、多渠道拓展、人本化融合、开放式建设”

的教育改造工作体系，预防和减少重新犯罪，为维护社会和谐稳定作出积极贡献。

1. 强化教育改造工作机制。监狱机关应把加强服刑人员教育改造工作作为监狱工作的中心任务，加强教育改造工作内容的针对性、社会的需求性、方法的个别性、形式的多样性、环境的感染性。刑罚执行工作应树立示范教育理念，强化罪犯对法律神圣不可侵犯的认识；狱政管理体制要树立行为矫正教育理念，强化罪犯的自律意识；劳动管理应树立养成教育作用理念，强化罪犯的适应意识；生活卫生应树立健康教育作用理念，强化罪犯生活质量意识；狱内侦查应树立警示教育作用理念，强化罪犯的守法意识；教育改造应强化领军作用意识，促进多种职能的综合功能。

2. 健全监狱社会联动机制。新的历史时期，教育改造工作在时空上应有新的拓展，在空间上从监内延伸到监外，在时间上从刑期内延伸到刑期后。通过面向大众、面向社会、面向罪犯亲属，达到“四个联动”，即与社会各界联动，定期进行政策形势教育；与当地教育部门联动，充分利用社会资源对罪犯进行文化技术辅导；与公检法部门联动，联合开展法律法规教育；与罪犯亲属联动，适时开展亲情关爱活动，切实提高教育效果，提高罪犯改好率。

3. 完善安置帮教工作机制。贯彻落实党中央、国务院关于进一步加强刑释人员安置帮教工作的意见，做好新形势下刑释人员安置帮教工作，是我们党以人为本执政理念的具体体现，是预防和减少重新违法犯罪、维护社会和谐稳定的一项基础性工作，是推进社会管理创新、加强社会管理的一项重要任务。各地各部门应发挥社会资源优势，在关心和支持监狱工作、提高教育改造质量的同时，更加关注刑满释放人员的生活能力和谋生能力，更加注重罪犯刑满释放与社会安置帮教工作的衔接，采取有效措施，切实解决安置帮教工作面临的各种矛盾和问题，促进刑释人员就学、就业、社会保障等方面问题的解决，帮助刑释人员减少对抗，顺利回归社会，过上有尊严的生活，预防和减少刑释人员重新犯罪。

（三）社会帮教的作用

由于社会帮教是与监狱机关教育矫正紧密结合在一起的，其所起的作用是积极的，目标是一致的。通过社会帮助，使罪犯体悟并感受到国家和社会、家庭的温暖，增强罪犯改造信心，鼓励罪犯在希望中改造；能够使罪犯感受到犯罪行为对受害者的伤害，正确认识量刑，促进罪犯责己思过，促进认罪服法；可以使罪犯了解掌握社会就业信息、法律政策变化，开阔罪犯眼界，调节罪犯监禁生活，丰富罪犯精神生活，促进罪犯社会化进程；还可以争取社会各界对监狱工作的理解与支持，促进监狱工作的整体进步，树立监狱良好执法形象。

二、社会帮教种类

我国对罪犯进行社会帮教的种类，是由20世纪80年代总结归纳创立的“两个延伸”，即向外延伸和向后延伸。这“两个延伸”仍然适应于当前的监狱教育矫正机构。进入21世纪，随着我国法治建设进程的加快，罪犯的教育矫正工作又形成了一个新的种类，即“社区矫正”。

（一）向外延伸

所谓向外延伸是指发动罪犯亲属、罪犯原所在单位和全社会都来关心和支持监狱教育矫正罪犯工作，如邀请社会知名人士来监狱帮助做好规劝、感化矫正工作，组织表现出色的刑满释放人员来监狱现身说法做报告，动员罪犯亲属来监狱规劝感化等。

（二）向后延伸

所谓向后延伸是指监狱在罪犯出狱时，要如实向地方政府相关部门介绍其改造表现，并协助地方政府做好罪犯刑满释放的安置帮教工作。

（三）社区矫正

所谓社区矫正是指对依法判处缓刑、拘役或由监狱教育矫正后被依法假释、保外就医的罪犯，由社区专门教育矫正机构及人员对其进行监管、教育矫正。

三、社会帮教的方法与形式

社会主体及其成员对罪犯实施帮助教育的方法与表现形式是多种多样的。从我国监狱对罪犯教育矫正工作的发展历程看，不外乎自愿、责任制、法定三种方法与形式。

（一）自愿的方法与形式

自愿参与对罪犯进行教育、感化、挽救、规劝工作，是我国整个社会文明进步的结果，是法治文明程度的标志，是帮助教育矫正发展的最高形式。进入21世纪以来，随着我国政治文明、精神文明、物质文明的进步与发展，许多社会知名人士、学者、专家和社会成员，参与社会自愿组织，自觉来监狱对罪犯做规劝、说服、感化工作，做好罪犯认罪服法，帮助罪犯了解社会形势、掌握国家发展政策等工作，促使罪犯人性感化，人文精神的确立，融入社会生活。其表现形式是自愿结成帮教矫正对子，定期与不定期地对罪犯进行思想人文、心理重塑、法制道德、国家形势政策等方面的教育矫正工作。

（二）责任制的方法与形式

签订帮教工作责任制，是运用契约合同的形式，确立社会主体与监狱矫正机构主体对罪犯教育矫正工作的权利与义务关系。例如，监狱教育矫正机构与罪犯所在地政府机关签订相互配合、共同教育矫正罪犯的帮教安置协议。协议书明确规定双方在教育矫正和社会帮教方面的职责及具体内容。这种方法与形式在20世纪80年代被普遍得到采用与运用，对罪犯教育矫正工作起到了积极作用。

（三）法定的方法与形式

法定的社会帮教工作，主要是根据我国法律制度的规定，由社会主体承担起对罪犯帮教的工作职责与任务，如1994年12月29日颁布的《中华人民共和国监狱法》第三章第五节规定的“公安机关凭释放证明书办理户籍登记”、“对刑满释放人员，当地人民政府帮助其安置生活”、“刑满释放人员丧失劳动能力又无法定赡养人、扶养人和基本生活来源的，由当地人民政府予以救济”，第五章第68条规定：“国家机关、社会团体、部队、企业事业单位和社会各界人士以及罪犯的亲属，应当协助监狱做好对罪犯的教育改造工作”。这些法律条款与内容，从法律规定性上明确了社会主体应参与对罪犯帮教工作的职责与任务。

第二节 情商教育

情商理论经过十多年的发展，已经在学校教育和企业管理等领域得到了成功的应用。俗话说：他山之石，可以攻玉。在罪犯中开展情商教育是教育改造工作创新的需要，也符合“提高教育改造质量”的本质要求。

一、情商的定义、内涵及其作用

情商（EQ）一词，是1991年由美国耶鲁大学心理学家彼得·塞拉维和新罕布什尔大学的琼·梅耶首创的。把情商理论推向高潮的是丹尼尔·戈尔曼，他在《情感智商》一书中提出情商是个体最重要的生存能力，是一种发掘情感潜能、运用情感能力影响生活的各个层面和人生未来的品质要素。情商教育包含了以下五个方面的能力培养：①认识自身情绪的能力——也叫自我觉知，是指主体理解与分析自我情绪，认识引起自我情绪原因的能力，是情感智商的基点。了解自己真实感受的人才能成为生活的主宰，否则必将成为感觉的奴隶。②控制自身情绪的能力——对自己情绪的调节和控制的能力，主要指缓和消极情绪，加强积极情绪，并且做到没有压抑或夸张。这方面能力较差的人常受消极情绪的困扰，而能控制自身情绪的人则能很快走出命运的低谷，重新奔向新的目标。③自我激励的能力——自我激励包括两方面的能力：一是通过自我激励保持对学习和生活的高度热忱，这是一切成功的动力；二是通过自我约束以克制冲动和延迟满足，这是获得成就的保证。④识别他人情绪的能力——认知和融合、协调他人的情感，成熟地浸入积极情绪和离开消极情绪，这是了解他人需要和关怀他人的先决条件。⑤维系良好人际关系的能力——一个人能恰当和谐地与他人交往，被他人接受并与之形成融洽的人际关系的能力。

在这五个方面中，前三个方面只涉及“自身”——是对自身情绪的认识、管理、激励与约束；后两个方面则涉及“他人”——要设身处地理解他人情绪，并通过妥善管理他人情绪来达到人际关系的和谐。因此，情商的基本内涵实际上包括两个部分：第一部分是要随时随地地认识、理解并妥善管理好自身的情绪；第二部分是要随时随地地认识、理解并妥善管理好与他人的情绪。传统的观念认为，决定人生命运的主要因素是智商，但事实上人们在面临许多社会问题时，都需要有情绪、情感信息的参与才能正确地解决。卡耐基曾说过，一个成功的管理者，专业知识所起的作用是15%，而交际能力却占85%。现代研究表明，情商比智商在更大程度上决定着一个人的爱情、婚姻、学习、工作、人际关系以及整个事业的成功，它通过影响人的兴趣、意志、毅力，加强或弱化认识事物的驱动力。“情商水平高的人具有如下的特点：社交能力强，外向而愉快，不易陷入恐惧或伤感，对事业较投入，为人正直，富于同情心，情感生活较丰富但不逾矩，无论是独处还是与许多人在一起时都能怡然自得。”“情商高意味着有足够的勇气面对可以克服的挑战、有足够的度量接受不可克服的挑战、有足够的智慧来分辨两者的不同。”在现实生活中，有智商高达160的人在为智商100的人打工；著名科学家爱因斯坦、达尔文和大诗人海涅、拜伦等人在学生时代，其智力和学习成绩并无超人之处。可是，这些被认为智力水平一般或不高的人，后来却成了举世公认的杰出人才。因此，情商之父戈尔曼说：仅有IQ（智商）是不够的，我们应用EQ（情商）来教育下一代，帮助他们发挥与生俱来的潜能。

二、罪犯情商教育的现实意义

国内对于情商教育的研究主要集中于学校教育和企业管理方面，尚无对罪犯情商教育的深入研究与实践。根据情商教育的有关理论，一个罪犯如果情商高，就意味着他有正确的自我评价，情绪相对稳定，不会对改造环境和警察、同犯过分苛求，不会因外界的影响而“热胀冷缩”，从而能时刻把握正确的改造方向，而这也正是教育改造工作所追求的主要目标。因此，情商教育不失为一把开启罪犯心灵的钥匙。罪犯情商教育的现实意义具体表现在以下四个方面：

（一）情商教育有助于调适新时期罪犯服刑心理，提高教育改造针对性

就犯罪心理而言，根据对某所大型监狱近三年来新收押的8551名罪犯的统计，暴力型犯罪（包括打架、行凶、抢劫）占43.9%，同比上一个三年高出12.3%，说明激情犯罪已成为新时期犯罪的一个主要特点。激情犯罪的心理原因在于，当犯罪主体在外界环境刺激下，产生不良的情绪体验时，他们无法及时感知和正确评价这时的自我情绪，也就无法预料不良情绪的后果。就罪犯服刑心理而言，随着监狱狱政管理工作的不断强化，刑罚执行的强制性和剥夺性使罪犯的许多需求得不到满足，必然引发种种心理矛盾。“就总体而言，罪犯的心理特征主要表现为逆反心理的顽固性、怨恨心理的偏执性、焦躁心理的普遍性、自责自卑的多重性。”上述犯罪和服刑心理可以归结为三大原因，即情绪管理失败、自我激励弱化、人际关系失衡，而这些正是情商教育所要解决的主要问题。

（二）情商教育有利于促进分类管理工作，提高教育改造科学性

《监狱法》第39条第2款规定：“监狱根据罪犯的犯罪类型、刑罚种类、刑期、改造表现等情况，对罪犯实行分别关押、采取不同的管理。”但这一规定过于原则。随着形势的发展，有人主张以

人格特征作为分类标准，认为“罪犯之所以为犯罪，是因为其人格存在缺陷……根据有关调查内容，将罪犯分为：人格危险型、人格顽固型、心智障碍型、人格易塑型”。情商教育为这一“人格说”的分类管理提供了有力的支持：首先，“情商的培养与发展过程也就是健全人格的塑造与完善的过程”。其次，情商测试可以量化分类标准，情商测试的项目包括竞争素质、心理适应性、责任感、自信心、克制能力、处事风格、焦虑水平、情绪稳定性、思维方式九个方面，能够较为准确地反映出人格特征，为分类管理提供有价值的参考标准。最后，以情商为参照依据符合分类管理的运作模式，如对高情商的罪犯可以实行低警戒度管理，结合自我型或社会型的教育模式；对中等情商的罪犯可以实行一般戒备度管理，结合引导型或疏导型的教育模式；对低情商的罪犯可以实行高戒备度管理，结合强制型或训诫型的教育模式，从而提高教育改造科学性。

(三) 情商教育有助于维护监管秩序，提高教育改造稳定性

在对罪犯受到行政处罚和戴铐、戴镣处理的有关调查中发现，动手打人的占到 56.9%，对抗管教的占到 21.8%，自伤自残的占到 13.5%，成为狱内违规最主要的三种类型。分析这些违规事件的主要原因有：一是少数罪犯对自己的改造抱无所谓的态度，心态不正；二是少数罪犯心胸狭窄，报复心强；三是罪犯对违规行为后果的严重性缺乏认识；四是部分罪犯处理人际关系能力差，解决矛盾的方式方法简单粗暴。在对罪犯所做的情商测试中进一步发现，罪犯违规严重程度与情商水平呈显著正相关，即严重违规罪犯的情商水平低于一般违规罪犯，一般违规罪犯的情商水平低于无违规罪犯。这说明情商教育有助于罪犯形成正确的思维方式，有效地管理和控制自身的情绪，较好地处理与他人的关系，因此有助于减少违规率，形成良好的监管改造秩序。

(四) 情商教育可以降低监狱行刑成本，提高教育改造有效性

长期以来，监管改造工作的矛盾突出地表现为防与疏的矛盾。

一方面，人防、物防、技防的投入与支出不断增加，民警和罪犯的精神都高度紧张；另一方面，传统教育改造手段有所弱化，罪犯本质改造“名”大于“实”，存在监狱行刑成本与改造效果不成正比的关系。多年的实践工作表明，“防”是治表的、被动的、短期的，而“疏”才是治本的、主动的和长期的。情商教育与传统教育改造手段的区别就在于，它是通过认知与思维方式的改变，培养罪犯自我疏导、自我调节、自我教育的能力，形成个体情绪和行为的自律机制，提高教育改造有效性。与此同时，情商教育要培养的是“懂感情、知礼节、会调节”的人，而罪犯如果具备了这些特质，相信在回归社会之后也不会再成为社会的危害分子。这无疑为拓宽假释和社区矫正的适用面，降低监狱行刑成本，提供了一条有效的途径。

三、罪犯情商教育的原则

（一）客观性原则

客观性原则要求对罪犯进行情商教育的时候，必须考虑罪犯个体性格特征、性别、年龄、智力水平、接受能力等客观实际，在教育方式的选择上区别对待，加强针对性和有效性。过去人们只讲智商忽视情商是片面的，应当把情绪智力放在足够重要的位置来考虑。但是也不应奢望情商能解决道德与人格方面的所有问题，否则将会陷入另一种片面性。对罪犯进行情商教育不是哗众取宠的作秀行为，应遵循情商发展的客观规律和教育改造工作的客观规律，合理地推进，使其教育改造效果看得着、摸得到。

（二）系统性原则

联合国教科文组织在“21 世纪全球开智计划”中明确指出：“智力并非是一个单向度的概念，除了基本智商（IQ），它还包含了人的更多能力：成就智商（AQ）、道德智商（MQ）、情绪智商（EQ）、体能智商（PQ）……”可见，情商是多元智力理论的一个分支，开展情商教育必须考虑个体综合素质的提高。同时，情商包含的五种能力亦是相互联系、相互影响，形成一个完整的体系，其中“认识自身情绪”是前提，“控制自身情绪”是基础，“自我激励”是关键，“认识他人情绪”是保证，“维系良好人际关系”是目标。这五种能力共同构成“知、情、意、行”的统一与协调。

（三）发展性原则

一方面，情商教育的兴起不过短短十几年时间，引入国内的时间则更短，其理论与实践体系尚待进一步完善。我们讨论罪犯情商教育亦是对情商理论的丰富与发展，有助于其早日成为一门应用领域更广的成熟学科。另一方面，对监狱的教育改造工作而言，情商教育是一种全新的教育理念与方式，它与传统教育改造方法，如心理矫治、个别谈话、三课教育等，既有联系，又有区别。我们要遵循发展的原则，在传统改造手段的基础之上，引入情商教育的理念与做法，把有效性和科学性结合起来。

（四）教育性原则

戈尔曼在其《情感智商》一书的“前言”中，就开宗明义地提出：“今天我们看到社会秩序以前所未有的速度在崩解，自私与暴力不断腐蚀良善的人心。我们所以要大力鼓吹EQ，实是着眼于情感、人格与道德的三合一关系。愈来愈多的证据显示，基本的道德观念源自个人的情感能力。无法克制冲动的人往往便是道德实践上的弱者，因为克制冲动是意志力与人格的基础。”在该书的最后一节，又首尾呼应地再一次强调了EQ与人格发展、道德完善的关系：“如果说人格发展是民主社会的基石，EQ正可发挥巩固基石的作用。崇高的人格必建立在自律的精神上……另一个重要的人格发展关键是自我激励与导正……延迟满足与克制冲动都是基本的情绪技巧。”因此，对罪犯进行情商教育的最终目的不是规范其行为养成，也不是约束其监规纪律，而是教育其妥善地控制和管理好自己的情绪，学会宽容和接纳异己，养成符合法律和社会规范的人格与道德。

四、罪犯情商教育的方法和途径

（一）认识自身情绪的能力培养

1. 修正自我评价。利用行政奖励、违规处理、挑选杂务犯、亲情帮教等有利时机，适时地开展评价他人和自我评价的活动，使罪犯能经常性地从警官、同犯、亲人、朋友的评价当中不断修正自我评价，找准自己的定位。

2. 换位体验法。鼓励罪犯多从别人的角度看问题，可以在联号罪犯之间、罪犯组员与组长之间、不同改造岗位的罪犯之间进行短期的“换位体验”，使罪犯打破固有的偏见，学会宽容和接纳异己。

3. 情商测试法。情商测试不仅可以帮助罪犯准确地了解到自身的情绪水平，而且可以为进一步提高其情商水平提供针对性的方法，如对于克制力水平差的罪犯，让他们在每次否定情绪产生时回忆其犯罪体验，强化犯罪代价和教训，回避有害刺激；对于焦虑水平高的罪犯，应该培养他们对挫折的耐受力，增强对负性刺激的感受性，从而对外界刺激不致过分敏感。

（二）控制自身情绪的能力培养

1. 后果提示法。激情犯罪的思想根源是对犯罪行为的后果估计不足，明确行为后果是控制自身情绪的首要前提。某监狱在监舍楼里列出了一个醒目的公式——“一次动手打人=扣思想分3分+取消行政奖励资格+推迟减刑呈报日期+列入二级严管对象+联号同犯受连带责任+所在小组取消文明小组成绩+所在监区文明监区名次降级”。这一公式起到了很好的警示作用，使罪犯真正意识到“冲动是魔鬼”，自觉加强了行为约束。

2. 心理宣泄法。就是让罪犯把自己的负性情绪通过合适的途径和场合发泄出来，以达到心理上的平衡，如建立“心理宣泄室”，向心理医生或心理咨询员倾诉心情，开通亲情热线等。

3. 表情训练法。心理学研究表明，人的情绪是可以由行为引发的，人们可以通过行为训练的方式来控制自己的情绪。最常见的一项表情训练法是，当一个人生气的时候，让他对着镜子努力做出笑容，持续几分钟之后，他的心情会变得好起来。

4. 环境转移法。物理空间和心理空间有着直接的联系，罪犯的改造环境相对封闭，个人空间的拥挤也会导致烦躁和压抑，对于情商水平低的罪犯采取调换改造环境的方法有助于改善他们的情绪。此外，美化监内环境、养花种草、在劳动厂区播放音乐也是有效的做法。

（三）自我激励的能力培养

1. 树立现实的改造目标。让罪犯时刻看得到新生的希望是对他们最有效的激励手段，但一些长刑犯往往因为刑期漫长而对改造丧失信心。这时就要引导他们把新生的长远目标分解成一个个阶段性的现实目标，如获得一次行政奖惩、取得一次竞赛活动的名次、每月争取较高的考核加分，等等。目标越现实，行动就越具体，激励作用也就越明显。

2. 给予适时的鼓励、肯定和帮助。民警和亲人的肯定能够有效地激励罪犯积极投身改造，此外，同犯之间的相互理解和帮助也能起到很好的激励作用，如老犯对新犯的帮助、联号罪犯之间的相互帮助、组长对组员的帮助、对“三无犯”的援助，等等。

3. 掌握自身的情绪规律。“生理规律、智力规律和情绪规律是人的三大生物规律，有关研究表明人的情绪规律一般是在28天左右。”使罪犯认识到情绪规律的客观性，并掌握自身的情绪规律，能够有针对性地调节不良情绪，维持良好情绪，达到自我激励的目的。

（四）识别他人情绪的能力培养

1. 移情法。通过民警潜移默化的教育和亲人日积月累的帮教，使罪犯逐步学会准确判断他人的情绪，即“感人之所感”、“知人之所知”。在与他犯的交往中能真正聆听对方的心声，揣测对方的观点，并设身处地为人着想，进而唤起对被害人的同情心，产生亲

社会的心理。

2. 开展监区文化活动。监区文化活动的表现形式虽然各不相同，但都注重肢体的协调与配合。肢体的协调与配合是建立在心灵互通的基础之上的，只有对合作伙伴有了足够的了解和信任，才能彼此心有灵犀，共同完成一项精彩的演出。因此，开展监区文化活动有助于培养罪犯识别他人情绪的能力。

3. 拓展训练法。拓展训练的许多项目适用于提高罪犯的情商，如“背摔”项目：将受训者两手绑住，从高处往后倒向地面，下有同伴接住，类似的活动适合在罪犯之间开展，也可以让罪犯与民警一起参与，培养“勇”与“信”。

（五）协调人际关系的能力培养

1. 开展集体竞赛活动，如文明小组评比、文明监区评比、流动红旗考核等，使罪犯在共同改造目标的引导下，主动进行人际关系的调适，寻求共同进步的合力，取得集体荣誉和个人改造成绩的“双赢”。

2. 学会沟通，善于表达。监内几乎所有的打架违规事件都与罪犯不善表达，缺乏沟通有关。培养罪犯的表达与沟通能力，需要民警在日常的教育过程中给予罪犯“三个机会”：一是给予“说”的机会，使罪犯在警官面前能充分地说出自己的感受和看法；二是给予“表现”的机会，使罪犯的特长和能力能够被更多的人发现并认同；三是给予“自我改正”的机会，对待一些轻微违规的罪犯，一次自我改正的机会往往比一次严厉的打击更能让他正视自己的不足，保持改造的信心。

3. 引入社会化的帮教机制，如邀请社会人士、帮教团体等与罪犯开展一些互动与交流，或以联合促学、就业培训等形式把社会化的工作机制引入监内，让罪犯能感受到自己“社会人”的人格特征，进而在大墙内主动调节人际关系，为回归社会做适应性的准备。

第三节　环境教育

环境与人的发展变化之间实际上表现为一种相互缠绕、相互交织的关系，是互动的而非单向的。个体既受环境的深刻影响，同时也在对环境发生着或多或少的影响。环境与人的相互关系是高度复杂的，必须以发展的、动态的观点看待环境与人的相互关系，才能正确观察环境与人的相互作用。因此，重视环境对罪犯教育矫正工作的影响，千方百计营造对罪犯教育矫正更为有利的外部环境，是提高教育矫正质量的必经之路，对罪犯教育矫正也离不开环境的影响与作用。

一、环境对罪犯教育的意义

监狱与正常的社会环境差别极为显著，对在押罪犯必定会在思想、行为、心理上产生重大的影响。同样，监狱通过尽可能有意识地改造监禁环境、缩小监狱环境与社会环境的差别，发挥环境对罪犯教育矫正的积极作用，是十分重要的现实课题。

（一）发现各种现象与环境的特殊联系

环境与人的相互关系既是高度复杂的，又是可以逐渐为人们所认识的。通过长期的观察，通过对历史资料的分析以及其他各种行之有效的方法，在既定的环境范围内，现象与环境间的特殊联系能够被人们感知并揭示出来。这些便是环境科学的成果。现象与环境之间的特殊联系既有可能是某种隐隐约约的，又有可能是高度密切的正相关关系和负相关关系，有时甚至还会表现出一定程度的因果联系。人们对环境研究的期待，也是直指环境对人的特定影响，希望找到现象与环境之间一一对应的关系。虽说这不全是环境研究所能完成的任务，但由浅入深、由个别到一般，再由一般到个别又是环境研究的必由之路。

罪犯矫正现象与监狱环境的特定联系，一方面，应当借鉴所有

环境科学的最新成果；另一方面，又必须紧紧抓住监狱的特点，正确反映监狱环境与正常社会环境的不同之处。监狱作为监禁刑的执行场所，与正常的社会环境相比，最大的环境特点，一是监狱本身的封闭性和隔离性；二是监禁刑在执行过程中的具体表现形态。前者使罪犯生活在一个与外界具有明显界线的空间里；后者则在前者的基础之上以权利和义务的某种组合，将刑罚执行的全部内容落实到罪犯身上。换言之，罪犯在监狱中，不仅是特定空间的生存问题，而且还要接受相关纪律的约束，接受教育改造和劳动改造等。研究监狱环境，不考虑刑罚的执行内容固然失之于片面，不将刑罚执行放在监狱这个封闭和隔离的背景中同样难以准确把握问题的实质。

监狱的封闭性、隔离性以及监禁刑在执行过程中的具体表现形态，对罪犯的影响是多方面的。丧失人身自由，很少有与家人和社会直接接触的机会，对当前处境和未来前景的担忧与焦虑等，构成了罪犯生活的常态。但不同的服刑阶段，大体相同的监狱环境对罪犯的影响也有显著的不同。一般的环境理论必须结合监狱的具体情况才能得出符合实际的结论。

行为、现象与环境的特定联系十分复杂，完全加以把握并不现实，较为可行的方案是从重大的环境变迁开始，假定其他条件不变，观察记录变化前后罪犯整体性的较为显著的差别，由此分析环境变迁产生的总体影响及影响的程度。在这一过程中可对照有关的环境理论进行实际检验，对那些与理论不相符的情况给予特别的重视，寻找背后的主要原因，并逐渐完善观察与分析的方法。更进一步的工作是多因素分析，尽可能找出不同时间段内各种主要环境因素的变化，并通过实验等方法来确定这些环境因素的作用强度。事实上，在任何时候，环境因素都不会是单一的，只有充分了解各种主要的环境因素及其相互作用情况，对监狱环境与罪犯相互关系的认识才能符合实际。接下来，则需要考虑罪犯与各种环境因素的互动问题，将人的主观能动性结合到环境因素中去。只有当这一切完成之后，环境对罪犯的特定影响才能得到进一步的确定。

（二）对罪犯行为的可能性做出预测与分析

正确揭示罪犯行为与监狱环境的特定联系，在监狱环境研究中具有基础性的意义，但它是针对既往的，是对已然的事实进行的说明和分析，从功利的角度看，事情远没有结束。温故是为了知新，知识是面向未来的，一项研究成果的价值，很大程度上取决于能否广泛运用于对未来的判断上。既然对既往环境与人的相互关系能够做出正确的说明，面对未来，在有关环境因素按照预期出现时，产生具有一定准确性的预测，也不违反其中的逻辑关系。

准确的预测带给人们的利益是巨大，也是充满诱惑的。当未来的景象清晰地呈现在面前时，就可以占尽先机，进行各种准备，包括物质上、技术上、思想上的准备以及良好的应对方案，领先一步，所做的一切也就能够达到利益的最大化，所采取的措施也一定是效率最高的。

但预测毕竟不同于已经发生的事实，预测提供的仅仅是事件发生的概率。由于未来不可能是历史某一阶段的简单重复，预测准确性取决于对未来各种主要环境因素的把握程度，发现主要环境因素的大趋势是一项关键性的工作。但与此同时，未来的环境因素远非可控，任何一种偶发的情形都有可能改变事物原来的运动轨迹，使预测失效。还有一种情况也必须引起人们的重视，那就是根据预测的结论采取一定措施后对未来的影响问题。针对性极强的人为干预，在许多时候于某种程度上改变了未来，此时对预测的准确与否就很可能产生争议，既有可能是因为预测准确干预得力，避免了不希望结果的发生，也有可能是因为预测根本就不准确，毕竟预测的情况最终没有出现。因此，审慎地看待预测的结论，不因曾经的预测较为准确就将预测等同于现实，也不因为曾经的预测不够准确就将其束之高阁。而是在总结借鉴的基础上，不断提高预测的准确性，同时认真对待各种重大的环境趋势，防患于未然。

（三）有意识地改变环境，发挥环境对矫正的积极作用

环境与人建立了大量的互动关系。现代社会，人们直接面对的自然环境越来越少，况且自然也受到了人类生活的干扰，在很多时候，社会政策的调整比自然环境的变化更具力量。这一点在监狱表现得尤为显著。监狱的硬件设施是人为营造的，监狱的政策环境、管理环境、文化环境等更是由人来决定的。罪犯在监狱服刑，在多数情况下，没有自主选择环境的余地，环境因素对罪犯而言，意义更为重大，也就更容易受到环境的影响，为环境所改变。因此，当我们对某种环境的具体作用具备正确的认识，能够在一定程度上预测重大的环境变化趋势时，就可以有意识地在监狱的硬件环境和软件环境上做出一定的改变，使环境服务于罪犯的矫正。这是一个发挥人的主观能动性的过程，对环境规律的认识越充分、越深刻，通过环境的改变去实现目标的进程越顺利。

二、当前监狱环境与罪犯矫正不相适应的主要方面

在我国，监狱的矫正职能被广泛认可，但对于实现矫正的途径，却高度信奉原有的矫正手段，即使在新形势下出现了许多新情况的时候也是如此，很少从人与环境的相互关系中寻找出路。分析我国监狱现状，当前监狱环境与罪犯矫正不相适应的方面主要表现在：

（一）环境研究薄弱

监狱环境研究，最初是从监狱建筑开始的，边沁不仅在法学领域贡献卓著，同时也是监狱设计的先驱之一，他在设计圆形监狱建筑时提出："这种监狱建筑的出现，它的独特的形状、周围的大墙和缘沟、门口警卫，都会唤起人们对有关监禁和刑罚的观念以可以使公众比较自由人的劳动和犯罪人的劳动……正常人的享受和对犯罪人的剥夺的同时，真正的惩罚却不很明显。"20世纪60年代以后，在美国新一代的监狱设计中，充分利用了心理学和建筑学等学科的研究成果，克服老式监狱对犯人身心的有害影响和在监管犯人

方面存在的消极问题，通过组合式设计，实行单元管理和直接监管。美国新一代监狱的设计思想和具体建筑结构与监狱管理制度很快影响到其他国家，并且受到广泛认可和赞同。我国也有人已经在关注监狱建筑环境对实现监狱职能的影响问题。但从环境科学的角度、从监狱环境与罪犯矫正相互关系的角度进行的研究，目前依然十分薄弱。

（二）环境观念落后

开展监狱环境与罪犯矫正的关系研究，离不开特定的环境观念。即使没有清晰的环境意识，没有系统的环境科学知识，也不妨碍环境观念的存在。这种环境观念指的是对各种环境要素以及环境与人的相互关系所持有的基本的态度。而能否看到各种环境要素之间以及环境与人存在的互动关系在环境观念中具有决定性的意义。

长期以来，我国监狱对罪犯的矫正是强调通过外力的强制作用来发生效果的，将罪犯物质化、对象化的观念占据主导地位；看不到罪犯与监狱环境之间的互动关系；不考虑罪犯的心理感受；忽视罪犯之间的差别；采用程式化的方式应对各种矫正问题等表现得较为突出。

观念源于生活，环境观念与现实生活存在密切的联系。上述观念与我国监狱的实际状况是相吻合的，但这样的环境观念远远落后于形势的发展，更无法满足对罪犯矫正的需要。

（三）环境对策不当

我国监狱，一些措施已经通过试验取得了一定的成效，如关于建设特色监狱（区）、关于丰富监区文化、关于辅助教育、关于心理矫治等，实际上就是通过环境的改善实现罪犯矫正质量提高的。但在落后的环境观念之下，这些努力支离破碎，难以形成系统，相互之间缺少协调与配合，还远谈不上有意识地利用环境的改变来达到既定的目的。环境观念决定环境对策，从环境与人的互动关系衡量，环境对策的不恰当之处主要表现在以下一些方面：

（1）不同主体的权利义务关系出现偏离。一个法治社会，在公民的权利义务关系中，是以权利为本位，在充分维护其法定权利的基础上规定其法定义务，非经法定的程序、法定的机关、依据法定的事实，权利不受剥夺与限制。相反，享有公共权力的各个部门却是以义务为本位的，担负的职责即为法定的义务，不作为也要承担相应的法律责任，而所有的权力则来自于法律的明确授权，没有法律依据的权力行使，本身就是一种权力滥用，是违法行为，为法律所不容。罪犯也是公民，在确定的刑罚判决之下，人身自由的权利依照法律规定受到相应的剥夺或限制，有些人还被剥夺了一定时限的政治权利。但这种剥夺或限制，在内容上是有严格规范的，《监狱法》就是起这种规范作用的法律。在人身自由权利和政治权利之外，罪犯尚有大量未被剥夺或限制的权利。

不可否认，人身自由权利受限会影响到其他权利的实现，但在这一点上，也有公认的规则。1955 年通过的《联合国囚犯待遇最低限度标准规则》，提出一个非常著名的基本原则，那就是除了预防逃跑和正常的监狱管理秩序之必须，任何附加的有可能给罪犯造成精神和肉体痛苦的措施都应当在排除之列。现代社会是一个公民社会，权利和义务相互依存，权利的享有情况决定义务的履行情况。公民作为社会的主体，是在主人地位的保证下，在享有最广泛权利的基础上，增加对社会的热爱、增强社会责任的。2008 年汶川大地震后，人民所迸发出的责任感，正是 30 年改革开放社会进步的结果，正是在知情权、参与权得到充分满足条件下的结果。对罪犯的矫正，目的是使其由曾经的违法犯罪之人转变成恪守法律的公民。而人们对法律的态度是在法律实践的过程中形成的。正因为法律扮演的是权利保护神和正义使者，公民对法律的信奉才是由衷的，遇到问题时才会坚定地在法律的框架内求得解决，也才能更好地维护法律的尊严。但在很多时候，监狱对罪犯权利义务相互关系的处理是背离上述法律精神的。任意减少罪犯权利扩张自身权力的现象较为普遍，担心罪犯权利意识的增强会挑战监狱管理的权威。

脱离既定的法律框架，任意改变罪犯的权利和义务关系，从表面上看对管理有利，但却在很大程度上使罪犯对法律丧失内心的信仰、信赖和信心，使各种矫正手段缺乏必要的说服力，与要求罪犯守法的矫正目标恰成南辕北辙。不同主体权利义务关系的偏离，给监狱环境带来的不利影响是最大的。

（2）“监狱化”倾向。监禁一方面将已然犯罪人与正常社会进行了隔离，是一种社会防卫措施，限制了犯罪危险的扩散，这是它的积极作用；另一方面监禁也有许多的副作用，“监狱化”的倾向便是其中的典型代表。根据美国社会学家克莱默的研究结果，所谓监狱化，是指受刑人进入监狱服刑后，在一定程度上对监狱内的社会习俗、习惯、独特价值观的适应与同化的过程。监狱化倾向改变了罪犯的思维和行为方式，导致犯罪行为之间的相互学习、恶习的相互传播，在罪犯中形成不良群体，恶化罪犯的人格缺陷，使罪犯自甘堕落等，更重要的是，罪犯因此还进一步降低了社会适应能力，当回到社会后，这种不适应与重新犯罪还存在非常密切的联系。本应作为犯罪预防的监禁刑，此时非但不能发挥应有的作用，反而在某种程度上成为再犯罪的促进因素，出现了“二律悖反”的现象。如何减轻或防止罪犯的“监狱化”倾向，成为监狱环境研究的重要课题。在这一问题上，长期以来一直强调的“罪犯身份意识”似有重新调整的必要。强调罪犯身份意识，有促使罪犯认罪悔罪，继而产生遵规守纪意识的用意在内，当罪犯入监初期，想入非非，无法沉下心来接受矫治的时候，或者当罪犯对所犯罪行没有形成正确认识的时候，可以起到积极的作用，但罪犯当中的绝大多数迟早要重新回到社会，在监狱服刑的各个阶段均以罪犯意识相要求，久而久之，必然会使罪犯自觉与常人有异，对同属罪犯的群体产生更高的认同，包括从罪犯的立场观察、思考和分析问题，倾向于按照罪犯的利益判断是非对错，在行为模式上习惯于怀疑、规避和对抗，所有这些与矫治的目标正好背道而驰。应当引起足够的警觉。

（3）监管秩序的两极化。在不同的地区，监管机关对秩序的要求存在两极化的现象。有的缺乏基本的秩序，有的则将秩序变成了目的。监狱需要一定的秩序，秩序是环境的重要内容，没有一个稳定健康的秩序，处于混乱的状态，罪犯的合法权益得不到保障，矫正自然也就无从谈起。但秩序也不是目的，是为矫正服务的，对秩序好坏的标准也不是任意的，不能因地、因时、因人而异。我们认为，秩序对环境存在正反两方面的影响，当正当、合法的行为受到良好保护的时候，秩序的环境意义是积极的；假如秩序是为了表面上的整齐划一或者对正当行为进行强力约束时，秩序的环境意义就是消极的。将秩序作为目的，会令罪犯长期处在一种高度紧张的状态之下，对各种强化或巩固秩序的措施噤若寒蝉，增加了心理负担和压力，要么形成唯命是从的行为模式，只能在他人的管制下生活，丧失了主动性和创造性，出现人格障碍或者产生逆反情绪。令人感到深深的不安和忧虑。

由于我们尚不具备基本的环境观念，所谓的环境对策在多数情况下并不是有意为之的，监狱的传统文化以及惯性作用的影响更为重大，而正是这种无意识，使罪犯矫正的效果大打折扣。

三、改善监狱环境的路径

监狱环境，有硬环境和软环境之分。近年来，随着社会文明的进步和财政保障水平的提高，监狱的硬件设施有了很大的改善，监狱也摆脱了单一的以劳动手段改造罪犯的方式，为进一步实现矫正功能创造了更好的条件。但监狱的硬件设施必须与社会经济的整体发展水平相适应，在短时期内指望国家投入一步达到理想的水平也是不现实的。事实上，当硬件设施可以基本满足监狱各种功能正常发挥的时候，软环境与罪犯矫正之间的关系更为密切。通过深入研究人文环境对罪犯矫正的作用，从监狱内部挖掘潜力，则大有可为，也是监狱环境研究的主要内容。在目前情况下，从软环境的改善方面可以先期进行以下工作：

（一）环境评估和监测

为了实现监狱对罪犯的矫正功能，我们有组织地安排各种矫正活动，而这些矫正活动的实施，也构成了监狱环境重要的组成部分。对于矫正活动的环境评估，关键在于了解在矫正活动的进程中，哪些环境因素分别在什么时候发挥了什么样的作用，以改变以往在环境问题上的无意识状态，为今后通过环境改善提高罪犯的矫正效果打下良好的基础。

环境评估特别是对人文环境的影响评估，难度很高，目前可以从以下三条途径进行：其一，寻找针对不同个体、不同时间段的主要环境影响因素，发现环境因素之间相互作用的具体情形；其二，通过观测，记录下不同个体因环境变化而带来的改变，回溯环境原因；其三，深入发掘个体对不同的环境因素的感受。将三者有机地结合起来，才能更好地完成环境评估的任务。尤其需要注意的是其中的第三条途径，虽说个体的感受带有较强的主观色彩，但特定的环境因素带给当事人的影响是其他人难以体会、难以理解的，由于环境因素的多元性，即使我们的观测记录非常详尽，也不能肯定这种因果联系是反映真实情况的，需要当事人以内心体会相印证。

监测在这里是通过观察来发现问题并对此做出必要的反应，而发现问题与评估是密不可分的。评估源自观察中的发现，发现越充分，评估越容易接近真相；现象当中包含什么问题，应当如何定性，又是评估的主要任务。我们需要的正是根据评估结论实现对环境的控制、改变和影响。

（二）研究环境对矫正的影响

环境科学研究的成果表明，人的情绪状态在很大程度上受环境刺激的影响。沃尔威尔指出，适中水平的刺激是最理想的刺激，包括刺激强度、多样性和模式。每个人基于过去的经验都形成了自己最习惯的刺激，沃尔威尔称之为最优刺激水平，即适应水平。如果环境被体验为刺激不足，此时个体必然主动寻求刺激；如果刺激过度，或感到行为受到约束，就会引起过度唤醒、应激或抗拒等一系

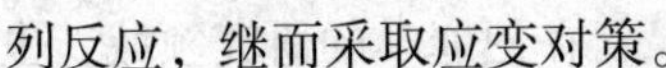

列反应，继而采取应变对策。

环境的情感性质是个人与环境关系中最重要的部分，因为它是决定与场所相联系的心境与记忆的主要因素，它不仅影响个人当时的情绪、绩效，甚至影响个人长期的心境和健康状况。按照柏莱恩的理论，环境的复杂性（也称视觉丰富性）、新奇性、意外性和不一致性，是决定环境情感性质的主要因素。

最优刺激水平固然在个体间差异较大，但环境共同性的意义还是始终存在的，如激励与惩戒，虽然不同的个体对同样的激励或惩戒措施反应不一，但激励带来愉悦，惩戒带来沮丧，却又是共同的。监狱环境的刺激水平在许多方面是失衡的，刺激不足与刺激过度交替存在。长期单调枯燥无变化的生活，环境的复杂性、新奇性、意外性和不一致性都维持在一个极低的水平上，有着明显的刺激不足的特征，罪犯寻找新的刺激源的努力通常也是无功而返，而心理上的需要不可能因此消失，以想象或者从音像资料中进行虚拟替代是一种方式，此外则是无法预料的符合自身心理特点的刺激转移。无论是刺激替代或转移，都不能为罪犯的矫正带来正面的效果。想象或虚拟的世界与现实毕竟距离遥远，当罪犯回到社会之后，这样一种心态严重阻碍了对社会的重新适应；刺激转移则意味着环境的不确定性，也意味着我们对矫正的效果更加无法控制。关于监狱环境刺激过度的方面，更是屡见不鲜，如说不断加码的劳动定额，范围广泛的纪律约束，远超军营标准的卫生管理等，刺激过度表现得非常突出。在许多时候，监狱管理活动甚至给人以“无微不至”的感觉，罪犯几乎没有私人空间，只能被动而机械地围着监管者的指挥棒转，结果要么是因压抑出现各种心理问题，要么以或明或暗的方式相对抗，所谓“禁果分外甜”就是这种心理现象的生动体现。

（三）根据矫正要求调整监狱环境

对罪犯的矫正，可以有多重目标，但最为基础的还是预防或减少再犯罪的发生，在此之上，方可作进一步的安排。犯罪作为一种社会现象，是多种因素综合作用的结果，在犯罪学的研究领域，也不断有新的成果出现，加深了对此的认识。作为曾经因犯罪受到监禁处罚的犯罪人，重新犯罪与初次犯罪的原因，有共性的一面，又有自身的特点。社会适应能力不足、无法融入变化了的社会，是出现再犯罪的一个特别重要的外部诱因。假如监禁期间适逢社会进入高速变革时期，同时监禁时间又比较长的话，这一特点尤其显著。监狱环境与社会环境反差越大，从监狱进入社会，适应的难度越大。在监狱得心应手的应对方式，也许早已被当今的社会所抛弃，自然也就不能得到社会的承认和接纳，只能徘徊在主流社会的边缘，甚至饱受白眼和歧视。当他发现自己魂牵梦萦的外部世界竟然与自己有如此巨大的鸿沟时，长期以来积聚的压抑、不平和愤懑等消极情绪便会起到推波助澜的作用，一旦受到某种诱惑或情境的激发，很容易采取与社会对抗的态度，再犯罪的出现也就不足为奇了。

进行犯罪的特殊预防，矫正就应聚焦在降低罪犯的再犯可能上。对此，除了进行必要的制度创新，使罪犯不因监禁刑的执行而显著降低社会适应能力外，还需要使罪犯形成足够的识别能力，能够辨别是非，能够抵御犯罪的诱惑。之所以将识别能力放在如此重要的位置上，是因为，假如犯罪当时就能清楚地知道相应的法律后果的话，绝大多数人是不会选择犯罪的。罪犯不是天生的，这已经得到了大量调查数据的支持和证明。相当一部分罪犯识别能力的不足主要表现在两点上：一是侥幸，严重低估败露的可能性、高估逃避惩罚的概率，以赌徒心理看待犯罪；二是盲从，只要有人冲在前面或者有人曾经做过某件事，便没有了任何顾忌，发生误判或被裹挟的可能大大增加。

不管是侥幸还是盲从，识别能力的不足均与罪犯自主意识、独立意识的欠缺有着极为密切的关系。因分析错误产生的侥幸，实际上是只看到对自己有利的方面，而对不利的方面视而不见，在主观上已经对相关因素进行了屏蔽或过滤，是以自我暗示的方式掩盖内

心的不平衡，换一句话说就是掩耳盗铃，自欺欺人，其自主性已大大丧失，是被假象推着往前走的。盲从更是缺乏独立意识的表现，遇事不是基于理性的分析判断，不是根据符合自身根本利益的需要进行正确的取舍，而是根据特定时空条件下的某种力量对比趋炎附势。因此，关于矫正，培养罪犯的自主意识、独立意识十分必要。

自主意识能否形成，健康生活方式的体验为第一要务。我们不排除认知能够改善人的行为，充满理性逻辑、理性光辉的说服教育，能够给人以启迪，能够纠正以往的错误认识，但更加不能忽视的是切身体验对观念持续而深刻的影响。尤其是面对新的情境、新的选择的时候，由切身体验而形成的观念会自觉不自觉地左右人们的决策。监狱环境对罪犯是一种特殊并强烈的体验，所造成的影响也许比任何其他社会环境都要大。在以无微不至的全面控制为己任的监狱环境中，不可能培养出罪犯的自主意识，更不要说罪犯的人格健全了。因此，在监狱软环境当中，对全面控制式的管理方法应加以认真的反思，对政策环境的后续影响给予充分估计，设想一旦全面控制不复存在的可能结果，以对社会高度负责的态度进行相应的环境调整。

监管机构、监管人员对待罪犯的方式，构成监狱人文环境的主体，比任何其他环境的作用都要明显，这种得到官方认可被认为是主流的监狱生活方式，就是一种生动的示范。身教胜于言传，深刻地影响着罪犯今后的思维，影响罪犯今后对待他人的态度。特别是当自己处于强势地位的时候，对他人的权益，是以尊重敬畏的方式，还是凭借强力侵犯剥夺？态度的不同在很大程度上决定了行为和后果的截然不同。

第十二章　中期教育保障之基
——师资队伍建设

师资是教育教学活动开展的基本保障，不同于国外监狱的师资配置以社会化模式为主的特点，国内监狱的教育教学活动的主体师资不是完全从社会渠道配置，而是主要由监狱内部的监狱人民警察完成的。随着“5+1+1”教育改造制度的实施，监狱普遍面临民警师资力量不足、教育活动质量需要提升的状况。对于教育对象更为复杂、教育活动形式更为多样的中期教育而言，如何有效组织人员保障教育教学活动的开展，关键就是要建设一支专业化的监狱师资队伍。因此，做好罪犯的中期教育矫正工作，必须把解决罪犯教育活动的师资问题作为一个重点问题来探讨。

本章主要围绕以下问题作阐述：

1. 监狱中期教育师资队伍建设现状如何？
2. 国外监狱师资队伍（矫正人员）配置情况及启发有哪些？
3. 监狱中期教育师资队伍建设必须基于哪些条件？
4. 监狱中期教育师资队伍构建的途径有哪些？

第一节　监狱师资队伍现状

监狱师资，从狭义范围来说，是指专门从事罪犯“三课”教育活动的教师，主要包括思想政治课教师、文化课教师和职业技术课教师。但从广义上看，监狱师资不仅包括教师，还包括以教育矫

正罪犯工作为主要内容的监狱工作人员。在我国，其主体是监狱人民警察。但是由于监狱人民警察编制的有限性和实际工作职能的多重性，监狱内专门从事罪犯教育教学活动的专职民警基本配置极少，大多数是同时兼有其他职能的监狱一线基层民警。按照监狱法规定，监狱人民警察都具有依法管理监狱、执行刑罚和对罪犯进行教育改造的职能。按照这个范畴，所有监狱一线以管教罪犯为主要岗位职责的民警，都可以纳入到师资范畴当中。为了避免歧义，也为了叙述的需要，本章所述监狱师资主要是指监狱（区）教师。按照进一步细分，监狱教师可分为监狱民警教师、狱内兼职教师、社会兼职教师和社会志愿者教师。

一、监狱师资队伍建设现状分析

（一）监狱师资队伍建设已经被纳入监狱民警队伍专业化建设范围之内

2006年9月25日，司法部发布的《2006~2010年监狱劳教人民警察队伍建设规划纲要》中指出，要进一步加强监狱、劳教人民警察队伍的革命化、专业化和正规化建设。而专业化建设的重点就是要以提高民警的教育改造和教育矫治能力为重点，构建专业化建设长效机制。从实践层面来看，各监狱单位师资人数配置符合按照监狱主管部门的政策规定要求。以浙江省为例，按照司法部、司法厅、省监狱管理局的有关规定，思想政治教师应按押犯人数的1%配备，文化、技术教员按押犯应入学人数的3%以上配备，但民警教师不得少于“三课”教员的50%。全面推行“5+1+1”教育改造制度以来，各监狱除了在全监狱层面配备一定量的专职民警教师之外，在每个监区基本都按要求配备了5~8名民警兼职教师，使整个监狱民警教师人数均不少于“三课”教员的50%。同时推进文化教育和技术教育的社会化，加大聘请兼职教师的比例，满足罪犯文化教育和职业技术教育的需求。从浙江省某监狱调研来看，民警教师为187人，占民警总数近10%，聘请社会教师人数35人，教师总数占在押犯比例2%以上。

（二）监狱师资队伍建设还未形成系统化建设体系

按照监狱警察专业化建设要求，监狱师资建设也应确定一个明确的建设发展规划。但由于民警编制配置的有限，监狱层面很难将主要精力放在师资队伍建设上。我国监狱系统虽然一直强调“以事设职、按职择人”，但长期以来，受我国传统干部人事制度的影响，监狱警察的管理体制侧重于“品位分类”，而忽视了“职位分类”。现有民警教师队伍并没有限定专业知识背景，如某省监狱系统关于“民警教师规定”中只对政治教师的学历和工作经验作了粗放的规定。[①] 又如，前述的民警教师选拔条件和履职标准，以政治教师为例，要求“拥护党的路线、方针、政策，坚持四项基本原则，有较高的政治、法律、政策水平”，“能独立分析教材，编写教案，有一定的口头表达和写作能力”，“具有大专以上文化程度”、“具有较丰富的工作经验（通常2年以上）”。民警教师队伍既不要求拥有教师资格证，也不要求相当丰富的工作经验。近年来，许多监狱已成立“名师工程”、“讲师团”，推进了思想政治专、兼职教师队伍建设工作。但文化教育师资更多由罪犯中选聘的教员来承担，职业技术教育师资更多是根据培训项目的需要选定社会教师人员担任。整个监狱师资队伍建设缺少一个宏观的、系统的建设规划，更多是从不同工作需求角度出发临时组建，岗位对于普通民警的吸引力也不大。

（三）监狱民警教师队伍存在年轻民警多，老民警少的现象

调研发现，某监狱2012年、2013年“思想教育名师工程”的名师各有42名、44名，在这些民警教师中，35岁以下的民警分别

---

① 某监狱《民警教师管理制度》中规定：政治教师要拥护党的路线、方针、政策，坚持四项基本原则，有较高的政治、法律、政策水平；能独立分析教材，编写教案，有一定的口头表达和写作能力；具有大专以上文化程度；有较丰富的工作经验。

为36名、41名，占总数近90%，而且大部分为30岁以下年轻民警。而从教师职业的形成规律来看，不仅需要运用专门的知识与技能，而且强调要经过长期的培养与训练，并且需要不断地学习进修。民警教师虽然并不一定强调要拥有非常丰富的教育教学知识和技能，但必须有一定的工作经验，特别是有罪犯教育的工作经验。在这点上，老民警已经积累了丰富的管教罪犯经验，相对新民警来说，更为熟悉犯情、了解罪犯。因此，应当调整监狱师资人员结构比例，充实更多资历深的教育改造能手到队伍中来，以适应监狱中期教育工作的需要。

（四）民警教师队伍建设存在结构多元、队伍素质参差不齐的状况

目前，民警教师队伍专业结构多元化，有法学类、监狱学类、经济类等各专业毕业生，但教育学、心理学专业毕业生相对偏少。从人员的构成素质来看，既有本科及本科以上毕业生，但大部分为专科毕业层次，有些还是部队转业军人或工转干群体等。司法部关于队伍建设规划中提出在监狱人民警察队伍中法律、监（所）管理、教育学、心理学、信息工程、医学等核心专业人员比例要达到70%，其中心理学专业不低于8%。而民警教师队伍现实状况显然达不到这个要求。

（五）民警教师队伍建设尚未形成有效的激励机制

民警教师队伍建设现已有明确的管理制度，也规定了对优秀民警教师的奖励形式。但从激励的效果来看，还未完全达到效果，如民警教师管理制度中规定：对民警教师的奖励主要分为通报表扬、评为优秀教师、物质奖励和优先考虑业务进修和适当安排疗休养等。但实际情况是，由于岗位设置并无明确的界限，因人设岗和因人奖励的现象也在一定程度上存在。奖励制度对于普通民警来说，本身的吸引力并不大。另外，就教师职业而言，教育教学活动是一项难度较大、比较复杂的专门培养人的职业。对于罪犯教育来说，它不仅要求民警教师具备一定的学科知识和教育教学知识技能，还需要

掌握一般教师不需要了解的法学、犯罪学等知识。这对于民警来说，要完全达到教师职业的要求需要付出更多的努力，这些都需要制度、情感等多方面的动力。从激励制度的构建来看，可通过薪酬激励、事业激励、培训激励、成果激励、情感激励等多种手段，来激发其担当民警教师的积极性。但从目前来看，激励机制尚未完全形成。

二、民警教师队伍建设非专业化原因分析

（一）重刑罚的行刑理念和重安全的管理模式带来的负面影响

在整个监狱工作专业化队伍尚无法模仿国外全部实行社会化之前，民警教师以及其他社会兼职教师队伍显然是罪犯教育教学活动的一个主体力量。但是基于安全模式下的监管大环境，警力配置的动力更多来源于确保监管安全持续稳定，而不是罪犯改造质量的稳步提升。民警的最主要视野放在管理罪犯上，表现出强势的心理状态和片面求稳的心态，而不是着重管理科学和改造艺术的提升。民警难以把精力放在专业诉求上，民警教师队伍建设的内在驱动力不足，队伍建设的步伐自然也相对减慢下来。另外，监狱系统对民警管理的理念也呈现出重德轻能的趋向，重结果轻过程的趋向，总是把业务能力作为次要考量因素，把罪犯危机事件的发生与否作为民警考核的否定性指标。这些均造成民警的主要职责不是通过行为规训、教育感化、心理治疗和职业技能培训等措施，对罪犯的行为、心理和认知进行全面的矫正，而是防止发生监狱安全事件，避免自己受到制度的惩罚甚至丧失警察岗位身份。这与法治社会外在的要求和罪犯矫正质量提升的内在需求相对照，构成了极大的矛盾，带来了负面影响。

（二）警力编制数有限且资源配置不合理导致的必然结果

我国监狱所设置的职能部门处、科、室较多，尽管 2008 年以来监所一线警力要求达到 75%以上，但是民警教师队伍并没有完全作为独立的警察岗位来做统一的规划和管理。在浙江监狱实行“5+1+1”教育改造制度之后，监狱分配了少量专职民警从事教育

活动，但监区层面更多教育活动是由兼职民警来完成的。由于编制限制，民警教师只能“一人多岗”。目前，沿用的监狱人民警察编制配备标准是 1981 年制订的。[①] 2010 年，官方数据国内在押罪犯 160 多万名，监狱人民警察为近 30 万名，占在押犯比例近 17%。这样的警力配置，是不可能保障民警教师队伍的专业化成长的。简单测算一下，一个主管民警一天 30%的时间用于执勤和行政事务，60%的时间用于制作各类材料（减刑、假释、记功、表扬材料、常规工作记录），真正用于教育矫正罪犯的时间只占 10%左右。因此，按照监狱机构现有的工作模式，监狱民警警力的配置无法保障到位，民警也不得不把更多精力放在管理罪犯和力求稳定上，不可能完全专注于个人职业的成长，监狱师资队伍整体建设势必存在相当大的局限性和制约性。

（三）民警分类管理制度、职业准入制度等的不完备产生的叠加效应

有学者指出，目前监狱民警专业化建设的困境主要有队伍管理的非专业化、职业准入的非专业化和教育培训的非专业化。以职位准入为例，国外监狱中将教师列为专业人员，不管是监狱内部的专职人员，还是从当地公共教育机构聘请的人员，都必须符合高等教育、实践经验、行业协会颁发的从业执照等多方面的要求，否则就不能从事矫正工作。而我国就缺乏这种严格的职业准入制度。目前，监狱警察分类还不清晰，民警教师选拔的标准粗放，专业性要求不清晰，专业素养提升也缺乏合理通道。而要建构科学的民警分类体系和职业资格体系，则需要监狱组织体系、岗位体系和资源配置模式都要有相应的保障。因此，民警教师作为监狱民警的一种岗位，它的专业化建设道路要基于总体的队伍专业化建设的推进，不是一朝一夕能够完成的。

---

① 第八次全国劳改工作会议纪要中明确规定，劳改单位的干部编制，工业按犯人人数的 20%，农业按 16%配备（平均 18%，一线警察 8%）。

第二节 师资队伍分类建设

一、国外矫正工作人员配置及启发

（一）国外矫正工作人员配置分析

西方发达国家监狱中的工作人员有明确的分类，并非所有的监狱工作人员都是身着警服的警察。在欧洲委员会编制的年度刑罚统计中，监狱工作人员分为5类：（1）管理人员；（2）监管人员；（3）治疗人员，包括医疗人员、心理学家、社会工作者、教师等；（4）负责劳动车间或者职业培训的人员；（5）行政人员。英国监狱的管理人员分为狱官、行政管理、生产劳动和专业人员（如心理咨询师、牧师等）四大类。而英国监狱中的专业人员都是由监狱雇用的专职人员。而在法国监狱中的“教育者”,[①] 是一种非常独特的工作人员，工作性质决定了教育者应较全面地了解和掌握心理学、教育学、社会学等学科的知识。因此，要求参加继续培训学习的教育者须具有较高的文化基础条件，并通过法国司法部组织的统一考试，学习时间通常为两年。

---

① 在法国，监狱工作人员主要分为6类：（1）监狱官员，指直接监管罪犯和监督其他监狱维持性活动（例如，洗衣等）的监狱工作人员。这里所指的“监狱官员”，实际上是指“安全人员”；（2）行政人员，指监督登记和会计部门的工作人员，他们负责监狱中的设备和财务管理；（3）咨询员，负责向罪犯提供咨询；（4）技术人员，指负责监狱设备的维护并且向罪犯提供职业培训、管理监狱车间的人员；（5）社会工作者或教育者，指通过个别支持对罪犯的改造和福利提供帮助的人员，他们也负责在监狱中组织和管理不同类型的福利和教育活动；（6）管理人员，即掌管监狱运行的官员，管理人员也有不同的层次，包括法国监狱局的管理人员、地区管理人员和监狱管理人员。转引自周晶晶：《监狱工作人员分类化配置》，载《中国刑事法杂志》2005年第4期。

美国是典型的按照能力资格配置监狱职业模式的国家。美国矫正机构内的矫正专业（治疗）人员区别于管理官员、监管看守官员、辅助人员以及志愿人员，实行严格地选拔和专业教育制度，要求他们必须具备由美国各行业协会认可的专门职业技能和相关领域的经验，还要求其每隔一段时期接受相应领域的专门教育，并经行业协会登记审核。例如，对娱乐专家的专门培训包括：（1）组织罪犯开展体育活动；（2）艺术活动；（3）手工活动；（4）放映电影；（5）举办音乐会；（6）组织演出活动等。根据美国20世纪90年代的统计，美国50个州的矫正机构中，有276名精神病学家，平均每州5.5人；1446名心理学家，平均每州28.9人；2773名个案管理者，平均每州45.5人；1006名社会工作者，平均每州20.12人；793名娱乐治疗专家，平均每州15.86人；3090名顾问，平均每州61.8人。其中心理学家、精神病学家、医生护士、教师、咨询员、个案工作者、牧师都是矫正专业（治疗）人员，其中很多人是根据合同向监狱提供服务的，而不是身穿制服的警察。还有根据不同学者的分类统计，美国的矫正机构中也存在各方面的专家。①

另据资料介绍，日本监狱的专业人员中，就包括了以下8类人员：医务工作者、文化教师、职业技术教师、心理学家、精神病学家、社会工作者、个案管理师和牧师。从中看出，发达国家的监狱矫正工作人员都是区分于看管以及其他类型警察的，有分门别类的资格选聘、职业培养等制度。

---

① 例如，诺曼·卡尔森等人将矫正人员分为5大类：（1）矫正人员；（2）监管与安全人员；（3）治疗人员；（4）辅助人员；（5）矫正志愿人员。还有学者将矫正人员分为行政人员、办事人员、治疗和教育人员，监管人员、服务与维护人员以及志愿人员等。还有学者直接将矫正人员分为监管和监视人员、辅助人员、治疗人员与管理和行政人员四大类。转引自周晶晶：《监狱工作人员分类化配置》，载《中国刑事法杂志》2005年第4期。

（二）启发

综合国外关于监狱工作人员的配置情况，它对我国监狱民警师资队伍分类有以下几点启示：

第一，监狱民警师资队伍建设的前提是——对监狱工作人员的设置与任职资格进行分类配置。

根据国外监狱工作人员的分类来看，我国监狱师资队伍可以按照工作内容分为思想政治课教员、文化课教员和技术课教员。首先，从法律规定层面完善监狱警察的具体职责，为确定不同岗位监狱警察职责提供法律依据。其次，必须把职位分类和现实的监狱警察职务序列改革结合起来。根据监狱警察分为警官、警员和警务技术人员三类的划分，必须明确教育矫治类警察是属于哪一个类别。[①] 按照《公务员法》、司法部《2011～2015 年监狱劳教人民警察队伍建设纲要》等规定，监狱民警要大力推进专业化建设进程，专业化建设目标要有新的提高，包括扎实有效开展岗位练兵活动、牢固树立“自觉学习、终身学习”意识、专业知识结构更加合理等。再次，设定不同岗位的任职资格和岗位标准，将我国监狱警察划分为包括矫治教育类、看守类、刑罚执行类、行政管理类等类别的岗位。关于职业资格准入模式，许多人赞成要试行公务员录用、监狱人民警察职业能力认证和司法考试或监狱人民警察技术能力认证的“3P”准入模式。以矫治教育类岗位警察为例，准入资格必须经过公务员考试、监狱人民警察共同的职业能力认证，然后是岗位技术能力的考试。最后，应根据岗位不同特点确定相应的责任、权力和利益。监狱需按照警察职务分类要求，研究制定不同类别警察的任职资格，编制岗位说明书，对照任职资格条件，通过相应知识的考核和岗位技能考核来确定警察的岗位胜任度，使监狱警察的岗位、职位与能力相适应。

---

① 不同学者有不同的看法。有人认为，应该纳入到警官系列，统一实行矫正官制度；有人认为，应该纳入到警务技术人员队伍建设序列。

第二，监狱民警师资队伍建设的起点是——建立不同层级的监狱工作人员的专业化等级管理制度以及层级待遇制度。受公务员体制影响，过去监狱岗位与个人之间缺乏科学合理的配置机制，未充分发挥岗位的激励作用。表现在不同岗位执行岗位职责不严肃，存在一定的因人变岗现象，工作任务、权限没有作严密的分解、合理的定量。还表现在民警教师队伍中相当一部分群体拥有心理咨询师、律师证等，他们的专业化诉求得不到满足。建立专业化等级管理制度之后，在教育矫正岗位上形成按能力配置的格局，把真正适合岗位的人才放上去。有学者指出，教育类民警（包括教师、心理矫正官、个案管理官和回归指导官）专业化程度最高，可分 1 级 3 等；安全类民警专业化程度次之，分 2 级 4 等；看守类民警专业化程度最低，分 3 级 5 等。[①] 进一步延伸开来，教师队伍也可以实行 1 级 3 等，建立初级、中级到高级的技术职务，并享受相应的专业技术职务待遇以及职业培养制度福利等。要改变目前在奖励、补贴方面"一刀切"的现象，不同职位之间在待遇上要根据智力含量、奉献程度，适当拉开待遇档次。

第三，监狱民警师资队伍建设的重点是——完善职务等级制度和考核评价制度。现有的警官警员是实行三级警官四级警员制度，但矫治人员的职务等级序列尚未建立，可按照矫正员、助理矫正员、矫正师、副主任矫正师、主任矫正师等专业职务设置等级。引进竞争机制，建立监狱工作人员优胜劣汰的管理制度。建立竞争化的管理机制之后，在教育矫正岗位上形成"能上能下"的进出机制。加强管理考核力度，在考核内容上可以分为国家公务员的共性要求（德、勤、廉）和不同岗位的特性内容（能、绩）。监狱民警师资应当区别于其他类型民警，建立一套专门的绩效考核体系，在考核上注重终结性评价和形成性评价的统一，既有"三课"考核通过率、

① 戴卫东等：《监狱人民警察职业专业化的省思》，载《犯罪与改造研究》2010 年第 8 期。

罪犯转化率和重新犯罪率等结果性数据，也有课堂教育教学效果评价、罪犯思想行为改造效果评价等过程性数据和质性评价。

第四，监狱民警师资队伍建设的一项重点内容——建立完善的教育质量评估和督查机制。优秀民警教师评选条件中有一条规定"所任教班级的学员统考率达到或超过监狱所规定的指标（政治90%、文化80%、技术65%）以上"。但是实施过程中对于教育过程的评价不多，对于罪犯评价反馈的信息收集更少。而最后由于政治统考的特殊性，文化统考当中50%又是罪犯教员担当教学工作，技术统考又限于少数和生产密切联系的工种，因此这种重结果轻过程的评价、重形式轻内容的评价方式，带来民警个体积极性的下降。应当根据监狱在押犯规模、罪犯类型、生产项目和警戒等级几个因素确定不同监狱监区的教育教学工作质量评估指标体系，与民警的绩效考核挂钩，充分调动和激发民警投身教育工作的积极性。

二、我国监狱民警分类构成设想

有学者指出，监狱需要专业化的岗位主要有：医务、教育、心理矫治、监狱理论研究、安全管理和处遇管理。其他如财务、计算机、后勤服务等可以列为文职岗位或社会化岗位。而在教育类监狱民警中进一步分为教师（三课）、心理矫正官、个案管理和回归指导官。而另一些学者认为应当建立矫正官制度，矫正官当中可以区分犯罪学、心理学、教育学、社会学和刑罚执行方向。矫正官可以设置初级、中级、高级矫正官，分别对应不同的行政等级，纳入各地监狱警察队伍建设实施意见当中。不管是否设置矫正官，统一的意见就是要实行监狱民警专业化发展道路。关于矫治教育类监狱警察的岗位分类有代表性的观点主要有"三分说"、"四分说"、"五分说"、"六分说"等，统一作梳理如下：

（一）矫治教育类监狱警察岗位分类概述

近年来，关于监狱人民警察岗位分析的课题，理论和实务界都针对岗位划分标准不同而产生各种分类。有的认为监狱警察的核心

岗位分为维稳管理岗位类、行刑执法岗位类和教育矫正岗位类；有的认为可将监狱民警职位分为看守人员岗位、管理人员岗位、专业技术人员岗位和行政人员岗位等；有的认为将监狱民警职位划分为刑罚执行类、教育矫治类、监管改造类、劳动管理类和行政管理类五大类；还有的将监狱民警职位分为管理决策类、监管看守类、教育矫治类、劳动管理类、政治工作类和行政后勤类六大类；还有的提出应把监狱警察放入整个监狱工作人员分类中，可将监狱工作人员分为后勤服务保障类、行政服务保障类、安全管理类、教育类、处遇管理类、理论研究类、政工类和看守类八类人员。至于教育矫治类监狱警察的具体分工，一种代表性看法是根据具体工作岗位不同分成教师（法律、思想品德、职业技术）、心理矫正官、个案管理和回归指导官；另一种代表性看法是根据监狱民警在整个个案矫正流程中承担的具体工作任务的不同可区分为教育矫正员（含教师）、心理矫正员、生活行为矫正员和习艺行为矫正员。我们认为，前者更适合目前一般监狱关于罪犯教育工作的几个教育环节的设置，如“三课”教育、心理矫治、个别教育和职业规划指导教育等；后者更适合选择试点监狱进行个别化矫正工作试点，配备足够的专业人士从不同侧面持续、反复地对罪犯个体进行矫正。总结上述分类观点，监狱教育矫治类岗位民警分工必须首先服从于监狱民警整体的岗位设置现实要求。在法律法规体系尚未完善之前，在民警职位分类管理体制还远未成熟之前，关于监狱民警尤其是中期教育矫治类民警的分类设置只能限于设想。

（二）我国监狱民警分类构想

2011年6月，人力资源部和社会保障部、司法部、国家公务员局联合印发了《关于规范监狱劳动教养机关人民警察职务序列的意见》，根据监狱机关人民警察的构成和职务特点分别设立职务序列，实行警官、警员、警务技术人员分类管理制度，标志着原来统一的警察职务序列开始步入分类管理、专门管理的轨道。从实践层面来看，警官和警员已经同原来的领导和非领导职务进行级别工资套改，但对于警务技术的类别设置，还处于很有限的探索阶段，有个别省份进行了矫正警务技术职务序列的试点以及推广工作。从总体上看，监狱民警整体上占在押犯比例控制在15%左右的话，警务技术系列教育矫治类民警所占总体警察人数比例不可能达到很高。以5%的比例来作为教育矫治类民警的总数量，并以此设定监狱内思想教育、文化教育和技术教育师资的配比（如表12-1）。

表12-1　监狱民警分类及师资队伍设置构架表①

<table>
<tr><td rowspan="3">监狱工作人员</td><td rowspan="3">需要专业化的岗位（警务技术岗位）</td><td>警戒程度高的监狱</td><td>以安全管理类和看守类为首位，处遇管理类和教育矫治类为辅</td><td rowspan="3">均设置不同比例的行政管理岗位和理论研究岗位</td><td>思想教育、文化技术教师和其他类别矫正工作人员各占1%、1%和3%</td></tr>
<tr><td>警戒程度中等的监狱</td><td>处遇管理类和教育矫治类民警所占比重进一步加大</td><td>1. 思想教育、文化技术教师和其他类别矫正工作人员各占2%、1%和2%
2. 文化教育和技术教育师资以增加社会化力量来弥补</td></tr>
<tr><td>警戒程度低的监狱</td><td>以教育矫治类为主</td><td>1. 思想教育、文化技术教师和其他类别矫正工作人员各占3%、1%和1%
2. 其他类别矫正工作人员以增加社会化力量来弥补</td></tr>
</table>

① 戴卫东等：《监狱人民警察职业专业化的省思》，载《犯罪与改造研究》2010年第8期，引入本书时有所修改。

续表

	不需专业化的岗位	社会化为主（绿化、会场以及车队）	后勤服务保障类		辅助人员为主
		以监狱民警为主（信息技术、财务以及罪犯的生活卫生工作等）			监狱民警为主

注：监狱内专业人士不少于教育矫正工作人员总数的50%。

基于上图构建，民警教师的配置应当首先纳入教育类民警的范畴，而教育类民警岗位的设置则和监狱机构的教育矫正模式息息相关。如以前述综合教育矫正模式为出发点，那么教育矫治类警察则不仅包含了进行集体教育的教师，还包含了个别化矫正的各类专业人员。与发达国家监狱专业治疗人员占整个在押犯队伍的比例达到15%不同，我国监狱教育矫正工作人员（包括教师和心理咨询师、矫正师等）占在押犯比重目前暂定为5%以内较符合现实。上表中所列为监狱不同警戒程度情况下思想、文化、技术师资的配比设想，一个主旨设想是文化技术教育随着罪犯技能培训和文化教育逐步纳入地方成人教育，而且加之教育信息化手段的推进，可以预想承担文化教育任务的罪犯教员以及承担职业技术教育的民警数量将逐步减少，更多借助现代教育先进手段由社会力量来解决。而思想教育师资的配置，由于警戒程度高的监狱罪犯监管时间增多，并且可以更多采用心理矫正等手段来矫正；警戒程度低的监狱，我们认为需要在思想教育中增加更为丰富的教育内容，采取多样化的教育形式，因此需要增加思想教育师资。当然，具体情况需要根据具体监狱工作模式和警力配置，才能确定“三课”教育和个别矫正教育师资的总体配置和结构配置。

随着罪犯教育科学化进程的推进，监狱民警教师身份更多可能被矫正师、心理咨询师和回归指导师等取代。但整个矫正教育专业人员的数量一定是有增无减。而且参照国外的做法，监狱工作人员还需进一步分类并规范各层级的任职要求，并考虑各监狱实际情况，方能达到较为理想的配置效果。因此，以上只是我国监狱民警师资分类的框架性设想，针对整个教育矫治类民警队伍，还需要从顶层设计开始搭建起一个完善的“层级”式人才分类体系，并探索针对不同学历文化背景人员的培养路径。

第三节　监狱师资分类配置的可实现途径分析

一、监狱中期教育师资队伍建设应考量因素

监狱中期教育师资队伍建设是个系统工程，需要考虑各种因素。从宏观角度看，涉及监狱行刑模式、监狱布局调整和警力运行体制改革等；从中观层面来看，包括各监狱各类警力资源配置（警力结构和数量）、警力职能定位和警力组织保障；从微观层面来看，则包含监狱中期教育目标定位、对象定位、任务定位和教育方法手段定位等。以某个监狱警力设置为例，其构成（如图12-1所示），代表监狱微观层面中期教育实施需要考量的基本因素。

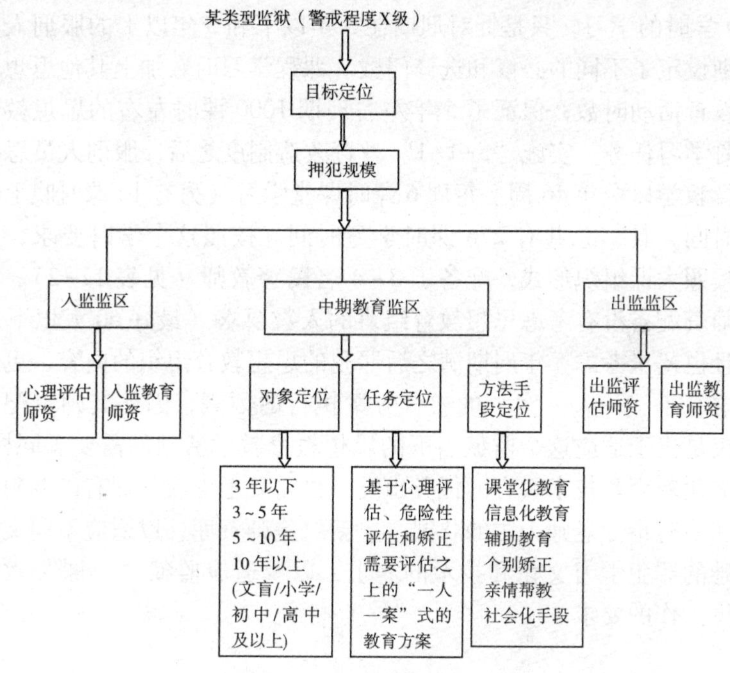

图 12-1　监狱中期教育师资配备考量条件示意图

从图 12-1 可以看出，监狱中期教育师资配备需要从目标、受教育者、教育内容和教育方法手段等因素去考量。目标制约着罪犯矫正在整个行刑活动中的地位和时间、人员成本等；受教育者情况尤其是刑期、学历基础等情况，是影响到中期教育组班形式和师资配备的重要因素；[①] 教育内容决定着配备师资的具体类别和数量等；教育方法和手段影响到中期教育师资的数量以及结构等。例如，某监狱在全省规定思想教育每年课时不少于 200 课时的前提下，规定该监狱所有服刑人员在服刑期间至少需完成 8 门课程共

① 现有的监管改造形势表现为：押犯结构更为复杂，超长刑期罪犯和超短刑期罪犯增多，罪犯改造难度增大等。

640学时的学习，只是针对刑期在5年以下和5年以上的服刑人员分别设定了不同的必修和选修门数。课程学习时数加上其他思想政治教育活动时数，保证了5年左右刑期1000课时左右的思想教育课时学习任务。实施“5+1+1”教育改造制度之后，服刑人员思想教育教学以全年46周、每周6课时课堂学习（另有10课时晚上学习时间）计，总共有276课时学习时间。按照这个学时要求，基本按照大课组织形式，配备了3~4名民警教师（见表12-2）。这个师资配备没有考虑思想教育组班的人数要求（最好60人以下），并且也还未考虑5年刑期满之后罪犯的思想教育组织的内容，更未考虑基于“一人一案”的教育方案执行的因素，因此其师资配备仅仅是出于适应这个监狱当下的思想教育教学活动的需要。同样，从文化教育和技术教育的任务出发，也需要考虑改革现有以罪犯教员和临时指导老师为主的状况，重新组建师资库，以适应不同文化基础的罪犯学习文化和技术的需求，以及适应监狱“三课”教育整体工作的要求。

表 12-2　某监狱“5+1+1”教育日计划安排表

单位：××　教育内容：政治、文化、技术教育　教育日时间：×月×日下午

班级名称	教室号	教学内容	课程安排	人数	教师	授课时间	课时数
一班	一监区	法律常识教育和社会公民道德教育	社会公民道德教育		郑某	13：30 ~ 14：30	2 课时
二班	二监区	法律常识教育和社会公民道德教育	社会公民道德教育				
三班	三监区	法律常识教育和社会公民道德教育	社会公民道德教育				
四班	四监区	法律常识教育和社会公民道德教育	社会公民道德教育				
五班	五监区	法律常识教育和社会公民道德教育	社会公民道德教育				
六班	六监区	法律常识教育和社会公民道德教育	社会公民道德教育				
七班	七监区	法律常识教育和社会公民道德教育	社会公民道德教育				
八班	后勤监区	法律常识教育和社会公民道德教育	社会公民道德教育				
心理咨询室		心理咨询	/		邵某	15：00 ~ 16：00	2 课时
九班		中级服装设计定制工	服装制图（男衬衫）		外聘：俞老师	12：30 ~ 14：30	2 课时

二、分类配置的可实现途径探讨

监狱中期教育需要对师资队伍进行专门配置，而师资队伍的组建涉及民警队伍的整体分类配置，如把民警师资队伍的扩展作为解决之道的话，则至少要求实现内部机制的突破（包括绩效考核制度、配置责任制度、职称评定制度以及利益分配制度等）；如仅考虑从监狱外部来解决的话，则要解决监狱工作人员非警察系列聘请以及和监狱警察人员之间的协调分工等。目前，综合各种因素，更有可能从内部机制寻求突破。下文从可实现角度探讨民警队伍分类配置的有效途径。

（一）从优化现有民警队伍资源入手

我国目前的监狱管理体制以及民警队伍现状，决定了不可能大量引进社会专业人士来参与监狱罪犯教育矫正工作，因此需要优先考虑从优化现有民警队伍资源入手。第一，司法部主管部门需对监狱民警、监狱职位分类提供指导性意见和政策保障，各省应根据监狱单位类别按照指导性意见对监狱加强调查摸底，制订好民警队伍发展规划。有学者提出，应当由司法部向人力资源和社会保障部提出建立监狱警察职业资格制度的建议，并由司法部组织专家对全国监狱警察职业资格制度的必要性、可行性等进行研究和探索，以建立全国监狱系统特有的职业资格证书制度为目标，着手开展系列研究工作。第二，监狱自身要加强队伍建设理论研究，根据人力资源管理理论和监狱警力配置要求，运用一定的理论（如趋势外推法、战略分析法等）分析预测近五年内监狱在押罪犯数量与监狱警察的需求数量以及需求发展趋势。尤其是在部分监狱推行“两级化”管理之后，要利用好一线警力增加的优势，最大限度开发警力资源潜力。第三，根据监狱民警队伍建设短板和缺陷的不同，重刑犯监狱和轻刑犯监狱教育矫正民警建设目标就存在差异。要找出监狱现有民警队伍和教育矫正类警察队伍建设之间的差距，在现有民警队伍中挖掘“管教能手”，制订激励措施，吸引更多民警转变为教育

矫治类警察。

（二）以加强队伍分类培训为重要措施

教育矫治类警察应当是一个“管教能手”群体，应当强化他们的矫正技能实务培训以及课堂教学能力培训。而从实践层面来看，过去监狱人民警察参加各种培训的机会很少，尤其是监区警察有人一年甚至两年、三年都没有接受过培训。目前情况有了部分改观，如浙江省监狱系统在2013年教育质量年中依托专业院校对100名优秀民警教师进行了教学业务培训。美国警察管理专家威尔逊认为，实际工作人员需要通过长时间的正式训练才能获得专业技能。所以警察培训要改变传统的看守、管教、行刑、生产经营业务一锅煮的教育培训方法，建立与职能分工和岗位要求相匹配的教育培训机制。另外，在培训方式上，也可以借鉴企业管理人员培训的某些方法，如采取专题研讨会、经验交流会等方式使民警们在交流和分享中开阔视野，拓宽思路；可以借助网络平台进行现代远程教育，共享教育资源；也可对民警提供菜单式的课程训练内容模块以供选择等。

（三）以改进评价制度为突破口，强调绩效和福利挂钩

改变传统的公务员管理制度，在监狱警察专业化分工基础上引入专业技术职务评聘机制，引导监狱警察在职业生涯规划时进行分流。选择试点监狱，在内部推行分类岗位绩效考核制度，真正按照不同岗位不同职能、不同任务不同考核的原则来考核民警工作。把民警的绩效考核与教育成效挂钩。例如，有人提出矫正官考核要注重在实际管理工作中的工作实绩，但矫正官处于不同的工作岗位，其工作实绩的评判标准也不同。省监狱局要统一规范监狱各岗位的工作目标及准则，制订一套量化标准，要符合岗位实际，既简便又有操作性岗位考核标准。另外，完善民警个体考核制度，建立分类化的考核指标体系。针对教育矫正类岗位的民警，实行更高的岗位津贴，同时规定严格的任职资格和准入条件，并完善与其他岗位的衔接和流通，形成可进可出的流动机制。

（四）设定警力基本配置标准，优化岗位技术标准

按照比较理想化的警察分类配置，根据“5+1+1”教育改造制度，全年思想政治课时200课时，以分监区300名在押犯为基数，思想教育师资应当按在押犯2%~3%配置。全年文化技术课500课时，文化技术师资可以结合监狱类别进行适当或全部社会化。按照罪犯教育改造纲要规定：思想教育主要进行法制教育、道德教育、认罪服法教育、专题教育、心理健康教育、分类教育等内容的教育。个别化矫正类别分为谈话教育、个案工作、心理咨询等。个别化矫正师资应当作为重点建设，要增加该类人员数量，具体根据“三课”教育师资配置及罪犯类型来配置。同时，设定各岗位的资格要求，以思想教育课教师为例，专职和兼职比例结构需要控制，专职思想教员的要求需提高，除政治素养考核之外，要求必须具备教师资格和本科以上学历，且接受过至少半年以上的专业培训，在监狱基层管教工作岗位上有3年以上工作经验。文化教育教师的岗位资格要求为：品德素养高，具有相应学科的本科以上学历；热爱教学工作，具备较好的语言表达能力和写作能力；在相应的管教工作岗位工作2年以上；获得专业院校教育类警察专门培训达到100课时以上。职业技术师资的岗位资格要求为：品德素养高；相应学科的专科以上学历；但是具备某一工种的中级以上职业资格证书；热爱教学工作，具备较好的语言表达能力和写作能力；在相应的管教工作岗位工作2年以上；获得专业院校专门培训达到50课时以上。

（五）拓宽信息化、国际化视野，推进监狱警察队伍的职业化和社会化

借鉴发达国家监狱工作专业人员实行社会工作认证制度或执照制度，推进监狱警察队伍的职业资格制度改革。模仿英国的狱官设置，成立“职业发展中心”，要求每一级必须从基层做起，每升一级都必须接受任职训练，并采用评估量表，对受训狱官的沟通技巧、人际关系、问题处理、决策、应付压力、说服与果断等能力进

行调查和评估。针对教育矫治类警察，有学者指出，必须进一步分类，可分成犯罪学、教育学、心理学、社会学和法学等几个方向；并规范不同方向监狱人民警察的具体任职要求。同时，随着信息化手段的改进，智能化监狱建设的推进，监狱有更多条件实现邀请专家型人员参与罪犯教育矫正活动，如运用现代科技手段让监狱外专家和监狱内专业人员“同步”参与矫正会谈治疗等。因此，应尽快建立专家型人才库，充分利用社会人力资源，完善监狱矫正队伍结构。

第十三章　特殊类型罪犯教育——超短刑期与限制减刑罪犯的教育

不同刑期罪犯常常会具有不同的犯罪特征、犯罪情节，以及不同的个性特征、行为特征和心理状况，在押期间的改造表现差异也很大，因此对他们所实施的教育改造方式方法也就不同。本章针对监狱在押的两种特殊群体——超短刑期罪犯和限制减刑罪犯进行研究，以期探寻对他们富有效果的教育之路。要讨论的问题如下：

1. 超短刑期罪犯的特征是什么？
2. 对超短刑期罪犯如何进行教育？
3. 限制减刑罪犯的特征是什么？
4. 对限制减刑罪犯如何进行教育？

第一节　超短刑期罪犯的教育

超短刑期罪犯没有正式的法律定义，根据《刑事诉讼法》和《监狱法》的有关规定，对于被判处死缓、无期徒刑、有期徒刑的罪犯，公安机关应当根据人民法院的执行通知书等法律文书依法在1个月以内将罪犯送交监狱执行刑罚，监狱应当将罪犯及时收押。对被判处有期徒刑，在被交付执行刑罚前余刑在3个月以上的罪犯，都交监狱执行刑罚。本节所讨论的超短刑期罪犯就是指余刑在3个月以上1年以下交由监狱执行刑罚的罪犯。

一、超短刑期罪犯主要特征

（一）超短刑期罪犯基本情况

1. 罪犯结构。根据有关调查显示，超短刑期罪犯受教育程度低，初中以下（含）文化程度的约占65%；无业人员约占到了收押总数的46.4%；犯罪主体以青壮年为主，年龄40周岁以下的约占93.63%；在押的超短刑期罪犯中，暴力型、财产型、涉毒型罪犯约占总数的95.5%；“二进宫”以上的约占35.7%。[①] 浙江省某监狱对140余名超短刑期的罪犯及相应非超短刑犯的调查数据（见表13-1）。通过该表的数据对照，可见超短刑犯中的“二进宫”、外省籍、低学历以及年轻罪犯等比率均远远高于其他罪犯。

表13-1　超短刑罪犯与非超短刑罪犯调查对比

罪犯类型	二进宫以上	外省籍	初中及以下学历	盗窃罪	35岁以下
超短刑罪犯	40%	79.6%	91.7%	75%	77%
非超短刑罪犯	9%	58.9%	86.9%	26.1%	69.5%

2. 犯罪特征。超短刑期罪犯一般来说主观恶性相对较小，社会危害和社会功能受损害程度相对较轻。他们以冲动型犯罪居多，主观故意方面恶性相对较小。暴力犯罪中被害人多数为轻伤、轻微伤，涉毒犯罪涉案毒品的数量很少，所造成的社会危害相对较小，总体危害程度不大。从犯罪类型看，第一类是以盗窃、抢劫、抢夺、寻衅滋事、聚众斗殴为主，其中具有较高社会危害性的，往往有前科或为累犯；第二类是以容留吸毒、贩毒、赌博和非法拘禁为主，其中社会危害性较小但恶性较深的群体，往往在社会上游手好

① 徐万富等：《超短刑期罪犯社会适应教育体系的构建》，载《犯罪与改造研究》2013年第8期。

闲无固定收入；第三类是以交通肇事、妨碍公务、非法持枪等为主，基本上为偶然性犯罪和初犯，为主观恶性较小的群体。

3. 心理和人格特征。采用中国罪犯心理个性分测验量表(COPA-PI)，通过国内某监狱对罪犯进行的测试，结果表明：超短刑期罪犯在戒备、自卑、犯罪思维3个因子上显著低于常模，这说明他们在个性特征上总体呈倒“U”型趋势，即超短刑期罪犯表现出更多不良的个性特征；运用SCL-90测试该类罪犯，结果显示他们在躯体化、强迫、敌对、精神病性、总分、阳性项目上显著高于常模，这可能是这类罪犯在服刑期间正处于适应期，他们经历着从自由人到罪犯的转变，要面临监狱生活的适应、社会支持的下降、艰苦的劳动和训练、对亲人和家庭的伤害、出狱后将面临的问题等原因造成的。因此，超短刑期罪犯在适应环境、角色认同的过程中表现出较多不良的个性特征和心理状态。①

从日常管理上看，大部分罪犯存在“外因论”心理，较为典型的有以下几种：一是盗窃犯“没办法”心理，几乎所有的盗窃犯都认为自己犯罪是“没办法”才去实施盗窃行为，认为因社会太残酷而无法养活自己。二是交通肇事罪犯的“赔了钱还坐牢”，和“撞车不是犯罪”心理。大部分交通肇事犯入监服刑，都有附带民事赔偿，因此他们认为“赔了钱就不应该再坐牢”，而且交通肇事不存在故意犯罪心理，因此不认罪。三是赌博和妨害公务罪犯的“判得过重”心理。这些罪犯认为以前法院判决案例中刑期较短，而且服刑地点为看守所，管理严格程度低于监狱，而根据新的法律需要投监服刑，因而存在心理“不平衡”。

超短刑期罪犯在人际关系方面存在敏感、偏执、敌对性强的特点，缺乏必要的理性认知和行为价值判断，行事容易冲动、浮躁，自控力差，解决问题的能力匮乏。约71%的罪犯表现出高度兴奋

---

① 吴红顺等：《福州市某监狱不同刑期罪犯个性特征和心理健康状况研究》，载《医学与社会》2012年第12期。

性，遇事易激惹，而且极具冒险精神，做事很少考虑后果，与全国男性常模相比，在乐群性、聪慧性、敢为性、幻想性、忧虑性、实验性、独立性等这些项目上存在非常显著的差异，在兴奋性、稳定性两个项目上存在显著差异。①

（二）超短刑期罪犯改造表现

1. 不认罪服法，身份意识不强。有不少超短刑期罪犯对自己的违法行为不做理性反思，往往把犯罪原因归咎于客观环境，内心不认罪、不悔罪，缺乏罪责感。从大多数超短刑期罪犯犯罪事实看，他们犯罪时主观恶习不太深，犯罪时的手段也比较简单，造成的危害后果与其他重刑犯相比较，也不是很严重，犯罪性质的轻微使得超短刑期罪犯对他们的犯罪事实不以为然，没有意识到自身存在的问题，甚至在实施犯罪的时候没有意识到会触犯刑律，犯罪概念的模糊对端正认罪态度产生直接的影响。

2. 监规意识淡薄，行为散漫。遵规守纪意识差，行为散漫，随意性强。大多数超短刑期罪犯没有形成良好的规则意识和纪律习惯，长期在社会上游手好闲，好逸恶劳。进入监狱后，对狱内的规章制度和纪律规范不适应，难遵守，经常有意无意地违反各项规范要求；同时由于在狱内刑期较短，积极改造的动力欠缺，致使在行为上较为散漫，对自己的要求不高，违纪行为频发。

3. 改造动力不足，混刑度日思想严重。按照现行的刑罚制度，超短刑期罪犯基本没有获得奖励的机会。现有《罪犯考核奖惩办法》中的年度行政奖励对服刑时间常常有限制（如有的省规定需要在监狱服刑 10 个月以上），并且有严格的时间区间，超短刑期犯很难有希望获得此类奖励。同时，百分考核制度中的加扣分对于减刑无望的超短刑期罪犯来讲，激励和惩罚的作用有限；监狱根据相关法律法规结合自身实际制定的减刑假释实施办法规定监狱每年

① 徐万富等：《超短刑期罪犯社会适应教育体系的构建》，载《犯罪与改造研究》2013 年第 8 期。

呈报次数有限，但由于监狱实际服刑时间必须超过其剩余刑期的1/2，很多余刑不足1年的罪犯基本上难以获得减刑假释的机会。作为对罪犯最具有激励作用的奖励缺失，对超短刑期罪犯的改造产生深刻的影响。这就导致超短刑期罪犯改造的积极性不高，混刑度日思想严重，经常出现“大错误不犯，小错误不断”的情况，在劳动中也常常找种种借口逃避，或者找各种理由不完成劳动任务或降低劳动质量。

二、超短刑期罪犯的教育

超短刑期罪犯服刑时间特别短，如何对其进行教育改造，既给监狱民警带来严峻的挑战，也给监狱探索管理新理念提供了难得的机遇。

（一）成立超短刑期罪犯监区，做好分押分管工作

将超短刑期罪犯统一关押、改造，针对性强，不会对现有的监管改造秩序带来影响，不增加现有监区的工作压力。做好分押分管工作，以免交叉感染，超短刑罪犯由于其本身的特性，所以应以不同方法对其进行管理。只有先对其单独关押，才可以适当调整学习、劳动、生活的处遇内容和程度，相对降低生产奖励基数标准等，有区别地对待，让其感受到区别和不同。让他们产生与长刑犯不同的满足感和优越感，通过改变管理内容来达到维持监管秩序的目的。

（二）根据不同罪犯的特点，开展具有针对性的分类教育

针对每个群体在认知、行为和心理方面的特点，制订有针对性的教育矫治方案，开展系统性的教育矫治工作。

1. 开展认罪服法教育。针对存在“外因论”心理的超短刑罪犯，开展认罪服法教育，促使其真正从内心认识自身行为的违法性和危害性。通过认罪服法教育帮助罪犯认清自己所犯罪错对受害主体、社会、个人、家庭造成的痛苦和危害，促使他们认识自己所犯的罪错，使他们感到法律的严肃性与公正性，从而使其增强法律意

识和罪错意识，真诚悔罪。

2. 开展法制和警示教育。针对交通肇事等初犯和偶犯的超短刑罪犯，通过开设专门的法制教育课程、法制讲座，开展普法宣传、法律咨询、法律援助活动等进行法制教育，如进行宪法、刑法、刑事诉讼法及有关法的教育，使罪犯懂得什么是违法，什么是犯罪，国家为什么要对罪犯实施惩罚等，培养罪犯的法制观念，养成遵守法律的意识。

3. 开展品行教育。对罪犯进行思想教育，是我国监狱坚持几十年的教育改造工作内容，对于转化罪犯的思想认识有积极的促进作用。这里的品行教育是以基本道德和行为指导教育为核心，使教育的内容、形式和目标更适合超短刑期罪犯的观念、兴趣和行为方式，更接近常规的认知态度和行为倾向，更有助于罪犯熟悉社会生活行为准则，为出狱后顺利适应社会生活奠定基础。

根据超短刑期罪犯的构成特点、恶习程度、刑罚执行阶段等划分为不同类型进行针对性教育。例如，针对寻衅滋事和聚众斗殴等暴力型的超短刑犯，要注重开展行为养成教育。这部分人性格急躁，与其他罪犯较难相处，往往容易出现违规违纪行为，因此加强对这部分罪犯的日常管理，从早到晚的“一日行为准则”，从规范意识到行为养成，都要严格遵守，让罪犯在监规纪律的严格约束下，增强规则意识，养成良好的行为习惯。对于屡犯监规、屡教不改的罪犯，监区设置曝光台进行公布，并开展典型案例教育。

4. 制订“一人一策”个别教育转化方案。充分发挥个别教育所具有的灵活性、针对性和实效性特点，通过“一人一策、一犯一案”，“因人施教、对症下药”等方法，使个别教育成为教育改造工作中攻心治本的有力武器。依据每一名罪犯的特点，找出改造过程的问题和症结，设计相应的管理措施和教育方法，量身定制个别教育方案。

（三）改革和完善制度，强化激励教育，提高改造积极性

1. 强化激励教育，把握住激励与惩罚手段并用的原则。对表

现好的罪犯应当给予肯定，肯定的方式是多方面的，达到减刑条件要求的罪犯可以给予其刑事奖励；达不到减刑条件的罪犯可以充分发挥行政奖惩或其他奖惩手段的作用，可以适当发些物质酬劳，或多安排休息时间，也可以让其离监探亲。对表现差的罪犯应当给予批评，对认错态度好、且有悔过之意的罪犯可以采取一般的教育手段，以说服教育为主；对不接受教育管理，不履行罪犯义务的，要按法律法规给予相应的处罚。

2. 扩大假释的适用范围，发挥刑事奖励的激励作用。长期以来，我国在司法实践中对假释的使用范围相当限制，使用率低。作为一种刑事奖励措施，假释能够激励罪犯在考验期内守法上进，促使他们自觉改造；假释因其保留继续监禁执行剩余刑期，能够有效约束罪犯的行为；假释也是罪犯由封闭的监禁生活回归社会正常生活的适应期，较之监狱的出监教育更为有效。而且假释也是利用社会资源矫正罪犯的手段，有利于降低行刑成本。因此，从促进罪犯积极改造的角度出发，应该在分级处遇管理的基础上，进一步扩大假释的适用范围。对于经过一定时间的教育矫治，自身行为和思想有了较大改变，社会危险性评估结果达到条件的罪犯，可以通过假释的方式使其提前融入社会。这样，就可以给超短刑期罪犯日常的改造注入动力因素，改善目前监狱激励措施对超短刑期罪犯失效的局面。

3. 完善社区矫正制度，改进对超短刑期罪犯的行刑制度。社区矫正在20世纪已在许多西方国家执行，并取得了较好的成效。在此提出的社区矫正就是在不影响刑罚执行的前提下，以社区为基础，把符合一定条件的临近刑满释放的罪犯安置到社区，参加有偿无偿的社会劳动，由政府机关的有关执法人员和社会帮教力量对其实施教育改造，完成从“监狱人”到“社会人”的转变。社区矫正既维护了刑罚的严肃性，又帮助罪犯减少了对社会生活的不适应，使他们更好地融入社会，适应社会，自立于社会，降低重新犯罪率；采取“非宽即严”的管理教育理念，罪犯表现一贯积极，即可到社区改造，表现不好或在矫治社区违纪则失此待遇，这样有利于促进超短刑期罪犯积极改造。因此，社区矫治无论是从理论还是实践的角度，无论是从罪犯个人还是社会的角度，这项探索都有它的积极意义。

4. 探索保释、监视居住等新模式，丰富激励机制。这里提到的保释制度、监视居住制度与传统的保释制度和取保候审制度、监视居住制度有一定的区别。传统的保释制度、取保候审制度、监视居住制度的对象往往为犯罪嫌疑人，而这里提到的保释制度、监视居住制度对象为服刑人员。保释制度指的是罪犯在监狱服刑达到一定时间，确有悔改表现，能够提供担保人或保证金的一种假释手段。监视居住制度是指罪犯在剩余刑期内不得离开住处或者指定的居所，并对其行为加以监视、限制其人身自由的一种强制措施。罪犯保释和监视居住期间，必须严格遵守各项制度，如有违反应当予以收监，如有重新犯罪的应予以从重处罚。保释和监视居住等制度的出台，有利于提高罪犯的改造积极性，维护监狱的安全稳定，同时也扩大了行政奖励的覆盖面，让更多的罪犯能够早日回归社会，从而减轻监狱因在押犯增加带来的压力。

（四）开展适合超短刑期罪犯的职业技术教育，提高改造的质量和效果

1. 分级分类进行职业技术教育。职业技术是每个人的社会生存基础，培养和提高他们的职业技能，对增强他们的社会竞争力非常关键。为此首先对所有罪犯进行技能评级。对于没有一技之长的人员，结合监区的劳动项目和授课的方式加以培养，确保他们在刑释之前至少有一项职业技能；对于有一技之长的人员，在强化原有技能的基础上，加以培养新的技能，从而达到一人多技的目标；对于有多技之长的人员，他们在职业出路上困难较低，所以可以结合他们自身的优势加以保持，进行强化教育，以此达到分类培养的目的。

2. 引进简单、易学、实用的培训项目。超短刑期罪犯没有太

多时间可以去学习技能。因此，在引进培训项目时，除了要考虑项目的安全性、生产效益外，还应重点考虑生产技术是否容易习得与掌握，以及未来就业的实用性。

3. 选择和开展罪犯感兴趣的培训项目。在培训之初，通过对超短刑期罪犯所感兴趣的职业技能工种进行调查、登记和统计，结合各自不同的兴趣取向并统筹兼顾，对超短刑期罪犯进行专业化的职业技能指导。这样，在强制劳动的同时也充分尊重了他们可以自主选择感兴趣的技能的意愿。这种自主性的选择在教育培训中能够最大限度激发超短刑期罪犯的改造积极性，使他们在技能学习中主动性更强，进而增强培训效果。

（五）运用现代科技手段，提升教育矫治的科学化水平

1. 推进心理矫治技术在教育矫治中的广泛应用。充分运用各种心理咨询手段，针对罪犯不同阶段的差异、不同类型的特点、不同类型的问题，设计咨询方案，组织开展系统的心理健康教育和咨询活动，实现学习与体验的有机结合。针对不同心理问题的个人，尤其是对患有抑郁症、强迫症、人格障碍等人员以及有自伤自残、自杀倾向的高危人员开展心理治疗和干预。

2. 利用信息化技术，拓展教育矫治的方法。加快信息技术的普及和应用，大力推进摄像、计算机、多媒体、网络等现代科技手段在教育矫治中的运用，通过多层次、多角度、全方位、立体的内容展示，促进教育内容、教学手段和方法的现代化，提高教育矫治的影响力、感染力和号召力。通过建立矫治网络，开发网络学习课程和数字图书馆，组织罪犯开展网上浏览学习，鼓励罪犯利用信息手段主动学习、自主学习，帮助他们及时了解国家大事，学习掌握各种有益健康的知识，增强运用信息技术分析解决问题的能力。

3. 不断加强专业化、专家型民警人才的培养。教育矫治工作本身就是一项综合性很强的工作，同时“多进宫”超短刑期罪犯在教育矫治过程中又暴露出很多特殊的问题。因此，需要大力加强民警队伍建设，不断提高广大民警的政治素质和业务能力。要全面

开展民警分类管理，健全涵盖民警专业分类、等级评定、动态管理、教育培养、绩效考评在内的分类分级管理体系，为民警施展才华、实现自我价值、提升专业化素养搭建平台。要积极引进法学、医学、心理学等类专业人才，加强警力配置。坚持走社会专业培训、继续教育的人才培养途径，坚持人才培养力度向一线倾斜，培养一批掌握医学、教育学、心理咨询等专业技术的人才队伍。

案例：

对罪犯张××的矫正

一、罪犯基本信息

一般资料：

罪犯张××，男，26岁，汉族，江苏响水人，因聚众斗殴罪被判处有期徒刑。身体正常，无重大躯体疾病史，家族三代无精神病史。收监时余刑11个月。

背景资料：

张××出生于农民家庭，母亲是家庭妇女，家庭生计全靠父亲一人支撑。父亲是退伍军人、村干部，千方百计让其上学，要其长大好好做人，早日成家立业。但是，从小学四年级后，张××就一直没让父亲省心过。有一年，上数学课他听借来的随身听，被老师发现后，一气之下就砸了。老师要求家长来校，其怕父亲知道，于是便开始逃课。父亲知道后，用家里的生活费赔偿了别人的随身听，并且不顾农活每天两次接送他，希望儿子有文化，将来过上好日子。但张××觉得自己渐渐学不进去了，是个没用的孩子，是父亲的累赘，更不愿意忍受老师、同学的奚落，觉得除了亲人，周围都是冷酷无情的人，于是就常常逃课跟别人出去玩。初中报名时，他就再也不想上学了，拿着学费跟一个同学爬上火车到了广东。他被人送回家才知道，父亲花了很多钱一直在找他，他十分后悔，更觉得自己拖累了父亲。但父亲并没责怪他，还是让他上了技校。家里还有弟弟妹妹要上学，负担十分沉重，父亲更辛苦忙碌了。

张××也常常想着将来有机会一定要为父亲分忧，报答父亲。可是，事与愿违，张××技校毕业后，在一家舞厅打工，常常被朋友喊去玩乐，每月入不敷出，并在不良朋友的唆使下加入了抢劫团伙，越走越远，直到被捕入狱。

张××入监后，父亲千里迢迢来监探视，光流泪没说多少话，留下200元钱就走了。后来电话中母亲告诉张××，父亲回来就在床上躺了3天，一直流泪。于是他罪恶感油然而生，那天通宵未眠，暗下决心，要好好矫正。但在现实中，张××又觉得自己矫正机会并不比别人多，早日出狱报答父亲的期望值不断下降，矫正中渐渐变得焦虑、困惑。

二、面谈总体评价

该犯能够认罪服法，接受教育与管理，但由于文化较低，长期混迹社会，身上恶习较多，自由散漫，矫正动机不明确，自身动力不足。

三、初次评估

（一）心理、认知、行为测试

该犯有焦虑、抑郁、轻微精神疾病症状；社会适应性差；敏感，疑心偏重；同情心、进取心不强；诚实性较差，有说谎现象；责任感不强；荣辱观、幸福观、人生观模糊；法律认同感、守法意识不强；自信心不强；自我认识模糊，社会适应能力不强；独立性较差，意志力薄弱，自控力、调节能力弱，协调、处理人际关系、应对社会变化的能力相对较弱，有暴力、攻击行为倾向，对生活的信心热情缺失较重。

（二）人格测试

性格外向，情绪不稳定，易波动，平时显急躁，遇到压力易怒、冲动、鲁莽甚至对外攻击。

（三）人身危险性检测

RW检测56分；处于危险区，其中犯罪状态，心理和生理状态及自然状态三项处于危险区。

（四）结构性面谈

该犯心理尚健康，情绪易变，冲动；性格外向，情绪不稳定，易波动。平时急躁，遇到压力易怒、冲动、鲁莽甚至对外攻击，有较强的报复欲望，焦虑不安，悲观，是自杀的高危人群。

（五）分类分管建议

高度警戒级监狱或监区（分监区）。

（六）矫正建议

制订个别化矫正方案，将其主要问题确定为矫正目标。

四、矫正目标和计划

（一）矫正目标

1. 现实目标。

帮助该犯分析并解决“打不打电话”的困扰，消除不合理信念，如“我是父亲的累赘”等，重建理性认知模式，正确面对，从而消除或改善情绪、行为症状，解决心理问题。

2. 最终目标。

与其犯罪因子密切相关的方面达到正常的临界值，法律意识以及其他相关缺陷方面得到明显改善，能应对一些简单的心理问题，正确处理日常生活中的困扰和问题。

3. 近期目标。

一是建立良好的信任关系，取得罪犯的信任；二是提高认知水平，充分认识自身存在的问题，纠正不良习气，树立正确的价值观；三是培养正确面对生活挫折的能力，增强自信和适应环境的能力，促进该犯心理健康和发展，引导心理成长。

（二）矫正计划

以 3 个月为一个矫正周期。

第一阶段：建立关系，摄入信息，评估诊断，制订方案。

第二阶段：帮助该犯分析和解决问题，改变其错误的认知。

第三阶段：巩固与结束阶段，使该犯把在矫正过程中所学到的东西运用到今后的生活中，不断完善人格，提高心理健康水平。

五、矫正措施

1. 第一阶段主要采取以下措施。

（1）信任关系的建立。

（2）情绪宣泄，摄入信息。

（3）寻找非理性观念和不合理思维。

2. 第二阶段措施。

（1）以消除“我是父亲的累赘”这一非理性观念为主要策略。

（2）消除其他非理性认知。

（3）授之以鱼，不如授之以渔。

3. 第三阶段措施。

本阶段，巩固前阶段取得的矫正成果，帮助该犯进一步摆正原有不合理信念和思维方式，使新的认知观念得以强化，并侧重如何应对新问题的指导，树立其矫正信心，适应服刑生活。

六、矫正效果评估

（一）目标评估

1. 自伤自残倾向消失，矫正目标明确，自信心有所提高。

2. 自控力增强，情绪较稳定，遇事有时还不够冷静。

3. 规范意识增强，法律认同感加强，但守法意识依旧不强。

4. 矫正改造积极主动，想多拿分，早点减刑。

（二）治疗后心理测验评估

EPQ 测量：E=35，N=45，P=55，L=40。

RW 检测 29 分。

（三）总评估

本矫正周期已基本达到预期目标，该犯解决了心头的困惑，改变了其不合理的观念和错误的认知模式，增强了自信心，矫正过程较完整有序。该犯表示要积极矫正，争取早日出狱，开始自食其力的生活，希望得到民警长期的教育帮助以提高自我认识的水平，针对依旧存在的其他问题，制订下一周期的计划，持续促进该犯能以健康的心理状态面对未来的改造，以积极的态度投入到矫正中去。

点评：

关于罪犯的心理问题：罪犯是发生心理问题的高发人群，据调查具有不同程度心理健康问题的罪犯占在押罪犯总数的 40%～50%。许多所谓"问题罪犯"，从矫正视角看，是表现不好；从临床心理学视角看，是心理问题。因此，管教民警如何识别罪犯的心理问题，监狱如何把教育和心理矫正有机整合起来，是矫正工作迫切需要解决的问题。

民警与罪犯的关系处理：（1）强调尊重、热情、真诚、积极关注等有利于信任关系的态度。矫正对象虽然是罪犯，但他们也是一个普通的人，有着和普通人同样的心理需求。制订个别化矫正方案，将其主要问题确定为矫正目标。（2）避免将个别矫正工作变成改造罪犯的教育说服。

（案例来源：江苏省监狱管理局）

第二节　限制减刑罪犯的教育

《中华人民共和国刑法修正案（八）》及最高人民法院《关于死刑缓期执行限制减刑案件审理程序若干问题的规定》中规定：对被判处死刑缓期执行的累犯以及因故意杀人、强奸、抢劫、绑架、放火、爆炸、投放危险物质或者有组织的暴力性犯罪被判处死刑缓期执行的犯罪嫌疑人，人民法院根据犯罪情节、人身危险性等情况，可以在作出裁判的同时决定对其限制减刑。《中华人民共和国刑法修正案（八）》中将第 78 条第 2 款第 3 项修改为："人民法院依照本法第五十条第二款规定限制减刑的死刑缓期执行的犯罪分子，缓期执行期满后依法减为无期徒刑的，不能少于二十五年，缓期执行期满后依法减为二十五年有期徒刑的，不能少于二十年。"《中华人民共和国刑法修正案（八）》中将第 81 条第 2 款修改为："对累犯以及因故意杀人、强奸、抢劫、绑架、放火、爆炸、投放危险物质或者有组织的暴力性犯罪被判处十年以上有期徒刑、无期徒刑的犯罪分子，不得假释。”从以上的规定可以看出，被判限制减刑的死缓罪犯实际在监狱至少要服满 22 年（确有重大立功表现），一般情况要在监狱服刑 27 年。法律法规所限制的减刑、假释对象就是本节所研究的限制减刑罪犯。

一、限制减刑罪犯的主要特征

（一）限制减刑罪犯基本情况

1. 罪犯结构。

通过对浙江省收押的限制减刑男性罪犯的调查，结果显示，从年龄上看，20~30 岁约占限制减刑男性罪犯总数的 38%，31~40（含）岁约占 29%，41~50（含）岁约占 25%，50 岁以上约占 8%，可见，中青年罪犯居多；从地域分布看，本省籍约占 31%，外省籍罪犯约占 69%；从文化程度构成状况看，限减罪犯的文化程度呈现低文化的特征，以小学和初中为主，文盲（半文盲）比例占 10%左右，小学以下文化程度的比例超过 46%；在犯罪类型上，故意杀人罪约占 65%，抢劫罪约占 20%，涉毒罪约占 4%，故意伤害罪约占 15%，强奸罪约占 5%；从职业状况来看，无业人员或失业人员的比例超过 28%，有正当职业的约占 23%；从犯罪次数看，初次入狱改造的约占总数的 64%，两次及以上犯罪的约占总数 36%，可见罪犯的改造经验丰富，熟悉监狱管理模式，具有较强的适应性、顽固性；从身体及精神状况分析，有慢性疾病和心理问题的约占 16%，这类群体因心理和身体不健康的原因，容易出现情绪悲观、行为失控的危险，教育管控的难度大。根据福建省建阳监狱课题组对 44 名限制减刑罪犯的调查，结果显示：从年龄上看，20~30岁 12 人，30~40 岁 14 人，40~50 岁 16 人，50 岁与 60 岁以上各 1 人；从地域分布看，本省籍 21 人，外省籍 23 人；从犯罪行为构成看，初犯 29 人，“二进宫” 11 人，“三进宫”与“四进宫”各 2 人，数罪并罚 9 人。其中犯故意杀人罪的 24 人，犯抢劫罪的 15 人，犯故意伤害罪的 2 人，犯放火罪、爆炸罪、强奸

罪的各1人；命案在身的限制减刑罪犯达42人，比重达到95%。累犯比例达到了30%。[①] 这些数据的构成特征和趋势也基本和浙江省的统计数据相吻合。

2. 思想特征。

通过对浙江在押男性限制减刑罪犯的调查，其思想特征主要有以下类型：①内心感激向上型。大约有65%的限减罪犯经历了生死煎熬，最终庆幸自己能够死里逃生，倍加珍惜生命。特别是看到监狱与看守所相比，自由空间大，设施设备全，生活质量提高，人情氛围浓时，更加感谢政府，感激监狱警察，加深认罪悔罪态度，改造积极性较高。②服判服管型。大约67%的罪犯能认罪悔罪，服从管理，情绪相对平稳，身体素质好，精力充沛。面对漫长刑期虽有一定服刑压力，但仍有改造动力和信心，能认罪悔罪，融入改造生活。③消极悲观型，大约12%的罪犯思想压力大，他们心中有的自感身体日渐衰老多病，预料在监狱度过余生，对未来失去信心，情绪悲观、低落；有的婚姻破裂，妻离子散，看不到生活的希望，精神颓废，心情复杂，对前途没有明确的目标和想法，存在得过且过、走一步算一步的想法；有的自感对父母不能尽孝送终，对配偶子女不能尽责，自责心理强，心理负担重，但这部分罪犯目前还是能够认罪悔罪，接受改造，情绪基本稳定。④改判幻想型。大约21%罪犯认为量刑过重，一直申诉，这部分罪犯大多是一时冲动激情犯罪，无法适应突如其来的变故，面对漫长刑期，思想压力大，心情浮躁，不能主动适应监狱环境，不能自觉接受警察管理和教育，幻想改判或出台新的减刑假释政策来再次改判命运。这类罪犯易走极端，危险性大。

3. 个性特征和心理状况。

限制减刑罪犯属于长刑期罪犯，根据国内对某监狱长刑期罪犯

① 福建省建阳监狱课题组：《限制减刑罪犯管理教育方法初探》，载《犯罪与改造研究》2013年第3期。

的研究，采用中国罪犯心理个性分测验量表（COPA-PI），测试结果表明，长刑期罪犯明显趋于内向好静、有更强的暴力倾向。这是因为刑期长的罪犯需要在监狱度过漫长的岁月、对未来抱着更消极悲观的态度，而单调枯燥的监禁环境，使他们无处发泄自己的负面情绪，导致刑期长的罪犯更内向、更暴力。与其他刑期罪犯比较，长刑期罪犯在个性特征各因子上均分最高；长刑期罪犯心理健康水平最低；研究结果还表明，长刑期罪犯在SCL-90的所有因子（除人际关系敏感因子外）上与正常成人常模存在极其显著差异，其健康水平显著低于全国成人常模，其心理问题较严重，即刑期较长的罪犯，受监禁者心理状况极易恶化、极易崩溃。[①] 其心理特点主要表现在以下几个方面（以下数据是基于对浙江在押男性限制减刑罪犯的调查而得出的）：

一是焦虑心理突出。有明显焦虑感的占88.6%，而对限制减刑罪犯入监后法定最少服刑期限为22~27年的现实一时难以接受，思想压力大。

二是惧怕后悔心理突出。有明显后悔感的占81.8%，因无法对父母尽孝、无法对配偶子女尽责而后悔。有明显担忧惧怕心理的占70.5%，认为要在监狱度过余生，特别是身患疾病的限制减刑罪犯中普遍有“终身监禁”“老死监狱”的担心。

三是前途迷茫感突出。限制减刑罪犯改造信心不足，自称为“活死人”，普遍认为“刑期比命长”，看不到未来和希望；因为刑期长，大部分限制减刑罪犯担心家人难以长时间地关心关爱，早晚会被亲人遗弃；有的认为就是熬到出狱时也是一个被社会淘汰的废人了，缺乏改造的信心和勇气。综上所述，破罐破摔、自暴自弃的想法在限制减刑罪犯中比较普遍，有的甚至产生要求法院重新从严从重判处死刑的极端念头，有的则存在自伤自残等冲动。

---

① 吴红顺等：《福州市某监狱不同刑期罪犯个性特征和心理健康状况研究》，载《医学与社会》2012年第12期。

（二）限制减刑罪犯改造表现

1. 混刑度日，消极改造。由于《刑法修正案（八）》对部分死缓罪犯在减刑上预先设定“限制”，降低了这些罪犯的改造动力，易诱发叛逆心理，产生“监狱让我好好改造，但法院又限制我减刑，改造好与坏，没多大差别，不如混一天算一天”的消极心理，尤其是“多进宫”罪犯，自由主义思想严重，言行散漫，抵制教育，抗拒劳动，混刑度日思想严重。

2. 不服管理，对抗改造。一部分限制减刑罪犯抱有“反正都不能减刑，你能把我怎么样”的思想，在日常改造中“大错不犯，小错不断”。有的用打架、绝食、自杀等极端方式，妄想给自己争取宽松的环境；有的拉帮结伙、影响他人改造；有的还以自己刑期长、身体不好、考核分无用等理由，向民警提出种种无理要求，给民警管理教育带来难度，不服从民警管理，欺压他犯，对违反监规纪律毫无顾忌，严重影响监狱正常的改造秩序，也对其他罪犯的改造产生不利影响。

3. 改造表现摇摆不定。在日常改造中虽能做到基本遵守监规纪律，服从民警管理，但内心仍会存有较多的抵触、烦躁情绪。面对警官的教育，当面表示能够接受，在同犯面前却是另外一种态度，情绪反复无常，控制难度大，突发监管事故的危险性也比较大。

4. 性情暴躁、行为野蛮。限制减刑的罪犯绝大多数为暴力型罪犯，这些人往往大脑神经容易兴奋，控制力、忍耐力薄弱，理性不足，冲动性强，稍有刺激就容易发生口角和冲突。同时，限制减刑罪犯又多具有性情野蛮、心黑手辣、恶毒凶残的特点，往往出手凶狠，容易出现“一不做、二不休”的想法，十分容易置人于死地。上述特点再加上他们在未真正转化之前对监狱行刑所具有的厌恶性、抵触性和抗拒性，在改造中极易发生安全生产突发事故、人际矛盾突发事故、心理异常突发事故等各类安全事故。

二、限减罪犯管理教育工作中的难题

（一）罪犯恶习深，思想顽固，教育转化难度大

限制减刑罪犯要么为累犯，要么为严重暴力犯，这些罪犯之所以会犯下如此滔天大罪，绝大部分并非是一时冲动或临时起意，而是有着长期的犯罪动机、犯罪心理、犯罪思想作支撑的。多次犯罪的经验逐渐累积，犯罪的冲动和强烈刺激促使罪犯犯罪神经异常兴奋，犯罪得逞后的愉悦感、征服欲和欣快感又进一步强化了他们再犯罪的动机，并逐渐形成犯罪动力定型，使罪犯欲罢不能，进而导致连续疯狂作案，不可自拔。因此，限制减刑罪犯多表现为犯罪时间长，犯罪次数多，多次出入监狱，成为监狱的“常客”。由于长期犯罪，致使罪犯恶习深，思想顽固，反改造经验丰富，反改造手段花样翻新，反改造思想不断强化，且日积月累，积重难返。因此，限制减刑罪犯在短时间内很难矫正，教育转化难度非常之大。

（二）应对措施滞后，经验不足

一是监狱目前关押条件十分有限，基础设施建设跟不上，对此类罪犯需采取高度戒备管理的硬件基础薄弱；二是限减罪犯管理所需依托的法律政策、管理办法还处于试验阶段，更何况法律政策根本不是由监狱所决定的，所以软件基础也不完善；三是监狱的警力配置总体上存在较大缺口，管理水平和经验还需经过实践的进一步检验提升。当前限制减刑罪犯由于教育管理措施针对性不强，民警对限制减刑罪犯管理手段不足，思想上还用“老办法处理新问题”，尤其是遇到限制减刑罪犯无亲属、无会见，或罪犯遇到家庭变故等社会问题，说服力不强，底气不足。由于缺乏有效的管理教育手段，加上监管形势日趋严峻，管理限制减刑罪犯既牵涉民警的大量精力，而且效果也不佳。可以说对限减罪犯的改造还是处于相对的硬件不硬、软件不全、应对滞后的状况，急需边实践、边摸索，探索出一条行之有效的管教路径。

（三）二元结构特别，和谐不足

我国尚未建立监狱按戒备等级分类制度，没有专门关押死缓限制减刑罪犯的高危犯监狱，只能把他们集中关押在经过改造的高戒备监区，同时出于安全方面的考虑，对限减罪犯采取了集中关押与适度混编的方式。实践证明集中关押与适度混编，确实在日常管理和监管安全工作中发生了明显的作用，事务犯在改造中的榜样示范作用、互监组长的帮带作用、信息员的控制作用、特殊岗位的操作作用等发挥了无可替代的功能。但是，特殊政策造成了限减罪犯对自我进行标签化的一种定位，即“因为我是限减罪犯，所以我是被重点管控的对象，单位里的其他人员，都是来管理我的”。时间一长，逆反心理滋长，限减罪犯之间出现“抱团”、“扎堆”的现象，与事务犯之间的“囚囚矛盾”以及与管理民警之间的“警囚矛盾”会愈加凸显，单位的和谐氛围严重不足。

（四）约束激励机制乏力，奖惩手段作用不够明显

我国在监狱工作中一直奉行宽严相济的刑事政策，让罪犯在希望中改造，在激励和约束中改造。一般罪犯来到监狱，只要认罪服法，服从管理，积极劳动，接受教育，往往都能得到减刑和假释激励，甚至在监狱管理中，减刑假释一度成为监狱管理和罪犯改造的“指挥棒”和重要抓手。罪犯积极改造，除了思想和心理的积极转变外，很重要的一点就是想早日离开监狱，回归社会。如今，对于限制减刑罪犯来说，减刑假释成为他们在服刑中渴望不可及的事情，并且使得与刑事奖惩挂钩的百分考核、行政奖惩等丧失了其基础功能。

三、限制减刑罪犯的教育

（一）实施集中关押、累进处遇的行刑方式

1. 在监禁模式上，建议集中关押模式。对待限制减刑罪犯，在监禁模式上建议集中关押，即单独在高度警戒监区集中关押，与一般罪犯实施相对隔离措施。如前所述，限制减刑罪犯有着与一般

罪犯显著不同的特点，属于最特殊的罪犯群体。对待限制减刑罪犯是以分散关押为宜，还是以集中关押为宜？尽管这两种模式在当前收押限制减刑罪犯的监狱中都有尝试，也都各有利弊。但从对罪犯更为有利的角度和当代世界行刑发展趋势来看，集中关押应是一种最佳选择。尽管集中关押可能会带来罪犯的群体抗改性和群体消极效应增大，群体的深度感染和交叉感染增强等负面效应，但相比混合关押模式依然有明显优势，主要表现在：能够有效阻延限制减刑罪犯向一般罪犯传授和浸染负面效应的渠道和可能性；有利于防止一般罪犯的奖惩考核模式对限制减刑罪犯的影响，使其心态失衡；为研究和探索限制减刑罪犯的异常心理及行为表现，进而有效预防和改造罪犯奠定了基础；为集中优势警力和科学利用矫正资源，探索科学的教育管理模式提供了前提；为营造威严而又文明的行刑矫正氛围和监狱文化提供了良好的平台。

2. 在硬件建设上，进行升级改造，体现物防技防先行的理念。

一是优化安全配套设施。目前，在没有专门性的限制减刑罪犯关押监狱之前，接收限减犯监狱要结合罪犯现实违法违纪的危险等级，缜密构思，将限制减刑监区（分监区）设置于远离监狱围墙的最醒目的位置，达到视野开阔便于巡查的选址要求，尽量避免接近其他监区而交叉感染；在监舍建设中，还要充分考虑限减罪犯的特异性和个体特质，参照限减罪犯在改造中表现出的危险性等级，设计成容纳不同人数的房间，不能大而化之，笼统了之；同时锁闭监区（分监区）内废弃的房间，封闭能高坠的出口，取消室内场所的横梁与窗户上横置的铁条，用坚固细密牢靠的钢丝网代替玻璃来增加罪犯自杀、自残的困难；配备的电视、床铺、门窗等设施达到搬不动、砸不烂、卸不掉的要求，并在其外部包裹一定厚度的防护层；电灯、电视都内置于墙面，墙面无明线、无插座，以此来杜绝罪犯直接接触到电源的现象发生。

二是优化数字装备。监狱应着手为每个民警配备一套具有对话、报警、防爆、控制等功能的高端单警装备，来提升民警的安防

系数；同时针对限制减刑监区（分监区）关押的罪犯认知水平低、偏执性高、控制难度大、突发性强的特点，安装好夜间红外线报警监控设备，通过全方位覆盖的视频监控系统，对空间死角（如夹角）、时间死角（如深夜）实施全天候监控，突出防突联动功能，有效消除人为障碍和视觉盲区，切实达到监控无死角的要求，实现真正意义上的数字化、智能化和集成化。①

3. 在监禁方式上，应实施集体关押和个别关押相结合的方式。罪犯在集体中改造是我国监狱工作的基本原则之一，这一原则同样适用于限制减刑罪犯。让限制减刑罪犯在集体中改造既是罪犯的一项基本人权，也是满足罪犯狱中人际交往需求的重要措施，同时也是最大限度避免限制减刑罪犯精神空虚、孤独寂寞、悲观厌世的重要途径，是罪犯互相监督、互相学习、互相帮助、取长补短的良好平台。但是，在集体关押的前提下，对于那些顽固抗改、屡教不改且传染性、组织性极强的反改造罪犯，尤其是涉黑头目罪犯，危害国家安全的重点罪犯，患有精神病、艾滋病、传染病及严重心理疾患的罪犯，为了维护监狱安全稳定的大局，也为了对他们开展强烈的个别教育改造攻势，对他们以单独关押和改造的形式为宜。

4. 在管理措施上，应实施分级累进处遇的管理模式。由于限制减刑罪犯已经在减刑、假释方面受到严格限制，虽然这是他们咎由自取，但从服刑希望和回归社会角度看，这对他们无疑是沉重打击。因而，在管理措施上，应在如何重燃罪犯的人生希望，感受生命价值的宝贵，鼓足生活勇气上多下功夫。鉴于此，在管理措施上，对限制减刑罪犯应实施分级累进处遇的管理模式。具体来说，一方面，依据当前监狱改造环境，结合限制减刑罪犯的特定需求，设计出一套区别常规罪犯的处遇制度。建议监狱制订并实施针对限制减刑罪犯特殊生活的处遇方案，实行分等级管理，将罪犯的改造

① 福建省建阳监狱课题组：《限制减刑罪犯管理教育方法初探》，载《犯罪与改造研究》2013 年第 3 期。

表现跟狱内生活（如活动空间、伙食标准、通讯会见、学习培训、娱乐休闲等）处遇结合起来。另一方面，构建警戒分类制度，分别设置高度警戒、中度警戒和低度警戒监区或分监区，不同警戒标准区域关押改造表现和人身危险度不同的罪犯，享受不同的警戒级别处遇。监狱根据罪犯的服刑表现和服刑年限进行升降级活动，从而实现打击和瓦解少数抗改罪犯，激励和鞭策多数积极改造罪犯的目的，使限制减刑罪犯依然能够在希望中改造，在奋进中改造。

（二）构建管理、劳动、教育有机渗透、相互推动的教育矫正格局

1. 因势利导，科学管理，规范和引导罪犯行为。限制减刑罪犯是罪犯中的特殊群体，是既严重破坏社会秩序又保留生命的一些人，在他们身上，既有大逆和大恶的成分，又有善恶交织、可以挽救的成分，是人与兽、善与恶、生与死、法与情等矛盾相互交织的复杂有机体。监狱人民警察必须深刻认识限制减刑罪犯的特定本质，揭示他们犯罪与改造的行为、心理和思想脉络，探求改造和转化他们的运行规律。在管理上，应从科学角度出发，抑制限制减刑罪犯不利因素，发挥他们的积极因素，扬长避短，因势利导地进行管理。具体来说，首先，应把管理的重点放在如何稳定罪犯情绪，如何教育罪犯每天规范改造和有序改造上。其次，管理重点还应侧重在如何调动他们的改造积极性上。科学设置限减罪犯尚能减刑期限的减刑幅度与程序；对不再能减刑、不能假释的限制减刑罪犯，在行政奖惩，如表扬、记功、增加劳动报酬、评定改造积极分子、加大自由处遇、批评、记过、开批评（判）会、降低处遇、送集训队、实施禁闭等方面加以激励和约束。最后，对限制减刑罪犯管理中要渗透人文关怀。民警在管理中，要严格把握好情与法、宽与严、恩与威、惩与教的界限和尺度，做到当宽则宽，当严则严，切忌对限制减刑罪犯冷若冰霜、另眼相待，一律把他们看成专政对象而不蕴含任何人文关怀情感，要知道这样做对他们的改造是极其不利的。

2. 在劳动上，重在培养罪犯劳动生存方式。限制减刑罪犯刑期长、压力大，顺利度过刑期是摆在他们面前的重大难题，而劳动改造的实施使他们在服刑生活中找到了一种释放服刑压力，打发服刑时光，转移生活兴趣，充实服刑生活的重要渠道。特别是当前我国监狱组织的罪犯劳动，在劳动项目、劳动定额、劳动时间、劳动强度、劳动保护、劳动报酬、劳动教育等方面都进行了严格规范，且劳动强度和劳动量普遍低于社会民营企业部门。不少监狱都在试行“6S”或“7S”管理，劳动现场管理的文明化、规范化程度越来越高。罪犯置身于这样一种劳动改造环境中，不仅学到了职业技能，进行了人际交往，而且找到了一种发挥个人聪明才智，在狱中实现自我价值的良好舞台，同时了解和获取了社会生产信息，打开了与社会及时沟通和密切联系的桥梁，对抑制监禁型人格的形成起到了不可替代的作用。

尽管对限制减刑罪犯来说，劳动改造所拥有的职业技能培养和奖惩考核功能相对较弱，但通过强化劳动改造自身的其他功能，同样可以起到非常重要的激励和约束效果。在劳动组织和管理中，民警要积极利用劳动改造能够构筑罪犯狱内生活方式和生存方式的重要价值功能开展工作，并注意开发和利用劳动改造的经济激励功能，如加大劳动报酬实施力度，在劳动报酬的发放比率方面予以适当的倾斜，科学引导，逐步激发限减罪犯主动参加劳动改造的内在驱动力；实施科学的罪犯劳动保障制度；为罪犯办理养老保险等，解除罪犯在服刑中和出狱后的后顾之忧，从而使劳动改造对限制减刑罪犯的管理教育功能发挥出更大效益。事实也证明，组织罪犯参加力所能及的劳动改造活动，不仅可以使罪犯的行为在严格的组织劳动中得到控制、让罪犯在接受劳动改造中调节不良情绪，而且还可以使罪犯自觉地用劳动的汗水来矫正犯罪恶习，摒弃好逸恶劳的坏习惯，培养吃苦耐劳的好品格，让罪犯在劳动中获得必要的生活基金，掌握一技之长，为将来顺利融入社会生活打下坚实的基础。

3. 在教育上，转变罪犯的认知和反社会立场，培养和提升罪犯的学习兴趣与文化修养。对限制减刑罪犯如何进行教育，进行哪些教育内容，怎样使他们接受教育并对顺利服刑产生积极推动作用，是监狱机关及其民警必须认真思考的现实问题。教育对限制减刑罪犯的改造不仅必不可少，而且起着十分重要的作用。罪犯的犯罪主要取决于他们错误的世界观、人生观、价值观；罪犯在监狱是否能够顺利度过漫长的刑期，是否认罪服法，踏实改造，依然最终取决于犯罪思想的转变和错误认知的矫正；罪犯回归社会后能否由一个严重危害社会秩序的犯罪人真正转化为合格社会人和守法公民，从根本上来说也最终取决于罪犯犯罪思想的彻底改造和反社会立场的根本转变。因此，教育改造在限制减刑罪犯的服刑生涯和回归社会的整个过程中都是不可缺少的。

由于限制减刑罪犯比之一般罪犯，犯罪时间长，主观恶性深，反社会意识强，社会危害大，案情重大，犯情复杂，特殊性强，因此在改造中应该采取因人施教、个案矫治的方法，即在对罪犯进行全面生理、心理、人格测量，精神状态分析，犯罪原因、犯罪危害分析，改造对策分析等前期工作的基础上，全面制订每个限制减刑罪犯的个案矫正方案，在服刑过程中则严格按照矫正方案进行有序矫治，直至达到预期改造效果为止。在教育方法上，要坚持惩罚与改造相结合，严格管理与教育感化挽救相结合的政策，在高压严管的态势之下，科学实施感化改造和人文关怀，在以规律人、以情感人、以理服人的教育氛围中，在情理交融，循循善诱，诲人不倦，耐心细致的教育感召下，使罪犯不得不变、不得不改，最终达到使罪犯按照良性改造目标的方向有序推进的目的。

对限制减刑罪犯的教育改造，应以价值观教育、人格教育、亲社会教育为主，辅之以法制教育、文化教育、前途教育、社会教育、美育、体育等内容，重点是转化限制减刑罪犯错误的世界观、人生观、价值观和顽固的反社会立场，使罪犯树立与当代社会合拍的主流价值观，祛除其与主流社会意识背道而驰的犯罪意识和亚文化。在对待社会态度问题上，通过让罪犯客观、辩证、理性地剖析

和认识当代社会，消除其以偏概全、以点带面的形而上学认识论，从而转变罪犯的反社会立场，使他们由反社会变为亲社会，做到与社会和谐相处，成为促进社会和谐发展的新人。在此基础上，对限制减刑罪犯要全面开展法制教育、文化教育、前途教育、社会教育、美育、体育等其他各项教育，通过这些教育活动，主要目的一方面要浇灌和充实罪犯荒漠的心灵、空虚的心理、寂寞的生活；另一方面要培养罪犯的学习兴趣，提高罪犯的文化修养，提升罪犯的文化品位，使罪犯由不屑学习、怠于学习转变为热爱学习、终身学习的文化新人。

（三）运用科学的方法，做好限制减刑罪犯的心理矫治工作

限制减刑罪犯普遍具有心理疾病，开展心理调查和心理测试，并采取心理咨询和心理治疗措施，这是做好限制减刑罪犯教育改造工作的重要基础之一。

1. 建立限制减刑罪犯监区心理辅导站。挑选一批综合素质相对高的服刑人员成立互助小组，在监区心理辅导员的带领下，采取多种有效的宣传教育形式，促使限减罪犯意识到法律的公平正义，让限减罪犯意识到限制减刑的刑罚政策是对他们人权的一种保障，尤其是对生命权的充分尊重，让他们充分认识到犯罪行为给社会和他人及自己所带来的严重危害，形成认罪、赎罪、感恩（生命权）的心理。

2. 建立限制减刑罪犯的心理评估分类体系。根据犯罪类型、暴力行为的历史、心理测试评估综合分析结果等，对限制减刑罪犯进行分类，根据不同的分类等级进行不同等级的管理；对评估等级差、冲动暴力倾向显著的限制减刑罪犯建立专门的心理档案，安排心理辅导员介入；对情绪稳定性差，戒备、自我掩饰心理较强的限制减刑罪犯，安排心理互助组成员高度关注。

3. 加强限制减刑罪犯的心理干预，制订个性化的心理矫治方案。针对限制减刑罪犯焦虑、抑郁情绪严重，存在心理障碍倾向的一类人群，监狱心理矫治中心积极安排社会心理专家、监狱心理咨

询师主动介入，制订个性化的心理矫治方案，帮助他们克服消极心理，增强积极改造意识。

4. 切实做好限制减刑罪犯的社会支持系统。限制减刑罪犯由于刑期长，家庭变故较多，又长期处于封闭的空间，对亲情的渴望一般都较为强烈，监狱心理咨询师要根据限制减刑罪犯不同情况作细致的了解，通过沟通改变其错误认知，引导他们客观面对现实，并与监区和相关部门积极配合，尽力帮助限制减刑罪犯建立起良好的社会支持系统，共同鼓励限制减刑罪犯积极接受教育改造，走向新生。

（四）在监狱文化模式上，应培育文化理念，建构精神目标

对收押限制减刑罪犯的监狱或监区来说，能否构建一种适于限制减刑罪犯服刑特征和改造需求的行刑文化，能否探索出一条有利于限制减刑罪犯顺利改造的文化模式和行刑氛围，是最终能否实现成功改造限制减刑罪犯的精神保障、智力支持和动力源泉。

首先，监狱文化是培育监狱工作科学发展和长效运行的环境和土壤。文化是一种软实力，是一种精神财富和智慧，监狱文化也是一样，尤其对关押限制减刑罪犯的监狱来说，监狱工作能否科学发展和长效运行，能否使限制减刑罪犯在漫长的服刑生涯中不跑、不死、不出现重大事故，始终保持监狱的持续安全稳定，单靠民警的严防死守是不够的，只靠监狱的法律规范、制度规范和行为规范也是不够的，靠什么使罪犯愿意配合民警进行改造，靠什么使罪犯对前途始终有一种强烈的信念支撑，唯一可靠的就是积极健康而又适于限制减刑罪犯特殊需求的监狱文化。有了这样一种文化环境和土壤，罪犯就会有一种归属感，即使刑期漫长、即使个别罪犯由于年老体衰，可能终生都要在监狱度过，但罪犯依然感到精神充实和自我满足。

其次，积极健康的监狱文化是使外在制约力量内化为共同价值追求的动力和源泉。限制减刑罪犯犯下严重罪行，人民法院对他们作出限制减刑的决定是罪犯咎由自取。但是，如果从服刑的角度来

说，限制减刑罪犯显然比一般罪犯身上的枷锁更重，回归社会的希望更遥远，随之他们的服刑压力也会非常之大，而这对监狱来说，不管是监管安全，还是改造成效都比改造一般罪犯难度要大得多。如何使监狱的法律法规、监管制度、罪犯服刑压力等各种外在制约力量在罪犯身上加以内化，如何变压力为动力，变不利为有利，如何使限制减刑罪犯把外在的制约力量内化为罪犯群体共同的价值追求，必须有强大的监狱文化做后盾，必须使罪犯感受到积极文化的感染力、带动力、吸纳力和凝聚力，而这就必须花大力气在构建罪犯的文化场域和文化内涵上彰显特色，使其能够被罪犯喜闻乐见地接受，且罪犯自身愿意深深地融入和沉浸其中。因此，特色鲜明的监狱文化是凝练监狱法治和伦理精神，构建限制减刑罪犯精神家园的要素和食粮。

最后，监狱文化应始终围绕服刑即生存方式和生活方式的文化内核而展开。由于限制减刑罪犯的特殊性所决定，在文化建设和架构中，监狱应始终围绕服刑即生存方式和生活方式的核心内涵和主题思想而展开。限制减刑罪犯要在监狱度过 20 多年，很多罪犯都要把自己人生中的黄金时期和最宝贵时光付之服刑，如何让罪犯在服刑中同样能够体现人生价值，如何使罪犯的服刑时段成为人生中的重要时段并留下美好回忆，因此在构建积极健康的监狱文化过程中，始终使罪犯树立服刑即生存方式和生活方式的理念显得非常重要和必要。对限制减刑罪犯来说，在监狱服刑，就是人生的重要组成部分，并不会因为服刑就使人生变得残缺，给人生留下永久的缺憾，而是深刻认识到服刑就是一种人生体验形式，就是一种独特的生存方式，是一种与众不同的生活方式，在监狱服刑同样能够使自己的人生过得充实、过得完美，即使由于种种原因可能余生在监狱度过，也不会感到仇视和懊恼。在这样一种平和、现实而又进步的文化理念指导下，限制减刑罪犯的生活就会变得平淡而随和，前途就会变得美好和愉快。相反，如果限制减刑罪犯不树立这样一种理念，而是每天处在愤恨、焦虑、压抑、暴躁的心态中，甚至滋生妄想通过脱逃获得自由，通过自杀结束生命，通过制造事端进行宣泄和抗改，对罪犯来讲只有更加悲惨的下场和结局，这是每个人都明白的浅显道理。

案例：

限制减刑服刑人员谈话记录

刘×，男，1975年出生，贵州人。故意杀人罪，死缓。2011年11月10日来监狱。癫痫患者。

谈话时间：2012年3月15日9：12~10：30。

1. 犯罪经过（刘×叙述）：与被害人一起在宾馆吸毒，吸冰毒，突然癔症又犯了，此时被害人因吸毒刚好拿了剪刀挥来挥去，挥向他，刘×就把被害人的剪刀打落在地，然后捡起剪刀向被害人戳去，戳了很多下，把被害人杀了。杀了人刘×也没有逃跑，在宾馆房间里待着，后来下楼来，走到江边跳到水里，洗了洗，上来就待在路边的桥上，然后警官来了将他抓起来了。

2. 被害人与刘×是朋友，从老家一起出来打工，40多岁，也是街坊邻居，平时很要好的。

到温州打工两个多月就发生这件事。之前刘×都待在老家贵州的村里，从来没出来打过工。刘×在温州一个蛋糕店打工，做蛋糕。

3. 刘×没有老婆，女朋友也没有过，因为常发癫痫病，村里、镇上的人都知道，没有女人愿意嫁给他。

4. 刘×有3个哥哥、3个姐姐、一个妹妹。父亲2008年去世了，母亲还健在，已经81岁。刘×认为兄弟姐妹心很毒、很坏的，从来不关心他。他在老家犯病时，人家跑去告诉他的兄弟姐妹，而他们从来都没管过。刘×就与父母一起生活，父母是关心他的，与父母种地过日子。兄弟姐妹都没有出钱来赡养父母。

5. 什么时候开始犯癔症，第一次犯病的情况怎样，原因又是什么？刘×都记不得了。父母是否记得第一次他犯病的情况？刘×

回答说父母也记不得了。

6. 刘×读书到初一，第一学期没上完，犯病厉害就休学了，从此以后再没有上过学。问：犯病厉害是什么意思？刘×回答：犯病厉害，是指一天犯几次，或几天犯一次。

7. 刘×犯病时，头很痛。有人跟刘×说吃点海洛因可以止痛，因此刘×在老家通过吸毒来止痛，因此还被戒毒过一次。毒品的来源，主要是每星期镇上开集市的时候，帮他人去买毒品，买来后分给他一点。刘×在老家吸毒，主要是跟被害人一起吸，被害人教他打针（打左手臂上）。后来被警察知道了，刘×被强制戒毒，过了几天被害人（朋友）也去戒毒了。

8. 刘×认为犯罪是自己脑子有问题，神经有问题。

9. 刘×一直以来除了种田的收入之外，没有其他收入。

10. 刘×在老家时通过吃药防病，药是两元多1瓶，1瓶100颗，每天吃3次，一开始一次二三颗，后来一次吃10多颗。在看守所时，癫痫病犯过20多次。看守所就给他换另外两种药，但刘×吃了这两种药头晕，不是想睡觉，就是晕。

11. 刘×来监狱后犯过两次病。为什么犯病？刘×认为是压力大，而心情好就不太会犯。比如，在温州打工时，在蛋糕店做工，包吃包住，每个月还有1000多块，刘×从来没有看到过这么多钱，心情很好的，因此就没犯过病。监狱里压力大的原因，是因为看到其他犯人有父母、兄弟姐妹来看，自己却没有，想想难过，晚上更要想，睡不着，压力大就犯病了。

12. 刘×现在最担心的，就是看不到母亲了。母亲81岁了，走时很可能不能送，现在也还没联系上。曾经给家里写过两次信，都没有回。信是在看守所写的，一封写给母亲、由（三）哥哥收转，一封写给三哥。三哥家离母亲住的地方才1公里不到。不知是信没有收到，还是收到了没有回？

问：是否家里回信了，寄到看守所了？刘×回答：不会的，看守所指导员对他很好的（因此如果回信会告诉他）。因为在看守所时指导员对他很关心，他犯病的时候指导员亲自送他去医院看病，还跟其他犯人说要照顾好他。为此他还想向指导员写信表示感谢。

建议刘×继续给家里写信，给母亲、三哥各写一封，还可以向看守所指导员写封信，除了表示感谢，还可以确认是否有回信。

13. 对于刘×所说的压力，给他指出：今后还将长期存在，还可能有其他“压力”事件，怎么办？要想个化解的方法，如把不高兴的、有压力之事写在纸上，写出来也许会好受些；还可以找队长、警官谈谈，说出来也可以缓解压力。

（案例来源：邵晓顺著：《限制减刑服刑人员犯罪案例分析与启示》，群众出版社 2013 年版。）

第十四章　罪犯教育整体考量——出入监教育

矫正机构完整的教育改造活动，包括入监教育、中期教育和出监教育三个部分。入监教育是整个监狱罪犯教育体系中的基础性环节，为罪犯中期教育打下坚实基础，也是罪犯监狱生活的入门指导。出监教育是整个监狱罪犯教育体系中的最后环节，是监狱教育矫正罪犯的最后工序，是罪犯中期教育矫正成果的巩固，是全面检验监狱教育矫正罪犯工作质量的验收环节和巩固罪犯的改造成绩阶段。同时，出监教育是中期教育矫正工作遗漏的补课，是思想再教育、行为再矫治、心理再调适、技能再培训的阶段，是罪犯重新社会化的行动指导，是促进罪犯复归社会的学校。因此，对监狱教育矫正的整体考量，离不开入监教育和出监教育两个环节。本章重点阐述这两个环节的作用和地位，对目前我国矫正机构对这两个环节的教育现状进行考察并提出改进意见。本章要探讨的问题是：

1. 入监教育在监狱罪犯教育体系中占有何种地位？
2. 入监教育的时间和内容是什么？
3. 对新入监罪犯进行心理评估主要包括哪几个方面？
4. 出监教育在监狱罪犯教育体系中的地位如何？
5. 出监教育的时间和内容是什么？
6. 对即将出监罪犯进行改造效果综合评定的主要依据有哪些？

第一节　入监教育

入监教育是指监狱为帮助新入监的罪犯尽快熟悉监狱环境和适应改造生活而进行的教育。[①] 入监教育从本质上来说是一种新入监罪犯的监狱生活适应性教育，即通过认罪服法和遵纪守规的教育，通过形势政策和改造前途教育，通过行为养成的训练，通过各种制度的学习，使新犯能够尽快适应监狱生活。通过入监教育，深入、详细地了解罪犯的基本情况、认罪态度和思想动态，进行个体分析和心理测验，对其危险程度、恶性程度、改造难度进行综合性评估，为监狱中期教育矫正工作的顺利展开创造良好的开端。

一、入监教育在监狱罪犯教育体系中的地位

（一）入监教育是整个监狱罪犯教育体系中的基础性环节

"入监教育是监狱对新收监罪犯集中一段时间专门进行的基础性教育，是教育改造罪犯的第一道工序。"[②] 入监教育是罪犯投入改造后所接受的最初步、最基础的教育活动。良好的开端是成功的一半，这个环节的教育成效如何，将直接影响其中期教育阶段的教育矫正效果，因而在整个监狱教育体系中处于基础性环节，具有基础性的地位。

（二）入监教育为罪犯中期教育打下坚实基础

入监教育解决了服刑罪犯尽快适应监狱改造生活的心理问题和行为取舍指向问题，帮助罪犯实现从普通公民到服刑人员的角色转变，明确自己的罪犯角色定位，从而为罪犯下一步的安心改造打下

---

① 吴宗宪主编：《刑事执行法学》，中国人民大学出版社 2007 年版，第 235 页。

② 韩玉胜、张绍彦、王平、史殿国等著：《刑事执行法学研究》，中国人民大学出版社 2007 年版，第 414 页。

坚实的心理和行为基础。通过入监教育可以帮助监狱了解罪犯的基本情况、认罪态度、思想动态，通过个体分析和危险性评估，可以为今后分流的改造单位提出建设性关押以及改造之意见，从而为中期教育打下坚实的基础。

（三）入监教育是罪犯监狱生活的入门指导

通过监狱常识教育，包括监狱的性质与任务、改造的基本手段，罪犯明确了自己的权利与义务，知晓了自己应当做什么、不应当做什么，遇到问题该如何解决、如何寻求帮助等，从而为今后的改造生活指明了方向，改造也有了目标。

二、入监教育的模式探讨

（一）国外的一般模式

新收犯监狱，在国外也称收押分类中心，有的国家也称调查分类中心、接受中心或分配监狱等，在现代西方国家是普遍设立的一种特殊的刑罚执行机构，它是接收被判处监禁刑的犯人进入设施内服刑并对其做各有关项目的调查和评价，为每一个犯人分别确定服刑监狱或监区的专门机构。尽管各国的具体称谓及设置方式不尽相同，有些国家是一个独立的监狱，有些国家则将其设置在某个监狱的一个部分即监区，但是它们的职能都是集中人财物，对在监狱设施内服刑的罪犯实施调查、分类，将其分送到最适合的监狱或监区服刑。例如，在德国，部分州设有入监总队或分队，其中设有特别委员会，该委员会根据对犯人的调查结果确定将犯人安置在何种类型监狱内服刑。委员会成员除包括一名法学家外，还应有一名就业顾问、心理学家、社会学家、教育学家、社会工作者和普通监狱官员。该委员会负责对每名犯人进行个性诊断并为其确定相应监狱。又如，日本在第二次世界大战后成立了由医学、精神病学、心理学、法学等方面的专家组成的分类调查中心，制定了《受刑人分类调查纲要》，对犯人的犯罪特征、精神、心理、身体、家庭及原有职业、文化水平、生活环境、悔改态度等方面的情况进行调查，按调查所得的资料，确定分类的类别，将不同类型的犯人分送不同的监所，给予不同的处遇。

（二）我国采取的一般模式

1. 集中式。由省、自治区、直辖市监狱管理局统一建立罪犯入监教育中心，即入监监狱或叫新收犯监狱，将公安部门移交的新犯集中于入监教育中心，实施系统、规范的封闭式、军事化入监教育，待入监教育任务完成后，再将符合条件的罪犯分别分流至不同的监狱，如上海的新收犯监狱就是采取这种模式。

2. 分散式。省、自治区、直辖市监狱管理局没有统一建立罪犯入监教育中心，而是由各所属监狱自身设立半封闭式、半军事化的入监监区或分监区，待入监教育任务完成后，再将符合条件的罪犯分别分流至不同的监区或分监区。目前全国大部分省、自治区、直辖市即采用这种分散式入监教育模式。

（三）最佳的入监教育模式探讨

通过对国外及我国监狱入监教育的考察，由省、自治区、直辖市成立独立的新收犯监狱，进行集中统一式的入监教育应该是最佳之选择。既可以有效节约行刑成本，集中优势资源，又可以促进入监教育的规范化、专业化建设，不断提升入监教育的科学化水平和教育工作质量。

为了最有效地利用专业人员、专业设备及经费等相关资源，各省（直辖市、自治区）应根据辖区内犯罪的分布状况均匀设置 1~2 所新收犯监狱，负责全省（直辖市、自治区）范围内犯人的入监分类调查并指定服刑机构，这样便于交付执行和移送执行，也便于与犯人家属的联系。新收犯监狱不是固定的犯人服刑机构，一般犯人出入周转时间不会太长，一段时期内其中滞留的犯人不会太多，因而，新收犯监狱的设置规模可控制在 1000~2000 人。

新收犯监狱的工作人员应包括负责看押、管理和教育罪犯的监狱警察，从事分类测验、调查和评估的教育学、心理学、犯罪学、社会学和精神病学等领域的专业人员。其职能是对剩余刑期在 3 个月以上的成年男犯执行最初收押；在两个月内对其进行有关法律、法规和规章制度的宣传教育，实施包括心理测验、个性调查、智力及精神健康状况的测查、社会背景调查以及犯罪原因、犯罪手段、犯罪记录和人身危险性程度等多项相关内容的调查，出具书面调查评估报告，拟制个案矫正方案，最终为每个犯人指派最适宜的服刑监狱。近几年，北京、上海、江苏等地已经开始了这方面的尝试，他们的有益经验将有助于在全国范围内推广设置新收犯监狱。

三、入监教育的前提：心理测试与危险性分析

2003 年 6 月 13 日，司法部发布的《监狱教育改造工作规定》第 12 条规定："监狱（监区）应当了解和掌握新收罪犯的基本情况、认罪态度和思想动态，进行个体分析和心理测验，对其危险程度、恶性程度、改造难度进行评估，提出关押和改造的建议。"

当前在西方国家监狱中的心理学计划或者心理健康治疗工作相对比较普及和成熟。监狱领域中的心理学计划（psychological program）是指预防和治疗犯人的心理问题的矫正计划，心理学计划追求治疗那些导致犯罪的潜在性情绪或者心理问题。以西方最具典型意义的美国为例，绝大多数矫正机构均开展某种或某几种形式的犯人心理学服务工作。据 2000 年 6 月统计，美国各州监禁型矫正机构对罪犯开展入监甄别的占 77.9%。①

目前，我国监狱罪犯心理健康服务工作的科学化程度并不高，基本还属于起步阶段，属粗放型、条块状，还未真正形成法规支撑、资金保障、体制良好、运行规范的罪犯心理健康服务的整体工作格局。其主要体现在：

1. 心理测试的科学性不强；

2. 专家型心理健康服务队伍尚未形成，基本停留于半专业化层面，甚至仅仅停留在本本上，实践经验尚不丰富；

---

① 吴宗宪著：《当代西方监狱学》，法律出版社 2005 年版，第 69 页。

3. 还没有形成真正常态化工作；

4. 距离主动介入、事前干预的超前防范工作目标还有很大差距，目前还只能停留于哪里需要往哪里的浅层上；

5. 整体工作仍然以心理咨询为主，甚至还是粗线条的。有不少人还认为心理咨询工作就是罪犯心理健康服务工作的全部，认为心理咨询是万能的，或者1次心理咨询就可以解决某个个案的全部心理问题；跟踪性缺乏，评价标准、评价系统缺失，许多后续工作尚未跟进。

目前，我国监狱普遍采用的心理测试方法和量表，主要是问卷测试结合投射测试的方法，含HTP房树人测试、中国罪犯心理评估系统COPA系列测试（应用最广泛的是COPA-PI，即中国罪犯心理测试个性分测验）、MMPI明尼苏达多项人格测试、EPQ艾森克人格问卷、16PF卡特尔人格因素量表、RW人身危险性检测表、GW高危行为倾向评估表等。这些测试方法，有的适用于普通人群而对特别人群的适应性不足，有的虽然适用于罪犯但科学性尚显不足。

通过心理测试和深入的交谈，对入监罪犯的心理健康问题进行识别和记录，为每名罪犯建立个体心理健康档案，包括COPA-PI、HTP等各类心理测试资料、基本结论、心理疏导建议、个案治疗计划、入监心理健康教育记录、心理健康服务记录等。入监教育结束，100%的新收押罪犯均应有心理测试结论和危险程度评估以及改造难易度测评结论。

人身危险性评估工作在我国起步较晚，所以需要借鉴他国成功经验。人身危险性是近代学派理论中的核心概念，但是人身危险性的评估和测定却是一个难题。美国是最早开始对犯罪人进行人身危险性评估的国家。评估方法的演进历程为：知觉法→临床法→案卷材料与访谈结合法。

早期主要采取的是知觉法，即由矫正官员根据过去服刑人生理、心理、精神和环境方面的资料，凭借过去的经验来判断服刑人未来改善的可能性。随着20世纪行为科学的产生，大量心理学家、精神病学家以及一些统计学工作者参与到了评估工作中来，成了人身危险性评估的主体。依据临床法所取得结果的正确性，取决于评估者的特殊经验和所受的训练。美国及加拿大最高法院认为，临床评估方法本质上是评估风险的有效方法。但其最大的缺点在于临床医生或研究人员要对当事人采访中所透露的信息的真实性作出判断。例如，肯普兰发现，性罪犯在接受法庭采访时，承认罪行仅为其以后承认的5%。西格尔和马歇尔也强调了当事人自供与对性罪犯人群的观测行为存在差异。① 目前的方法是案卷材料与访谈结合起来进行人身危险性评估。

最新的人身危险性评估量表为HCR-20。对法庭精神病人的危险性或暴力倾向所做的评估共涉及20个因素，可分为历史变量因素（H），临床变量因素（C）和风险管理因素（R）。其中历史因素决定未来行为的重要影响，临床变量因素掌握犯人在惩教中的动态变化（见表14-1）。②

表14-1　人身危险性评估量表HCR-20

历史变量因素（H）	临床变量因素（C）	风险管理因素（R）
以往暴力行为	缺乏见识	计划缺乏可行性
首次实施暴力时年龄偏小	消极态度	与不稳定人员接触
关系不稳定	精神疾病症状	缺乏个人支持
就业困难	冲动	不配合矫正措施
滥用药物	对惩教手段无反应	压力

① 张婧著：《监狱矫正机能之观察与省思》，中国人民公安大学出版社2010年版，第74页。

② 张婧著：《监狱矫正机能之观察与省思》，中国人民公安大学出版社2010年版，第75页。

续表

历史变量因素（H）	临床变量因素（C）	风险管理因素（R）
主要的精神疾病	——	——
心理变态	——	——
早期不适应	——	——
人格变态	——	——

（一）心理测试为中期教育提供心理学支撑（主要是犯罪心理和人格特征）

心理测试为中期教育提供犯罪心理和人格特征等心理学支撑。心理测试显示的罪犯人格，特别是犯罪心理状况，有助于中期教育矫正工作的针对性、有效性开展。

（二）危险性分析为中期教育提供教育矫正的基本方向

危险性分析将罪犯分为高度、中度和低度危险几大类，有助于分流和分别关押。初步的危险性评估结论，有利于行刑个别化的顺利进行，有助于分流接收单位有针对性地开展防范控制、教育矫正工作。每一名罪犯都具有一定的危险性，无非程度不一而已，中期教育的一个主要方向，就是努力消除罪犯的各种危险性因素，使其恢复常态心理和正常行为。

四、入监教育的时间和内容

2003 年 6 月 13 日，司法部发布的《监狱教育改造工作规定》第二章“入监教育”第 9 条规定：“对新入监的罪犯，应当将其安排在负责新收分流罪犯的监狱或者监区，集中进行为期两个月的入监教育。”

（一）告知权利和义务，深入个别教育

《监狱教育改造工作规定》第 10 条规定：“新收罪犯入监后，监狱（监区）应当向其宣布罪犯在服刑期间享有的权利和应当履

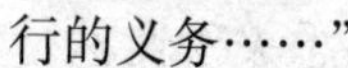
行的义务……”

1. 正确行使罪犯权利。罪犯在服刑期间享有下列权利：人格不受侮辱，人身安全和合法财产不受侵犯，享有辩护、申诉、控告、检举以及其他未被依法剥夺或者限制的权利。

2. 切实履行服刑义务。罪犯在服刑期间应当履行下列义务：遵守国家法律、法规和监规纪律，服从管理，接受教育改造，按照规定参加劳动。

3. 以“细排查、勤教育、促转变”为工作目标，以“普遍谈、重点帮、个别教”为工作方针，认真细致地做好个别教育工作。严格落实“十必谈”制度，及时有效地化解新入监犯中存在的矛盾和问题，并将谈话内容记录在服刑人员个别教育专档上，随服刑人员档案一起分流，保证罪犯服刑改造期间个别教育工作的延续性。

（二）进行法制和纪律、前途教育

《监狱教育改造工作规定》第11条规定：“监狱（监区）对新收罪犯，应当进行法制教育和监规纪律教育，引导其认罪悔罪，明确改造目标，适应服刑生活。”法制教育要解决罪犯的“认罪服法关”，纪律教育要解决罪犯的“遵纪守规关”。收监当日，民警应当对罪犯进行监规纪律教育，并进行个别谈话教育，进一步了解案情和基本情况。进行法制和纪律、前途教育的具体内容为：

1. 认罪服判教育，促进罪犯尽快认清自己的罪行，心悦诚服地服从法律的公正判决。认识自己、认识法律，从而真正达到认罪服判目的。要求所有罪犯写个人自传，写“三史”，即家庭史、成长史、犯罪史，让罪犯在个人历史的回顾中进行人生的自我反思、自我反省、自我救赎，认识自己走上犯罪之路的真正原因，挖掘深层次的内因，而不是一味推向客观环境等外在因素。再要求所有罪犯进行犯罪危害账的清算，通过罪犯对自己的犯罪行为给社会、家庭、被害人和自己所造成的危害清算，进一步认罪、悔罪，促进罪犯服判意识的提高。

2. 通过《监狱法》的系统学习，使罪犯尽快熟悉关于监狱行刑的权威性法律规定，明白我国监狱的性质、任务、目标、工作方针和改造方法手段，明确监狱人民警察的职责和禁止行为。通过《监狱法》的学习，让罪犯能够正确认识监狱，树立接受惩罚和改造的罪犯角色意识。

3. 监规纪律教育，促进罪犯遵守监狱的相关纪律规定，增强遵纪守规意识。每个监狱都会根据自己监狱的特点制定罪犯应当做和不应当做的以及如何做的一些具体监规与纪律。这些监规纪律对新入监的罪犯尤其重要，因而需要专门地学习，以便于新入监罪犯能够在日后规范自己的一言一行。同时，要告知罪犯监规纪律就是法律法规在监狱这一特定监禁场所的自然延伸，只有遵守监规纪律，才能进一步去遵守法律法规，否则就是空谈。“监规尚且不能遵守，何以将来会遵纪守法?”这个道理务必讲透、讲深，使罪犯不断提高遵守监规纪律的自觉性。

4. 违纪、违法与惩戒的相关规定教育，使罪犯了解由于自己在监狱内的不良言行，可能导致的惩戒以及付出的代价和损失。《监狱法》、《奖惩考核条例》等都有关于罪犯违法违纪可能造成的严重处罚后果的具体规定。让罪犯知晓这些规定，并明白惩处的目的，才能使罪犯自觉控制自己的不良言行。

5. 日常考核方法的掌握，使罪犯尽快熟知与自己的改造前途密切相关的考核奖惩条例，使改造有奔头、有目标、有方向。各监狱都相应制订了针对罪犯的计分考核办法，这些规定与罪犯的切身利益相关，要求每一名新入监罪犯都能熟悉并牢记。目前，考核办法涉及罪犯改造的各个方面，包括思想与劳动两大方面，分列认罪服法考核、遵守监规考核、“三课”学习考核、劳动习艺考核、生活卫生考核等各类。

6. 改造前途教育，让新入监罪犯尽快迷途知返，让他们在希望之中改造，不至于再一次迷失方向。一个普通公民转瞬变成“阶下囚”，很多新入监的罪犯根本无法接受这个严酷的事实，有

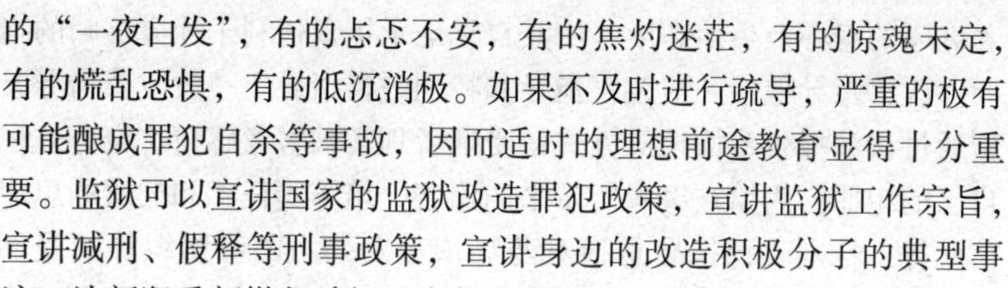

的“一夜白发”，有的忐忑不安，有的焦灼迷茫，有的惊魂未定，有的慌乱恐惧，有的低沉消极。如果不及时进行疏导，严重的极有可能酿成罪犯自杀等事故，因而适时的理想前途教育显得十分重要。监狱可以宣讲国家的监狱改造罪犯政策，宣讲监狱工作宗旨，宣讲减刑、假释等刑事政策，宣讲身边的改造积极分子的典型事迹，让新犯重新燃起希望，走努力进取、积极改造的光明之道。

（三）行为训练

入监教育要解决罪犯的行为养成问题，强化以行为规范、应知应会为主要内容的养成教育。通过养成教育，使罪犯明确养成教育的目的是规范罪犯的日常行为，做事中规中矩，增强集体观念和团队意识，并努力养成良好的生活卫生习惯，实现新收押罪犯行为上“入监”。入监行为训练一般包括队列训练、静心训练、棉被折叠及其他良好生活卫生习惯的培养等项目。

规范罪犯行为举止具体规定于司法部颁布的《罪犯改造行为规范》，包括基本规范、生活规范、学习规范、文明礼貌规范。入监第一天，监狱应将《服刑人员行为规范》发放到每名新犯手中，要求通过一段时间的学习，都能一字不漏地熟练背诵全部内容。为了加深新收犯对《服刑人员行为规范》的认识，可以通过警察授课、集体朗诵以及知识竞赛、情景剧等方式，强化服刑人员的规范意识，增强罪犯遵守规范的自觉性。剖析监内违法、违规等典型案例，通过情景剧的声情并茂表达，使新收犯更清楚地认识到学习规范和遵纪守规的重要性。同时，培养服刑人员良好的行为习惯，严格按《服刑人员行为规范》的要求，从教育训练、生活卫生、礼节礼貌等各个方面，规范罪犯的言与行。

（四）进行服刑指导

服刑指导，在国外属矫正指导系列之一。矫正指导是监狱对受刑者进行身心、知识技能、生活态度及健康理念等方面的指导帮助等，主要包括改善指导、教科指导、刑罚执行开始时的指导和释放前的指导。改善指导是对受刑者传授适应社会生活必要的知识、培养健康的身心及生活态度，使其自觉地承担责任利于社会复归的指导。改善指导包括一般改善指导和特别改善指导。一般改善指导是指通过讲演报告、面谈等方式使受刑者理解被害者感情、充分认识自己的犯罪行为给被害者所带来的痛苦，培养责任感和健康的思想信念等。特别改善指导是指对药物依赖及暴力团伙组织等的受刑者，使其认识到改善更生及顺利复归社会所存在的障碍与问题而进行的指导。特别改善指导又分为药物依赖脱离指导、暴力团伙组织脱离指导、性犯罪再犯防止指导、交通安全指导、就劳支援指导等。教科指导是对学力低下的受刑者使其认识到作为社会生活基础的学力问题的重要性以及学力不足对改善更生及社会复归的障碍及影响，根据学校教育法的规定及要求学习学校教育的内容知识，因其具有补课的性质所以又称为“补修教科指导”。另外，为求学力的进一步提高还进行“特别教科指导”，是由高等学校对适合的受刑者进行的学业指导。

刑罚执行开始时指导是指对新入监受刑者就行刑的意义、确定处遇要领、个别处遇目标的实现方法、刑事设施内生活上的注意事项等方面予以指导，时间原则上为2周。入监服刑指导主要目的是使新入监罪犯尽快适应监狱生活。

1. 监狱情况简介。包括监狱的性质、任务、功能、组织机构设置、警戒设施和监狱环境、自身监狱的特点等。为了更快地使新收犯适应监狱生活，监狱部门应主动向罪犯介绍监狱情况，使新收犯了解自己服刑监狱的大概情况，尽快融入这一特殊环境的大集体生活。监狱情况简介可以利用视频介绍、橱窗展示的形式，便于新收犯较快地认识所处监狱的基本环境和基本特点。

2. 初期服刑心理的调适。新收押服刑人员经历了从自由社会到监禁生活的剧变，容易发生诸多心理问题，尤其是首次投入监狱改造的罪犯，大都存在严重的“心理综合征”。由于对监狱一般只存在高墙电网、阴森恐怖、戒备森严等传统理解，对于自己今后的监狱生活以及处遇等充满了疑惑、焦虑与恐惧。初期服刑心理的调

适，就是为了打消和缓解新入监罪犯普遍存在的心理恐惧、心理焦虑、情绪悲观以及心存疑虑、抑郁愤懑、消极抵触等问题。良好的、具有针对性和实效性的心理调适活动，可以促进罪犯之后的改造生活向平稳方向发展。利用多种形式开展心理咨询工作，除门诊咨询外，专门设置心理咨询信箱，开通可视咨询电话等，为新收押服刑人员提供指导和帮助。编印《服刑人员心理健康指南》，注重帮助服刑人员了解犯罪心理常识和诱发犯罪的心理因素，使其更全面地认清自身犯罪心理形成的过程，做到积极认罪悔罪，更好地适应改造生活，从而帮助服刑人员逐步消除犯罪心理。

3. 监狱日常生活指导。包括起居、伙食、钱物、通讯、接见、亲情电话、学习、健身、娱乐、医疗、个人卫生、劳动及安全、诉冤、法律援助、心理辅导、宗教活动等各项具体监狱日常生活问题的实质性指导，明确问题解决途径，使罪犯少走改造弯路。

4. 制订短期、中期和长期的服刑计划。服刑教育矫正计划，是西方国家监狱普遍实行的，也是最为广泛的矫正计划之一。而服刑计划是其中之一项内容，是监狱根据不同罪犯的特点，与罪犯共同参与制订的服刑短期、中期和长期的服刑设想，目的是帮助罪犯有计划服刑，以防止混刑度日。包括：（1）应当履行的基本服刑义务：认罪服法、遵守监规、服从管教、积极劳动、认真学习等方面。（2）短期服刑计划：学习掌握监狱规定，尽快适应监狱生活，调适心理，融入大集体生活。（3）中期服刑计划：在一定的时间段内预期达到的目标，如两年之内行为习惯的养成状况、3 年之内减刑量、5 年之内文化水平的改善程度、5 年之内处遇的改善程度等。（4）长期服刑计划：通过监狱和罪犯自身的不懈努力，预期若干年以后回归社会，准备获得几门实用技术、遇到困难挫折的处事方法、不致重新犯罪等。

5.《罪犯手册》的发放和学习。《罪犯手册》的内容可包含以上诸内容，一本《罪犯手册》就是罪犯日后监狱生活的行动指南，可以随时翻阅、随时解答一般疑难问题。运用有效的方法和形式，使新入监服刑人员在较短的时间内适应改造环境，安心接受改造，从而提高入监教育实际效果，是教育改造工作的起点更是难点，而一本《罪犯手册》却能收到意想不到的良好效果。

《罪犯手册》也可以称为《服刑人员改造指南》，可以综合运用现代传媒手段，使其图文并茂，具有贴近罪犯实际并可读性强、实用性强、教育性强的特点。要求立意新颖，构思巧妙，表现手法独特，文字简朴，通俗易懂，适应多种文化层次的人员阅读。为了增强趣味性，可以运用彩色插图和漫画形式。其内容涵盖新犯改造生活的方方面面，生动形象地告知新入监服刑人员如何开始自己的改造生活、应该怎样做、不应该和不可以做什么，怎样去配合警官搞好教育与管理，怎样维护自己的合法权益等。要让新服刑人员看起来简单明了，容易懂，有意思，自己心里原来担心的，想要了解的，一看全明白，有助于他们迅速了解监狱的性质和基本情况，消除刚进监狱所产生的恐惧心理，从而适应改造环境，安心改造，使他们增强积极改造的信心和决心，对未来充满希望。一本小小的手册就是新收犯改造路上的指路牌。

目前很多监狱都有类似的小本本，但是没有统一的格式与内容，所以需要设计一个样本。以下是供参考的模板。

服刑人员改造指南

一、写给服刑人员的一封信（卷首语）

二、法律法规和监规纪律节选

（一）《刑法》和《刑事诉讼法》节选

（二）《监狱法》

（三）《服刑人员行为规范》

（四）《××省罪犯奖惩考核办法》

（五）《××监狱罪犯奖惩考核办法实施细则》

（六）本监狱有关制度

1. 纪律制度

2. 学习制度

3. 劳动制度

4. 生活制度

5. 卫生制度

6. 接见、通讯、邮汇制度

三、权利和义务

（一）应尽的义务

（二）享有的权利

四、当你遇到问题时该怎么办？（疑难问题解答）

（五）集中培训，学习劳动技能

入监教育的一个重要内容就是进行分流前的劳动教育。一是对新收犯进行劳动的意义教育，树立正确的劳动观，牢固树立集体意识、团队协作意识；二是进行劳动安全教育，包括劳动保障、安全生产等知识传授；三是对新犯进行劳动技能的集中学习培训，掌握基本的劳动操作基本技能，帮助入监新犯顺利度过劳动关。目前，大多数监狱的罪犯习艺劳动都以箱包、服装等劳务加工业为主，因而技能培训也应对口进行，为分流后罪犯的进一步劳动习艺打好基础。

（六）入监教育的向外延伸

决定其能否成功教育的关键在于各种教育措施能否真正实现联动。要真正发挥入监监狱在整个监狱教育矫正体系中的基础性地位之作用，需要监狱部门协同作战、社会力量的积极参与，而其中的新收犯家属具有无可替代的教育“正能量”。初入监狱的罪犯对监狱茫然无知或一知半解，其家属同样如此，而家属得知自己的亲人身陷囹圄之后必然牵肠挂肚，担心其亲人在监狱里是否健康平安、是否饮食无忧等具体问题，因而监狱有义务及时告知犯人亲属关于监狱的有关情况，并努力取得罪犯家属的教育支持。监狱可以组织罪犯家属学习培训班，邀请新收犯家属参加学习以了解监狱的方针政策、监狱的基本情况、罪犯的权利义务、民警的管理方式等，陪同家属参观监狱以增进其对监狱的感性认识，并与罪犯家属签订共同教育改造罪犯的“亲情帮教协议书”。倘若家属能够了解监狱、理解监狱，随之能够积极配合监狱的教育改造工作，那么监狱所开展的一系列入监教育措施将起到事半功倍的效果。

五、入监教育的效果评价

入监教育的效果如何，将直接影响到整个监狱教育矫正活动能否正常开展和顺利实施，因而要对为期 2 个月的入监教育进行效果评定。《监狱教育改造工作规定》第 13 条规定：“入监教育结束后，监狱（监区）应当对新收罪犯进行考核验收。对考核合格的，移送相应类别的监狱（监区）服刑改造；对考核不合格的，应当延长入监教育，时限为一个月。”考核验收包括认罪服法、遵纪守规、行为养成等各个方面的应知应会综合性评价。在实践中，一般分流接收的意向单位一同参与验收工作，分流接收的意向单位可以提出对验收不合格新犯拒收的意见，以增强入监教育质量的不断提升，同时也促进新犯入监教育过程中的积极参与意识和危机感。

入监教育结束，对通过考核验收的新犯应及时进行的分类与分流，传统的方法一般是根据罪犯的性别、年龄、犯罪种类、刑期长短、地域、健康状况、文化程度等来进行简单划分，而后将其分流到不同监狱或监区服刑。而分类与分流工作应该以罪犯的人身危险性为依据，对新收犯根据危险性程度高、中、低进行分类，而后分别将其移送至高戒备度监狱（监区）、中度戒备监狱（监区）、低戒备度监狱（监区）服刑。

第二节　出监教育

出监教育又称释放前教育，是指监狱为了帮助即将出狱的罪犯

顺利地融入社会而进行的教育。[①] 出监教育是监狱整个教育矫正罪犯体系的最后环节，同时也是监狱对即将回归社会的罪犯的适应社会生活之预备教育。

罪犯出监教育是巩固改造成果的关键时期，更是提高社会适应能力做好与社会衔接工作的重要时期。这一时期要完成对罪犯改造效果的综合和社会危险程度的预测，它主要是法律、政策、就业信息的教育，要在内外结合上下功夫，进一步完善出监教育措施。出监教育按照“集中时间、集中人员、集中教育内容”的办法落实出监教育的基本内容，重点是进行形势政策前途教育、遵纪守法教育，内容不可单一，形式要多样。并结合实际向罪犯介绍当前社会政治经济就业形势，加快罪犯由“监狱人”转变为“社会人”的步伐。出监教育要积极“向后延伸”，出监前，对罪犯进行重新犯罪可能性评估，评估率要达到100%，同时，将罪犯的服刑情况和评估意见寄送罪犯原户籍所在地的县级公安机关和司法机关，积极做好帮教安置的衔接工作，实现监狱与社会的良性互动和无缝对接，共同降低刑释人员的重新犯罪率。

一、出监教育在监狱罪犯教育体系中的地位

“将一个人在高度警戒的监狱里关押数年之久，告诉他每天睡觉、起床的时间和每日每分钟应做的事，然后再将其抛向街头并指望他成为一名模范公民，这是不可思议的！”[②] 因而，出监教育对临释罪犯来说，是极其重要的一个教育环节。这个环节可以起到承上启下的过渡作用。出监教育在监狱整个罪犯教育体系中具有如下四个方面的重要地位：

---

① 吴宗宪主编：《刑事执行法学》，中国人民大学出版社2007年版，第236页。

② ［美］克莱门斯·巴特勒斯著：《矫正导论》，孙晓雳等译，中国人民公安大学出版社1991年版，第130页。

1. 出监教育是整个监狱罪犯教育矫正体系中的最后环节，也可以说是监狱教育矫正罪犯这一复杂工程之中的最后一道工序。

2. 出监教育是罪犯中期教育矫正成果的巩固，是全面检验监狱教育矫正罪犯工作质量的验收环节，也是巩固罪犯前期改造成绩的阶段。

3. 出监教育是中期教育矫正工作遗漏的补课。通过出监教育，弥补中期教育疏忽的某些环节，因而是罪犯临释前的思想再教育、行为再矫治、心理再调适、技能再培训环节。

4. 出监教育是罪犯重新社会化的行动指导，是促进罪犯复归社会的学校。出监教育是对即将刑释罪犯所进行的一种社会适应性教育，以防止罪犯重新犯罪为重点，进一步强化一系列改造措施。在出监教育阶段，通过一系列教育矫正活动的开展，为罪犯再社会化提供行动指南，为顺利再社会化提供帮助和救援，使出监教育真正成为罪犯从监禁状态向自由社会过渡的桥梁。通过出监教育，让与社会隔离已久的罪犯重新了解社会，增强自信心和重新做人的决心，以便于更快、更好地融入社会。

二、出监教育的模式探讨

（一）国外的一般模式

西方国家出监教育也没有一个较为统一的模式，但可以在开放式监狱中略见端倪。例如，英国开放型监狱，仅适用于社会危害性最小，而且不会辜负被寄予的准予在狱内外活动自由的信赖。又如，法国开放式监禁中心，实行以引导罪犯重新社会化为主要目的的制度。

（二）我国采取的一般模式

我国监狱历来是“重入监教育，轻出监教育”。最主要的一个原因是出监教育投入大、收效小，监狱认为不划算。

1. 分散式：各监狱成立出监监区或分监区。我国目前大多数省份（含新疆生产建设兵团）都采取这种分散式的出监教育模式。

各监狱自己成立出监监区或分监区，负责监狱内即将刑满释放罪犯的集中教育。

2. 集中式：省、直辖市、自治区成立出监监狱。我国目前少数省份采取这种大规模、集中式的出监教育模式。各省、直辖市、自治区监狱管理局成立出监监狱，负责全省、直辖市、自治区各监狱即将刑满释放罪犯的集中教育。

从全国范围来看，出监监狱的发展仍处于起步阶段，四川，新疆以及浙江地区在近几年都建立了出监监狱，星星之火已经点燃，即将形成燎原之势。星城监狱是全国第一所特色型、专门化的出监监狱。为让刑满释放人员更好适应社会，降低重新犯罪率，浙江省乔司监狱设立首个出监分监狱，为即将刑满释放的人员规划职业生涯，提供逼真的回归生活，引起社会关注。

（三）最佳的出监教育模式探讨

对刑满释放的服刑人员如何出监，世界各国法律都有规定，但把这一环节从其他刑罚执行环节中独立出来，作为一项专门刑罚执行制度进行系统规范和建设，甚至为此专门成立一类监狱，这在国际上尚鲜有同例；同时，不仅仅把出监作为一个纯粹的执法环节，更重要的是赋予其特定的目标和使命，把关注和保障服刑人员复归社会的权益作为这一阶段工作的宗旨，把帮助、支持服刑人员重返社会、融入社会作为出监环节的中心工作。这在国内外都是一个新的课题。

郭英2002年在《中国监狱学刊》上发表的《关于设立罪犯出监监狱的思考》，是我国较早关于成立出监监狱的有效理论探索。有的省市已经开始探索新的出监教育设置模式，即对将释放的罪犯单独设置出监监狱，如湖南省星城监狱，就是为即将释放的罪犯设置的出监监狱。

出监监狱的设立，在罪犯出监前一段时间对他们进行集中的思想、政治、法制、前途等教育，把好教育改造的最后一关，并加强回归指导，可以巩固教育改造的成果，降低重犯率。而且，出监监狱的职业技术教育，可以让罪犯有针对性、有选择性地掌握一技之长，如犯人可以根据自己的文化程度、年龄、兴趣、爱好，选择家电维修、汽车维修、房屋装修、服装剪裁、烹饪、电脑、蔬菜保护、食用菌栽培、乡镇企业管理、农村机电维修等，为他们出监后能自食其力打下基础；出监监狱的就业指导教育，可以教育罪犯树立自谋职业的观念，让他们学会如何求职、如何应聘、如何经商及如何干个体等。不管是让罪犯掌握一技之长，还是让罪犯树立自谋职业的观念，都是为了帮助罪犯出监后能迅速地融入社会，全面降低重犯率。

"星城模式"是目前我国较为成熟的出监教育模式。星城监狱是2002年10月经司法部批准成立的全国第一所特色型、专门化出监监狱，在罪犯即将刑满释放的出狱阶段，开展职业技术培训、创业就业指导和职业介绍。目前，该监狱与多家社会职介机构和企业建立了长期稳定的合作关系。2003年以来，该监狱共举办狱内招聘会28场，提供就业岗位2万多个，预录率达38.5%。

出监罪犯教育改造模式是实现出监罪犯由"监狱人"转化为"社会人"角色的关键环节，在监狱对出监罪犯的改造中具有十分重要的地位。湖南星城监狱的出监教育实践首开国内先河，建立了职业培训、技能鉴定、就业指导、职业推介、跟踪服务五环连动、环环紧扣的工作模式，在预防和减少重新犯罪，促进社会和谐稳定方面作出了积极贡献，形成了特色型出监罪犯教育改造的"星城模式"。"星城模式"的体系包括教育体系、职业培训体系、社会衔接体系、评估体系、社会适应体系等。通过结构式访谈法，对"星城模式"的成效进行了调查和描述，结果显示出监阶段的教育培训对出监罪犯自身的影响较大，就业、创业比例较高，融入家庭和社会的情况比较理想。星城监狱出监罪犯教育改造存在的问题和发展瓶颈主要有：管理体制不顺和政策法律法规体系不健全；场地规模狭小和监狱建设分散化；专业设置较少和技术人才匮乏；出监教育改造内容范围狭窄；财政保障没有全额到位；社会管理和安置

帮教工作落实不到位。“星城模式”的发展对策：建立完善出监教育改造的规范体系；探索符合出监监狱规律的监管执法工作体系；集中扩建出监监狱和理顺出监教育管理体制；调整优化专业设置和教育师资队伍结构；扩展出监教育改造内容范围和实行专项财政保障；建立完善社会支持系统。

三、出监教育的前提：危险性评估以及改造效果评价

《监狱教育改造工作规定》第58条规定：“监狱应当根据罪犯在服刑期间的考核情况、奖惩情况、心理测验情况，对其改造效果进行综合评估，具体评价指标、评估方法，另行规定。”具体评估方法见上一节。但该阶段最重要的评估是重新犯罪可能性即再犯可能性的评估。上海监狱管理局开发研制的《罪犯心理素质量表》和《再犯预测量表》同步测试、同步综合分析，具有一定的现实意义。

回归危险性评估，是指监狱对罪犯即将刑满释放或假释前所进行的人身危险性评估。通过评估得出“人身危险性高、中、低、无”等基本结论。危险性评估和改造效果评价等书面结论，应提供给原判法院、公安机关、综治办、安置办、社区等社会有关部门，供其参考以便于有关单位对回归者进行进一步跟踪管理和教育。罪过、主观恶性与犯罪人格依然是评判临释罪犯人身危险性的重要指标。

刑法学之下的人身危险性单指再犯可能性，即行为人的行为已经进入刑法视野，可能需要运用刑法具体规制的行为人的危险性。[①] 从刑法学角度视之，人身危险性所指的再犯可能性，意味着行为人触犯刑事法律之后，规范性意识不是积极地有所恢复，尽快认识自身人格的缺陷而予以更正，而是相反性地予以膨胀，伺机再

① 陈伟著：《人身危险性研究》，法律出版社2010年版，第36页。

次冲击规范的约束。①

通过考察发现，西方监狱在罪犯心理评估方面积累了丰富的经验，有许多可借鉴之处，罪犯刑满或假释时，运用心理测试技术和再犯罪预测量表检验、评估矫治效果，对其行为倾向作出预测判断等，已形成一整套较为完善的评估制度。但也有它的局限性，如出监前的再犯罪预测，偏重于对客观影响因素和生物学因素的分析判断，对罪犯主观因素的变化（改造效果）重视不够；在检验罪犯心理矫治效果时，忽视对其意识形态状况（社会态度、人生观、价值观）的考察等。这些缺陷，同其社会制度、对犯罪者的认识及其犯罪学、犯罪心理学的理论基础有关，也由于东西方的国情不同，社会制度、文化传统、犯罪原因各异。“尽管目前对犯罪人人身危险性的预测可能存在一定的错误率，但是这总比无所作为强，而且随着科学技术的发展，预测的正确率必然会逐步提高。”②

通过对临释罪犯人身危险性评估以及改造效果评价，对中期教育矫正效果作出基本评价，为回归后提供进一步教育控制的参数和帮教建议。

四、出监教育时间和内容

监狱对即将服刑期满的罪犯，应当集中进行出监教育，时限为3个月。出监教育的内容主要为总结教育、补课教育和适应社会教育。

（一）总结教育

总结教育主要是要求罪犯对自己以往的改造情况进行系统回顾，总结存在的问题，特别是思想意识上尚存在的不足，总结自己的改造所取得的成绩以及如何巩固已有成绩。可以要求每一名临释罪犯写《改造总结》或《服刑改造史》，改造总结包括改造历程、

---

① 陈伟著:《人身危险性研究》，法律出版社2010年版，第61页。

② 廖斌著:《监禁现代化研究》，法律出版社2008年版，第326页。

改造收获、存在问题、改进措施等几方面，特别要求说明自己思想的演变过程。同时可以要求每一名临释罪犯写一份改造建议书，主要针对监狱在开展服刑人员教育矫正及监狱管理方面所提出的一些合理化建议，以供监狱部门参考。对所涉及的某些罪犯反映的监狱民警存在的问题，应当给予罪犯高度保密，并会同纪委、监察部门以及驻监检察室进行认真调查核实，对证据不足的材料也应以肯定和鼓励罪犯为主，对确属无中生有、诬告的，也应以批评教育为主，防止上纲上线。

（二）补课教育

补课教育的主要任务是针对临释罪犯存在的教育不足、教育疏漏而采取的临时性应急教育措施，包括思想教育补课、法律补课、文化补课、职业技能补课等，采取“缺什么、补什么”的个别化原则，强调补课的针对性和实用性。补课教育以罪犯教育情况调查为基础，因而需要设计一份教育改造情况调查表，以较为清晰地反映罪犯受教育情况。调查表包括受教育时间、受教育内容、教育效果等，能较为全面地反映罪犯受教育之情况。

（三）适应社会教育

适应社会教育是指监狱为帮助即将释放的服刑人员尽快适应社会而开展的一系列教育活动之总称。适应社会教育的最主要目的就是使罪犯能够尽快适应已经较为陌生的大社会，增强罪犯重新适应大社会生活的各种能力，避免“社会恐慌症”的出现。罪犯在监狱里度过若干时间或多年之后，对原先的社会已经逐渐疏离而不断陌生，可以说已经适应了监狱的生活，回归社会难免会产生各种各样的不适应症，监狱有义务消除这种负面的“监狱惩罚效应”，尤其对个别已经患有“监狱人格”的罪犯，更需不遗余力予以矫正。

所谓“人格监狱化”是一个人的人格对被强制者的深度习惯与依赖，具体表现为再适应能力的丧失。此种监狱化的程度，往往与其刑期长度及其规训强度成正比。[①] 罪犯"监狱人格"的偏执发展，会对罪犯人格产生长远的消极效应，形成人格变异，轻者成为影响罪犯心理健康的心理问题或心理障碍；严重者发展为变态人格或变态心理，成为罪犯的心理疾患，即使回归社会，依然表现出明显的适应障碍。[②] 例如，"在监狱服刑 10 年而被释放出来的人，过马路的时候，往往躲不开飞驰而来的各种车辆，由于长时间不使用货币，进商店买东西甚至不会兑换零钱，称售货员为'同犯'，弄得对方莫名其妙"。[③] "我请示允许撒尿请示了 30 年，没有许可我一滴也尿不出来。我面临着一个严厉的现实：在外面我没有办法恢复正常。现在我一心只想中断我的假释。我想回去，回到有意义的地方，回到我永远不必担心受怕的那个地方。"电影《肖申克的救赎》中瑞德所言正是监狱人格典型化之代表。失去自由之心的悲剧是，当瑞德服刑 40 年被假释后，他根本无法融入高墙外自由的世界。出狱后工作时，每次撒尿他都要坚持报告经理，否则根本挤不出来一滴；他无时不充满了焦虑和恐惧，实在无法忍受，即使在工作时间，也要冲进狭小的卫生间躲起来去感受墙壁，只有这样，才能使他平静稍许。这时的他只想立刻解除假释，回到他熟悉的监狱——多么令人悲哀。同样无法适应自由社会的老布，从他跨出监狱大门的那一刻起，等待他的，只有梁上的绳索和被踢倒的木椅。

在矫正的过程中，由于长期的监狱生活，致使许多罪犯难免会烙上监狱的印记，形成较为独特的监狱人格，给其重返社会后的进一步再社会化增添困难。[④] 一名罪犯入狱服刑，势必或多或少地受

---

① 郭明：《监狱化人格：老布为什么自杀?》，载《浙江监狱》2010 年第 3 期。

② 高地血著：《管教艺术学》，法律出版社 1987 年版，第 228 页。

③ 张婧著：《监狱矫正机能之观察与省思》，中国人民公安大学出版社 2010 年版，第 95 页。

④ 于爱荣等著：《矫正技术原论》，法律出版社 2007 年版，第 135 页。

到监狱亚文化的影响，在学习与内化达到一定程度时，其行为习惯和心理活动形成监狱化倾向，逐渐根深蒂固，使其人格发生改变，从而形成监狱人格。[①] 在罪犯矫治实践中，监狱人格可能以不同的形式表现出来，突出表现为三个方面：第一，被迫反应；第二，焦虑反应；第三，抑郁反应。[②] 因而，在服刑的最后几个月，要特别注意提高犯人重新适应外面生活的能力。

关于适应社会教育，《监狱法》和《监狱教育改造工作规定》都有明确的规定，如监狱组织出监教育，应当对罪犯进行形势、政策、前途教育，遵纪守法教育和必要的就业指导，开展多种类型、比较实用的职业技能培训，增强罪犯回归社会后适应社会、就业谋生的能力。又如，监狱应当邀请当地公安、劳动和社会保障、民政、工商、税务等部门，向罪犯介绍有关治安、就业、安置、社会保障等方面的政策和情况，教育罪犯做好出监后应对各方面问题的思想准备，使其顺利回归社会。适应社会教育主要包括心理调适、形势政策、就业安置、市场经济、生存技巧、理想前途、实用技能等内容。

出监教育以释放前指导为中心，目的在于帮助临释罪犯尽快适应即将回归的社会。释放前指导是对释放前的受刑者（原则上为释放前 2 周）就释放后的社会生活及所需要的知识给以指导帮助。指导方式主要是报告、个别面谈等，指导的具体内容是社会复归后的就职、保护观察及其他更生保护方面的知识，如果需要还应传授日常生活经验、就业劳动及社会活动等方面的知识及经验。具体包含如下内容：

1. 临释心理的分析与调适。对于个人来说，在监狱停留时间太长，会严重影响释放后的重新适应，正如丹麦学者阿尼特·斯托

---

① 周红铁：《监狱人格初探》，载《犯罪与改造研究》2010 年第 9 期。

② 张婧著：《监狱矫正机能之观察与省思》，中国人民公安大学出版社 2010 年版，第 95 页。

加德（Anette Storgaard，2001）所指出的：“经验表明，在经过8年到10年甚至更长时间（的服刑）之后，重返社会往往是极其困难的；一想到这么长的刑期，犯人很少不感到恐惧的。”①

罪犯由于长期的监狱生活，在一定程度上已经适应了监狱相对封闭之生活环境。临释放之前，反而会呈现出诸如激动、焦虑、急切、迷茫、慌乱、愧疚、恐惧、妄想、仇恨、报复等消极心理，因而监狱有义务主动介入，帮助罪犯消除这些消极心理，培养罪犯宽恕心理和积极向上心理等。可以采取团体辅导形式解决临释罪犯产生的共性心理问题，以缓解心理压力，安抚稳定罪犯的思想情绪。对个别反常罪犯需深入介入，进行个别心理辅导及危机干预。

2. 适应社会具体教育内容包括：（1）社会形势政策和前途教育。包括当今世界格局与当下国内新形势、新情况、新特点、新政策，刑满释放人员安置办法等。可以采取专题讲座形式。坐过牢的人很容易在人生之途中再一次迷失方向，富有感染力的人生前途教育能够让即将刑满回归的曾经的“浪子”重新燃起生活之光，增强生活的勇气和面对困难挫折的气概。（2）生存技巧教育。包括生存规律、社会生存空间、生存条件、生存能力、生存风险教育，社会融入、家庭关系、人际关系处理技巧传授等。许多罪犯之所以走上犯罪之路而最终被社会所“淘汰”、所“遗弃”，正是由于其社会生存能力的低下所致。“让犯人获得适当的生活与社会技能。可以通过社会教育和培训达到这个目的，以便使犯人能够重新适应监狱外面的生活，维持社会联系。”② 西班牙赛戈维亚监狱有一个技能学习中心，专门教罪犯如何在社会上正常生活，主要是寻找职业的常识和技巧，怎样写求职信、怎样应聘和调节心理等，由心理

① 吴宗宪著：《当代西方监狱学》，法律出版社2005年版，第329页。

② 吴宗宪著：《当代西方监狱学》，法律出版社2005年版，第331页。

学家进行指导。[①]（3）遵纪守法教育。以防止重新犯罪为遵纪守法教育的重点，希望临释罪犯能够牢牢守住法律的最底线，做一个守法的公民。无论生活遇到什么挫折，努力寻求家庭、朋友、社区、社会和政府组织以及原有监狱警官的帮助，通过正当渠道解决实际困难，做事“三思而后行”，避免重蹈覆辙。（4）实用技能训练。包括礼仪教育、电脑的使用、模拟社会情景训练等。“通过组织犯人进行释放前准备活动，对犯人进行适当的职业培训，使他们掌握可以在市场上使用的技能，能够在释放之后用社会认可的方式自谋生路，预防他们堕落。”[②]

3. 临时就业指导。包括就业信息、就业渠道的提供，就业技巧、正确的就业观和择业观、劳动法规等方面的教育与知识传授。

4. 回归社会指南。监狱向每一名临释罪犯发放一册《归正人员回归指南书》，其内容可以涵盖以上所列诸方面知识、技巧与能力，列举一些实用的、回归后可能遇到的各类疑难问题及解决途径和建议。

5. 释放前深度谈话。管教民警应对即将释放罪犯进行身份确认；监区（分监区）负责人或监区（分监区）的管教股长、管教员对其进行一次出监谈话教育和问卷调查，同时告诫其不得为其他罪犯传递信件、物品。告知其在规定时间内到居住地公安派出所报到，在规定时间内到辖区司法所办理回归登记手续。在深度谈话过程中，民警应认真听取和记录罪犯对监狱教育矫正工作的批评和建议，同时对其进行临释前的再教育和提醒，体现监狱的人文关怀。

---

① 曲伶俐等著：《现代监狱行刑研究》，山东大学出版社 2007 年版，第 289 页。

② 吴宗宪著：《当代西方监狱学》，法律出版社 2005 年版，第 330～331 页。

五、出监教育的效果评价

改造效果评价即是出监罪犯改造质量评估。其目的是检验罪犯的改造状况，总结监狱工作经验，为社会治安综合治理服务。《监狱教育改造工作规定》第 59 条规定："监狱应当在罪犯刑满前一个月，将其在监狱服刑改造的评估意见、刑满释放的时间，本人职业技能特长和回归社会后的择业意向，以及对地方做好安置帮教工作的建议，填入《刑满释放人员通知书》，寄送服刑人员原户籍所在地的县级公安机关和司法行政机关。"

《监狱教育改造工作规定》第 60 条规定："监狱应当对刑满释放人员回归社会后的情况进行了解，评估教育改造工作的质量和效果，总结推广教育改造工作的成功经验，不断提高监狱教育改造工作的质量。"改造效果综合评定是一项非常复杂的工作，目前虽然监狱有这方面的成功做法，但其科学性仍值得进一步提升。改造效果综合评定的依据主要包括如下方面材料：罪犯原始档案材料、罪犯改造情况档案资料、各种心理测验资料、教育矫正情况调查资料、个别谈话资料、民警和其他罪犯访谈资料等。目前，山东省监狱系统研制开发的《罪犯改造成效量表》具有一定的可操作性与实用性。对出监教育进行效果评定的具体方法主要包括再犯可能性测试与评估、适应社会能力测试、罪犯改造成效测试等方面。

参考文献

1. 曹晓丽、林枚、李隽著:《职业生涯开发与管理》，清华大学出版社 2010 年版。

2. 陈光明著:《走出监狱》，法律出版社 2012 年版。

3. 陈伟著:《人身危险性研究》，法律出版社 2010 年版。

4. 陈志海著:《行刑理论的多维探究》，北京大学出版社 2008 年版。

5. 费广和等编著:《犯罪与矫治》，群众出版社 2005 年版。

6. 冯建仓、陈志海主编:《中国监狱若干重点问题研究》，吉林人民出版社 2002 年版。

7. 葛炳瑶主编:《社会管理创新与监狱工作战略转型》，法律出版社 2013 年版。

8. 郭明主编:《监狱学基础理论》，中国政法大学出版社 2011 年版。

9. 郭念峰主编:《心理咨询师（基础知识）》，民族出版社 2005 年版。

10. 韩玉胜、张绍彦、王平、史殿国等著:《刑事执行法学研究》，中国人民大学出版社 2007 年版。

11. 吉春华、朱娟著:《服刑人员心理健康指南》，天津社会科学院出版社 2009 年版。

12. 贾洛川著:《监狱改造与罪犯解放》，中国法制出版社 2010 年版。

13. 金鉴主编:《监狱学总论》，法律出版社 1997 年版。

14. 兰洁主编:《监狱学》，中国政法大学出版社 1999 年版。

15. 李川著:《刑罚目的理论的反思与重构》，法律出版社 2010 年版。

16. 李为忠、罗辉:《罪犯教育基本理论专题研究之：罪犯教育功能论》，载《中国监狱学刊》2012 年第 5 期。

17. 刘援朝主编:《警察心理教育》，天津社会科学院出版社 2008 年版。

18. 刘嵋、董兴义主编:《重塑人格——服刑人员团体心理辅导》，金城出版社 2011 年版。

19. 南京师范大学教育系编:《教育学（第三版）》，人民教育出版社 2005 年版。

20. 潘国和、罗伯特·麦尔主编:《美国矫正制度概述》，华东师范大学出版社 1997 年版。

21. 潘国和主编:《监狱学基础理论》，上海大学出版社 2000 年版。

22. 潘明云编著:《情商，唤醒心中的巨人》，企业管理出版社 1997 年版。

23. 曲伶俐等著:《现代监狱行刑研究》，山东大学出版社 2007 年版。

24. 邵晓顺主编:《服刑人员心理矫治：理论与实务》，群众出版社 2012 年版。

25. 邵晓顺著:《犯罪个案研究与启示》，群众出版社 2013 年版。

26. 邵晓顺著:《限制减刑服刑人员案例分析与启示》，群众出版社 2013 年版。

27. 史万兵编著:《教育通论》，教育科学出版社 2011 年版。

28. 宋行主编:《服刑人员个案矫正技术》，法律出版社 2006 年版。

29. 宋胜尊著：《罪犯心理评估——理论、方法、工具》，群众出版社 2005 年版。

30. 孙晓雳编著：《美国矫正体系中的罪犯分类》，中国人民公安大学出版社 1992 年版。

31. 王利荣主编：《信息时代的监狱管理模式创新》，中国检察出版社 2009 年版。

32. 王鑫宝主编：《回归社会工作概论》，法律出版社 2005 年版。

33. 王云海著：《监狱行刑的法理》，中国人民大学出版社 2010 年版。

34. 王祖清、赵卫宽主编：《罪犯教育学》，金城出版社 2003 年版。

35. 魏荣艳主编：《罪犯教育学》，中国检察出版社 2011 年版。

36. 武玉红主编：《监狱管理经典案例》，中国法制出版社 2011 年版。

37. 吴宗宪著：《当代西方监狱学》，法律出版社 2005 年版。

38. 吴宗宪著：《罪犯改造论——罪犯改造的犯因性差异理论初探》，中国人民公安大学出版社 2007 年版。

39. 吴宗宪主编：《刑事执行法学》，中国人民大学出版社 2007 年版。

40. 吴宗宪主编：《中国罪犯心理矫治技术》，北京师范大学出版社 2010 年版。

41. 吴宗宪主编：《中国刑罚改革论》（上、下册），北京师范大学出版社 2011 年版。

42. 吴宗宪主编：《监狱学导论》，法律出版社 2012 年版。

43. 吴琦编著：《情商教育》，中国纺织出版社 2002 年版。

44. 萧前、李秀林、汪永祥主编：《辩证唯物主义原理（第三版）》，北京师范大学出版社 2012 年版。

45. 夏宗素主编：《监狱学基础理论》，法律出版社 1998 年版。

46. 于爱荣等著:《矫正技术原论》,法律出版社 2007 年版。

47. 于爱荣等著:《矫正激励系统论》,法律出版社 2008 年版。

48. 于爱荣主编:《罪犯个案矫正实务》,化学工业出版社 2011 年版。

49. 俞振华主编:《监狱教育改造方法研究》,浙江人民出版社 2012 年版。

50. 翟中东著:《国际视域下的重新犯罪防治政策》,北京大学出版社 2010 年版。

51. 张建明主编:《社区矫正理论与实务》,中国人民公安大学出版社 2008 年版。

52. 张婧著:《监狱矫正机能之观察与省思》,中国人民公安大学出版社 2010 年版。

53. 赵卫宽主编:《罪犯教育》,中国政法大学出版社 2010 年版。

54. 郑天明:《个别化矫治的探索与思考》,载《犯罪与改造研究》2012 年第 2 期。

55. 中国大百科全书出版社编辑部编:《中国大百科全书·自动控制与系统工程卷》,中国大百科全书出版社 1991 年版。

56. 中国监狱学会编:《中国监狱学会 20 年(1985~2005)》,法律出版社 2006 年版。

57. 周雨臣著:《罪犯教育专论》,群众出版社 2010 年版。

58. [美] 克莱门斯·巴特勒斯著:《矫正导论》,孙晓雳等译,中国人民公安大学出版社 1991 年版。

59. [英] Clive R. Hollin 主编:《罪犯评估和治疗必备手册》,郑红丽译,中国轻工业出版社 2006 年版。

图书在版编目（CIP）数据

矫正机构中期教育理论与实务/邵晓顺，薛珮琳主编．—北京：群众出版社，2015.4

（现代矫正理论与实务丛书）

ISBN 978-7-5014-5343-6

Ⅰ.①矫… Ⅱ.①邵…②薛… Ⅲ.①监督改造—研究—中国 Ⅳ.①D926.7

中国版本图书馆 CIP 数据核字（2015）第 078152 号

矫正机构中期教育理论与实务

邵晓顺　薛珮琳　主编

出版发行：群众出版社
地　　址：北京市西城区木樨地南里
邮政编码：100038
经　　销：新华书店
印　　刷：北京兴华昌盛印刷有限公司

版　　次：2015 年 4 月第 1 版
印　　次：2015 年 4 月第 1 次
印　　张：14.5
开　　本：880 毫米×1230 毫米　1/32
字　　数：390 千字

书　　号：ISBN 978-7-5014-5343-6
定　　价：50.00 元

网　　址：www.qzcbs.com
电子邮箱：qzcbs@ sohu.com

营销中心电话：010-83903254
读者服务部电话（门市）：010-83903257
警官读者俱乐部电话（网购、邮购）：010-83903253
法律图书分社电话：010-83905745

本社图书出现印装质量问题，由本社负责退换